世界近现代史研究

Studies of Modern World History

第十辑

南开大学世界近现代史研究中心

THE RESEARCH CENTER FOR
THE HISTORY OF MODERN WORLD
NANKAI UNIVERSITY

社会科学文献出版社
SOCIAL SCIENCES ACADEMIC PRESS (CHINA)

《世界近现代史研究》编委会

目　录

"全球化的起源：马尼拉大帆船"

全　球　史

国际关系史

CONTENTS

"The Origin of Globalization: The Manila Galleon"

Global History

History of International Relations

History by Area and Country

Doctoral Student Forum

Review

"全球化的起源：马尼拉大帆船"

编者按：

2013 年 4 月 3～6 日，为纪念中华人民共和国与西班牙国建交 40 周年（3 月 9 日），西班牙上海总领事馆、西班牙米盖尔·德·塞万提斯图书馆协同墨西哥、菲律宾驻上海总领事馆一起，邀请了 5 位国际专家就"全球化的起源：马尼拉大帆船"为主题进行了一系列学术研讨，并在最后召开了圆桌讨论会议。专家们回顾了 16、17 世纪西班牙、墨西哥、菲律宾、中国在第一波全球化浪潮中的主角地位，讨论了西班牙人开辟太平洋东部航线、美洲白银与中国经济的关系、大帆船贸易对推动菲律宾经济与社会转变的作用、中国丝绸和瓷器等产品通过西班牙王国进入美洲及欧洲市场所产生的影响等问题。在这次研讨中，专家们提出了有关该主题的一些新资料和新见解，进一步深化了对马尼拉大帆船历史的研究。本辑年刊征得主办方同意，刊登出这次国际研讨会的 4 篇论文和圆桌会议的总结稿，以飨读者。

马尼拉大帆船

〔西〕多洛斯·弗尔克 著　戴娟 译

内容提要：本文描述了马尼拉大帆船的概况。作者从政治地理条件出发，研究了马尼拉大帆船的诞生。同时，分析了中国货币体系对美洲白银生产产生的影响，并研究了马尼拉、中国人及中菲混血人与大帆船贸易之间的关系。在文章的主要部分，作者讨论了大帆船的物质条件，包括帆船本身、货物、船员、航程距离和太平洋航线。

关键词：西班牙太平洋探险队　明朝货币体系　西班牙白银　中菲贸易　菲律宾华人

马尼拉大帆船是一条把卡斯蒂利亚王朝两个殖民地联系在一起长达250年的海上通道：最重要的殖民地新西班牙或墨西哥，最远的殖民地菲律宾。通过这条航线美洲和亚洲首次直接进行贸易，也是因为这条航线，两个大洲在太平洋上源源不断地互通财富之有无。横亘在两个互相产生极大吸引力的大洲之间，马尼拉大帆船实际上是全球化进程中一个被人们遗忘的链环。①

前提条件

1521年，麦哲伦的船队穿过海洋，第一次在菲律宾停靠。但是西班牙

---

① 丹尼斯·O. 弗林、阿图罗·吉拉尔德兹：《衔"银"而生：1571年世界贸易的起源》（Dennis O. Flynn & Arturo Giraldez, "Born with a 'Silver Spoon': The Origin of World Trade in 1571"），《世界历史杂志》（*Journal of World History*）第6卷，1995年第2期，第201页。

如想在东方立足，必须找到一条可以绕过非洲和印度、返回西班牙的航线。根据 1494 年的《托德西利亚斯条约》，非洲和印度被葡萄牙人占领。因此，必须由西往东穿越太平洋，这比反方向航行困难许多，但西班牙人却致力于开辟这条航线。在整个 16 世纪上半叶，他们首先从伊比利亚半岛出发，然后直接从墨西哥驶向太平洋。1525 年，洛艾萨探险队从拉科鲁尼亚出发。在这次的探险队中有一位巴斯克年轻人叫安德列斯·德·乌尔达内塔，他是这次航行的记录员。经过多次努力，探险队未能开辟出横跨太平洋返回西班牙的新航线，乌尔达内塔最终在摩鹿加群岛上度过了 11 年。在群岛上居住的这些年，乌尔达内塔不仅清楚地观察到中国帆船（中国在此领域贸易频繁，贸易品主要为瓷器和各种各样的丝绸）在东南亚出没，而且猜测出中国与棉兰老岛之间定期举行贸易（根据我们的记录，每年有 2 艘中国帆船到此海岛进行交易）。[①]

另一支探险队于 1527 年出发，由萨阿维德拉领导。这是第一支直接从墨西哥起航的船队。这次出航有了新的因素加入，人们不仅谈论香料和子午线，还提到中国——一个模糊的、用来指代整个东方世界的概念，这无疑让船员们欢欣鼓舞。例如，墨西哥第一位主教胡安·德·苏马拉加（Juan de Zumárraga）修道士，他满怀激情要求加入探险队，但最终被拒。他曾喊道："你们把我塞进一个葫芦瓜里面吧！我十分确定它会指引我前进，根据我的意念把上帝传播到东方！"[②] 尽管这支探险队最后同样未能找到回程航线，萨阿维德拉也证实了有中国帆船前往菲律宾（宿雾）进行贸易。

然而，数次探险失败、船员遭囚禁、解救被囚船队给西班牙带来巨大损失。1529 年，面对未果的航海探险造成的高昂经济消耗，卡洛斯五世最终签订了《萨拉戈萨条约》，以 30 万公爵领地的价钱，将摩鹿加群岛的权利转卖给葡萄牙。

在墨西哥，人们却从另一角度看待向东方航海这一创举。他们始终未忘记向太平洋扩张意味着的经济、政治和宗教利益。1542 年，新西班牙总

---

① 《乌尔达内塔寄给国王的关于洛艾萨探险队的信件，巴亚多利德，1537 年 2 月 26 日》（*Relación de Urdaneta al rey sobre la expedición del comendador Loaysa*，*Valladolid*，26 de febrero de 1537），AGI 档案，第 36 卷，第 268 页。

② F. G. 门迭塔：《印第安人教会史》（F. G. Mendieta，*Historia eclesiástica indiana*），墨西哥，1596，第五卷，第 587 页。

督派遣一支由 370 名士兵和一队奥古斯丁传教士组成的船队，在鲁易·洛佩兹·德·维拉罗伯斯（Ruy López de Villalobos）的带领下出航。这队奥古斯丁传教士带着宗教使命来到墨西哥，在当地产生深远影响，并成为日后西班牙影响亚洲的先锋力量。船队最终在吕宋岛北面的卡加延市靠岸，然而它未能逃脱以前历次探险队的厄运。在消耗光所有能在地面活动的动物——猫、狗、老鼠、蜥蜴（根据两位悲痛的记录员的回忆）之后，返航途中，船队迷失在莱德隆群岛（现名马里亚纳群岛，主要岛屿称为关岛）的迷宫之中，船员被囚禁在摩鹿加群岛上。尽管如此，好几次他们远远望见中国帆船满载着香料、瓷器和钟铃来到棉兰老岛和菲律宾。[①]

时隔 22 年之后才有另一支船队出航探险。耽搁如此之久的原因非常容易理解，即历次探险均无果而终。需要人们理解的是再次组织船队出航的原因，其中包括航海知识的积累和经济的波动。在此基础上，船队离目标又靠近了一步。

首先，基于对太平洋上风向和洋流的进一步了解，航海家们能够绘制出一条合适的返航线路。16 世纪末，黎牙实比舰队的船员终于找到了返程航线：安德列斯·德·乌尔达内塔满怀荣耀地坐在主舱里，洛佩·马丁（Lope Martin）带着逃兵的耻辱坐在自己负责的一艘双桅小船船舷上。这两位都被囚禁在摩鹿加群岛多年，因此应该十分熟悉太平洋上的风向和洋流。从墨西哥到关岛然后转向菲律宾，借助北赤道暖流，航程十分顺利。关键是需要明白这道洋流应该从另一条通道将海水带回原处：答案就是台湾暖流，它连接日本和北美。

其次，进一步意识到中国的重要性。葡萄牙人从 16 世纪 20 年代起就经常出没于中国海岸。尽管葡萄牙人将所有关于亚洲的信息视为最高机密，由葡萄牙俘虏巴斯克·卡尔沃（Vasco Calvo）和克里斯托弗·维也拉（Cristovao Vieyra）[②] 撰写的第一手文件于 1542 年在里斯本出现。同时，50 年代初开始出版关于葡萄牙人渗入印度和中国的书籍：若奥·德·巴罗斯

---

① 加西亚·戴斯卡兰蒂·阿尔瓦拉多：《给新西班牙总督的信》（Garcia Descalante Alvarado, *carta al virrey de Nueva España*），里斯本，1548 年 8 月 7 日。

② 卡尔沃和维也拉甚至弄到一本地理书，以此来证明他们同中国的联系。两份文件均可在拉法埃拉·德因蒂诺 1989 年的著作中找到。见拉法埃拉·德因蒂诺《十六世纪中国概况》（Raffaella D'Intino, *Enformaçao das cousas da China. Textos do século XVI*），维塞乌国家出版社，1989，第 39~48、49~53 页。

（Joao de Barros）的《亚洲十年纪事》（*Décadas de Asia*）系列，这套书从 1552 年开始出版，其中对我们最重要的是于 1563 年出版的最后那本《三十年代的亚洲》（*Tercera Década de Asia*）。另外，费尔南·洛佩斯·卡斯塔涅达于 1551 年出版的第一部《葡萄牙人发现和征服印度的历史》（*Historia do descobrimento e conquista de India pelos portugueses*），这本书于 1554 年被翻译成西班牙文。根据积累的资料，此时让西方人感兴趣的不仅是香料，他们还想同中国人签订条约。在此半个世纪以前，没有人知道中国人，也没有人将他们与马可·波罗笔下的中国（Cathay）联系在一起。

最后，经济的波动。1545 ~ 1558 年，葡萄牙胡椒价格激涨，这让到达摩鹿加群岛的这条海上通道变得令人羡慕。同时，正是因为这条通道的存在，黎牙实比探险队[1]才得以出航。但是，鉴于西班牙和葡萄牙之间的约定，费利佩二世明确表示黎牙实比探险队将避开摩鹿加群岛，直接驶向菲律宾。[2]

综合以上原因，终于在 1564 年，西班牙派遣黎牙实比探险队驶向东方。在这支舰队中有一支由 200 名士兵组成的特遣队、十分熟悉风向和洋流的安德列斯·德·乌尔达内塔以及当时墨西哥最优秀的宇宙学家和数学家马丁·德·拉达（Martín de Rada）奥古斯丁修道士。这是一支典型的卡斯蒂利亚队伍，它高呼"剑和指南针，向前，向前，向前"这一直截了当的口号，向着目的地靠近。然而，当他们到达时却发现菲律宾并不如想象中那么令人欢欣鼓舞。刚开始的几年中，西班牙人在宿雾和班乃岛经历了真正的饥荒。因此，他们认为那儿土地贫瘠。但事实却远非如此：在吕宋岛中部山地的伊富高市，分布着令人惊奇的水稻梯田，它们向世人展示了菲律宾人极高的农业生产力。但是，西班牙人怀着迅速致富的希望来到菲律宾。无论分配多少土地，菲律宾人都完全不能适应高强度的殖民地农业生产模式。只要有机会，他们便逃往深山。当这些所谓的征服者用"一只母鸡一把米"的把戏残酷剥削原住民时，随行的奥古斯丁修道士却大声谴责士兵

---

[1]　皮埃尔·肖尼：《马尼拉大帆船：丝绸之路的伟大与衰落》（Pierre Chaunu，"Le Galion de Manille：grandeur et décadence d'une route de la soie"），《编年史》（*Annales*），1951 年第 4 卷，第 450 页。

[2]　《费利佩二世写给堂路易斯·路易斯·德·维拉斯科的皇家法令》（*Cédula real de Felipe II a Don Luis de Velasco，virrey de Nueva España*），1559 年 9 月 24 日，AGI 档案，第 1 卷，第 1 ~ 123 页。

们的胡作非为。最后，黎牙实比痛苦地说道："这片土地丝毫也不令人羡慕，不管它属于西班牙还是葡萄牙！"①

从探险队抵达宿雾到定居马尼拉相隔六年时间，在此期间，西班牙人对是否继续留下来犹豫不定。让他们最终留下来的原因是他们意识到了中国的重要性，在探险队看来，中国远比马卢科意义重大。正是由于这个原因，给国王的信中有以下记录："如果是与中国通商，我们应该搬到吕宋。"② 也是因为同一个原因，马丁·德·拉达兴致勃勃地倾听在宿雾一位叫坎科（Canco）③ 的中国人为他讲述的事情。坎科是第一位我们知道其身份的中国商人。在接下来的十年时间，他一次性提供了马尼拉急需的铁和其他装上大帆船的商品。通过拉达的转述，坎科向印度理事会首次提供了关于中国的系统信息。1571 年，一位叫贝拉斯科（Velasco）的著名人文学家正好获得舰队记录员和宇宙学家的职位，他将于 1574 年逐字逐句颠覆坎科提供的信息。④ 1571 年，定居于马尼拉的西班牙人终于看清了事实：几年之后同中国之间的贸易额将达到可观的数目。很快，1575 年，马丁·德·拉达终于得出结论：这个中国（China）正是马可·波罗笔下如同神话般的古老中国（Cathay）。⑤

① 加斯帕尔·德·圣奥古斯丁修士：《征服菲律宾群岛》（Fray Gaspar de Agustín, *Conquistas de las islas Philipinas*），马德里，1698，第 303 页。
② 《卡尔塔·德·黎牙实比写给新西班牙总督的信》（Carta de Legazpi al virrey de Nueva España），班乃岛（Panay），1570 年 6 月 25 日，AGI 档案，第 24 卷。
③ 《马丁·德·拉达写给西班牙总督的信》（Carta de Martín de Rada al Virrey de Nueva España），1572 年 8 月 10 日；伊萨西奥·罗德里格斯：《菲律宾神圣耶稣奥古斯丁省历史》（Isacio Rodriguez, *Historia de la Provincia Agustiniana del Santísimo Nombre de Jesús de Filipinas*），马尼拉，1978，第 14 卷，第 110~117 页。坎科一直是一位活跃的商人，有记录显示 1574 年 4 月他带了 170 奇南塔（chinanta：一种计量单位，相当于半阿罗瓦）铁到达马尼拉，这些铁卖了 16 比索。见 AGI 档案，1198 f.165r。转引自胡安·基尔《黄金时代塞维利亚的印度和远东》（Juan Gil, *La India y el Lejano Oriente en la Sevilla del Siglo de Oro*），塞维利亚，2011，第 27 页；还有记录表明 1574 年 6 月菲律宾会计室再次向他购买商品装上大帆船，同上，第 251 页。
④ 胡安·洛佩斯·德·贝拉斯科：《印度地区地理与宇宙描述》（Juan López de Velasco, *Geografía y descripción universal de las Indias*），马德里，1974，第 300~304 页。
⑤ 马丁·德·拉达：《真实的中国纪事》（Martín de Rada, Relación verdadera de las cosas del reino de Taybin, por otro nombre China）（1575），巴黎国家图书馆，西班牙基金会，325.9（MF 13184），f.15~30；伊萨西奥·罗德里格斯：《菲律宾神圣耶稣奥古斯丁省历史》，1978，第 14 卷，第 262~330 页。拉达肯定地说道："中国（China）就是威尼斯人马可·波罗所述的中国（Cathay）。"

前提因素

在 16 世纪 70 年代初，几乎无人能想象马尼拉在亚洲和美洲复杂的经济关系中扮演的角色。几十年之后，三方才真正理解该贸易系统的调节机制。

第一个难题是中国的货币体系。在公元 1000 年初，中国正处于工业革命的边缘。为了满足日益增长的国外和国内市场需求，中国加大了农业和手工业生产。与此同时，中国经历了一次贸易扩张，并逐渐加强与印度洋周围大的商业国家的相互联系。由于其复杂的经济体系，中国印制了世界上最早的纸币。随着 13 世纪蒙古人的到来，纸币进入通货膨胀阶段。虽然，在明朝（建立于 1368 年）初期纸币仍在流通，但通货膨胀已经无法控制。15 世纪前二十年郑和船队在印度洋诸国分发了成千上万的纸币，试图在该地区建立一个共同市场，但最终失败，因为此时这些纸币已是毫无利用价值的废纸。

郑和船队分发出去的货币，最后仍在流通的只剩下铜币。这些圆形铜币中心是一个正方形的空洞，正面印着当时统治朝代的简称，有时反面有一个汉字指出铜币铸造地（如，福，代表福建）。中国的货币从来不注重美观，因此很容易造假。此外，铜币重量和价值之间的关系让一些大宗交易无法完成。此时白银成为首要替代货币。但是，无论怎样加强开采，中国都没有足够多的白银来支撑其日益繁荣的经济。况且，到 15 世纪末，现有银矿出现枯竭征兆。16 世纪上半叶，日本新发现一些银矿，提供给中国市场。当时的白银可能未经铸造便投入市场流通：1575 年拉达和洛阿尔卡（Loarca）到过中国，他们每天收到一些白银碎块。但是，日本开采的白银也不能满足中国市场日益增加的需求，[①] 尤其是"一条鞭法"（为一系列改革措施的集合名称，此次改革从 16 世纪 30 年代初开始，到70 年代末结束）税收改革后，所有的税收和劳役统一成一种税收，且要求用白银支付。正当中国开始强烈渴求白银时，西班牙人在马尼拉驻扎

---

① 但是，16 世纪到 17 世纪之间，日本是中国主要的白银供应国，估计每年平均供应 200 吨。丹尼斯·O. 弗林、阿图罗·吉拉尔德兹：《衔"银"而生：1571 年世界贸易的起源》，《世界历史杂志》第 6 卷，1995 年第 2 期，第 202 页。

下来。

　　第二个难题是美洲的白银开采。到达美洲时，西班牙人不仅发现了一个新大陆，而且还找到了地球上最丰富的白银分布带。不仅如此，从 1555 年开始引进了金属熔合技术。这种技术把白银和水银熔合在一起，可以得到质量上乘的白银。① 用秘鲁阿尔玛登（Almadén）和万卡维利卡（Huancavelica）开采的水银，加上墨西哥萨卡特卡斯（Zacatecas）和秘鲁波托西（Potosí）开采的银矿，可以有效提炼白银。1572～1592 年，美洲白银开采量增长了七倍。据估计，1500～1800 年，世界上超过 80% 的白银产自西班牙语美洲。② 通过西印度舰队，大部分白银运至塞维利亚，用以支持西班牙帝国在美洲和欧洲的日常开销和扩张事业。但是，有 1/3 的白银最后流入中国。

　　马尼拉的建立开启了两个白银货币系统的联系：一个是墨西哥，由于白银丰富，其价值便宜；另一个是中国，由于稀缺，其价值昂贵。由此产生了吸引两个货币系统的"磁石"。到 1570 年，墨西哥白银/黄金比为 12∶1，在中国则为 4∶1。墨西哥白银一旦进入中国市场，其购买力立即上升三倍。在中国强烈渴求美洲白银时，西班牙人惊呼："这儿所有东西都很便宜，几乎是免费给！"

　　尽管如此，还有第三个难题，解决这个难题后我们将明白为什么中国和美洲会因为白银而彼此持续吸引。当时中国拥有全世界最先进的生产体系，且受到一股企业进取精神的鼓舞。宋朝以来这种精神不断积累，尤其在福建表现得更为明显。因此，中国能够以最大利益购买、生产和经销各种商品。自古以来，中国人就熟悉流水线生产：公元前 3 世纪西安的战士就会进行武器零部件的组装；汉唐时期的皇家作坊，生产出了成千上万件绵延在亚洲丝绸之路上的丝绸制品；公元 1000 年左右中国生产的琳琅满目的瓷器充斥整个印度洋市场。另外，基于活跃了几个世纪的国际贸易经验——这一点与中国深入人心的封闭自守的形象恰恰相反，以及强大的生

---

① 巴托洛梅·德·麦地那（Bartolomé de Medina，1487～1595）在墨西哥（1555 年）和秘鲁（1572 年）引进了新的冶金技术，先将水银和银矿熔合，通过加热混合物，待水银蒸发后，得到纯银。

② 丹尼斯·O. 弗林、阿图罗·吉拉尔德兹：《衔"银"而生：1571 年世界贸易的起源》，《世界历史杂志》第 6 卷，1995 年第 2 期，第 202 页。

产力，中国能够灵活处理供需关系。举一个例子，景德镇的炉窑既可以生产出特供给朝廷和达官贵人的精细瓷器，也可以生产稍微粗糙、厚度适于长途跋涉（例如克拉克 Kraak 瓷器）、带有符合国外审美观装饰的瓷器以用于出口。① 在此，我们别忘了，在中国迅速按照美洲市场需求生产并出口日后风靡美洲的瓷器前，他们已经连续几个世纪向东南亚地区输出瓷器。

最后，还需补充一点，从古老的宋朝开始，中国就已经进入印度洋周边市场。印度洋是世界上贸易运输最繁忙的大洋，且有许多河流可以连接到亚洲内陆，众多商品在此集聚：阿拉伯的没药和熏香（这些香料滋养了亚洲诸神，无论是佛教、印度教、基督教，还是伊斯兰教）；波斯的马和钴（蓝色的钴后来用于制造青花瓷，在明朝时风靡全球）；阿富汗的青金石和鸦片（药用必需品）；印度的胡椒和棉花；锡兰的桂皮；朝鲜的姜；马来群岛种类繁多的香料，如樟脑、干石竹花、肉豆蔻等，这些都是中医基本配料。后来马尼拉大帆船把这些财富提供给了美洲和西班牙市场。

帕里安（Parián）的中国人

在最初的几年，无论西班牙人如何划定界限，中国人的贸易活动一直没有中断，何况中国与这些岛屿的商业活动已经成为传统。在《东西洋考》② 和《明实录》③ 中大量记载着在西班牙人到来之前，中国和菲律宾岛屿上几个主要公国的官方交往，特别是 15 世纪前 30 年间郑和下西洋时期中国和吕宋、彭加斯兰省的来往。尽管郑和下西洋之后明朝禁止海上贸易，但是，在菲律宾找到的大量瓷器证明，15～16 世纪期间，福建商人继续和菲律宾进行贸易。早在西班牙人到来之前，漳州出产的青花瓷④和德化出产

---

① 在于 1600 年沉没于马尼拉海湾的圣迭戈大帆船上，找到的大部分瓷器均符合这些特征。索萨莱斯·卡鲁阿纳、伊莎贝尔·门德斯：《1600 年圣迭戈大帆船的中国瓷器：商业与日常生活》（Sonsoles Caruana & Isabel Menéndez, "La porcelana china en el Galeón San Diego (1600): comercio y vida cotidiana"），《当月作品》（Piezas del mes），马德里航海博物馆，2006，第 168～170 页。

② 《东西洋考》，作者为张燮（1574～1640 年）。《明史》撰写过程中主要参考之一。

③ 《明实录》，收录了所有明朝统治期间的文件，在此基础上，17 世纪写成了《明史》。

④ 丽塔·C. 谭等：《菲律宾发现的漳州器具，16～17 世纪福建的"汕头"瓷器出口》（Rita C. Tan, Zhangzhou Ware Found in the Philippines: "Swatow" Export Ceramicas from Fujian 16th – 17th Century），马尼拉，2007。

的汉白玉就已经销往菲律宾。

明朝政府制定了一套特别的体系用来与外国交往：进贡和海禁。

所有想与中国进行贸易的国家都必须进贡，同时承认明朝的最高权力。一旦进贡，外国派遣队将受到热情款待和慷慨馈赠。为了减少交易损失，明朝规定了船只数量和随行人数。除却这些派遣队，其他海外贸易均是违法的。中国人不能航行到海外，如果不加入派遣队，外国人也不能进入中国。综上所述，中国的海外贸易，以前从未中断过，如今只能通过散居海外的中国人继续进行。随着 16 世纪欧洲人的到来，这批中国人数量有所增加。在马拉卡、马尼拉和巴达维亚陆续出现了唐人街。在马尼拉建立之后，西班牙人发现了 40 名中国移民和 20 名日本移民，此后菲律宾在华侨的商业网中扮演的角色日益重要。虽然此时，中国依然不鼓励海外贸易，甚至处罚定居海外的华侨，且明确禁止外国人进入中国。1572 年，"来了十艘东方帆船，其中三艘驶入这条河流，三艘去了文多洛（Vindoro），两艘去了巴拉扬（Balayan），还有两艘去了另外两个岛屿。在交易时他们比摩尔人享有更多自由和安全"。从黎牙实比的信中可以看出，在西班牙人到来很久之前中国人就来到了这些岛屿，而且，那时中国人同马尼拉的贸易与它同其他岛屿的贸易旗鼓相当。中国商船到达后便分散到不同的岛屿，它们来自散落在中国海岸线上的不同港口，从广东一直延伸到宁波。这条海岸线比福建的港口长许多，但此后不久，福建就成为此区域海外贸易的中心。这些商人非常熟悉地理，甚至徒手给黎牙实比画出整个海岸线的地图。[①]

在 1572 年，中国人首先是来调查市场的，"他们只带了一些样品，来看看我们喜欢买什么"，如丝绸、瓷器、面粉、糖、水果等基本商品。但是，他们马上发现新到来的这个客户群比当地土著居民更有购买力。"他们卖得很好，我们钱还没有花光他们就卖完了。面对这种情形，中国人甚是开心。"[②] 正如许多西班牙人和葡萄牙人一次又一次记录的一样，所有物品

---

① 1572 年黎牙实比写道：他们给了我一张海岸线地图，图上标出哪些村镇有人到这个岛上来进行交易。这些村镇从广东一直延伸到宁波。他们当着我的面徒手画了这张地图，没有使用圆规、标高和标尺。

② 赫南多·里克尔（Hernando Riquel）1574 年的手稿。见嫩德恩、克朗斯－汤普森编《海军档案馆文件与手稿集》（Nendeln and Krans-Thompson（ed.），*Colección de documentosy manuscritos del Archivo Naval*），1971，第 2 卷（7 号文档），第 247 页。

均很便宜。他们只想换钱。① 这一年，马尔多纳多（Maldonado）写了第一份西班牙语材料，直截了当解释了所有中国商品是多么便宜："所有物品的价格都极低，就好像免费一样。"②

除了提到有 12～15 艘来自大陆的船只到来之外，马尔多纳多还提供了另一条重要信息："除了黎牙实比提到过的物品（在西班牙和印度均可见到），他们什么都有。"这个评价很有意义，它意味着"来自中国的商船载满了铁、钢、锡、黄铜、铜、铅以及其他金属矿产，船上还载有一定数量的做工精良的铜制大炮及其他种类繁多、技艺精湛的商品"。

与此同时，在马尼拉，中国移民不断增多。由于其带来满足为数很少的西班牙人的所有需求的商品，提供了服务和劳动，中国人的到来非常重要，"他们中的很多人来到马尼拉只为工作，没有他们，很多必需的供给、商品和机械劳务供不应求"，③ 中国人日渐成为当地不可或缺的一个集体。不到半个世纪之后，在马尼拉，不仅制造大炮需要中国移民，制造许多用来巩固新西班牙武装力量的重要武器也需要中国移民。在后来的几个世纪，维拉克鲁斯和阿卡普尔科使用"马尼拉制造"的大炮来加强防御。我们可以追寻踪迹的最初的两位中国人均从事向马尼拉出口铁的贸易。第一位是前文提过的坎科，他向拉达讲述关于中国的情况；第二位是辛萨（Sinsay），他与福建当局有着密切关系，后来陪同拉达和洛阿尔卡到达中国。④

在最初的三十年间，共有 630 艘中国船在马尼拉靠岸，每艘船上有三百名中国人。这三十年间，共来了 19 万到 20 万人。大部分人在四个月后借着季风回到了中国，小部分人留了下来。⑤ 根据马尼拉城统治者提供的数据判断，1589 年在马尼拉的中国人已经有 4000 人（而此时该城市共有西班牙人

---

① 黎牙实比：《黎牙实比给总督的信》（Legazpi, *Carta de Legazpi al virrey*），1572 年 8 月 11 日，AGI 档案，1-1，2-24，No.1，R.23。

② 马尔多纳多：《给陛下的信》（Maldonado, *Carta a Su Majestad*），1572，AGI 档案，1-1-2/24，No.1，R.14。

③ 《退伍军人阿拉亚（Alaya）写给费利佩二世的信》，1585 年 6 月 20 日。

④ 胡安·基尔：《16、17 世纪马尼拉的中国人》（Juan Gil, *Los chinos en Manila, siglos XVI y XVII*），里斯本，2011，第 27 页。

⑤ 拉斐尔·贝尔纳尔：《马尼拉的中国殖民地，1570～1770》（Rafael Bernal, "The Chinese Colony in Manila, 1570–1770"），小阿方索·菲利克斯编《菲律宾的中国人》（Alfonso Felix Jr., *The Chinese in the Philippine*），团结出版社，1966，第 46 页。

和生于墨西哥的西班牙人 700 人）。不久之后，到 1600 年，这个数字上升到 15000；到 1603 年，达到了 25000 人。1650 年，马尼拉共有居民 42000 人，其中中国人 15000 人，西班牙人 7000 人，菲律宾人 20000 人。①

　　西班牙人开始极度害怕中国人——这种恐惧甚至让西班牙人对中国文化提不起任何兴趣，于是，他们时而限制中国人的数量（规定不超过 6000 人，这个目标从来没有实现），时而采取大屠杀（1603 年约有 25000 名中国人遇难，1639 年约有 23000 名中国人被杀害）。但是，中国人又回来了，而西班牙人再一次接纳了他们。原因很简单，因为殖民地日常生活正常运转需要中国人，因为他们是马尼拉大帆船的灵魂，所有在菲律宾的西班牙人正是因为这项有利可图的贸易才来到那儿。此外，我们不要忘记，所有留在菲律宾的中国人，每年需向西班牙殖民者缴纳 8 比索。有些官员欺压中国人，一年征收好几次，以此获利。

　　从 1573 年开始，菲律宾同中国的商业往来成倍增长。那年，从马尼拉出发的商船装载了 712 件丝织品和 22300 件中国瓷器到达新西班牙。紧随其后，马尼拉大帆船也加入了这项事业。而且，让西班牙人，尤其是塞维利亚人欢呼雀跃的是只需要用美洲白银就可以换得这些充斥墨西哥和秘鲁的商品。这项新生贸易造成美洲白银大量流失，甚至惊动了新西班牙总督。一开始，这位总督试图贬低中国丝绸，他断言："这是一项损害我们利益的贸易，因为他们只带来一些可怜的丝绸，大部分绸面绣着花花草草。"② 最后，他不得不遗憾地感叹："这项贸易的困难之一在于他们不能从新西班牙或西班牙带走任何一件他们自己没有的物品，因此我们只能用他们最看重的白银与之进行贸易。鉴于白银将流向另一个王国，不知陛下您是否允许。"③ 十三年之后，即 1586 年，当此项贸易已经无法阻止时，费利佩二世受这位总督轻蔑性意见的影响，发表意见说：鉴于从中国带来的丝绸没有丝毫用处，人们购买丝绸仅仅因为它便宜，此外中国人只想要白银，菲律宾和中国的这项贸易似乎可以中断。接下来的几个世纪中，笼罩在诸如此

---

① 丹尼斯·O. 弗林、阿图罗·吉拉尔德兹：《衔"银"而生：1571 年世界贸易的起源》，《世界历史杂志》第 6 卷，1995 年第 2 期，第 205 页。

② 《墨西哥总督给费利佩二世的信》，1573 年 1 月 9 日，见胡安·基尔《16、17 世纪马尼拉的中国人》，里斯本，2011，第 182 页。

③ 《墨西哥总督给费利佩二世的信》，1573 年 12 月 5 日。见 AHN 档案，第二部分，第 219 号。（AHN，Doc. Ind.，Secc. Div.，No. 219。）

类禁止命令的阴影下，马尼拉大帆船的船桨继续旋转着，船畔吹拂着西班牙遥远殖民地"服从但不执行"的特色海风。

西班牙人想像葡萄牙人在澳门一样，在中国海岸建立一个港口，由此无须通过中间方直接同中国做生意，从而降低成本。黎牙实比派遣马丁·拉达前往中国，无疑正是为了此目的。但是大帆船贸易获得的收益并没有让这些努力得以实现。16 世纪末，一个中国当地官员给过一个含糊的承诺，这似乎让西班牙人梦想能够拥有某个具体的小岛，比如广东省附近的皮纳尔岛（Pinal）。路易斯·佩霍斯·达斯马里涅斯（Luis Pérez Dasmariñas）曾经于一次海难后在这个岛屿上避难。但是西班牙人永远没有得到这个港口，部分原因在于澳门葡萄牙人的反对①，但主要由于 16 世纪末这个计划将直接损害马尼拉的利益。此时的马尼拉，由于大帆船贸易带来的财富，已经成为一个国际中转站。

不久中国人也登上了马尼拉大帆船。大部分人在船坞做搬运工、造船工，有不少人以水手、手工艺人、填塞船缝工和木匠的身份登船，还有人或许是充当医生。② 中国人在墨西哥从事的最初的职业之一为医生兼理发师。从 1592 年开始，大帆船的文件中出现了登船的"中国土著民"的名单。那些最后留在阿卡普尔科的中国人，曾经在船上充当木匠。③ 根据贡萨雷斯·德·门多萨（González de Mendoza）的证词，④ 我们确定在 1585 年前在墨西哥和西班牙已经有 85 位中国人，何塞·德·阿科斯塔（José de Acosta）在《印第安自然和道德史》一书中也证实了这一说法。

从 1581 年开始，对中国人的恐惧促使当局把他们囚禁在一个专属中国人的小区，即位于城区内的帕里安（Parián）。整个小区呈正方形，让人想起客家人在毗邻广东和福建地区建造的大堡垒。这个堡垒中心有一块空地，

---

①　安东尼奥·德·莫尔加：《菲律宾群岛纪事》（Dr. Antonio de Morga, *Sucesos de las Islas Filipinas*），马德里，1910，第 81 页。

②　小爱德华·R. 斯莱克：《新西班牙的中国化：古代中国通过 Nao 帆船对殖民地墨西哥产生的影响》（Edward R. Slack Jr., "Sinifying New Spain: Cathay's influence on colonial Mexico via the Nao de China"），《海外华人杂志》（*Journal of Chinese Overseas*）第 5 卷，2009 年第 1 期，第 5~27 页。

③　胡安·基尔：《16、17 世纪马尼拉的中国人》，里斯本，2011，第 277~284 页。

④　胡安·贡萨雷斯·德·门多萨：《中华帝国显著标志、礼仪及风俗历史》（Juan González de Mendoza, *Historia de las cosas más notables, ritos y costumbres del gran reyno de la China*），马德里，1585，第三册，"第七章"。

紧连帕西格河。帕里安有一些低矮门廊，门廊里散落着百来间店铺，在店铺上方则是成千上万个中国人的住房。① 大堡垒由木材和芦苇建成，经常着火（这个结局把它与马尼拉联系在一起），多次被火摧毁。帕里安成为一个典型的唐人街，里面有餐馆、节日庆祝活动的场所、剧院，设施齐全，自给自足，甚至还有自己的印刷厂。菲律宾最早的书籍（既有汉语也有西班牙语）就由这些印刷厂印制。这个小区非但没有沦为城市边缘地带，反而成了马尼拉的商业中心：中国人对零售商业的垄断孕育了针对他们的排外情绪的萌芽。

中国帆船在每年三月到五月期间离开马尼拉，这些帆船大部分来自福建泉州和厦门、广东以及澳门。这些地方距马尼拉 650～700 海里，航程 15～20 天。最初，西班牙人强制要求所有从中国来的商品堆成一堆，由两三个统治者身份的人买下。但是，从一开始西班牙人便不遵循这项规定。他们慢慢要求中国人按照预定价格带来商品，或者在船只进入马尼拉港口前就卸货。尽管该项强制措施在 1593～1696 年始终保持，但始终是一纸空文。实际情况却是：所有来到菲律宾的人都想分得马尼拉大帆船的一杯羹，最初仅受限于个人的购买力。正因如此，许多人都去贷款购买商品。而提供贷款服务的恰恰是帕里安的中国人——1603 年的大屠杀背后很有可能隐藏着这层原因，如同中世纪对犹太人的大屠杀一样。从 17 世纪开始，贷款主要来源于教会资产。这些教会资产最初由一些用于慈善事业的遗产捐赠组成，但几乎立刻用来为马尼拉大帆船提供资金，贷款利率从 20% 到 50% 不等。②

大帆船的载货

16 世纪最后几十年，马尼拉已经占据当时全世界最得天独厚四个点的中心位置：北方来的中国丝绸和瓷器，南方来的摩鹿加群岛的干石竹花、肉豆蔻及其他香料，西方来的印度棉花和东南亚象牙（一般通过第三方中

① 米拉格罗斯·格雷罗：《菲律宾的中国人》（Milagros Guerrero，"The Chinese in the Philippines"），见小阿方索·菲利克斯编《菲律宾的中国人》（Alfonso Felix Jr.，*The Chinese in the Philippines*），马尼拉团结出版社，1966，第 26～29 页。
② 威廉·舒尔茨：《马尼拉大帆船》（William Schurtz，*El Galeón de Manila*），马德里，1992，第 170～171 页。

国人），① 东方来的无穷无尽的美洲白银。他们用白银把所有货物买下，然后再销往美洲。马尼拉特殊的历史地位在于它同时扮演两种角色：第一，这儿会聚了两股无限的需求（美洲对中国丝绸的狂热，中国对美洲白银的渴求）；第二，它也是中国和西班牙统治者的碰撞点，两个王朝当时都采取措施极力限制双方直接进行贸易。

为了限制中国商品的数量，减少其与西班牙商品在墨西哥市场的竞争，同时防止白银过多流向中国，大帆船贸易必须取得许可，或遵循一定的出口配额。按照最初的规定，出口配额价值相当于马尼拉 25 万比索。这个数字足够维持西班牙在马尼拉的殖民统治，但却远远不能满足墨西哥市场的需求。② 商品到达墨西哥后价值便翻一番，同时授权的出口配额也在不断增加：1702 年为 30 万比索，1734 年为 50 万比索，1776 年为 75 万比索。实际贸易量总是比这大很多，有时甚至是配额的两倍、三倍，达到 150 万到 300 万比索。③ 1734 年，在抓获的"圣特立尼达"号上发现的货物是授权配额的两倍。

关键问题在于怎样分配帆船的可利用空间。直到 1604 年，这项权力还专属于统治者，此后成立了分配委员会（由统治者、法院、教士会和大主教组成，分别代表西班牙王室、教会、城市和商人）。帆船内部平均分为 4000 个空间，同时设计一些类似座位票的票据，一张票对应一个空间，每个空间平均装载价值 125 比索的货物。但全世界都知道实际价值远不止这些。在阿卡普尔科，人们认为一个空间价值为 250 比索，菲律宾当局认为每个空间价值达 1500 ~ 2000 比索。最后，大帆船实际远不止按照规定只有 4000 个空间，而是 18000 个。

帆船空间分配过程中最大的受益方永远是菲律宾统治者，在某些极端情况下，他与由其提名的帆船公职人员一起瓜分整条帆船的装载量。即使在正常情况下，他们也需使用帆船三分之一的空间。正因为如此，任命帆船工作人员成了马尼拉统治者的肥缺之一：要么明码标价出卖职位，要么

---

① 在现代，这句话最全面地描述了当时从四方到达马尼拉的所有产品。莫尔加在其著的《菲律宾群岛纪事》中阐述了中国帆船带来的商品。

② 约翰·维利尔斯：《丝绸与白银：16 世纪的澳门、马尼拉和中国海的贸易》（John Villiers, *Silk and Silver: Macau, Manila and Trade in the China Seas in the Sixteenth Century*），皇家亚洲学会香港分会，1980，第 74 页。

③ 威廉·舒尔茨：《马尼拉大帆船》，马德里，1992，第 162 页。

把职位换成装载空间，以扩大其影响。但马尼拉统治者并不独占这个肥缺，而是和墨西哥总督一起分享。由于许多帆船公职人员到达阿卡普尔科后擅离职守，墨西哥总督必须任命回程帆船的职位安排。作为一个固定的团体，教士阶层才是帆船贸易最大的受益方。他们要么是通过大主教或教会，要么是通过修道会（特别是奥古斯丁会）的命令或教会捐资得到了这些安排。

最初，马尼拉所有人均有同等权利获得空间票。但从一开始那些需求更多装载空间的人便四处购买空间票，同时存在一个倒卖空间票迅速盈利的团体。慢慢地越来越少的人能够获得这些空间票：1596 年为 194 位，到 1767 年下降到 28 位。自 1769 年领事馆成立以来，这种情况得到巩固。领事馆垄断了帆船空间票，仅分发给其会员商人。18 世纪时，只有少数拥有殷实资产的家族能够得到教会捐资。此外，墨西哥和秘鲁富商在马尼拉开设代理处，他们之间的非法竞争日渐白热化。①

每年，当帆船空间分配完毕、货物购买妥当，心灵手巧的中国人便开始小心翼翼地装船，让原本划定的空间作用发挥到极致。装船结束后，这些小空间便保持封闭，里面的货物也只是口头说明，在马尼拉和墨西哥都没人检查。即使在阿卡普尔科这种"中国式陷阱"被揭发，也没人关心。如此小伎俩一使，一条帆船的收益将在 100% ~ 300% 之间。1620 年，一担丝绸在马尼拉以 200 比索买下，在利马能卖到 1950 比索。帆船到达阿卡普尔科后，需要支付 10% 的入关费。随后，这笔钱将作为墨西哥资助菲律宾管理的年度津贴的一部分重新回到马尼拉。连续两个半世纪，墨西哥一直保持明显的贸易赤字。但不能只考虑这给宗主国带来的负担，因为菲律宾能幸存到西班牙帝国最后一刻，这本身直接关系到墨西哥官员和商人的利益。②

大帆船航线上每年只有两艘帆船出航："船长"号（上面坐着舰队首长）和"上将"号。1593 年，西班牙当局颁布了一系列法律，用以整顿大

---

① 18 世纪，墨西哥商人已经开始个人或合伙直接参与所有与帆船装载量分配相关的环节。卡门·尤斯特：《跨太平洋商业中心，马尼拉的墨西哥商人，1710 ~ 1815》（Carmen Yuste, *Emporios transpacíficos，Comerciantes mexicanos en Manila，1710 – 1815* ），墨西哥国立自治大学历史研究所，2007，第 14 ~ 15 页。
② 凯瑟琳·比约克：《西班牙与菲律宾的联系：墨西哥商人的利益与马尼拉贸易，1571 ~ 1815》（Katharine Bjork, "The link that kept the Philippines Spanish：Mexican Merchant Interests and the Manila Trade, 1571 – 1815"），《世界历史杂志》（*Journal of World History*）第 9 卷，1998 年第 1 期，第 39 页。

帆船贸易，其中规定每艘帆船的最大载重量为 300 吨。但随着时间的推移，商人在利益的刺激下，不断增加帆船装载量。17 世纪，载重达到 1000 吨；18 世纪上升为 2000 吨。这些帆船宽度极大，船头和船尾甲板平阔，看上去像极了一座座海上城堡。菲律宾拥有条件良好的海港（甲米地、彭加斯兰、民都洛岛）和质量上乘的木材，同时还有充足的劳动力（由菲律宾人提供一定份额的义务劳动）解决砍伐木材和造船厂的劳工需求，因此，帆船都在这儿生产。帆船为柚木结构，肋骨、龙骨和船舵为菲律宾莫拉菲木，外层再覆盖实木。由此造出来的船只坚实，足以反弹一颗炮弹。1762 年，"圣特立尼达"号被俘获时船身被上千枚炮弹击中，但却未造成重大损失。船上所用的索具由牢固而又灵活的蕉麻纤维做成，金属材料则由中国人负责提供。

帆船的所有权始终属于国家。造船和船只维修消耗巨大，给西班牙国库造成沉重负担，因此许多人提议把帆船转让给私人。但是这些提议均被官员逐一驳回，因为他们是这项贸易的最大受益者。帆船本身的牢固性，官员的干涉及缺乏船只改良动力，造成船只设计和航线单一、变化极少。16～18 世纪，从马尼拉到阿卡普尔科的平均航行时间一直保持在六个月，而在此期间世界航海速度已经大为提升。大帆船航速慢的部分原因在于在海上航行时，一些不懂航海的人（政府任命的公职人员、收货方代表）也参与决策。这些人极度谨慎，不敢冒险。因此，东西往返航线与出航线之间始终保持在 20°，从未变更。即使夏威夷就处于往返航线的中心，来来往往的帆船均没有发现它。而 1527 年萨阿维德拉舰队已经远远望见这些岛屿，1542 年维拉罗伯斯舰队还在此碇泊。

一艘帆船约有 150 名船组人员，其中大部分为菲律宾人，与西班牙人相比，他们之间的比例为 5∶1。这些菲律宾人大多营养不良（即使在粮食普遍短缺的情况下，食物永远只出现在统治阶层的餐桌上），极度贫穷。他们只穿一身衣服登船，几个月后，衣服就变成了破布条，几股海风便让他们通体赤裸。到达高纬度时，每天早上都有三四人冻死在船上。① 大部分最后存活下来的菲律宾人，到达阿卡普尔科时便离开了大帆船。1587 年，在墨西哥驶向加利福尼亚的探险队中出现了"吕宋印第安人"，也称为"我们的

---

① 赫南多·德·洛斯里奥斯·科罗内尔：《给国王的备忘录》（Hernando de los Ríos Coronel, *Memorial al Rey*），1608。

印第安人",以便与"美洲印第安人"区分。[①] 在菲律宾的西班牙人基本上没有出海传统,也不会把他们的子孙送上船磨炼。因此,他们在船上残酷压迫水手和船员。1593 年,在驶向马卢科途中,戈麦斯·佩雷斯·达斯马里涅斯(Gómez Pérez Dasmariñas)被船上起身反抗压迫的中国船员杀害。

为了保护大帆船不受亚洲海域的海盗(基本来自日本)和加利福尼亚海岸的荷兰人、英国人等的攻击,帆船上装备了大炮等武器。西班牙派遣士兵驻扎加利福尼亚,建立第一个据点,管理领地和教区,另外一个任务便是监督海上情况,及时通知帆船是否有可疑船只出没。按照规定,一艘帆船必须平均装备 40 门大炮。但如此多大炮会加重帆船重量、减少货物存放空间,因此该规定极少被执行。"圣特立尼达"号大帆船就是一个典例:帆船重 2000 吨,仅装备 6 门大炮;康沃尔人一艘小船上装备了 60 门大炮,不费吹灰之力便将"圣特立尼达"号制服。[②]

大帆船航线

帆船载满货物之后开始向日本出发,寻找北纬 30°~37°间的日本暖流。好几次帆船在日本海岸搁浅。季风开始的第一个月飓风和菲律宾龙卷风频繁,到 6 月 24 日"圣胡安节",帆船必须起航。从马尼拉湾出发,途经马里韦莱斯岛,这段航程持续两个月,此间航向不转向北。部分原因在于卡加延和布支杜尔角一带日本海盗肆虐,主要原因在于帆船可以和途经岛屿进行走私活动。这段航程漫长而危险,帆船沿途停靠民都洛岛、马斯巴特岛、班乃岛、提卡奥岛等岛屿。在此两个月间,成群结队的小船靠近大帆船,兜售无须缴纳关税的货物,帆船载重一度达到极限。

最后,几经延误、严重超重的帆船穿过圣贝纳蒂诺海峡,进入太平洋。赫梅利·卡雷利(Gemelli Careri)于 1699 年随船航行,当看到海水像被烈火烧开的滚水一样沸腾时,他不禁双腿打颤。[③] 如果帆船延误时间过长,被

---

① 埃洛伊萨·戈麦斯·博拉:《1587 年在乌纳穆诺的加利福尼亚探险中的菲律宾人》(Eloisa Gomez Borah, "Philipinos in Unamuno's California expedition of 1587"),《美亚杂志》(*Amerasia Journal*)第 21 卷,1995 年第 3 期,第 180~181 页。

② 威廉·舒尔茨:《马尼拉大帆船》,马德里,1992,第 293 页。

③ 卡雷利说:"当我看到海水像被烈火烧开的滚水一样沸腾时,我不禁双腿打颤。"见卡雷利《世界环游记》(Gemelli Careri, *Giro del Mondo*),泰尔佐图书,1708,第 5 卷。

飓风俘虏，就会冒"到港"的危险，即被迫返回马尼拉港。这将给帆船的货物投资方带来灾难性的经济损失。如果帆船能够安全经过马里亚纳群岛附近的海底深沟，则可以顺利航向日本。但是，遭遇台风的危险极高。一旦帆船在日本海岸搁浅，所有货物将付诸东流，因为日本人将强行没收所有抢救回来的货物。帆船到达日本所在纬度时，应当即刻顺着日本暖流朝向加利福尼亚航行。这段航线与阿卡普尔科—马尼拉航线不同，途中波涛汹涌，路途遥远，历时六个月。按照前文提到的赫梅利·卡雷利的说法，"这是世界上最长、最恐怖的航海"。尽管帆船出航时带了大量蔬菜——一些材料写到"帆船像一个个浮在海面的菜园子似的"，但由于暴风雨不断袭击，加之旅途遥远，帆船的蔬菜储量最后总被消耗殆尽，剩到最后的总是巧克力。事实上，由于从马尼拉到阿卡普尔科的航程遥远而艰难，亚洲的蔬菜产品无法传播到美洲；而反向航线较短较易，美洲的蔬菜产品很快传播到亚洲。16 世纪末以前，中国已有烟草和玉米。[1]

帆船上 30%～40% 的船员命丧马尼拉—阿卡普尔科旅途，伤亡率达到60%～75% 也不足为奇。有些时候，帆船几乎成了"幽灵之舟"，一块真正的、漂浮在海面的墓地，例如那艘搁浅在瓦图尔科海域的帆船。[2] 即使已经遥见加利福尼亚海岸，帆船只能在到达阿卡普尔科后才能靠岸卸下货物，以此确保所有货物支付 10% 的入关税。帆船靠岸时，圣迭戈堡垒首先发出通知，帆船进入阿卡普尔科湾。这个海湾的轮廓与马尼拉湾类似，水域极深，没有船只会在此搁浅。帆船一般 12 月中旬到达，届时所有墨西哥大商号的代表和来自秘鲁的满载白银的船只在此恭候帆船。这就是名扬四海的阿卡普尔科集市，此后几个月间，10000 多人聚集此地，把这个尘土飞扬的小镇变成当时世界上最热闹的集市之一。交易完成之后，大部分尚未拆包的货物开始"中国之路"：一条连接阿卡普尔科和首都墨西哥城的小路，由于直到 18 世纪才通车，在此之前货物只能由一群群骡子运输。

---

① 传播过程并不迅速。虽然门多萨十分肯定地说 1585 年中国收取的关税中有一部分由玉米代替，但这只是他在没有直接了解中国实际情况的前提下，插入他于 1577 年发表的关于埃斯卡兰蒂（Escalante）的文章中的一句话。

② 皮埃尔·肖尼：《马尼拉大帆船：丝绸之路的伟大与衰落》，《编年史》，1951，第 4 卷，第453 页。

16 世纪末，由于帆船贸易给墨西哥带来巨大利益，总督府千方百计阻止马尼拉和秘鲁的卡亚俄直接联系。① 1593 年、1595 年和 1604 年，秘鲁和马尼拉之间的直接贸易一再被禁止。不久之后，在 1609 年、1620 年、1634 年、1636 年和 1706 年，墨西哥总督一再颁布法令禁止墨西哥和秘鲁之间的贸易，这些条条框框直接影响了两地贸易的连续性。虽然，从阿卡普尔科到卡亚俄，船只逆流而下，途中海风肆虐，航程相比从阿卡普尔科到马尼拉更长更危险，② 但是利马来的商船从未停止。它们要么通过默许地下走私，要么通过第三方从中斡旋。墨西哥对太平洋航线的垄断无疑损害了秘鲁的利益，但塞维利亚对大西洋航线的垄断对它的损害更大。秘鲁的供应严重依靠不受检查的船只，在相当长时期内，这些船只固定向秘鲁供货。正所谓"上有政策，下有对策"，利马商船就像墨西哥白人的商船一样，满载丝绸。

3 月底之前，帆船再次从阿卡普尔科出海。航线保持在北纬 10°~13°之间，旅途安全有序，完全符合"太平"洋的称号，水手们称之为"贵妇洋"。大帆船东西往返的两条航线之间纬度相差 20°。返回马尼拉的航程历时三个月，是去程的一半，主要由于路途短了几千海里：两个月可以到达马里亚纳群岛，再过十五天后到达恩博卡德罗（Embocadero），再过几个星期即可望见马尼拉。③

船上货物

丝绸是帆船上最重要的货物。根据安达卢西亚绸缎庄怒气冲冲的抗议可以判断出，两个世纪前墨西哥输入的丝绸主要来自西班牙格拉纳达。到了 16 世纪，中国丝绸开始出现在墨西哥。首先，中国的生丝在很短时间内致使米斯特卡阿尔塔（Mixteca Alta）的生丝产业破产，虽然 16 世纪墨

---

① 1581 年和 1582 年间，菲律宾地方长官贡萨洛·荣基略（Gonzalo Ronquillo）直接派遣两支船队从马尼拉驶向卡亚俄。

② 阿尔瓦罗·亚拉：《西班牙帝国统治下美洲与东方的联系与交换》（Álvaro Jara, "Las conexiones e intercambios americanos con el Oriente bajo el marco imperial español"），载佛朗西斯科·奥雷格·比库尼亚编《透视太平洋地区》（Francisco Orrego Vicuña（ed.），*La Comunidad del Pacífico en Perspectiva*），智利大学国际学院，1979，第 50 页。

③ 威廉·舒尔茨：《马尼拉大帆船》，第 252 页。

西哥种族大屠杀对于极需劳动力的丝织业也是一个致命打击。① 从 17 世纪起，大量印花和刺绣纺织品、服装和装饰制成品运至墨西哥。与其他货物一样，纺织品的主要消费群体为教会人士，祭坛和教堂购买的丝质十字褡和桌布成倍增长。② 洪堡（Humboldt）在阿卡普尔科集市的观察也证明了丝绸在所有帆船货物中的绝对优先地位：帆船所载货物有穆斯林纱、印花纺织品、普通棉质衬衫、生丝、中国产的丝质长袜、广东或马尼拉中国人制作的银雕品、调料和香料③。因为也有棉织品，所以不难理解为什么全社会，甚至最贫穷的印第安人最后都能穿上帆船运来的纺织品；同时也解释了为什么在印度（虽然比中国少）也能发现大量价值 8 个雷亚尔的比索。

大量黄金刺绣丝绸披身、用象牙制成面部和手部的圣母像穿越太平洋来到东方，这证明了教会对消费帆船货物的重要性。当然，十字架耶稣像也很常见：墨西哥制作的巴洛克式耶稣像大小各异，与欧洲制作的体型僵硬、面部神圣、哥特式耶稣像大相径庭。此外，还有大量象牙制成的儿童耶稣像：眼睛微张，脸颊伏于手掌，让人想起涅槃的佛陀（虽然佛陀盘腿而坐）。

墨西哥现存最早的中国瓷器源于 16 世纪末的万历年间，但一米来高的大件中国瓷花瓶到 17 世纪才陆续到来。④ 一小部分瓷器继续运往维拉克鲁斯（Veracruz），在此装上西印度船队，最后到达塞维利亚。费利佩二世收藏了三千多件中国瓷器。⑤ 但大部分瓷器销往沿途各地：在墨西哥城和维拉克鲁斯之间的普埃布拉（Puebla），瓷器业得到繁荣发展。此地的瓷器业最

① 伍德罗·博拉（Woodrow Borah，1943，第 90~94、99~100 页，转引自阿尔瓦罗·亚拉《西班牙帝国统治下美洲与东方的联系与交换》（Álvaro Jara，"Las conexiones e intercambios americanos con el Oriente bajo el marco imperial español"），载佛朗西斯科·奥雷格·比库尼亚编《透视太平洋地区》（Francisco Orrego Vicuña（ed.），La Comunidad del Pacífico en Perspectiva），智利大学国际学院，1979，第 35~67 页。

② 贡萨洛·欧布雷贡：《东方艺术在新西班牙的影响与反影响》（Gonzalo Obregon，"Influencia y contrainfluencia del arte oriental en Nueva España"），《墨西哥历史》（Historia Mexicana），墨西哥学院历史学中心，第 14 卷 1964 年第 2 期，第 299 页。

③ 亚历山大·冯·洪堡：《关于新西班牙的政治随笔》（Alexander von Humboldt，Ensayo político sobre el reino de la Nueva España），墨西哥，1966，第 488 页。

④ 贡萨洛·欧布雷贡：《东方艺术在新西班牙的影响与反影响》，第 167、294 页。

⑤ 索萨莱斯·卡鲁阿纳、伊莎贝尔·门德斯：《1600 年圣迭戈大帆船的中国瓷器：商业与日常生活》，第 167 页。

先从塔拉维拉（Talavera）吸收灵感，到 17 世纪就开始模仿从此经过的中国瓷花瓶的外形和装饰。中国瓷器声名远扬，即使是碎片也被用来装饰建筑物和纪念碑，如墨西哥城郊圣·安赫尔（San Angel）的"里斯科之家"。

中国人按照西班牙人审美观制造的家具在帆船上也有一席之地：如 16、17 世纪的雕花立橱，这是一种带有许多抽屉的矮橱，表面饰有大量黄金和紫胶，多数镶有黄铜。如今，在墨西哥还能找到这样的立橱。和许多家具一样，大部分雕花立橱被教会购买，作为圣器。虽然墨西哥禁止商业代表前往马尼拉，但很显然教会比其他人更容易避开法律规定：奥古斯丁修士为墨西哥的圣奥古斯丁修道院的牧师大厅购买了一整套做工精细的椅子，[①]大主教订购了一批产自澳门的令人称奇的金属制唱诗班栅栏和走廊，这些金属制品至今仍保存在墨西哥大教堂。[②] 方济各会也没有被禁止法令吓倒：1781 年，帆船带来 22 个箱子，运往加利福尼亚的方济各会教区。这些箱子装满了神龛、十字褡、圣杯、祭坛桌布、三尊祭坛受献圣石、九尊不受献圣石、锦缎华盖、纺织品、帷幔、装饰品和一幅多洛内斯圣母像。我们之所以如此了解这些货物，是因为帆船在入关时碰到了麻烦：海关在排查教会用品时，发现了 30 箱走私烟草和 2000 支走私雪茄。[③]

从阿卡普尔科开往马尼拉的帆船所载货物品种相对较少：除了满载船舱的白银，少量空间用来装载胭脂红、可可和葡萄酒。[④] 诚如洪堡所述：回程帆船满载白银和修道士。[⑤] 由于缺乏文件记载，18 世纪前帆船实际所载白银没有确切数据，但按照常规计算每年约 200 万比索白银。[⑥] 这并不是美洲白银流入中国的唯一通道：葡萄牙人把美洲白银运过好望角，然后通过荷

---

① 贡萨洛·欧布雷贡：《东方艺术在新西班牙的影响与反影响》，第 297 页。

② 小爱德华·R. 斯莱克：《新西班牙的中国化：古代中国通过 Nao 帆船对殖民地墨西哥产生的影响》，第 15 页。

③ 约翰·高尔文：《马尼拉对加利福尼亚使者的供给》（John Galvin, "Supplies from Manila for the California Missions, 1781 – 1783"），《菲律宾研究》（Philippine Studies）第 12 卷，1964 年第 3 期，第 494~510 页。

④ 阿尔瓦罗·亚拉：《西班牙帝国统治下美洲与东方的联系与交换》，第 61 页。铜、胭脂红和可可所占空间不到 10%。

⑤ 亚历山大·冯·洪堡：《关于新西班牙的政治随笔》，墨西哥，1966，第 489 页。

⑥ C. R. 博克塞：《来自亚马逊的大船，澳门与古代日本贸易编年史，1555~1640》（C. R. Boxer, The Great Ship from Amazon, Annals of Macao and the Old Japan Trade, 1555 – 1640），里斯本海洋历史研究中心，1963，第 170 页。

兰人将之送往中国；同时，通过奥斯曼帝国和中亚各国，也有船只满载白银靠近中国海岸。

白银流入中国后，一部分留在沿海各省。随后，这些地区的手工业，从印刷业、金银器业到瓷器业、高精纺织业，繁荣发展。这一现象证明了沿海省市比内陆地区更加受益于这股资金的流入。用白银流入量来衡量中国历史进程似乎困难不少：明朝的灭亡也许和白银流入量减少、购买力下降不无关系，加之同一时期发生了许多政治事件，如荷兰独立、葡萄牙独立、英国革命等。正如17世纪末，由于美洲白银的流入，清朝得以在中亚扩张。但是，我们还远未能够在现有基础上继续探究出马尼拉大帆船的复杂性。

［作者简介：多洛斯·弗尔克（Dolors Folch），西班牙著名汉学家，历史学博士，巴塞罗那庞贝·法布拉大学荣誉教授。译者简介：戴娟，上海外国语大学西班牙语系硕士研究生］

马尼拉大帆船：一个文明的摇篮

〔菲〕费尔南多·西亚尔西塔 著 戴娟 译

内容提要：除了沟通几大洲，马尼拉大帆船贸易让西班牙帝国最遥远的领地——菲律宾形成一种混血文化成为可能。受到新西班牙白银的吸引，一批数量众多的中国人最终定居于菲律宾群岛。得益于西班牙传播天主教的政策、混血婚姻的合法化以及学术指导，许多中国人与欧洲人、原住民通婚混居。18～19 世纪在菲律宾涌现的服饰、饮食、建筑、社会习俗和语言体现了这种混血文化。

关键词：混血文化 马尼拉大帆船 菲律宾群岛 原住民

"我们是从马尼拉大帆船开始成为菲律宾人的。"[①] 菲律宾一位最具远见和洞察力的作家尼克·华金（Nick Joaquín）如此写道。本文旨在证明这一观察是正确的。

以下因素需要澄清：（1）西班牙人到来之前菲律宾群岛上的一个或多个土著文明；（2）西班牙统治时期促进新文明形成的因素；（3）18～19 世纪时期形成的、对当今菲律宾人日常生活意义重大的新的文明特性。

参考文献主要来自那一时期的原始资料、特殊主题的专业研究以及笔者作为人类学家对一些文化现象的入微调查。

[①] 尼克·华金：《马尼拉：我的马尼拉：给年轻人的马尼拉历史》（Nick Joaquín, *Manila: My Manila: A History for the Young Manila*），马尼拉，1990，第 36 页。

前大帆船时期

1565 年之前菲律宾群岛的文化状况如何？让我们从以下几个看似浅显的角度进行思考：（1）地理；（2）土著民和语言宗系；（3）日常生活；（4）经济；（5）政治。

为了不使本文复杂化，笔者将避开苏丹国所在地（棉兰老岛和苏禄岛），集中分析受马尼拉大帆船影响的地区，即西班牙化的地区，如吕宋和米沙鄢群岛。

为了让大家更加清晰地了解我们群岛的复杂地形，我们主要关注两种地理因素：7100 个岛屿和将内陆与岛屿分开的山区。直到不久之前，约1970 年，这些山区还保持高森林覆盖率。那时从一个岛屿内部穿过非常困难。但同时，交通闭塞导致许多部落几乎与世隔绝，哪怕很近的部落之间也没有联系。这种现象造成了语言多样性，目前在菲律宾有 185 种语言。由于一种语言牵涉一个特定的语境，因此也造就了文化多样性，即思考和行为方式多样性。但是，海洋把我们紧密联系在一起，因为在海岛环境下，所有通道均为水路——海运、河运。同样，海洋沟通了我们与亚洲大陆和太平洋其他地区的联系。

在黎牙实比到达之前，岛屿上居住着两种人：在山区、雨林和隔绝的海岸分布着以狩猎和捕鱼为生的尼格利驼人，他们被称为阿提、阿格塔或阿塔；在沿海、平原和山区低矮山坡居住着占人口大多数的太平洋岛民。①这些土著民热爱海洋，在木桩上建起木板房和芦苇房。在洪水泛滥时，木桩可以保护房子，同时有利于房子临水而建，便于捕获唯一提供蛋白质的

---

① 在谈到菲律宾、马来西亚和印变尼西亚的非尼格利驼土著民时，常使用"马来西亚人"这一名字。但在我们人类学家看来，这是一个非常大的错误。在马来西亚和印度尼西亚，"马来西亚人"仅指一个民族，而不包括巴厘岛人、爪哇人和摩鹿加人。通常"马来西亚人"都是穆斯林。用"太平洋岛民"来指代这一庞大民族更加贴切一些。根据专家皮特·贝尔伍德《印度－马来西亚群岛史前史》（Peter Bellwood, *Prehistory of the Indo-Malaysian archipelago*, 学院出版社, 1985）的研究，至少在公元前 4000 年前，太平洋岛民就已经出现在台湾。其中一支渡过海洋来到吕宋，随后在菲律宾、马来西亚和印度尼西亚开枝散叶。但是这个术语并不是十分理想。因为菲律宾群岛的尼格利驼人已经不再使用"前太平洋岛语"了。他们遗忘了原先的语言，而用"太平洋岛语"替代。但是，有些尼格利驼人最初并不是纯正的"太平洋岛民"，如塔加拉人、伊洛克人和比萨扬人等。

食物——鱼。菲律宾人驾着轻舟轻而易举便可穿越海洋，单薄的船舷有利于船体平衡。他们穿着热带地区服饰，1590 年的博克塞手抄古籍①用最早的图像描绘了菲律宾土著民的形貌。男性穿着阔短裤和巴罗上衣（一种敞开的衬衫，长度稍过腰部，衣袖到达肘部），头顶绑着头巾。② 女性穿巴罗上衣和管状长裙，由于穿着方便，这种长裙在东南亚很普遍。菲律宾人在石像、古木像或动物（如鳄鱼）像前祭祀，召唤祖先的灵魂。③

　　太平洋岛民用两种方式种植水稻：（1）收割焚烧法，（2）浇灌法。④由于岛上地形崎岖，雨林遍布，第一种种植方法更为普遍，因为不需要复杂的工具，如犁（当时在吕宋和米沙鄢群岛还未出现犁）。在贝湖周围采用浇灌法，因为每年湖水会定期溢出。⑤ 在吕宋岛和米沙鄢群岛几乎没有大的河流，比如像中国的黄河，黄河可以提供水稻浇灌种植所需条件，周围人口密度大，能够产生城市文明。

　　由于收割焚烧法更为普遍，农场每隔三年迁移到雨林别处，造成人口分散、聚集性低。根据方济各会成员胡安·德·普拉森西亚（Juan de Plasencia）1589 年的记载，⑥ 当时菲律宾最普遍的政治单位为巴兰加（Barangai）。一个巴兰加包含 30～100 个家庭，由来自首要家庭的达图（datu）领导。在塔加拉地区，4～12 个巴兰加组成一个村落（Chirino ［1604］1969）。财富最多的一位成为最高领导人，地位在其他达图之上，人类学家后来称之为"首领"。但是，每个达图领导的教民都只忠

① 博克塞手稿：《早先菲律宾居民的礼仪、风俗与信仰，〈16 世纪晚期马尼拉手稿〉节选》（Boxer Codex, "The manners, customs and beliefs of the Philippine inhabitants of long ago, being chapters of 'A late 16th century Manila manuscript'"），卡洛斯·基里诺、毛罗·加西亚翻译，《菲律宾科学杂志》（The Philippine Journal of Science）1960 年第 87 期，第 325～453 页。

② 安东尼奥·莫尔加：《菲律宾群岛纪事》（Antonio Morga, Sucesos de las Islas Filipinas），雷塔纳编，马德里维克托利亚诺·苏亚雷斯通用书店，1910，第 173 页。博克塞手稿（同上）。

③ 奇里诺：《菲律宾群岛关系/1600 年的菲律宾》（Pedro S. J. Chirino, Relación de las Islas Filipinas / The Philippines in 1600），马尼拉历史保护协会，1969，第 61～62 页。阿尔辛娜：《比萨扬群岛阿尔辛娜历史的穆尼奥斯文本》（Francisco Ignacio Alcina, The Muñoz text of Alcina's history of the Bisayan Islands），1668，第 1～4 册。

④ 阿尔辛娜：《比萨扬群岛阿尔辛娜历史的穆尼奥斯文本》（Francisco Ignacio Alcina, The Muñoz text of Alcina's history of the Bisayan Islands），第 3 卷，1668。

⑤ 奇里诺：《菲律宾群岛关系/1600 年的菲律宾》（Pedro S. J. Chirino, Relación de las Islas Filipinas / The Philippines in 1600），马尼拉历史保护协会，1969。

⑥ 胡安·德·普拉森西亚：《无题》（No title）。转引自安东尼奥·莫尔加《菲律宾群岛纪事》，第 471～475 页。

于自己最直接的领导，而非最高首领。可以称之为 1565 年前吕宋和米
沙鄢群岛上的国家吗？或者只是一个个酋邦？关于这个问题，现在也有
争论。在吕宋，在帕西格河北岸连接贝湖和马尼拉湾的地方，曾经有过
一个称为"汤都"（Tondo）的政治实体，如今是马尼拉城最大的区。
笔者认为可以说在汤都经历了一个从酋邦到国家的转变过程。在拉古纳
省的一个村镇曾出土了一份写在铜片上的手稿，手稿用古老的马来西亚
语、卡维文字写成，手稿创作时间为公元前 10 世纪。汤都的最高首领
统治帕西格河流域和贝湖周围大片疆域，[①] 但非常不幸，我们并不知道
在后来的几个世纪中发生的事情。汤都的势力一直持续到 16 世纪西班牙
人到来。在文莱和苏鲁的苏丹王国的影响下，1500 年左右在帕西格河对
岸建立了另外一个拥有主权的政治实体，成为汤都的对手，这个政治实体
称为"马尼拉"。[②]

　　除了种植业，菲律宾岛民的另一个经济来源为岛屿之间以及与外面的
贸易往来。从宋朝[③]（公元 969～1129 年）开始，每年均有中国帆船来到
吕宋。在明朝（公元 1368～1644 年）时中国与吕宋的贸易开始繁荣发
展。最常见的中国商品为手工制品，如丝绸和瓷器。由于中国帆船不敢前
往米沙鄢群岛，塔加拉商人就充当中间人，把货物分散到这些岛屿。吕宋
出产的货物大多来自森林，如蜡、蜂蜜、麝猫香、压舱木材和燃料。在被
黎牙实比征服前，马尼拉同样依靠转卖货物为生。来自东南亚各国的商品
会集于此：帝汶岛的檀香木、婆罗洲的樟脑、暹罗的犀牛角以及暹罗和婆
罗洲的一些奴隶。[④] 但史前菲律宾研究专家威廉·亨利·斯科特（Wil-
liam Henry Scott）却认为中国和菲律宾的这项贸易并不足以吸引中国移
民来到马尼拉或吕宋其他地方。吕宋没有任何产品在中国很有市场。笔

---

① 波斯特马：《拉古纳铜板题词：文字和评注》（Antoon Postma, "The Laguna copper plate in-
scription: Text and commentary"），《菲律宾研究》（*Philippine Studies*），1992 年第 40 期，第
2 部分，第 183～203 页。

② 斯科特：《巴兰盖：16 世纪菲律宾文化与社会》（William Henry Scott, *Barangay: Sixteenth-
century Philippine culture and society*），马尼拉雅典耀大学出版社，1994，第 191 页。

③ 20 世纪 60 年代，笔者已经开始研究前殖民主义时期菲律宾群岛考古学。学生时代，笔者
参与了前西班牙时期坟墓的挖掘工作。在菲律宾出土的最早的瓷器属于宋朝时期，但为数
不多，大多数是明朝的。

④ 斯科特：《巴兰盖：16 世纪菲律宾文化与社会》，第 207 页。

者认为阻碍中国人大量定居的另一个因素在于菲律宾不存在任何一个强大到可以统治全部疆域和沿海地区的最高政权。中国人已经习惯了在一个辽阔的疆域内有一个王朝凌驾于其他地方长官之上的政体模式。在菲律宾群岛上，再小的一个巴兰加都想脱离其他巴兰加而自己独立。地理学家罗伯特·里德（Robert Reed）认为，普遍存在的砍伐和焚烧现象、中央集权机构的缺乏阻碍了吕宋和米沙鄢群岛形成城市文明。他对比了17世纪的马尼拉和周边城市，如暹罗大城、爪哇岛满者伯夷和越南河内，最后得出结论：在黎牙实比到来之前，马尼拉正朝着城市文明迈进；与其他亚洲城市相比，马尼拉的不同点在于它是在西方影响下发展成为大都市。①

1570年，西班牙人首次到访马尼拉。当时有40位中国人，他们的妻子均来自中国。② 当西班牙人一年之后再次到来时，马尼拉的人口为"两千……在原有的男人和女人基础上，未来人口将更多"。③

摇　篮

菲律宾群岛上产生混血文化的前提因素有：马尼拉中央政权的建立，同一宗教信仰的出现，他国移民（尤其是中国人）的到来。

从1565年起，米盖尔·洛佩斯·德·黎牙实比（Miguel López de Legazpi）率领军队开始了对这些日后被称为菲律宾的岛屿的征服战争，其目的在于扩大西班牙王室在此亚洲一隅的权力。这项事业能够取得成功不仅归功于少量拥有先进技术的西班牙人，还离不开特拉斯卡拉人（新西班牙第一个接受洗礼的民族）、米沙鄢人、吕宋岛的塔加拉人和邦板牙人的联盟合作。毫无疑问，西班牙人向其盟友承诺了不少暂时性的奖励。琳达·纽松的最新研究表明征服战争出乎意料地艰难和持久，且最后导致多处人烟稀

---

① 里德：《西班牙在菲律宾的城市规划：教堂和州府的影响力研究》（Robert R. Reed, *Hispanic urbanism in the Philippines: A study of the impact of church and state*），马尼拉大学，1967。

② 帕特里西奥·伊达尔戈·努切拉编《早期菲律宾人：圣拉萨罗群岛的征服编年史》（Patricio Hidalgo Nuchera, *Los primeros de Filipinas: Crónicas de la Conquista del Archipiélago de San Lázaro*），米拉瓜诺出版社，1995，第276~277页。

③ 帕特里西奥·伊达尔戈·努切拉编《早期菲律宾人：圣拉萨罗群岛的征服编年史》，米拉瓜诺出版社，1995，第289页。

少，但却为菲律宾的建立奠定了基础。[①] 如今菲律宾的疆域（从巴丹群岛到塔威塔威）和行政机构（区—市—省—首府）基本从这场战争形成雏形。拿一个中国的例子作为说明，公元前 17 世纪～公元前 11 世纪商朝的势力扩张奠定了建国基础，随后公元前 3 世纪秦始皇基本划定了中国现今的疆域范围。诚然，任何类似事业都不是通过和平手段完成的。众所周知，当地首领誓死抵抗外来势力以捍卫其独立。但矛盾的是没有这些中央集权过程，就不会有今天的中国。笔者拥护民主、反对殖民主义，但笔者必须承认很久以前的人类思潮并不与当今一样。

跟随黎牙实比来到菲律宾的还有安德列斯·乌尔达内塔神父、奥古斯丁修道士和传教士。西班牙王室将天主教思想作为统一工具在世界各地传播，而传教士们却坚信通过传播耶稣福音书可以拯救人类灵魂。但日后发现教众过于分散将阻碍传播进程，在那种情况下宣布告诫十分困难，他们几乎无法收缴赋税用以支撑殖民地的正常运行。因此，为了让教民在固定区域种植作物，18～19 世纪时传教士开始向教民传授耕犁使用方法。由于大部分传教士来自农村，他们知道怎样在一旁指挥牲畜拉动耕犁，并将此传授给教民。[②] 这是哪一种耕犁呢？不是西方那种笨重的犁，而是来自中国的轻巧的犁。中国的犁上有犁板，泥土能够翻落，因此效率更高。水牛被用作耕种牲畜。在这个过程中，刚皈依天主教的中国教民发挥了重要作用。根据地理学家罗伯特·里德的研究，耕犁的传播推进了菲律宾群岛的城市化进程。一般而言，城市在教堂和广场周围发展而来。

除了耕犁，传教士还带来了许多美洲物种。当米沙鄢群岛的大米短缺时，宿雾人可以拿玉米来补充。此外还有土豆、葫芦、番茄、辣椒、人心果、豆薯、墨西哥鳄梨等。农民在竹茅屋周围的菜园广泛种植这些蔬果。

1571 年前，在菲律宾的中国人数量很小，但马尼拉大帆船贸易从新西班牙带来高纯度的白银后，情况发生了改变。如其他演讲人所说，白银是

---

① 琳达·纽松：《早期西班牙统治菲律宾时期的征服和疫病》（Linda Newson, *Conquest and Pestilence in the Early Spanish Philippines*），夏威夷大学出版社，2009。

② 莫佐：《历史-自然信息，关于本世纪在奥古斯丁宗教政令下传教士在菲律宾群岛和中华帝国取得的辉煌胜利及可喜进步》（Antonio Mozo, *Noticia histórico - natural de los gloriosos triumphos y felices adelantamientos conseguidos en el presente siglo por los religiosos del orden de N. P. S. Agustín en las missiones que tienen a su cargo en las islas Philipinas, y en el grande imperio de la China*），安德烈斯·奥尔特加出版社，1763，第 88 页。

中国和亚洲其他国家最喜爱的货币。据历史学家维克贝格计算，1603 年，马尼拉及其周围地区大约居住了 20000 名中国人。[①] 这些中国人对城市和殖民地的幸存十分重要，他们不仅带来了多样化的商品，还提供各工种服务，如泥瓦匠、雕刻家、裁缝、印刷工、面包师和皮革工。[②] 没有这些人，菲律宾殖民地根本无法维持运转。此外，大帆船贸易让西班牙人能够长久居住在这些岛屿上，因为最初菲律宾没有稳定的经济收入。虽然有黄金，但是西班牙士兵不会辨别矿山。除了桂皮，这儿并不像摩鹿加群岛一样香料遍地。除了中国人，还有其他民族来到菲律宾。耶稣会士佩德罗·穆里约·韦拉德（Pedro Murillo Velarde）1749 年写到："可以说我们是在面向所有民族宣诚，在马尼拉出现了圣灵降临节使徒们经历的事情。我想世界上没有任何其他城市能有这么多民族。"除了西班牙人、塔加拉人及其他土著民，穆里约·韦拉德写到："有皮肤晒黑的欧洲人后裔或皮肤褐色的人、土著民、许多卡菲尔人、安哥拉和刚果黑人、非洲人、亚洲黑人、马拉巴尔人、科罗曼德尔人和加纳利人；有许多中菲混血人，他们一部分是基督徒，大部分是异教徒；有从德尔纳特岛来的德尔纳特人和马尔蒂卡人（Mardica）；有日本人、博尔内耶人（Borney）、帝汶人、孟加拉人、棉兰老岛人、霍洛岛人、马来西亚人、亚沃人（Iao）、斯亚欧人（Siao）、提多尔人（Tidores）、柬埔寨人、莫卧儿人以及来自其他岛屿和亚洲其他国家的人；有相当多的亚美尼亚人、波斯人、鞑靼人、马其顿人、土耳其人和希腊人；有来自所有欧洲国家的人，如法国人、德国人、荷兰人、热那亚人、维也纳人、爱尔兰人、英国人、波兰人和瑞典人；有来自所有西班牙帝国和美洲的人。站在马尼拉大桥上，你可以看到各个国家的人经过，你可以看到各种各样的服饰，听到不同的语言。这种情况在西班牙帝国或者世界其他任何一个地方都不可能找到。"[③]

　　54 年之后，奥古斯丁修道士华金·马丁内斯·德·苏尼加（Joaquín

---

① 魏安国：《菲律宾的中国人的生活 1850～1898》（Edgar Wickberg, *The Chinese in Philippine Life 1850－1898*），马尼拉雅典耀大学出版社，2000，第 4、6 页。

② 莫尔加：《菲律宾群岛纪事》，马德里维克托利亚诺·苏亚雷斯书店，1910。

③ 穆里约·韦拉德：《菲律宾省耶稣会历史，第二部分，涵盖该省 1616 年至 1716 年》（Pedro Murillo Velarde, *Historia de la provincia de Filipinas de la Compañía de Jesús, segunda parte que comprende los progresos de esta provincia desde el año de 1616 hasta el de 1716*），耶稣会出版社，1749，第 6 页。

Martínez de Zuñiga）也见证了这一盛况："马尼拉大约有 10 万个灵魂，有西班牙人、混血人、印度人、中国人、亚美尼亚人、英国人、法国人等，几乎世界上所有民族都有代表居住在马尼拉。"① 根据英国历史学家戴维·欧文的研究，马尼拉不仅是一个殖民首府，还是"世界上第一个国际化都市"。②

国家的建立、基督教的传播、其他移民的到来，这些均依靠大帆船贸易。所有因素叠加在一起构成了这幅混血文明图产生的画面，但是，其诞生还需要其他辅助条件充当助产师角色。

辅助条件

以下各方面为辅助条件：（1）混血婚姻合法化；（2）天主教教堂普遍化；（3）社会交流，如平等受教育权。

在菲律宾和新西班牙，社会结构呈金字塔状：欧洲人位于塔尖，土著民位于塔底。但根据贡萨尔沃·艾斯普鲁的分析，金字塔内分层灵活，各阶层分布明确，但未达到种族隔离的程度。③

混血文化并不只存在于菲律宾，其他西班牙化的国家也存在，这种情形得益于西班牙开放的种族融合政策。哥伦布发现美洲不久后，1503 年天主教国王费尔南多颁布了一项法令，不仅承认西班牙人与美洲人婚姻的合法性，而且敦促西班牙士兵与印第安女人结婚以同化土著民。④ 1537 年教皇巴勃罗三世颁布教谕《至高之神》，承认哥伦布所发现美洲印第安人完全可

---

① 马丁内斯·德·苏尼加：《菲律宾群岛管理之本与我在该国的旅程》（Joaquín Martinez de Zuñiga, *Estadísmo de las Islas Filipinas o mis viajes por este país*），M. 米努埃萨·德·罗斯·里奥斯的寡妇出版社，1892，第 2 卷。

② 欧文：《殖民地对位音：早期殖民地马尼拉的音乐》（David M. Irving, *Colonial Counterpoint: Music in Early Colonial Manila*），牛津大学出版社，2010，第 9 页。

③ 贡萨尔沃·艾斯普鲁：《新西班牙首都的共存、隔离与混居，第三次国际文化调解大会文集，混血城市：西方扩张的交换与延续，16 至 19 世纪》（Pilar Gonzalbo Aizpuru, *Convivencia, segregación y promiscuidad en la capital de la Nueva España, Actas del Tercer Congreso Internacional Mediadores Culturales, Ciudades mestizas: Intercambios y continuidades en la expansión occidental, Siglos XVI a XIX*），墨西哥历史研究中心，2001，第 123 ~ 138 页。

④ 巴萨维·贝尼特兹：《混血墨西哥：围绕安德烈斯·莫利纳·恩里克斯的亲混血观分析墨西哥的民族主义》（Agustín Basave Benitez, *México mestizo: análisis del nacionalismo mexicano en torno a la mestizofilia de Andrés Molina Enriquez*），墨西哥经济文化基金出版社，1992。

以接受洗礼并加入教会。

　　土著民和西班牙人、土著民和中国人、西班牙人和中国人等开始通婚。法国耶稣会士塔朗迪耶神父（Tallandier）讲述道："1708～1709年间，在菲律宾生活着7000多名中国人和4000多名西班牙人，但欧洲人、印第安人和中国人养育的混血人更多。"①

　　我们可以看一下图亚松（Tuason）家族的事迹。安东尼奥·图亚松（Antonio Tuason）是18世纪菲律宾最有权势的人，他是中国裔的混血人，通过大帆船贸易发家致富。1794年耶稣会被驱逐，耶稣会名下土地被拍卖，安东尼奥·图亚松买下了这些土地。为了防止家产被子孙后代瓜分，他规定只有长子才有继承权。19世纪末，这个家族最杰出的后代为贝尼托·莱加尔达（Benito Legarda），1901年他是美国在菲律宾的代理人，其父亲贝尼托的祖先是巴斯克人，这点从他的姓氏斯里拉·图亚松（Cirila Tuason）可以看出。许多菲律宾人认为图亚松家族是西班牙人，因为不久之前图亚松族人在家依然使用西班牙语。图亚松家族的语言习惯在1960年前的马尼拉十分普遍，此后英语最终成为家庭用语。另一个突出的例子是美岸市的斯基亚（Syquia）家族，其祖先在19世纪获得了西班牙国王的勋章以奖励其对王室成员的杰出贡献。斯基亚（Sy Qui Ah）1822年出生于厦门附近，此后移民到菲律宾。他后来改名"文森特·罗梅罗·斯基亚"（Vicente Romero Syquia），并与佩特洛尼拉·辛松（Petronila Singson）结婚。从姓氏可以看出他妻子也有中国血统。他们通过不动产贸易致富。② 斯基亚家族的一个后代阿丽西亚（Alicia）后来成为菲律宾共和国1948～1953年的总统埃尔皮迪奥·基里诺（Elpidio Quirino）的妻子。不久之前斯基亚家族成员在家仍使用西班牙语。埃德加·维克贝格（Edgar Wickberg）是研究中国人在东南亚历史的专家，他的研究表明带有中国血统的混血人在整个东南亚地区形成了一个特别的团体，他们热爱西班牙文化，但同时也是菲律宾文化形成的主要力量。这种菲律宾文化使马尼拉和菲律宾主要民族

---

① 塔朗迪耶神父：《"从墨西哥进入印度的脚步"，来自18世纪耶稣会会士启发性信件，航线，行程，纪念》（Padre Tallandier，"De paso por México hacia la India"，en Cartas edificantes y curiosas de algunos misioneros jesuitas del siglo XVIII，travesías，itinerarios，testimonios），墨西哥伊比利亚美洲大学，2006，第75～108页。

② 耐普：《东南亚的中式房屋》（Ronald Knapp，Chinese Houses of Southeast Asia），新加坡塔特尔出版社，2010，第243页。

有了自己的民族特色。①

在菲律宾有许多中国姓氏，有些仍保留最初单音节形式，有些与名字融合在一起。例如，有些菲律宾人姓"于"（Yu），有些菲律宾人的姓却是"于提沃"（Yutivo）、"于成国"（Yuchengco）和"于兴国"（Yusingco）。

虽然不同种族之间存在敌视和猜忌，现在的菲律宾文化欢迎有着外国血统的人，前提条件是他必须以菲律宾人的身份思考和行为。马尼拉大主教于 1986 年发起和平起义，推翻了总统费尔迪南德·马科斯（Ferdinand Marcos）的独裁统治。这位大主教就是海梅·辛·伊·拉奇卡（Jaime Sin y Lachica），其父亲为出生在福建的"辛保科"（Sin Puat – co）。② 在这场起义中获胜的是科拉松·阿基诺·伊·科胡安科（Corazón Aquino y Cojuangco），她后来成为菲律宾总统，其祖父也出生在福建。③

根据著名英国历史学家阿诺德·托因比（Arnold Toynbee）的研究，天主教赶在其他新教之前向美洲和亚洲土著民宣读福音书，新教直到 18世纪中叶才开始到此传教。④ 1524 年方济各会传教士到达墨西哥特拉斯卡拉，两个世纪后新教才姗姗来到。这里没有任何对新教徒的偏见，但我们可以断言天主教的普世精神更早出现。此外，天主教圣坛上祭拜的圣像带有明显特征：新西班牙和整个美洲的守护神瓜达卢佩圣母皮肤微褐色，而不是白色；新西班牙制作的耶稣像比瓜达卢佩圣母肤色更深，几乎是黑色的。这些圣像出口到菲律宾。最著名的是纳扎雷诺耶稣像，他的崇高信仰每天吸引众多朝圣者前往马尼拉。当中国人在马尼拉接受洗礼时，他们带来了一种非欧洲本土的神明。他们用象牙制作一些圣母像、圣子像和其他神明像。马尼拉的守护神是建于 16 世纪末的至圣罗萨里奥，圣母和圣子的脸部和手部由象牙做成，他们用长得像杏仁般的眼睛注视着教徒。圣母穿的衣服是奥地利宫廷样式，这是一种呈火山状

---

① 魏安国：《菲律宾的中国人的生活 1850～1898》（Edgar Wickberg, *The Chinese in Philippine Life 1850 – 1898*），马尼拉雅典耀大学出版社，2000，第 48 页。

② 巴蒂斯塔：《罪孽与亚洲奇迹》（Félix B. Bautista, *Cardinal Sin and the Miracle of Asia*），马尼拉维拉 – 雷耶斯出版社，1987，第 16 页。

③ 古拉斯：《传记：科拉松·阿基诺，一位总统的奇迹》（Cecile K. Gullas, *Corazon Aquino, the Miracle of a President：A Biography*），纽约文化馆，1987，第 6 页。

④ 阿诺德·托因比：《历史研究》（Arnold Toynbee, *A Study of History*），牛津大学出版社，1948，第 1 卷，第 211 页。

的长裙，外套衣袖肥大。[1] 虽然菲律宾社会结构呈金字塔状，伊比利亚人位于塔尖，但是在教堂里人们祭拜的神灵却不是白皮肤的，因为在这种情形下教徒的虔诚之心更易激发。相反，在新教教堂没有任何圣像，也不存在上述现象。

同时，从社会文化层面看，各个民族和种族间也存在相互融合现象。在 1762 ~ 1774 年英国入侵时期，安东尼奥·图亚松为教会做出了杰出贡献。1783 年 2 月 21 日，他被王室书面授予骑士称号，一年以后收到王室授予的纹章。[2] 这项荣誉让他比一般欧洲人社会地位更高，许多西班牙移民后来与其子孙结成姻亲，其中有罗洽家族（Rocha）、莱加尔达家族（Legarda）和阿拉内塔家族（Araneta）。当说到马尼拉的"西班牙家庭"时，其实他们是中国人—印第安人—欧洲人的混血。

除了参加相同的节日，不同民族和种族的人在相同的学校接受教育，至少男性遵循这一原则，笔者还没有研究女性的情况。今天的菲律宾人非常刻板地认为当时只有西班牙人可以进入学校接受教育，实际情况却与之相反。拉特朗圣若望学院成立之初旨在接收西班牙殉难士兵留下的孤儿，但很快非西班牙学生也开始入学。1629 年比纳拉同甘（Binalatongan）的土著民安德列斯·马龙（Andrés Malong）、1645 年邦板牙省瓜瓜市的土著民克里斯托弗·庞萨兰（Cristoval Punzalan）进入该校学习。[3] 1641 年，这所学校免费接收路易斯·德·罗斯瑞耶斯（Luis de los Reyes），其父母均是贫穷的中国人。

亚洲最古老的大学是 1611 年由多米尼科斯人创建的圣托马斯大学。以下一些资料表明 18 世纪时这所学校就已经接收土著学生、中国裔混血学生。1781 年一份资料显示校长多明戈·科朗特·OP（Domingo Collantes OP）神父请求免除学生一切赋税和劳役。[4] 在社会金字塔中，西班牙人的子女可以

---

① 利托·祖鲁埃塔编《海军的史诗：人民信仰的胜利》（Lito Zulueta ed., *The Saga of La Naval: Triumph of a People's Faith*），菲律宾多米尼加省出版社，2007，第 45 ~ 72 页。

② 雷塔纳：《1521 至 1898 年曾到达菲律宾的高尚之人》（Wenceslao E. Retana, *Índice de personas nobles que han estado en Filipinas desde 1521 hasta 1898*），马德里维克托利亚诺·苏亚雷斯书店，1921。

③ 巴萨科：《圣胡安德雷德兰皇家学院历史文档》（Evergisto Bazaco, *Historia documentada del Real Colegio de San Juan de Letran*），马尼拉圣托马斯大学出版社，1933，第 52、216 页。

④ 桑切斯、胡安·加西亚：《马尼拉圣托马斯大学历史文档概述，自建校至今》（Sánchez & Juan García, *Sinopsis histórica documentada de la Universidad de Sto. Tomás de Manila desde sus orígenes hasta nuestros días*），马尼拉圣托马斯大学印刷馆，1928，第 71 ~ 72 页。

免除这些赋役，而中国人子女、中国裔混血子女和土著民子女均需缴纳赋税和履行劳役。后面这些学生主要来自土著民集中的汤都区（Tondo）和汤博邦区（Tambobong）。这份资料表明当时圣托马斯大学已经有非西班牙学生。圣托马斯大学有一份关于中菲混血人的法律文件，其中把他们定义为"与印第安女人结婚或成为天主教双王臣民的中国天主教徒的子女、子孙等后代"，文件还规定他们可以接受圣托马斯大学的高等教育。① 校长科朗特神父用以下值得怀念的语言证实了上述内容：通向崇高的道路数不胜数，人人生而平等。这一宣言比 1793 年法国大革命时期颁布的《人权宣言》早了 12 年。

混血文化

菲律宾的混血文化在各个领域随处可见：（1）每年举行的公共仪式；（2）服饰；（3）宗教建筑；（4）民用建筑；（5）饮食；（6）语言。

为了综合了解以上各方面情况，我们可以想象一下去参观一个正在庆祝圣诞节的菲律宾乡村。每年所有岛屿都会举行活动庆祝圣诞节。我们的参观从 1800 年持续到现在。

在 12 月 25 日前 9 天，菲律宾人举行连续 9 天的弥撒，作为圣诞节的开端。据说九日祭的习俗来自墨西哥，但菲律宾的弥撒有一个特殊的地方：为了让农民在出去劳作前参加，弥撒在凌晨五点就已经开始。于是，就有了"打鸣弥撒"一名。九日祭是 18 世纪还是 19 世纪开始的呢？至今仍没有相关资料可以证明。与所有天主教国家一样，九日祭弥撒在 12 月 24 日半夜的"圣诞礼物弥撒"中结束，以纪念耶稣诞辰。弥撒结束后，许多家庭会继续"平安夜"，一家人围着餐桌进晚餐。

为了让街道灯火通明，营造节日气氛，人们会悬挂纸灯笼。这一点明显受到中国文化的影响。用竹子做成一个灵活的支架，外面糊上薄纸，一个灯笼便做成了。灯笼可以采取中国的管状结构，也可以采取五角星状，用以纪念指引牧羊人的伯利恒之星。这两种样式的灯笼底部均有纸条随风

---

① 桑切斯、胡安·加西亚：《马尼拉圣托马斯大学历史文档概述，自建校至今》，马尼拉圣托马斯大学印刷馆，1928，第 72 页。

飘扬。中国传统的灯笼底部是丝绸条儿。菲律宾人用绳子把街道上的屋顶连接起来，并在上面挂满小纸旗。用纸作为节日装饰也是中国传统，这个习俗后来穿越太平洋，来到墨西哥，并在此扎根。

18 世纪时马尼拉人穿什么衣服去参加弥撒呢？作为非正式服装，菲律宾人穿中国式裤子，这种裤子宽松，长度稍微超过膝盖。上身穿棉质衬衫，长衣袖，没有袖口和领口，非常适合热带地区居民穿着。衬衫的名字也很有意思：中国衬衫。直到 1960 年，在城市和乡村，各个社会阶层的菲律宾人都穿着这种衬衫。从 17 ~ 19 世纪的插图可以看出，当时人们会在颈部系一块印度进口围巾。在墨西哥它被称为"帕利亚卡特围巾"，因为来自印度帕利亚卡特（Paliacut）。① 在菲律宾，简称"围巾"。当时的菲律宾人脚穿拖鞋，头戴西班牙式的麦秸草帽。作为正式服装，男性上身穿衬衣，其材质可以是中国丝绸，也可以是一种菠萝纤维。② 现在被称为"塔加拉大宽刀"，其实就是塔加拉衬衫。菠萝原在南美洲种植，后由马尼拉大帆船带到马尼拉，岛民受其启发织出一种特殊的布料。两种布料（丝绸和菠萝纤维）均是半透明材质，有利于空气流通。当时大帆船贸易中一种很重要的商品是孟加拉麦斯林薄纱，这种布料过于透明，穿在身上不能遮住身体。

至于女性服饰，也有两种最基本的衣物：长至脚部的长裙和丝质或菠萝纤维衬衫，衬衫非常透明，让人联想到睡衣。长裙是棉质或丝质的，上面系着一条印第安围裙，用来遮蔽身体。围裙也可以是棉质或丝质的。衬衫外面系着一块薄纱（丝绸或纤维布料），用来遮蔽胸部。外套则为"马尼拉披风"，但其实来自广州。这是一种丝质披肩，上面饰有中国式流苏，并绣着中国人喜爱的花朵，如玫瑰、牡丹和康乃馨。

现在，菲律宾男性仍然穿着"塔加拉衬衫"，但裤子已是西方样式，即长而窄。女性很少再穿着长裙和半透明的衬衫。

靠近教堂，可以看到前面有一个中庭，有时还有四个石制壁龛，中庭每个角落放一个。中庭是教会活动聚集地，其重要性来自墨西哥。在墨西

---

① 此信息是墨西哥考古学家乔治·洛伊萨加（Jorge Loyzaga）告诉笔者的，他十分钟爱于研究墨西哥—菲律宾关系，尤其是大帆船时期。

② 勒让蒂尔：《印度洋的一次航行》（Le Gentil de la Galaisière, *A voyage to the Indian seas*），菲律宾图书工会，1964，第 109 ~ 111 页。

哥土著民的宗教中，所有仪式均露天举行，只有教士才进入神殿。虽然基督教向俗人开放神殿，但仍保留中庭，以备某些宗教游行之需。壁龛被称为"安身祈祷室"，上面刻有圣经文字，描述耶稣的一生。例如，在一个很有墨西哥特色的宗教游行中，耶稣和玛利亚从一个祈祷室走到另一个祈祷室，寻找栖身之所。在菲律宾，这些活动有一个塔加拉语名字：Panunuluyan。但是今天，这种仪式不仅在教堂中庭举行，还在所有市镇举行。

在教堂主入口的两边均有中国石狮守护，例如马尼拉的圣奥古斯丁大教堂（1605 年建）、维甘大教堂（1780 年建）和维甘大主教宫殿（1780 年建）。一边为公狮，另一边为哺乳幼崽的母狮。根据中国人的宇宙起源观，狮子可以保护住宅不受邪恶力量入侵。天主教徒将之理解为"耶稣就是对付犹大的狮子"。教堂的塔楼可以和教堂正面相连，或者可以完全脱离开来，以避免塔楼坍塌在整个建筑物上。18 世纪时，八角塔楼开始流行。这是因为许多建筑师有中国血统，他们很有可能用"八角"暗指中国风水极为推崇的接近于圆形的"八卦"。

菲律宾教堂内部的石制拱顶十分独特，墙面厚重，也为石制。拱顶天花板用平滑的木块拼成，因为如果发生地震，木材更轻更灵活。拱顶绘有晴朗的天空，上面绘饰着大量的圣经故事，主圣坛上的圣徒和天使有着中国人一样的眼睛。

然后，让我们进入主人的家。像西班牙和新西班牙一样，房屋第一层由石头砌成，但第二层用木料砌成。就如土著民的家一样，屋顶的重量并不靠墙壁支撑，而是使用强有力的莫拉菲木料。这种木料不会腐朽，广泛用于大帆船船身。莫拉菲木头深深埋入地下，"就好像桌子的四条腿一样"，耶稣会士德尔加多神父（Delgado）如是说。如果发生地震，这些木头支柱不会倒塌，而是支撑重量摇晃几下。① 为了适应热带气候，保持室内通风，房屋窗户开得很高很宽。中国和日本的窗户用棋盘一样的木架子关闭起来，糊上常见的宣纸。菲律宾的窗户上镶嵌一种扇贝做的薄板，效果却是一样，即让柔和的光线透进来。

在餐桌上我们可以体验到多种的文化的影响。我们首先看一下马尼拉

---

① 西亚尔西亚和提尼奥在他们 1980 年出版的著作中研究了 17 世纪菲律宾房子的起源，所采用的资料均来自那一时期。

节庆日最常见的一道菜：鲁格面（Pansit Luglug）①。使用面条的主意来自中国，但烹饪时使用油、大量洋葱和大蒜，以适应西班牙口味。由于菲律宾环海，这道菜里面放了许多虾。此外，还添加了东南亚地区常见的发酵过的鱼汁，以及中国和日本使用的酱油。与东亚其他国家不一样，菲律宾的面条是橙色的。菲律宾人用墨西哥的胭脂种子给菜上色，这种颜色让节日气氛更浓。其他作料有来自海洋的章鱼和牡蛎、火腿片和蔬菜。西班牙著名的烤肉也可以在这道菜中品尝到，加一点猪油膏，将之捣碎混合，给这道菜添上最后一种味道。

　　最后，让我们用马尼拉地区最通用的语言与这一家人交谈，那就是塔加拉语。大部分词语是太平洋岛语，但也可以听到西班牙语、汉语甚至墨西哥纳瓦语（nahuatl）。我们可以看看家庭成员之间的称呼用语，子女称呼父母用"tatay"和"nanay"。"tata"是墨西哥常用的方言，"nana"在西班牙语中指老人或母亲。有些地方也是用"papá"和"mamá"，也有采用英语的"daddy"和"mommy"。父母称呼儿女为"anak"，这是本地语言，在整个东南亚岛语通用。有时也用西班牙语"hijo"和"hija"。在兄弟姐妹之间，年幼者称呼哥哥为"kuya"、姐姐为"ate"，据说这是闽南语。称呼父母的兄弟姐妹时，是用西班牙语的"tío"和"tía"。除了西班牙人带来的"亲吻礼"，菲律宾人表示对父母和长辈的尊敬时最常见的礼节是握起对方的手并将之举至额头。这是本地特有的行礼方式，但"手"这个词还是保留西班牙语"mano"。

结　语

　　马尼拉大帆船带来的影响是不可预见的，一些社会学家，如罗伯特·美通（Robert Merton），将之称为"非计划影响"（unintended consequences）。其中之一便是在距西班牙帝国十分遥远的菲律宾诞生了一个新的文明，岛屿上不同的民族和政治团体在同一政治力量、同一宗教的联系下紧密团结在一起。这个力量就是西班牙王室，这一宗教就是天主教，它们

---

①　圣玛利亚（Sta. María）在她2006年出版的著作中研究了殖民地时期中餐在菲律宾的普及度，但是，其分析主要聚焦在19世纪。

在菲律宾的代表就是菲律宾总督。整整 250 年，这种凝聚力通过大帆船贸易得以保持。大帆船上装载的不仅有各国商品，还有杰出人物、时尚潮流、生活习俗以及思考方式。来自亚洲、美洲和欧洲的影响力在此汇聚，在此多样性基础上诞生了一个新的文明，其中还得益于天主教普世价值观、混血婚姻合法化以及全社会对民族摩擦的包容。这一过程最后产生了如今的菲律宾文化。不幸的是，很多外国人以及菲律宾人抱怨这种文化没有"亚洲特色"，并将之视为一种形而上的缺陷。他们忘记了菲律宾文化的摇篮——沟通各大洲的大帆船。

　　[作者简介：费尔南多·西亚尔西塔（Fernando Zialcita），人类学博士，菲律宾马尼拉雅典耀大学社会学和人类学系教授。译者简介：戴娟，上海外国语大学西班牙语系硕士研究生]

马尼拉大帆船贸易对明王朝的影响

韩　琦

内容提要：明王朝的海外政策前期是官方的"朝贡贸易"与对私人贸易的"海禁"并举，后期实行了有条件的"开禁"。正是在明朝后期，太平洋东部航线开通，与太平洋西部航线连为一体，第一次实现了以南中国海为中心的全球"海道大通"。马尼拉大帆船贸易由此而开始。大帆船贸易出口了大量的中国制造品，输入了大量的白银以及传入了美洲物种，结果在经济、社会、政治、文化等方面对当时的中国造成了多方面的影响。大帆船贸易的历史也带给了我们多方面的启示。

关键词：西班牙　中国　墨西哥　马尼拉大帆船　银丝贸易

马尼拉大帆船贸易曾经对晚明经济与社会发展产生过重要的影响。国内外史学家对这个问题已经做了大量的研究，其中比较著名的中国学者有何炳棣、全汉升、梁方仲、彭信威、黄仁宇、张凯、万明等人，[①] 外国学者有百濑弘（Momose Hiromu）、舒尔茨（Schurz）、博克塞（Boxer）、阿特维尔（Atwell）、弗林（Flynn）和吉拉尔德兹（Giraldez）、滨下武志、彭慕

[①] 他们的代表作有：何炳棣的《帝制中国的成功阶梯：社会的流动性，1368～1911》，约翰威利父子出版公司，1962；全汉升的《中国经济史论丛》，香港中文大学新亚书院、新亚研究所，1972；《中国近代经济史论丛》，中华书局，2011；梁方仲的《梁方仲经济史论文集》，中华书局，1989；彭信威的《中国货币史》，上海人民出版社，1988；黄仁宇的《十六世纪明代中国之财政与税收》，三联书店，2001；张凯的《中国与西班牙关系史》，大象出版社，2003；万明主编的《晚明社会变迁：问题与研究》，商务印书馆，2005。

兰、弗兰克（Frank）等人。[①] 当弗兰克的著作被翻译成中文之后，"一石激起千层浪"[②]，中国学者对这个问题的重视和研究骤然升温，近 10 年来又涌现出了大量新的研究成果。在学习前人研究成果的基础上，本文试图对这个问题作一简要梳理。

一 明王朝的海外贸易政策

明朝海外政策大体可以分为两个时期。明朝前期（1368～1567 年），实行的是"朝贡贸易"和"海禁"政策；明朝后期（1567～1644 年），穆宗隆庆元年（1567 年），部分开放海禁，对日本仍海禁，对与澳门葡萄牙人、菲律宾西班牙人的贸易实行开放。此后不久便开始了马尼拉大帆船贸易。

（一）明代前期的海外政策

朱元璋于 1368 年建立了大明王朝。明初，经过元末大动乱，社会残破，经济凋敝，与海外诸番国的联系也已经断绝。在此背景下，明王朝的首要任务就是恢复经济与社会秩序，对内休养生息，对外实行"怀柔"政策。因此，明太祖朱元璋一方面通过"朝贡贸易"积极招徕海外诸番国，另一

① 百濑弘：《关于明代的银产与外国银》（『明代の銀産と外国銀に就いて』，原文发表于《青丘学丛》1935 年第 19 号），载『明清社会经济史研究』，研文出版社，1980；舒尔茨：《马尼拉大帆船》（William Lytle Schurz, The Manila Galleon），纽约，1959；博克塞：《白银如血：西属美洲白银向远东地区的外流，1550～1700》（C. R. Boxer, Plata es sangre: Sidelights on the drain of Spanish – American silver in the Far East, 1550 – 1700），《菲律宾研究》（Philippine Studies）第 18 卷，1970 年第 3 期；阿特维尔：《国际白银的流动和中国经济，1530～1650》（Willianm S. Atwell, International bullion flows and the Chinese economy, circa 1530 – 1650），《过去和现在》（Past and Present）第 95 卷，1982；弗林、吉拉尔德兹：《中国和马尼拉大帆船》（Dennis O. Flynn, and Arturo Giráldez, China and the Manila galleons），载 A. J. H. 莱瑟姆、海塔·卡瓦卡苏编《日本工业化和亚洲经济》（A. J. H. Latham and Heita Kawakatsu ed., Japanese Industrialization and the Asian Economy），伦敦，1994；滨下武志：《中国、东亚与全球经济：区域和历史的视角》，社会科学文献出版社，2009；彭慕兰：《大分流：欧洲、中国及现代世界经济的发展》，江苏人民出版社，2003；贡德·弗兰克：《重视东方：亚洲时代的全球经济》（Andre Gunder Frank, Reorient: Global Economy in the Asian Age），加州大学出版社，1998。
② 弗兰克的书于 2000 年被译成中文，标题译为：《白银资本——重视经济全球化中的东方》（刘北成译，中央编译出版社，2000）。这本书对世界历史研究中"欧洲中心论"的正统观点提出挑战，提出重新构建近代早期世界历史构架的设想，认为直到 19 世纪之前，中国"实际上是世界经济的某种中心"。

方面又实行严厉的海禁政策。因为明初割据势力未平，张士诚、方国珍余党勾结倭寇，骚扰海疆，明太祖厉行海禁，以防止内外勾结，酿成大祸。其后海禁遂成为明朝的既定国策，时紧时弛。

1. 朝贡贸易

明王朝与海外诸番国实行的"朝贡贸易"可分为贡赐贸易和使臣贸易。所谓贡赐贸易，是指来华番国贡使进贡方物，朝廷予以赏赐，以示天朝隆恩，一般说来赏赐非常丰厚。除贡赐贸易外，来华使臣还可私携物品进行贸易，即使臣贸易。使臣贸易对使臣附带私物的处理分为两类：一类是明廷从私物"抽分"，由明廷"给价"收买（给价往往高于当时市价 1 ~ 20 倍不等）；另一类即"抽分"后的剩余部分，允许贡使在明廷指定的地点交易。地点是有严格限制的，一般是在市舶司与会同馆。

市舶司是朝廷专门为朝贡使臣而设的检查机构。海外诸国贡使来华，首先由市舶司负责接待。市舶司要检查"勘合"（贸易凭证），以防私商冒充。勘合相符，再验货物，"抽解"部分上等品，登记成册，解往京师。未解往京师的物品允许在市舶司交易。明代的市舶司最初设在江苏太仓，后设在浙江（宁波）、福建（先在泉州、后改在福州）、广东（广州）等地。其中浙江、福建两市舶司常有罢革，只有广州市舶司相对固定和稳定。

京师的会同馆隶属礼部，是负责接待外国贡使、为外国贡使提供食宿、给赐和交易诸事的地方（即明廷的外宾招待所）。贡使领到赏赐后，"许于会同馆开市三日或五日"。出于稳定统治的考虑，交易时限制也非常多，如不能收买违禁物品、不能私下与商民交易、不能找人代买代卖等。

朝贡贸易的政治色彩很浓。泉州、宁波和广州设立的三个市舶司分别被命名为"来远""安远"和"怀远"，用意是非常明显的，是招徕朝贡之使的，是为了政治上"怀柔远人"的。朝贡贸易与民间海外贸易无涉，并不是为了发展私人海外贸易的。在"厚往薄来"政策的引导下，海外诸番国纷纷梯山航海，"慕义远来"，一时"威德遐被，四方宾服"，呈现出一派盛世景象，在政治上确实造就了前无古人的"不世之业"。郑和下西洋就是在"朝贡贸易"的背景下展开的，是为"朝贡贸易"服务的。

2. 郑和下西洋

明永乐三年（1405 年）七月十一日，明成祖命太监郑和率领 240 多艘海船、27400 名船员的庞大船队远航，拜访了 30 多个在西太平洋和印度洋的国家和地区，加深了明王朝与东南亚、东非地区的友好关系，史称郑和下西洋。

郑和曾到达过爪哇、苏门答腊（印尼）、苏禄（菲律宾）、彭亨、真腊（柬埔寨）、满刺加（马来西亚的马六甲）、古里（印度）、暹罗（泰国）、榜葛剌（孟加拉国）、阿丹、天方（沙特阿拉伯）、左法尔、忽鲁谟斯、木骨都束（索马里摩加迪沙一带）等国家，最远曾到达非洲东部、红海、麦加。郑和船队每次都从苏州刘家港出发，一直到明宣德八年（1433年），28年总共远航了七次之多。最后一次，1433年4月回程到古里（印度的卡利卡特）时，郑和在船上因病过世。郑和船队中最大的宝船长44.4丈，宽18丈，载重量大约为4000吨。[①]

招徕各国称臣纳贡，与这些国家建立起上邦大国与藩属之国的关系，是郑和的主要任务之一。永乐十七年（1418年）郑和第五次下西洋返回时，曾带回17个国家的贡使。永乐二十三年（1423年），到明王朝朝贡的国家达"十六国，遣使千二百人贡方物至京"。[②] 史载，永乐年间，有三个国家的国王死在中国，并葬在中国。[③]

尽管郑和下西洋有不少正面影响，如展示了明朝前期中国国力的强盛，加强了中国明朝政府与海外各国的联系，向海外诸国传播了先进的中华文明，加强了东西方文明间的交流，等等。但是，负面影响也不可忽视。郑和下西洋的目的侧重于政治而非经济，主要是为了对海外藩属确立册封制度，宣扬国威，而不是重商主义推动下的寻找海外商品和市场；其组织形式是官方皇家船队，经费开销来源于国库拨款，而不是私人集资的海外探险；其发展海外贸易的性质是在朝贡贸易体制下的"厚往薄来"，除了赏赐之外，还要以高价收买"番货"，低价出卖中国的货物，是不等价交换的赔钱的大买卖，完全不以获利为目的，也不计成本。七次下西洋给明朝财政造成了巨大经济负担，在经济上是得不偿失、劳民伤财的事情，随着国力衰退，航海的壮举必然也随之悄然结束。

3. 海禁政策

明朝政府一方面通过"朝贡贸易"积极招徕海外诸番国，另一方面又

---

① 张箭：《从考古文物实验辨析郑和宝船的吨位》，《华夏考古》2005年第4期。
② 《明太宗实录》卷一二七。
③ 即苏禄国（今菲律宾）、渤泥国（今加里曼丹岛）、古麻剌朗（今菲律宾）的国王。

实行严厉的海禁政策。海禁政策主要针对私舶贸易，即海上私人贸易。这就是说，允许皇家船队下西洋进行官方贸易，也允许西洋海船到中国来进行由国家独占市舶之利的贸易，但却严禁中国百姓私人出海贸易。

明朝实施海禁措施是多方面的。首先，朝廷一再昭告滨海居民"不得私自出海"，规定"片板不许下海"；其次，在律法中明确列出所谓出海的违禁物，不得私运下海，违者重罚；再次，"禁革双桅大船"，即民间不得擅造能出远海的双桅以上的尖底大船，原有的违式船都要改为平底船。"海禁"和"朝贡贸易"堵塞了民间私人海上贸易的通路。

4. 与日本的关系和"倭患"

尽管自朱元璋建立大明以来，沿海就倭患不断。但从朱元璋即位开始，就陆续派使者到日本，以恢复两国关系，同时也是为了消弭倭患。明成祖时，双方建立了勘合贸易关系，明朝给予足利幕府贸易凭证（即勘合），日本方面凭勘合来中国进贡，进行贸易。明朝发展与日本的关系，主要是为了消除倭寇对中国沿海地区的侵扰，足利幕府也积极剿捕倭寇。

永乐以后，随着中国海防的巩固和社会的稳定，禁令渐弛。明中叶倭寇活动频繁。嘉靖二年（1523 年），发生了日本贡使（大内氏与细川氏两大集团）"互争真伪"的"争贡事件"，使中日"朝贡贸易"出现危机。有官员进言，倭寇起于市舶，建议罢市舶，厉行海禁。朝廷接受建议，关闭了宁波的市舶司，停止了与日本的"朝贡贸易"，同时封锁沿海各港口，销毁出海船只，断绝海上交通以断绝倭寇的补给。凡违禁的沿海官民，必依法处以极刑。结果，官方的合法贸易渠道被堵塞，而日本与中国之间的贸易难以得到满足，这就为海上走私贸易提供了一个有利时机。

日本对中国商品的需求量极大，利润率也极高，如生丝运抵日本后，价格高达 10 倍。因此，沿海一带私人经营的海上贸易也十分活跃。一些海商大贾、浙闽大姓为了牟取暴利，不顾朝廷的海禁命令，和"番舶夷商"相互贩卖货物，形成海上武装走私集团。这些海盗商人如王直、徐海等，与日本各岛的倭寇勾结，于中国沿海劫掠，使得"倭患"愈演愈烈。

嘉靖二十七年（1548 年），朱纨根据嘉靖皇帝"严禁泛海通番"的敕命，将捕获的 90 多个通番头目拉到演武场斩立决。嘉靖三十四年（1555 年），戚继光从山东调到浙江抗倭，他与俞大猷配合，经过多年奋战，至嘉靖四十五年（1566 年），终于平息了倭患。

（二）明代后期的海外政策

明代后期，明王朝部分开放"海禁"，对日本仍然实行"海禁"，对与澳门葡萄牙人、与菲律宾西班牙人的贸易实行开放。

1. 开放"海禁"

在平定倭乱的过程中，明朝一些官员认识到，"海禁"既不能限制私人海上贸易，也不能防止倭寇，反而驱使沿海居民走上武装走私的道路，与倭寇内外勾结，为害颇大。朝廷也认识到：大海是闽人赖以生存的基础，在福建禁止海外贸易是不可能的。

穆宗隆庆帝接受了"市通则寇转而为商，市禁则商转而为寇"的教训，即位后马上宣布准许在福建漳州实行有限的开放"海禁"。隆庆元年（1567年），"福建巡抚御史涂泽民请开海禁，准贩东西二洋"，① 终得"奉旨允行"。恪守了约200年的"海禁"政策终于被打破，开禁地点即在福建漳州月港。当然，隆庆开放还有若干局限，例如，海商不得前往日本，不得贩卖铜铁、硝磺等违禁物品，并要首先取得"由引"（即许可证）后方能出海，其数量也有一定限制。可见，这是一种有限度的"开禁"，但这毕竟是一件大事，它标志着明代在经历了两个世纪之后，私人出海贸易取得了合法身份，明代的"海禁"政策真正得到突破。同时，征税制度也随之渐趋完善。

明代海关税制的演变大致可分为三个阶段②：（1）正德元年（1506年）之前为第一阶段，海关无任何税收，实行的是由官府高价收买的"给价收买"制；（2）正德、嘉靖年间为第二阶段，实行"抽分"制，即对"私货"征收进口税，正德三年（1508年）为十抽五，正德四年则改为十抽三，正德十二年（1517年）经某些官员建议，定为十抽二，即征收20％的实物税；（3）自隆庆元年（1567年）开放后为第三阶段，进出口税制逐步完备，由抽实物税改为货币税（抽银），由进口税到增加了出口税，为防止外商不如实报货，从隆庆五年开始，启用"丈抽"的办法，即在丈量船只大小之后，按照船只的大小（吨位）抽税。

2. 与葡萄牙人关系

在明朝人的文献中，葡萄牙被称为"佛郎机"。1510年葡萄牙人占领印

① 《明经世文编》卷四〇〇，许孚远《疏通海禁疏》述涂泽民奏议。
② 晁中辰：《明代海关税制的演变》，《东岳论丛》2000年第2期。

度西海岸之果阿。1511 年又占据了原臣服于明廷的马六甲，渐渐地，中国商船最远不过马六甲。1517 年，费尔南·佩雷斯·德·安德拉德（Fernan Peres de Andrade）率船队抵广东沿海的屯门岛，同行葡使托梅·皮雷斯（Tome Pires）在 1521 年去北京觐见明帝，因议葡归还马六甲不成而被拘禁。1521～1522 年，葡萄牙人曾两次同中国水师舰船在中国东南沿海兵戎相见（屯门之役和西草湾之役），均遭失败。明嘉靖三十二年（1553 年），葡人托言"水湿贡物、借地晾晒"，时任海道副使的汪柏徇贿许之，遂登陆中国领土澳门。1557 年葡人开始长久定居澳门。从此，葡人在澳门建立了据点，开始了以澳门为中心，连接多条国际贸易航线的东西方贸易，也为日后天主教入华奠定了良好的基础。

3. 与西班牙人关系

1521 年 4 月，西班牙国王支持的麦哲伦船队由东向西横渡太平洋抵达菲律宾的宿雾岛（Cebu），这是西班牙人与菲律宾的首次接触。1565 年，黎牙实比（Miguel Lopez de Legazpi）奉西班牙王室之命，率部下从墨西哥出发抵达菲律宾的宿雾岛。1569 年 8 月 14 日，黎牙实比被任命为菲岛总督。1571 年攻占马尼拉，由此奠定了西班牙人统治菲律宾群岛的基础。

西班牙人与中国人在 1570 年有了第一次接触。1570 年 5 月，黎牙实比派高第（Matin de Goite）率船队远征吕宋途中，遇到两艘中国商船，在双方冲突中，中国船上的 80 人中有 20 人被杀。[1] 当时西班牙人不想在进攻菲律宾时节外生枝，同时还想与中国开展通商贸易，所以在这场冲突后，高第释放了中国商人，还给他们一艘船和旅途的必需品，并希望中国商人能够继续到菲岛经商。

黎牙实比在占领宿雾岛之后，发现这里只有肉桂，而没有他要找的其他香料（胡椒、丁香、豆蔻、生姜等）。1569 年，他在给国王的信中说："我们应该和中国进行贸易，那里有丝绸、瓷器、安息香、麝香和其他的工艺品及香料。"[2] 占领马尼拉之后，他发现当地的社会经济发展水平较低，当地物产甚至难以维持殖民当局开支，而中国所产手工业品价廉物美，菲

---

① 陈台民：《中菲关系与菲律宾华侨》第一册，以同出版社印行，1961，第 78 页。

② 博克塞：《马尼拉大帆船：1565～1815》（Boxer C. R.，The Manila galleon：1565 - 1815），《当今历史》（History Today）1958 年第 8 期，第 340 页。

岛的许多日用消费品均来自中国。因此，为吸引华人来菲经商，殖民当局对华人商旅采取了一些保护和鼓励措施。

西班牙人与中国官方的第一次正式交往是在 1575 年。1574 年 11 月，广东饶平走私集团首领林凤受官军围剿，逃亡菲律宾，他计划攻打马尼拉作为安身之地，却被西班牙人围困于吕宋西岸的彭加斯兰（Pangasinan）。1575 年 4 月，潮州把总王望高率中国战舰追击至彭加斯兰，得到菲律宾总督德拉维萨雷斯（De Lavezaris）的善待，双方达成协议，西班牙人帮助王望高抓获林凤，王望高则答应带西班牙使者到福建，商议传教及通商事宜。①

1575 年 7 月 3 日，西班牙神父马丁·德·拉达（Martin de Rada）和马林（Geronimo Marin）与两位军人共四人随王望高到达福建，9 月 14 日离开中国，在中国一共待了两个月零九天。他们来华的目的有二，一是想获取在中国的传教权；二是想像葡萄牙人一样，在中国沿海占有一块飞地以通贸易。不过这两个愿望，一个也没达成。因为当时明朝对外国仍奉行"朝贡贸易"政策，西班牙来使仅仅是由西班牙驻菲律宾总督派遣，而不是奉西班牙国王的直接遣使。② 同时，明朝官员对西班牙人还尚存疑虑，所以便让拉达一行先回菲岛，待林凤被俘后再议其他事宜。结果，拉达在归途中获知，林凤已经率众突围。

在林凤攻菲和拉达出使中国失败之后，西班牙驻菲律宾新总督桑德曾建议国王征服中国。他提出"和这个国家（中国）的战争是最公义的"，他主张以 4000～6000 人的兵力，配以一些长矛、枪、船舰、火炮和所需的弹药来进攻中国。"有 2000 或 3000 人便足以占领所要占领的省份"，"征服一省之后，便足以征服全国"，因为当地人受到很恶劣的待遇，他们会反叛，与西班牙人站在一起。③ 桑德还有与日本联盟的企图。只不过由于西班牙在欧洲长期持续的战争和国内动乱、经济困难，菲利普二世（Felipe II，1556～1598 年在位）没有采纳这一建议。

1580 年，西葡两国合并，西班牙的海外殖民扩张热情受到鼓励。1586 年 4 月，在菲律宾的西班牙政治、经济、军事负责人以及公民领袖举行了一

---

① 门多萨：《中华大帝国史》，何高济译，中华书局，1998，第 175～178 页。
② 门多萨：《中华大帝国史》，何高济译，中华书局，1998，第 44～45 页。
③ 陈台民：《中菲关系与菲律宾华侨》第一册，第 132～134 页。

次代表大会，提出了致西班牙国王的《请愿书》，其中第十章是详细的侵华计划。这份计划书有 11 款 97 条之多，对中国的基本情况、侵华的依据、条件、具体行动过程，以及征服中国所带来的利益均作了详细周密的介绍和策划。49 名与会者在计划书上签了字，并由在菲律宾传教的耶稣会士桑切斯带回西班牙，呈交给腓力二世，这便是著名的西班牙征服中国计划书。①但当时腓力二世正忙于应付英国的海上威胁。1588 年西班牙无敌舰队遭到英军的毁灭性打击，西班牙海上霸权从此走向衰落。欧洲形势的大转变让西班牙对华政策发生了本质上的变化。同时，西班牙还受到了日本丰臣秀吉的威胁。从此，西班牙对中国态度发生明显转变，开始专注于以菲律宾为基地，吸引中国商民到马尼拉进行商贸往来。

二　马尼拉大帆船贸易

马尼拉大帆船贸易真正开始于 1573 年，这一贸易沿着太平洋东部航线，一直延伸到西班牙，贸易品多种多样，但最主要的是丝绸和白银。

（一）大帆船贸易开始的时间

大帆船贸易从何时开始？这是一个有争议的问题。不同学者从不同的角度认定大帆船贸易的开始时间。如舒尔茨在他写的《马尼拉大帆船》一书引言中，第一句话就是："第一艘大帆船于 1565 年横渡太平洋，而最后一艘大帆船于 1815 年返航入港。"②前后正好持续了 250 年 。其实，1565 年只是西班牙军人黎牙实比占领宿雾岛的时间（1564 年 4 月），也是马尼拉大帆船的北太平洋航路开辟的时间，但却不是大帆船贸易开始的一年。因为这一年西班牙人还没有占领马尼拉，回墨西哥的"圣巴布洛"（San Pabro）号船上载的是宿雾岛的肉桂，也没有来自中国的商品，因此，也就谈不上与中国贸易的开始。

1565 年的重要意义在于奥古斯丁会修士、航海家乌尔达内塔（Andrés de Urdaneta）探索到了一条经北太平洋由西向东的新航路。这年 6 月，由乌

---

① 陈台民：《中菲关系与菲律宾华侨》第一册，第 156、163~188 页。
② 舒尔茨：《马尼拉大帆船》（William L. Schurz, *The Manila Galleon*），纽约，1959，第 15 页。

尔达内塔领航的"圣巴布洛"号从菲岛启航，先随季风穿过莱特湾，从马斯巴特和萨马之间穿过，经圣贝纳迪诺海峡驶入太平洋。再顺风北上，驶入北纬37°~39°的水域之后，利用西风朝美洲海岸开去，当靠近北美海岸时，再从北美西岸向南航行，于10月8日抵达墨西哥的阿卡普尔科港。这次艰苦的航行历时129天，损失19人，却开辟了菲岛到墨西哥的北太平洋航线。[①] 这条航线利用了日本至美洲的由西向东的"黑潮"洋流来加快航速。后来经过多次航行，这条航线又稍微有所调整，即把北太平洋航线一段再向北移至北纬40°~42°之间的海域，以便更好地利用"黑潮"。每年6月中旬至7月中旬出航，航程一般需时半年。至于从阿卡普尔科到菲律宾的返程航线，一般在次年2月中旬至3月底离港，先向南行驶，至北纬10°~13°海域，借东风西航，横跨太平洋，经关岛至马尼拉，全程一般需时3个月。

有的学者认为马尼拉大帆船贸易开始于1571年。[②] 持这种观点的学者大多认为，这一年西班牙人占领了马尼拉，实现了对菲律宾的统治，马尼拉成为统治全菲岛的首府和通航美洲的唯一港口。我们说，尽管西班牙人占领马尼拉标志着他们在那里建立起了贸易垄断体制，西班牙政府禁止外国人与其美洲殖民地直接贸易，中国与美洲之间通商只能通过菲律宾进行间接性的交易，不能直接通航通商。但是，中国与拉丁美洲之间的贸易并没有随着马尼拉的占领而立即开始。马尼拉中转站的作用也没有立即得到发挥。

第三种观点认为，马尼拉大帆船贸易开始于1573年。"1573年，两艘体势巍峨的大帆船，从菲律宾的马尼拉港驶向美洲墨西哥海岸的阿卡普尔科，历史上著名的'马尼拉大帆船'航行开始了。"[③] 明政府在1567年正式开放"海禁"后，华商得到了较大的海外贸易自由，有华人商船络绎来菲。1570年西班牙殖民者与中国商人在菲律宾有了第一次接触。1572年，中国海商才为菲岛殖民当局运来了丝货、棉织品和陶瓷等样品，经双方议价成交，商定待来年供货输往墨西哥。1573年7月1日，两艘载着中国货物的大帆船扬帆首航，离开马尼拉前往美洲，所载货物包括绸缎712匹、棉布

① 沙丁等：《中国和拉丁美洲关系简史》，河南人民出版社，1986，第47页。
② 刘文龙：《马尼拉帆船贸易——太平洋丝绸之路》，《复旦学报》1994年第5期。
③ 何芳川：《崛起的太平洋》，北京大学出版社，1991，第88页。

11300 匹、瓷器 22300 件等。这次航行历时 5 个月，于同年 11 月抵达墨西哥的阿卡普尔科港。① 林被甸教授指出："从太平洋航道的开辟到马尼拉大帆船贸易的开展，实际上经历了一个过程，前后历时 8 年，只有到 1573 年，第一艘装载中国货物的大帆船抵达阿卡普尔科，才是历史上著名的马尼拉大帆船贸易的真正开端。"② 我们倾向于第三种观点。

（二）大帆船贸易的航行路线

太平洋东部跨洋贸易航线的建立。隆庆元年（1567 年），明朝政府在福建漳州月港开放海禁，准许私人海外贸易商申请文引，缴纳饷税，出海至东西洋贸易，月港遂成为闻名中外的私人海外贸易港。明朝政府之所以选择在月港开禁，一方面是顺应闽南人以海为生，非市舶无以助衣食的文化习俗；另一方面是沿袭开禁前大量船只皆由此出洋的习惯。

月港开禁后，私人海外贸易随即迅速地发展起来。当时主要的海外贸易的地点是菲律宾，其原因除了马尼拉与月港的距离比较近之外，更主要是西班牙人开辟了从马尼拉至墨西哥阿卡普尔科的大帆船贸易航线，把墨西哥白银载运至马尼拉，以换取中国的手工业品。中国商船在美洲白银的利诱下，大量涌向马尼拉。

大量的中国商品经福建商船从月港载运至马尼拉，然后由西班牙大帆船横渡太平洋，转运到阿卡普尔科（在当地举办盛大集市后，商人们又从这里将货物贩运到墨西哥城，再从墨西哥城转销到墨西哥内地。有一部分输入中美洲，或辗转南下南美洲），也有一部分货物被运到西海岸港口维拉克鲁斯，再装船转销至加勒比海诸岛，或越过大西洋远销西班牙和欧洲其他国家。这样，一条跨越两洋、连接美洲和欧洲的贸易航线建立起来了：中国（漳州月港）—菲律宾（马尼拉）—墨西哥（阿卡普尔科、维拉克鲁斯）—西班牙（塞维利亚）。

大帆船贸易开始后，马尼拉是主要的中转站，但马尼拉—中国的这一段航路主要仍掌握在中国商人手中。为了控制这一条贸易线路，西班牙一

---

① 布莱尔、罗伯逊合编《菲律宾群岛：1493～1898》（E. H. Blair & J. A. Robertson, *The Philippine Islands, 1493－1898*），克利夫兰，1903～1907，第 3 卷，第 75～76 页。
② 林被甸：《跨越太平洋——中国与拉丁美洲的文化交流》，载何芳川主编《中外文化交流史》，国际文化出版公司，2008，第 950 页。

方面逐渐禁止墨西哥以外的西属美洲直接参与帆船贸易，[①]一方面力图在中国沿海的其他地方建立据点。1626 年，西班牙终于占据了中国台湾的鸡笼、淡水，但由于当地海盗活动猖獗、福建官府的限制等原因，西班牙人几乎无法维持港口的经营，[②]在那里为时仅仅 16 年，1642 年就被荷兰人赶走。

　　澳门葡萄牙人介入马尼拉航线始于 1580 年西班牙合并葡萄牙之后。在此之前，葡萄牙人已经建立了太平洋西部的跨洋贸易航线。葡萄牙人自 16 世纪初开始开辟太平洋西部航线，其主航线是里斯本—果阿—马六甲—澳门。同时，葡萄牙商人在 16 世纪 40 年代就开始将购买的中国货物出售到日本，明廷开放"海禁"之后，仍摒日本于中日贸易之外，因此葡萄牙人一直扮演着最重要的中间商角色。澳门—长崎航线便成为促使澳门繁荣的最重要航线。这样，葡萄牙人的主航线以澳门为中心，分为东西两段，即里斯本至澳门为西段，澳门至长崎为东段。1580 年，葡萄牙为西班牙所兼并，时间长达 60 年之久，按双方当时订立的《八项和平条款》规定，在海外贸易方面，原葡萄牙各属地可以自由地同西班牙各属地进行贸易，反之，这种特权对西班牙各属地却不适用。这是西班牙人为兼并作出的让步。所以葡萄牙人虽然失去了王冠，却得到巨大的实惠。因此，澳门葡萄牙人有权与马尼拉自由通商，澳门至马尼拉的航线开通。

　　这里需要指出的是，太平洋东部跨洋航线的开通，标志着以中国为中心的环球贸易航线的形成。"从 1571 年起，马尼拉作为来自东方的西班牙人的殖民地和澳门作为来自西方的葡萄牙人的殖民地跨越南中国海而相互对峙。扩张及来自东西方欧洲人活动的高潮在世界另一边的中国大门口汇合了。"[③]从这时起，才有了真正意义上的"海道大通"。西班牙人和葡萄牙人分别开辟的太平洋东、西跨洋航线几乎同时起步，但葡萄牙人经营的航线是自古以来就有着海上贸易传统的地区。航路成熟，所经口岸商业城市密布，网络完善，贸易持久频繁。因此，葡萄牙人占有天时地利，他们以

---

① 西班牙王室在 1579 年 4 月 14 日法令中曾认可新西班牙、秘鲁、危地马拉和西班牙本土直接经营马尼拉大帆船的贸易，但为了加强中央政府对这项贸易的垄断，从 1591 年法令开始，只准新西班牙经营，禁止其他地方从事跨太平洋贸易，1593 年、1595 年、1604 年又连续颁布了同样内容的法令。见舒尔茨《马尼拉大帆船》，第 366～367 页。

② 徐晓望：《明末西班牙人占据台湾鸡笼、淡水时期与大陆的贸易》，《台湾研究集刊》2012 年第 2 期。

③ 赫德逊：《欧洲与中国》，王遵仲等译，中华书局，1995，第 211～212 页。

马六甲为中心,其商业活动显出事半功倍之成效。与之相反,西班牙人面对的是广阔的大西洋、陌生的新大陆以及浩瀚的太平洋。他们的商业活动与葡萄牙人相比,真可谓举步维艰,事倍而功半。"西班牙人在 15 世纪最后 10 年中向西的海上努力对于欧洲与中国关系的历史研究,比之……葡萄牙人的航行,也许更为重要。"①

(三) 大帆船贸易的商品和规模

大帆船贸易运送的商品主要有:生丝和丝织品、棉麻织品、瓷器、农产品、工艺品、金属品和珠宝饰物等,② 经由这条新的海上通道运向墨西哥,其中不少货物又转运到南美各地和西班牙。同时,墨西哥白银(银元)大量流入中国,也正是经由这条航道,美洲的重要物种如番薯、玉米、马铃薯、花生、烟草等,经菲律宾传入中国。由于美洲与中国距离遥远,体积、重量大而价值小的物品不宜远道运输,白银体积小价值大,在中国供不应求,而丝绸品价值相对较高且最受海外人欢迎,因此,当时贸易的实质内容主要是中国丝绸与墨西哥银元的交换,故被称为"银丝贸易"。在这一贸易中,大帆船的吨位是随时间变化的,西班牙王室在 1593 年限定大帆船的吨位不得超过 300 吨,实际上在 1614 年之前大帆船的吨位就已经达到 1000 吨,到 18 世纪后期有的大帆船的吨位甚至达到了 2000 吨。③

通过大帆船贸易流入中国的白银。究竟有多少白银通过马尼拉大帆船流入了中国?著名经济史学家梁方仲认为:"自西班牙占领马尼拉之后,输入中国的银及银货,数量究竟有多少,中国册籍中甚缺乏此项记载,至外国册籍,虽间有一二记载,然亦仅能推知其大约,详数则无从查考。"④ 由于依据史料不同和估算方法不同,学者们所得结果差异也很大。梁方仲估算,从万历元年(1573 年)至崇祯十七年(1644 年)的 71 年间,按平均

---

① 赫德逊:《欧洲与中国》,第 180 页。
② 据钱江统计,当时中国输往吕宋的贸易商品有纺织品 44 种、食品 32 种、日用品 30 种、农产品 11 种、家禽畜类 9 种、奢侈品 14 种、军需品 11 种,总计 151 种。种类繁多,规格不一。其中大部分也被转运到了墨西哥。见钱江《1570~1760 年中国和吕宋贸易的发展及贸易额的估算》,《中国社会经济史研究》1986 年第 3 期。
③ 沙丁等:《中国和拉丁美洲关系简史》,第 78 页。
④ 梁方仲:《梁方仲经济史论文集》,中华书局,1989,第 172 页。

每年流入 30 万比索计，则应有 2130 万比索输入中国。[1] 事实上，每年输入的白银多少不等，最初是几十万比索，到 16 世纪末已经超过 100 万比索，17 世纪甚至增加到 200 多万比索。中国货币史专家彭信威估计："自隆庆五年（1571 年）马尼拉开港以来，到明末为止那七八十年间，经由菲律宾而流入中国的美洲白银，可能在 6000 万比索以上，约合 4000 多万库平两（一比索约等于七钱二分）"[2]；全汉升先生撰写了多篇美洲白银输入中国的专题论文，他认同德科民（De Comyn）的观点，即自 1571 年至 1821 的 250 年中，自美洲运往马尼拉的白银共约 4 亿比索，其中约 1/2 流入中国。[3] 而对明后期马尼拉大帆船输入白银的估计，他认同索萨（George Bryan Souza）的观点，即 1590～1644 年，菲岛约共输入美洲白银 1.54 亿比索[4]，约合 1.1 亿两，其中大部分被运往了中国。中国台湾学者李隆生根据以往学者研究的成果加以折中，得出的结论是，整个明季从西属美洲流向中国的白银为 1.25 亿两。[5] 但是，运用这样一种折中计算的方法并不科学，如果我们知道明代后期到达马尼拉大帆船的数目，又知道每艘大帆船所载白银的数量，那么，就会算出一个比较合理的结果。根据吴杰伟博士提供的"大帆船出发和到达的记录"[6]，我们知道 1565～1644 年从墨西哥到达马尼拉的大帆船数目大约为 132 艘，如果我们估计每艘大帆船平均货值为 110 万比索的话[7]，则总计为 1.45 亿比索，约合白银 1.05 亿两，其中大部分被运往中国。

通过大帆船贸易流向美洲的丝绸。有多少丝绸运往美洲？同样缺乏一个估价总值。但有资料表明，在 1636 年以前，每艘大帆船登记运载的丝织品大约为 300～500 箱，而 1636 年驶往阿卡普尔科的大帆船，都超过了 1000

---

[1] 梁方仲：《梁方仲经济史论文集》，第 173 页

[2] 彭信威：《中国货币史》，上海人民出版社，1965，第 700 页。

[3] 全汉升：《中国经济史论丛》，香港中文大学新亚书院、新亚研究所，1972，第 439 页；全汉升：《中国近代经济史论丛》，中华书局，2011，第 68 页。

[4] 全汉升：《中国近代经济史论丛》，第 38 页。

[5] 李隆生：《明末白银存量估计》，《中国钱币》2005 年第 1 期。

[6] 吴杰伟：《大帆船贸易与跨太平洋文化交流》，昆仑出版社，2012，第 296～312 页。

[7] 因为往返于马尼拉与阿卡普尔科的大帆船，载货价值几乎都超过王室的法定限额。1596 年开往墨西哥的"圣费利佩"号超载 125 万比索；1600 年和 1601 年先后在回航途中失事的"圣赫罗尼莫"号和"圣托马斯"号都超载白银 200 万比索以上。转引自沙丁等《中国和拉丁美洲关系简史》，第 79 页。

箱，其中有一艘多至 1200 箱。① 每箱约有缎 250 匹，纱 72 匹，约共重 250 磅。马尼拉的一位大主教在 1701 年说，运往墨西哥的生丝和丝织品，通常约值 200 万比索，在贸易兴隆时期，则多至 300 余万比索，甚至高达 400 万比索。②

早在 1503 年，养蚕技术就从西班牙传入西属美洲。到 1541 年墨西哥的生丝产量已经达到 1.5 万磅以上，丝织业也随之兴旺起来。但宗主国为了保护西班牙本土的丝织业，对墨西哥的新兴丝织业采取了遏制措施，1596 年明令禁止西属殖民地从事种桑养蚕，企图断绝当地的生丝来源。但自从马尼拉大帆船运来了质美价廉的中国生丝之后，墨西哥丝织业得以维持，并给当地工人创造了就业机会。因为在墨西哥城、普埃布拉和安特奎拉等城镇，约有 1.4 万名工人依靠织机来维持生活。③ 另外，由于在美洲市场上的中国丝织品的价格只有西班牙货的 1/3，西班牙的丝织品因处于竞争劣势而滞销，这给西班牙本土的丝织业带来严重打击，就此趋于衰落。

三　大帆船贸易对明王朝的影响

大帆船贸易出口了大量的中国制造品，输入了大量的白银以及传入了美洲物种，结果在经济、社会、政治、文化等方面给当时的中国带来了多方面的影响。④

（一）白银流入加速了明朝货币白银化，引起了明朝货币体制和货币文化的变化

明朝货币结构变化大致分四个时期：（1）洪武七年（1374 年）之前，以铜钱为法币时期。（2）洪武八年至宣德十年（1435 年）的纸钞时期。"大明通行宝钞"成为唯一合法流通的货币。这种纸钞的发行，没有实价货币为准备金，发行额也没有任何严格限定。民间可以按照规定的比价以金

---

① 布莱尔、罗伯逊合编《菲律宾群岛：1493～1898》（E. H. Blair & J. A. Robertson, *The Philippine Islands, 1493–1898*），克利夫兰，1903～1907，第 27 卷，第 269～270 页。

② 舒尔茨：《马尼拉大帆船》，第 189～190 页。

③ 布莱尔、罗伯逊合编《菲律宾群岛：1493～1898》，第 27 卷，第 199 页。

④ 以下提到的各方面的影响，有些不独是大帆船贸易带来的，有时是就整个海外贸易或整个外来白银输入而言的，但无疑都与大帆船贸易有重要关联。

银向国家兑换纸钞，但却不许用钞兑银。原则上规定钞一贯准铜钱一千文，准白银一两。但宝钞很快就发生了恶性膨胀。（3）正统元年（1436 年）至嘉靖元年（1522 年），为宝钞、铜钱、白银三币共用时期。① （4）嘉靖之后，特别在隆庆元年（1567 年）政府颁布"银钱兼使"的法令之后，首次以法权形式肯定了白银是合法货币。随之进入白银为主币、铜钱为辅币的时期，实现了货币白银化。

在赋役征收方面。正统元年（1436 年）就有了将部分省区的漕粮折为银两的"金花银"②。神宗万历九年（1581 年），首辅张居正主持了"一条鞭法"的赋税改革，即赋役合一，按亩计税，用银交纳。它标志着明朝的田赋制度已由实物税阶段转入货币税阶段。"一条鞭法"很快在全国推广，这表明明朝正式确立了白银主导货币的地位，这种币制又进一步扩大了白银货币的使用范围。

但是，当时明朝白银产量不多，白银短缺成为制约经济发展的一个重要因素。而外国白银的流入对解决中国"银荒"发挥了重要作用。这种作用究竟有多大？要确定这个问题，首先必须搞清外来白银在明朝白银总量中究竟占多大比重。

据中国台湾学者李隆生估算，明季由西属美洲流向中国的白银为 12500 万两，由日本流入中国的白银为 17000 万两，合计为 29500 万两。所以，可能近 30000 万两。而唐、宋、元三朝的白银产量在 37775 万两左右，明朝白银平均年产量为 30 万两，共出产 8310 万两，因此，明末中国共生产了约 46000 万两白银。这样，明末白银存量为 75500 万两（46000 万两 + 29500 万两）。可见，明季国外输入的 29500 万两白银，只有中国唐、宋、元、明四朝国内产量的 6 成左右。这似乎不是很多，但李隆生强调："考虑这个数量仅仅是在明亡前一百年的时间内所流入的，是同一时期国内产量的近 10 倍，就不难理解它对中国的重大影响了。"③

与李隆生不同的是，中国香港学者刘光临教授不认为明代原有的白银

---

① 尽管明初禁用金银，但民间使用白银一直没断，事实上，成化、弘治以后，代表民间社会发展的白银占据了流通领域的主导地位。由于来自民间自下而上的推动力量，白银逐渐由非法货币发展为合法货币，成为主要货币。

② "金花银"是赋税中供给御用和军官俸禄的部分。

③ 李隆生：《明末白银存量的估计》，《中国钱币》2005 年第 1 期。

储量会是那样多。据他估算：1200 年以前中国境内的白银存量为 1 亿～1.5 亿两。如果考虑到宋元时期白银流入中亚以及窖藏等影响，流入到 15、16 世纪明代国内市场的白银大约只是宋代白银储量的一小部分，不会超过 3000 万两。刘光临对明代本身白银产量的估计也比前者少，他认为年均产量不会超过 20 万两，总计也就是 1500 万～2500 万两。这样，在大量白银进口以前，明代的国内白银流通量也就是 5000 万两左右。如果这一估计可以成立，则明代 1580 年以前的白银流通量和其继承的宋钱总价值相当，所以明代 1580 年以前货币经济应该是规模有限，银、钱合计也就 1 亿两左右。他认为，1550～1650 年间输入中国的白银达到 2 亿两左右，是上述估计的明代原有白银储量的 4 倍，更是明代自身生产规模的 10 倍左右；即使加上 16 世纪国内市场流通中的铜钱 4000 万贯，2 亿两的白银输入还是将明代的货币存量增加了 2 倍左右。因此，刘光临强调："海外白银输入挽救了明代市场经济。"①

所以，我们看到的是：首先，白银流入促进了中国税制改革。② 实行"一条鞭法"，折银纳税，需要大量的经常性的白银进口，这也是该法为何率先在福建、浙江等有白银进口的地方试行的原因。

其次，白银流入使中国货币体制发生了重要变革。由钱纸币制转变为银为主、钱为辅的银钱币制。白银开始充当本位货币，从而有利于抑制滥发纸币、通货膨胀。

最后，从货币文化的角度看，中国银两的形制发生了很大的变化，由过去的束腰形的银块状变为船形，即俗称的"元宝"，到后来又引发了中国自铸银元（从清代中叶起，政府和民间就开始了仿铸外国银元），中国的钱币文化便逐渐失去了昔日的光彩。彭信威先生曾论述过：在人类史上主要有两种独立的货币文化，一是希腊体系下的西方货币，以金银为主，没有穿孔，一开始就在币面铸些鸟兽人物草木。二是东方货币，以铜铁为主，有方孔，币面只有文字，没有图形，甚至若在一种钱币上发现有云朵或飞鸟走马，钱币学家就要疑心它不是正品。由此可知，两种货币文化是完全

---

① 刘光临：《明代通货问题研究——对明货币经济规模和结构的初步估计》，《中国经济史研究》2011 年第 1 期。

② 这里的"白银流入"是指明季全部外来白银，包括来自日本的白银和经过其他渠道来自欧洲的白银，来自马尼拉大帆船的白银是其中的重要部分。

不同的。而"外国银元的流入，在中国的货币文化上，引起了一次大革命"。①

（二）海外贸易刺激了晚明商品经济的发展和生产关系的变革

明朝后期，从外部看，海外贸易从两个方面刺激了中国经济的发展。第一是从供给方面，大量白银的流入给中国提供了稳定的货币供给，保证了白银货币化的发展，催生了银钱币制的诞生。白银货币化约束了当权者滥发货币的权力，阻断了明王朝通向恶性通货膨胀之路。有资料表明，明朝后期物价基本是稳定的，这样就推动了生产和贸易的增长。第二是从需求方面，大量中国丝织品、棉织品、瓷器和其他物品的出口国外，国际市场的需求，拉动了国内丝织业和其他行业的发展。从国内看，根据"一条鞭法"，户丁只要出钱就可以免除力役，从而使户丁有了一定程度的人身自由；用银两纳税，扩大了货币流通。"一条鞭法"的实施和货币法的强化，从制度上推动了商品经济的发展。所以，在国内外多种因素的推动下，明代后期，商品经济的发展呈现出前所未有的多种特征。

（1）市场经济的"萌发"。一是田赋折银，赋税货币化促进了粮食市场的形成；二是赋役货币化，迫使更多农民脱离土地，加速了社会分工的进行。农民进入城市，成为自由劳动者，城市劳动力市场形成。在市场上，一边是资本的积累和劳动的雇佣，一边是失去生产资料的劳动力的出卖。《明神宗实录》记载，当时在丝织业手工工场中"机户出资，织工出力，相依为命久矣。……浮食奇民，朝不谋夕，得业则生，失业则死"，"染房罢而染工散者数千人，机房罢而织工散者又数千人，皆自食其力之良民也"②。

（2）社会分工日益细密，出现了更多独立的手工业门类和专业化生产。手工业门类如陶瓷业、丝麻棉毛纺织业、粮食加工业、制糖业、造纸业等。根据吴承明先生的研究，即使按照比较严格的标准，晚明至少在苏州和杭州的丝织业、佛山的冶铁和铸造业、崇德的榨油业、铅山的造纸业中，已经出现了工场手工业，他称之为"全新的生产形式"。③ 景德镇的御器厂，正德时雇用工匠，嘉靖到万历时雇役匠已经及于各作，按日计件给值。同

---

① 彭信威：《中国货币史》，第539页。
② 《明神宗实录》卷361，台湾"中研院"历史语言研究所，1968。
③ 吴承明：《中国的现代化：市场与社会》，三联书店，2001，第31页。

时，这里的民窑发展迅速，嘉靖年间"聚佣至万余人"，① 到万历时"每日不下数万人"。②

（3）农业经济作物生产逐渐朝向区域化、专业化方向发展。如蚕丝生产集中于苏、浙和四川北部的保宁府，棉花生产主要集中于江南地区的嘉定、长州、太仓、松江等县以及山东、河南、北直隶（河北）等省；水果（龙眼、荔枝）和甘蔗集中于福建、广东等省；菸草（烟叶）集中于福建和陕西汉中等地。

（4）国内市场显著扩大，长距离大宗商品贸易增多。明后期乡村集市发展，城镇市场繁荣，区域市场规模扩大，并最终形成全国性市场。粮食、棉花、棉布、生丝、丝织品、铁器、瓷器等大宗商品的交易推动了全国市场的形成。③ 如闽粤商人大量载运蔗糖到上海出售，买进棉花载运而归，呈现"楼船千百，皆装布囊累累"之盛况④；"苏州盛产蚕丝，委积如瓦砾，外省乃至海外商人，皆来市焉，五月载银而至，岁有百十万之益"⑤。另有记载说南阳李义卿"家有地千亩，多种棉花，收后载往湖、湘间货之"⑥。

（5）工商业市镇兴起并繁荣。伴随丝织业的发展，过去许多默默无闻的穷乡僻壤，如嘉兴的濮院镇、王江泾，吴江县的盛泽镇、震泽镇等，已经发展成繁华的市镇。濮院"改土机为纱绸，制造尤工，擅绝海内"⑦。盛泽"明初为村名，居民止五六十家。嘉靖间倍之，始称为市"，⑧ 到明末已经成为一个全国闻名的丝业巨镇和重要的丝绸集散市场。该镇从事出口丝织业的不下万户，男女工人在五万以上。"四方大贾辇金而来者无虚日，每日中为市，舟楫塞港，街道肩摩。"⑨ 福建漳州的海澄，也由一个小渔港（月港）发展成为"农贾杂半，走洋如适市，朝夕之皆海供，酬酢之皆夷

---

① 《明世宗实录》卷二四〇，嘉靖十九年八月戊子。

② 萧近高：《参内监疏》，光绪《江西通志》卷四九《舆地略》，光绪七年刻本。

③ 吴承明：《论明代国内市场和商人资本》，载吴承明主编《中国资本主义与国内市场》，中国社会科学出版社，1985。

④ （清）褚华：《木棉谱》（线装本）。

⑤ （清）唐甄：《潜书》下篇下，上海古籍出版社，1955。

⑥ （清）张履祥：《杨园先生全集》（线装本）卷43。

⑦ 《浙江通志》卷一〇二。

⑧ 《吴江县志》卷四（页一至二）。

⑨ （清）《吴江县志》（线装本）卷5。

产"① 的新兴的沿海商业城市。

（6）地区性商人集团崛起。伴随社会各阶层日益卷入白银经济，经商成为谋生的极好出路。晚明社会出现了十大"商帮"（专业的商人群体），它们几乎都是在明朝后期崛起的。这与白银货币化的进程是相吻合的。当时较为著名的商帮是徽商、晋商、陕商、闽商、粤商。宋应星在《野议·盐政议》中说："商之有本者，大抵属秦、晋与徽郡三方之人。"谢肇淛在《五杂俎》卷四评论说："富室之称雄者，江南则推新安（徽州），江北则推山右。"商帮的崛起，说明了资本的积累过程。

（7）随着工商业的繁荣，社会观念发生了向商人倾斜的变化。"心术之移于利也"，② 传统的"本末"观念发生动摇，在一些人的心目中，传统的"士、农、工、商"四民地位的排序也发生了变化，"商"被认为仅次于"士"。③ 大量劳动者"舍本逐末"，离开农村到城镇从事工商业。到嘉靖时，百姓争相从事工商业，"昔日逐末之人尚少，今去农而改业为工商者，三倍于前矣，昔日原无游手之人，今去农而游手趁食者，又十之二三矣。大抵以十分百姓言之，已六七分去农矣"。④

（三）大帆船贸易对晚明王朝灭亡的影响

关于大帆船贸易对中国政治的影响，美国学者 W. S. 阿特韦尔（Wilianm S. Atwell）认为，明朝政府的灭亡同当时白银进口的锐减有关。从1610 年到明朝灭亡的 1644 年，进口白银大大减少，原因包括：美洲白银产量下降；1630 年之前荷兰和英国对中国和西班牙航海的骚扰；1634～1635年西班牙国王厉行新的限制贸易政策；1639～1640 年西班牙在菲律宾屠杀了 2 万多名中国人并导致马尼拉和中国贸易额的急剧下降；荷兰封锁果阿和马六甲商道，澳门遭到孤立；1639 年日本德川幕府拒绝澳门船只到长崎贸易，葡萄牙人失去了做中日贸易中介人的地位，德川幕府还禁止日本人进行海外贸易（即锁国），之后日本白银出口大幅下降。同时，在中国国内，

---

① 张燮：《东西洋考》，肖基小引。
② 张萱：《西园闻见录》卷六（朋友），燕京大学，1940 年铅印本。
③ 思想家何心隐曾道："商贾大于农工、士大于商贾、圣贤大于士。"容肇祖整理《何心隐集》，中华书局，1981，第 58 页。
④ （明）何良俊：《四友斋丛说》卷 13，中华书局，1959，第 112 页。

明朝政府在 1618～1636 年为对付农民起义和满族入侵，将税收提高了 7 倍。由此，造成流通中的白银大大减少和银贵钱贱，从而给经济发展带来了灾难性的后果。[①]

不少中国学者赞同阿特韦尔的观点，如张宇燕在《通货危机与王朝颠覆》一文中写道："晚明经济的白银化也为明王朝的灭亡埋下了伏笔。……巨大风险，则在于产银很少的大明其通货数量严重依赖于不稳定的海外进口，在于中央政府完全丧失了对货币和信用的控制。这种最初存在于理论之中的风险在崇祯十二年（1639 年）变成了事实。"[②] 万明也认为："晚明白银使中国社会变迁与世界变革联系在一起，并且成为明末中国社会危机总爆发，推动明朝走向衰亡的重要因素。"[③]

但也有学者提出反对意见。如倪来恩和夏维中认为，1644 年以崇祯自缢为标志的明朝的覆灭，主要的原因不应该是当时贵金属国际流动的波动，而是当时政治、社会和经济的深刻历史背景。17 世纪发生于中国的历史事件与同时期发生在欧洲的历史事件在本质上无必然的联系。他们批驳了明朝灭亡前几十年外国白银输入减少的观点，认为这时正是中国输入外国白银的顶峰时期。原因是：（1）有证据表明，在输入塞维利亚美洲白银下降的同时，从墨西哥运往菲律宾的白银却有显著的增加；（2）从日本输入的白银比从马尼拉输入的白银多；（3）中国因外国白银进口减少而造成流通匮乏之严重的时间是在清初实行海禁 20 年以后的 17 世纪 70 年代，这时明朝已灭亡多年了。[④]

不管怎样说，明朝灭亡的原因不能单纯归因于白银短缺。因为这个时候明朝不缺钱，其中既有窖藏的白银，也有太仓的白银。据彭信威估计，至明朝结束时，民间窖藏的白银达到 25000 万两之多。[⑤] 又据全汉升的研究，1642 年明王朝灭亡的前夕，太仓（国库）的白银多达 2300 万两。[⑥] 杨士聪在他

① W. S. 阿特韦尔：《国际白银的流动与中国经济》，《中国史研究动态》1988 年第 9 期。

② 张宇燕：《通货危机与王朝颠覆》，http：//www. aisixiang. com/data/145... html 2013 - 2 - 18。

③ 万明：《明代白银货币化与明朝兴衰》，《明史研究论丛》（第六集），2004。

④ 倪来恩、夏维中：《外国白银与明帝国的崩溃——关于明末外国白银的输入及其作用的重新检讨》，《中国社会经济史研究》1990 年第 3 期。

⑤ 黄仁宇：《十六世纪明代中国之财政与税收》，阿风等译，三联书店，2001，第 93 页。

⑥ 全汉升：《中国近代经济史论丛》，第 251 页。

的《甲申核真略》一书中记载，当时大内各库"存银 3700 万两，金若干万两"。① 可见，这不是钱的问题，而是制度上的缺陷造成了白银不能进入流通领域。明朝的灭亡是由多种内外因素共同促成的，如政治腐败（皇帝怠政、宦官专权、文官争斗、卖官鬻爵等）、外族入侵、自然灾害、经济危机、农民起义等。市场流通中的白银短缺仅仅能算作其中原因之一。

晚明时期，虽然经济空前发达，白银的使用也日益广泛，但是，这时还不可能在输入外国白银数量与当时政治、社会安定所必需的相应程度之间建立起一种直接的因果关系。因为当时的对外贸易额在经济总量中所占比例很小，况且当时也不存在一种现代货币制度。

（四）伴随大帆船贸易的美洲新物种的影响

马尼拉大帆船输送到亚洲的商品除了白银之外，还有贸易价值不高但生态意义极大的物种，那就是粮食类的玉米、甘薯、马铃薯；果蔬类的花生、向日葵、西红柿、辣椒、南瓜、菜豆、菠萝、番荔枝、番石榴、可可等；另外还有烟草。明中叶以后，传入中国的美洲原产物种约达 30 种。它们对中国的经济和社会产生了深远的影响。

1. 粮食作物带来了中国粮食生产的革命和人口的增长

玉米、甘薯、马铃薯的故乡都在美洲。关于这三种农作物传入中国的时间和路径，均有多种说法。② 中国古籍对玉米最早的确切记载和形态描述是在嘉靖三十九年（1560 年）："番麦，一名西天麦，苗叶如蜀秫而肥短，末有穗，如稻而非实。实如塔，如桐子大，生节间，花垂红绒在塔末，长五六寸。三月种，八月收。"③ 但是，这种作物在开始时并没有被广泛种植，直到 18 世纪 40 年代，玉米才得到迅速传播，开始大面积的种植。从海路引入甘薯的历史有案可稽。万历十年（1582 年），广东东莞人陈益从安南（越南）带薯种在家乡试种成功。④ 甘薯引种福建的时间约为万历二十一年（1593 年），有关记载见于清初周亮工《闽小记》。文中说，当时闽人到吕

①　杨士聪等：《甲申核真略》，浙江古籍出版社，1985，第 34 页。
②　见郑南《美洲原产作物的传入及其对中国社会影响问题的研究》（浙江大学博士论文），2009，"绪论"部分。
③　赵时春：《平凉府志》卷 4，《平凉县·物产》。
④　《东莞县志·物产》，台北，1968 年影印本。

宋经商，看到那里"被山连野"都种着甘薯，便"截其蔓咫许，挟小盒以来"，遂在漳州、泉州、莆田、长乐、福清得到种植。① 甘薯的播种最初局限于闽粤，17世纪后期开始向江西、湖南等省及浙江沿海地区扩展，18世纪中叶之后推广到北方。最早提到马铃薯传入中国的是荷兰人斯特儒斯（Henry Struys），他曾于1650年访问过荷兰占领下的中国台湾。他已注意到荷兰人引进的马铃薯已经在台湾种植。② 尽管上述农作物的引入时间和途径有争议，但我们知道，任何农作物都不是经过一次传播而在产地以外地区广泛种植的，往往是通过了多条途径或多次的传播。我们至少可以说，大帆船贸易促进了美洲农作物在中国的广泛种植。

美洲农作物传入带来的影响是深远的。③

首先，为中国提供了粮食生产的新品种，改变了中国人的食物构成。在玉米传入之前，中国人赖以生存的是"五谷"（水稻、小麦、谷子、高粱、大豆）杂粮。美洲作物传入后，中国人的食物构成发生了不小的变化，从占人口绝大多数的劳动者来说，他们在很大程度上已依靠玉米和甘薯为生了。到1846年，在包世臣著的《齐民四术》里，玉米已与五谷并列，上升到"六谷"的地位。

其次，增加了粮食作物耕种面积，促进了粮食产量的增长。玉米、甘薯、马铃薯都是适应性较强、耐旱耐瘠的高产作物，它们使过去不适合粮食作物生长的沙砾瘠土、高岗山坡、深山老林等地方变成了适宜耕种的土地。从雍正二年（1724年）到光绪十三年（1887年）的160余年间，耕地面积增加了26.03%，总计1.883437亿亩，而这段时间正是美洲新作物的快速推广种植期，因此，新开垦土地在新增土地中占有相当大的份额。到20世纪初，玉米的播种面积约占全国耕种面积的6%左右，甘薯占2%左右。玉米的传入大约能带来粮食700万~800万吨的增加，甘薯则在1918年以前大约使粮食产量增加了400万吨。④

---

① 《小方壶斋舆地丛钞》第九帙。
② 何柄棣：《美洲作物的引进、传播及其对中国粮食的影响》，《世界农业》1979年第6期。
③ 林被甸先生曾对这个问题做了较为系统的归纳，见林被甸、刘婷《美洲农作物与中国的饮食文化》，载黄邦和等主编《通向现代世界的500年》，北京大学出版社，1994，第399~417页。
④ 郑南：《从玉米、番薯、马铃薯的传入看外来农作物传入对中国的影响》，《2011年杭州亚洲食学论坛会议论文集》。见中国知网 http://www.cnki.com.cn。

最后，为中国饮食文化的发展提供了物质基础。玉米、甘薯用途很广泛，可作粮食、饲料、手工业的原料。当时以玉米和甘薯酿酒、养猪，已是中国农家极为普遍的现象。玉米、甘薯需要投入的劳动较少，因此，能够腾出更多的劳动力种植经济作物（烟草、棉花、花生、茶树等）。

鉴于上述作用，有学者认为，美洲农作物的引进带来了中国的"第二次粮食生产革命"。① 第一次革命开始于北宋年间，其重要标志是比较耐旱、早熟的占城稻在江淮以南逐步传播，从而大大增加了全国稻米的生产。第二次粮食革命则是玉米、甘薯带来的变革。它们在非灌溉的土地尤其是偏远地区土地上开发了"新的农业边疆"，并且它们的传播和推广是与抗灾度荒联系在一起的，耐瘠高产的特性使它们成为中国民众抗灾度荒的宝贵食粮，由此带来了具有重要意义的中国人口的增长。有资料表明：1600 年，中国人口为 1.4 亿左右；1650 年为 1.5 亿，没有多大变化；1700 年达到2.05 亿；18 世纪出现人口爆炸，1800 年达到 3.45 亿，到 1850 年又增长到4.3 亿。1700～1850 年的 150 年间人口增加了 2.25 亿。② 可以肯定，美洲玉米、甘薯的引进，是促使中国人口快速增长的一个重要因素。

2. 蔬果作物丰富了中国的蔬果品种和饮食文化

明代以前，中国的传统蔬菜分为五大类，随着外来品种的不断引进，增加到了 12 个类别。这些外来品种中有不少来自美洲。美洲蔬果作物对中国的饮食和烹调产生了重要影响。如花生和向日葵提供了优质食用油和食品资源。花生原产于南美洲，16 世纪早期由葡萄牙人从海路传入中国。但直到清代，在赵学敏的《本草纲目拾遗》（1765 年）才第一次出现"花生油"的名称。书中写道："长生果产闽地，花落土中即生，从古无此"，"康熙初年，僧应元往扶桑觅种寄回，亦可压油"。花生的种植开始时局限于南方，当被发现可用于榨油之后，就迅速传播到了北方。向日葵原产于北美洲，到 1639 年，在文震享写的《长物志》首次使用了"向日葵"这个名字。但很长时期内它只是被零星种植。在 20 世纪初何德刚写的《抚郡农产考略》（1903 年）中，才有了"子可榨油"的记载。后被逐渐广泛种植。

再如辣椒，已经成为中国人餐桌上不可缺少的调味品，在某些地区甚

---

① 何柄棣：《美洲作物的引进、传播及其对中国粮食的影响》。
② 贡德·弗兰克：《白银资本——重视经济全球化中的东方》，中央编译出版社，2000，第236 页。

至形成了"辣椒饮食文化"。辣椒原产于墨西哥,在中国的最早记载见于明代高濂写的《遵生八笺》(1591 年),书中对辣椒的生长、形状、色泽、特性等进行了描述。1688 年陈淏子写的《花镜》对辣椒记载翔实,其中有:"番椒……丛生白花,深秋结子,俨如秃笔头倒垂,初绿后朱红,悬挂可观,其味最辣。人多采用,研极细,冬月取以代胡椒。"① 说明辣椒刚引进时主要供观赏之用,后来由花作蔬,又由蔬进而当作调味品。辣椒传入中国后,发展迅速,17 世纪中叶,辣椒的种植已经遍布中国绝大部分省区。由于辣椒具有驱寒祛湿的功能,因而在云南、贵州、湖南等地区最受欢迎。辣椒本身是一种富含维生素 C 的菜蔬,同时具有调味、增香、添色等功能,所以,深受人们喜爱,在许多省区,它成为蔬中要品、每食必备。中国烹调素以讲究色、香、味而著称,一身兼备色、香、味的辣椒也就成了极好的作料和食物。在中国的八大菜系中,川菜、湘菜以辣为特色,徽菜中的皖南菜也以辣为主。川菜麻辣,湘菜纯辣或香辣,"辣椒饮食文化"在这里得到了很好的体现。

另外,来自美洲的番茄、南瓜、菜豆都成了中国人的日常菜蔬。菠萝与香蕉、椰子、芒果并列为中国四大热带水果,其产量仅次于香蕉。还有鳄梨、腰果、番石榴等,均为中国人喜爱的果品。

3. 烟草传入导致嗜烟习俗和烟文化的形成

烟草原产于中美洲。中国引种烟草最有影响的记载可见于明末姚旅的《露书》(1611 年),其中提到:"吕宋国出一草,曰淡巴菰(Tabago 的音译)……有人携漳州种之,今反多于吕宋,载入其国售之。"② 烟草最初传入中国时,人们注重它防病治病的功能。《露书》中写道:淡巴菰"一名曰醺。以火烧一头,以一头向口,烟气从管中入喉,能令人醉,亦辟瘴气……捣汁可毒头虱"。③ 另据王逋《蚓庵琐语》记载,明末北方兵民得"寒疾,非此不治",不得不以一匹马来换取一斤烟。④ 由于烟草有治病功能,明末清初的中医药典籍将它正式列为中草药。但烟草很快成为一种嗜好品而风靡全国,并渐渐酿成嗜烟习俗。明人张岱在《陶庵梦忆》中写道:

---

① (清)陈淏子:《花镜》卷六《花草类考》,伊钦恒校注,中国农业出版社,1979。

② (明)姚旅:《露书》卷十《错篇》,见谢国桢《明代社会经济史料选编》(上),福建人民出版社,1980,第 66 页。

③ (明)姚旅:《露书》卷十,见谢国桢《明代社会经济史料选编》(上),第 66 页。

④ 见(清)赵翼:《陔馀丛考》卷三十三。

"余少时不识烟草为何物。十年之内，老壮童稚，妇人女子，无不吃烟，大街小巷，尽摆烟桌，此草妖也。"崇祯时曾加以禁止，但到清初时，上至"公卿士大夫，下逮舆隶妇女，无不嗜烟草者"。[1] 旱烟、水烟、斗丝烟、鼻烟、嚼烟等各种烟制品相继出现，吸烟方式也不断创新。吸烟已经成为一种新的社会习俗。与之伴随的是各种烟具的制作越来越精致，以至于发展成了工艺美术品，如各种旱烟袋、水烟袋、鼻烟壶、烟荷包等。由于烟草具有醒脑提神的作用，同时又能满足人们某种心理和社会需要，因此，很快成为世俗社交生活的重要形式，成为与茶、酒同等重要的待客必备之物，无论在上层社会或下层民众中间，都广为流行。

正如弗林和吉拉尔德兹所指出，在我们讨论美洲白银影响的时候，不能仅仅将眼光盯在白银上，而应该把视野放得更宽些，看到与"银丝贸易"联系在一起的美洲作物的影响。可以说，广义的"银丝贸易"从根本上改变了中国的经济结构和中国的历史进程。[2]

（五）大帆船贸易对中国文化的影响

在新大陆的西班牙天主教教士曾试图以马尼拉或澳门为据点，向中国大陆传播天主教和扩张教会势力。16 世纪，葡萄牙控制的耶稣会士已经通过澳门进入中国。而西班牙控制的方济各会和多明我会的修士则以菲律宾为基地，向中国内地渗透，且经过多次尝试均遭失败。这种失败与澳门葡萄牙当局和耶稣会的阻挠有关。"他们害怕西班牙人的到来会扰乱他们已经同广州建立起来的定期贸易往来，所以葡萄牙人散布西班牙传教士是'间谍'以及他们'身后有一支舰队要来占领中国'等不实之词，目的是要引起中国当局的关注，将他们驱逐出境。"[3] 耶稣会更害怕在中国出现一个与之相竞争的西班牙托钵修会，这样将会打破耶稣会在中国传教的垄断局面。1585 年，耶稣会远东视察员范礼安强烈要求罗马教廷下令，宣布禁止耶稣

---

[1]　（清）王士禛：《香祖笔记》卷三，见谢国桢《明代社会经济史料选编》（上），第 68 页。

[2]　丹尼斯·弗林、阿图罗·吉拉尔德兹：《路径依赖、时间滞后和全球化的诞生：对奥洛尔克和威廉姆森的批判》（Denris O. Flynn and Arturo Giraldez, Path Dependence, Time Lags and The Birth Globalization: A Critique of Orourke and Williamson），http：//mauricio. econ. ubc. ca/ pdfs/ flynn. pdf，2003.

[3]　崔维孝：《明清之际西班牙方济各会在华传教研究》，中华书局，2006，第 75 页。

会之外的其他修会进入日本和中国。① 西班牙国王菲利普二世对此强烈不满，他向教皇表示抗议。教皇迫于压力，1608 年宣布托钵修会前往远东可不必经过里斯本，这使西班牙传教士彻底摆脱了葡萄牙远东"保教权"的种种限制，最终托钵修会选择了马尼拉—台湾—福建的传教路线。

第一批到达福建传教的多明我会士是科齐和黎玉范等人。科齐（Angelo Cocchi）于 1622 年乘大帆船到达马尼拉，1627 年到达台湾淡水，1632 年 1 月由菲岛总督派遣到达福建。黎玉范（Juan Bautista de Morales）与利安当（Antonio Caballero a Santa Maria）等人乘大帆船抵达菲律宾后，途经台湾，然后于 1633 年 7 月 2 日抵达了福建省的福安，与科齐会合。他们在这里建立起了福安和顶头两座教堂。多明我会士黎玉范负责福安的教务，方济各会士利安当负责顶头的教务。西班牙人在福建传教点的建立打破了耶稣会在中国的传教垄断权。② 从此天主教在福建尤其在福安地区迅速传播。黎玉范和利安当的到来，正式揭开了持续一个多世纪的中西"礼仪之争"的序幕，西班牙来华传教士认为中国教徒敬天、祭祖、祭孔是偶像崇拜的体现，是迷信活动，破坏了基督教教义的"纯正性"，而耶稣会则采取"适应"策略和调和主义，认为这是中国人的社会政治行为，中国典籍中的"上帝"与基督教的"天主"是相同的。于是，在来华传教的基督教派内部不同教派之间引发了激烈的辩论，而后各派诉诸教皇，1645 年罗马教皇英诺森十世颁布"圣谕"，规定此后中国教民不得祭祖和参拜孔子。但到 1656 年，新继位的教皇亚历山大七世重新颁布"圣谕"，申明中国传统的祭祖拜孔是一种社会行为，不是迷信，应该容忍。结果，两个内容相反的"圣谕"先后在中国颁布，在中国传教团内部引起了严重混乱。"礼仪之争"更加复杂化。

史实表明，正是通过大帆船贸易航路这一途径和大帆船贸易这一载体，西班牙传教士将天主教文化带到了中国。在福建的西班牙传教士（如马丁·德·拉达、门多萨、庞迪我、闵明我等）及其与美洲、西班牙的书信往来导致美洲和西班牙国王介入当时的礼仪之争，以及由此促使不少西班牙语的中国历史书籍问世，使西班牙及美洲大陆对中国有了更多的了解。

可见，大帆船贸易在中西文化交流中扮演了重要角色，它不仅对前述

---

① 邓恩：《从利玛窦到汤若望》，余三乐译，上海古籍出版社，2003，第 213 页。
② 张凯：《中国与西班牙关系史》，大象出版社，2003，第 232～236 页。

货币文化、饮食文化产生了重要影响，而且直接与中国意识形态领域的变革联系在了一起。①

（六）伴随大帆船贸易的移民影响

明代以来，闽、粤、苏、浙地区的海商和破产农民，为了往海外谋生，不断有人冲破"海禁"，通过海上"丝绸之路"漂洋过海，流亡到菲律宾等东南亚国家。据《东西洋考》记载："华人既多至吕宋，往往久住不归，名为压冬。聚居涧内为生活，渐至数万。间有削发长子孙者。"② 在黎牙实比1571 年占领马尼拉的时候，这里的华人只有150 人，到1588 年达到1 万人，到1603 年已经增加到了3 万多人。③ 从1582 年起，殖民当局在距离西班牙人市镇和军营不远的巴石河之南，划定了一个区域（即涧内），要求华人集中居住在这里，周围围有栅栏，华商只能在其内从事商贸，这样便于殖民当局管理和征税。大帆船贸易主要是以中国商人运来的商品为保障的。而留在马尼拉的华人主要从事农业、手工业和各种服务业，有些华人工匠和劳工甚至直接参加了与大帆船贸易有关的劳动，如造船、搬运货物等。正是华商华侨的商品供应和他们在菲律宾的生产经营才保障了大帆船贸易的物质供应和其所需要的许多服务。

大约16 世纪末至17 世纪前半期（即明清之际），已有一些中国商人、工匠、水手、仆役等沿着当时开辟的大帆船贸易航路到达了墨西哥和秘鲁，在那里侨居经商或做工。由于他们是经由马尼拉辗转而来的，因此被称为马尼拉华人。马尼拉华人前往拉美的最早记载出现于16 世纪80 年代。西班

---

① 马尼拉大帆船贸易对明朝文化还起到了如下的间接影响，即通过对明末江南工商业市镇经济的促进，导致这里产生新的生产关系，从而带来意识形态的新变化，如戏曲文学的杰作《牡丹亭》体现了当时追求个性解放的社会思潮，世情小说的奠基作《金瓶梅》反映了该时期市民社会的世态人情和新价值观，神魔小说《西游记》则体现了一种民主精神。有学者将这一时期的文化革新称为"文艺复兴"（参见张胜林《明代后期中国的文艺复兴》，《华侨大学学报》1995 年第1 期）。彭信威先生提到："明代正嘉以后白银的盛行，不但刺激了中国的经济，而且对于中国的文化，大概也产生了一种推动作用。""像《西游记》那种想象力驰骋的作品，在自然经济的条件下，是不会产生的。它是城市货币经济的产物。"见彭信威《中国货币史》，第663～664 页。

② 张燮：《东西洋考》卷五，吕宋条。

③ 张凯：《明清时代美洲华人述略》，《拉丁美洲丛刊》1983 年第6 期。

牙人门多萨记述，1585 年"获利的欲望把中国商人带到了墨西哥"。① 1586 年马尼拉的西班牙殖民者曾向王室和政府提出禁止华人前往墨西哥和秘鲁的要求，② 说明当时已有一些华人移居到这两个地方。1629 年，马尼拉的西班牙商人在墨西哥设立了一个常驻商务办事处，由 8 名代表组成，他们也带去一些华人帮助料理商务。③ 17 世纪秘鲁史籍也有关于利马华侨的记载。④ 据估计，从 16 世纪末至 17 世纪中叶移居拉丁美洲的马尼拉华人大约有五六千人。⑤ 这些从事各行各业活动的华人，在生产实践中直接把中国的传统技艺传授给当地人民，如扎制风筝和灯笼的方法、制造鞭炮和礼花的方法、刺绣和剪裁技术等，他们成为中华文明的传播者。

正是由于华侨华人不畏艰险的探索，中国至马尼拉的便捷航线得以开拓；由于他们的媒介作用，中国商品得以运至拉美和欧洲。在马尼拉大帆船航行的近 250 年中，他们为促进中菲、中拉、中西之间的物质和文化交流做出了重要贡献。

（七）大帆船贸易的世界意义

1573 年大帆船贸易的首航，标志着由哥伦布开启的西班牙人新航路开辟的真正完成。因为只有在这个时候，西班牙人才真正开始了与中国的贸易交往，实现了哥伦布航海的初衷，即到达中国，寻找黄金。更重要的是，只有当西班牙人通过马尼拉大帆船建立起太平洋东部航线，与葡萄牙人建立起的太平洋西部航线在南中国海交汇的时候，一个常规性而持久的跨洋联系才在亚、非、欧、美四个大陆之间真正建立起来。环绕世界四大洲的海道连接在了一起，原来各大洲之间间接的和间歇的交往，现在变成了直接的和频繁的交往。

新航路只有承载生产力要素和各地文明的交流，才能算真正的"海道大通"，从这个意义上讲，不管是麦哲伦还是乌尔达内塔，都仅仅是为实现

---

① 门多萨：《中华大帝国史》，第 91 页。
② 舒尔茨：《马尼拉大帆船》，第 301 页。
③ 道布斯、史密斯：《1635 年墨西哥城的中国人》（H. H. Dubs & R. S. Smith：Chinese in Mexico City in 1635），《远东季刊》（*The Far Eastern Quarterly*）1942 年总第 1 卷，第 4 期，第 388 页。
④ 何塞·弗朗西斯科·德穆卡布鲁：《利马日记》（Jose Francisco de Mucaburu, *Diario de Lima*），利马，1935，第 275 页。
⑤ 陈烈甫：《东南亚的华侨华人与华裔》，正中书局，1979，第 220 ~ 225 页。

这种"海道大通"做了必要的准备。新航路开辟的时代，也是商业资本主义大发展的时代，商业资本起着支配作用，并部分地向产业资本转化，劳动分工细化的工场手工业产品占据交易的优势。正是在这样的一个时代中，物美价廉的中国制造品（丝织品、瓷器、茶叶等）从南中国海出发，通过东太平洋航线和西太平洋航线，跨洋贸易，行销全球，白银作为支付手段成为世界货币，并源源不断地流入中国，使中国占到世界白银产量的 1/4 或 1/3，中国成为当时世界经济的"中心"。大帆船贸易承载的是资本、商品、人员、文化的交流，是真正的"海道大通"的实现。因此，大帆船贸易的开始也就成为了真正的"海道大通"的标志，是世界全球化的真正起点。

在明朝晚期，大帆船贸易将中国带入了世界市场，带入了世界全球化的进程，中国为整体世界的出现做出了重要的历史性贡献。同时，中国传统社会结构的根本性转变也由此而悄然发生。

四　结语

明王朝的海外政策前期是官方的"朝贡贸易"与对私人贸易的"海禁"并举，后期实行了有条件的"开禁"。正是在明朝后期，西班牙人主导的太平洋东部航线得以开通，与葡萄牙人主导的太平洋西部航线连为一体，第一次实现了以南中国海为中心的全球"海道大通"。马尼拉大帆船贸易也就由此而开始。大帆船贸易出口了大量的中国制造品，输入了大量的白银以及传入了美洲物种，结果在经济、社会、政治、文化等方面给当时的中国带来了多方面的影响。这是一个全球商业资本主义的时代，太平洋东部航线的大帆船贸易与太平洋西部航线的葡萄牙人、荷兰人、英国人等同中国的商业贸易一起，将中国纳入了全球经济中，中国市场已经成为世界市场的有机组成部分，正是在中国市场与世界市场交叉的领域，所谓的"市场经济"和"资本主义萌芽"得以出现，使中国传统落后的社会经济结构出现了新的重大转变。

马尼拉大帆船贸易的历史说明：在大帆船贸易的初期，中国制造在世界市场中处于优势地位，对外开放更进一步促进了中国经济与社会的发展，但后来中国的闭关自守政策使这种优势地位逐渐丧失，而同时期的西方国家却利用世界市场得到了大发展。中国这一由盛而衰的历史诠释了对外开放的重要意义。

马尼拉大帆船贸易的历史揭示出：这一贸易既是中国与菲律宾的贸易，也是中国与拉丁美洲的贸易，更是中国与西班牙的贸易，因为菲律宾和新西班牙等地在当时是西班牙的殖民地。而我们在过去的研究中，一提到马尼拉大帆船贸易，往往想到的是中菲早期关系或中拉早期关系，而忘记了其背后还有一个西班牙宗主国。如果没有欧洲的社会经济背景，没有西班牙人的文化背景和航海技术以及航海家的冒险精神，太平洋东部航线的开辟是不可想象的。其实，在除了哥伦布、麦哲伦、乌尔达内塔这些成功者之外，还有许多失败者。西班牙人的这种坚忍不拔、不屈不挠的精神值得世人学习。

马尼拉大帆船贸易的历史告诉今人：在 21 世纪全球化的新形势面前，相关地区和国家应该珍视传统的商贸合作关系，不断促进和加强各国之间物质文化上的交流与融合，努力建设一个持久和平与共同繁荣的和谐世界。

（作者简介：韩琦，历史学博士，南开大学世界近现代史研究中心和拉丁美洲研究中心教授）

新西班牙：马尼拉大帆船的美洲终端

〔墨〕卡门·尤斯特·洛佩斯 著　戴娟 译

内容提要：本文分析了马尼拉大帆船的首次航行，以及新西班牙、阿卡普尔科和墨西哥城商人在太平洋贸易初期扮演的角色。同时，文章还反思了 16 世纪末西班牙王室颁发的一系列规章制度如何阻碍了这条贸易航线的发展。

关键词：马尼拉大帆船　新西班牙　阿卡普尔科　墨西哥城商人　贸易

16、17 世纪时西班牙语美洲只有两个总督辖区：成立于 1535 年的新西班牙和成立于 1542 年的秘鲁，其首府分别为墨西哥城和利马。1521 年阿兹特克帝国灭亡时，在这片古老的美洲土地上密集居住着印第安人。这一情况十分有利于西班牙人稳固地占领和统治该区域。但是，除了令人炫目的特诺奇蒂特兰的灿烂文化以外，科尔特斯（Cortés）及其征服军队对新西班牙的第一印象却是贫穷，这里没有黄金、白银和棉花，只有玉米和龙舌兰。①

最初几年，征服者及其士兵的主要经济来源为埃尔南·科尔特斯分配的委托监护权。② 根据等级，每个士兵可以得到一块土地、几位耕种土地的印第安

---

① 弗兰西斯科·德尔·帕索伊特龙科索：《新西班牙资料》（Francisco del Paso y Troncoso, *Papeles de Nueva España*），系列 II，马德里，《里瓦德内拉的继承者》（Sucesores de Rivadeneyra），1905，III，增刊：第 62~63 页。弗兰西斯科·洛佩斯·德·戈马拉：《印第安通史》（Francisco López de Gómara, *Historia General de Indias*），第 2 卷，巴塞罗那，1954，第 50 页。

② 贝尔纳尔·迪亚斯·德尔·卡斯蒂略：《真实的新西班牙征服历史》（Bernal Díaz del Castillo, *Historia Verdadera de la Conquista de la Nueva España*），第 2 卷，墨西哥佩德罗·罗弗雷多出版社，1939，第 402~403 页。

人。除了土地的使用权和劳役之外，还有印第安人缴纳的贡税。委托监护权并不授予受益人土地管辖权和土地所有权，因为它是属于国王的。但是，为了奖励一些征服者对王室的杰出贡献，国王将其委托监护区的部分土地授予他们，前提条件是这部分土地原来没有被印第安人耕种过。① 1542 年这个体系被禁止，但一般说来直到 1570 年仍然有效。委托监护权可以两代甚至三代沿袭，因此，即使委托监护区归还给王室，权益继承人不会毫无依靠。②

被分派给委托监护主的印第安人必须完成指派的任务，缴纳一定数额的贡税、粮食，以及在其居住地履行公共服务。贡税由阿兹特克人分派给臣服于阿兹特克帝国的印第安人，西班牙征服者善于利用这部分印第安人。西班牙统治正式建立后，那些处于委托监护区之外的以及不再属于这一体系的印第安人就是真正的纳税人。③

在此过程中，16 世纪印第安人人口数量缓慢下降。其中 1570 ~ 1590 年间，人口锐减。其原因是多方面的：一系列流行病，如天花、麻疹和伤寒；过度劳作；西班牙人带来的个人主义社会模式与美洲大陆印第安人集体主义社会模式之间的文化冲突。16 世纪新西班牙土著人口锐减——从 1525 年的 2500 万下降到 1605 年的 100 万 ~ 200 万——主要体现在农村地区。由于人口大量死亡和迁移、土著民劳役分派制度和雇佣土著劳动力制度（自由劳动力、以劳抵债）的大量引进、西班牙人强占印第安部落的土地，许多印第安村镇出现了"空巢"或"分散"现象。无人居住和闲置的土地被西班牙人集中到一起，随后出现了大庄园。④ 值得注意的一点是，在墨西哥中部印第安人锐减的同时，新西班牙

① 何塞·米兰达：《殖民统治初期领地主的经济职能》（José Miranda, *La función económica del encomendero en los orígenes del régimen colonial*），墨西哥国立自治大学，1965；查尔斯·吉普森：《西班牙统治下的阿兹特克人，1510 ~ 1810》（Charles Gibson, *Los aztecas bajo el dominio español, 1510 – 1810* ），21 世纪出版社，1967，第 63 ~ 64 页。另请参阅詹姆斯·洛克哈特《征服战争后的纳华人》（James Lockhart, *Los nahuas después de la conquista*），《十六到十八世纪墨西哥中部印第安人的社会文化史》（*Historia social y cultural de los indios del México central del siglo XVI al XVIII*），墨西哥经济文化基金出版社，1999。

② 莱斯利·伯德·辛普森：《征服者和美洲印第安人》（Leslie Byrd Simpson, *Los conquistadores y el indio americano*），巴塞罗那半岛出版社，1970，第 155 ~ 172 页。

③ 查尔斯·吉普森：《西班牙统治下的阿兹特克人，1510 ~ 1810》，第 206 ~ 208 页。

④ 舍伯恩·F. 库克、伍德罗·博拉：《西班牙征服前墨西哥中部的土著民》（Sherburne F. Cook and Woodrow Borah, *The Aboriginal Population of Central Mexico on the Eve of the Spanish Conquest*），加州大学出版社，1963，第 88 页。伍德罗·博拉：《新西班牙的萧条世纪》（Woodrow Borah, *El siglo de la depresión en Nueva España*），墨西哥公共教育部，1975，第 32 ~ 42 页，第 98 ~ 136 页。

的白色人种不断增加，从 1570 年的 6 万增加到 1650 年的 12.5 万人。[①] 16 世纪大部分时间里，一方面印第安人提供的大量劳动使殖民者舒适奢侈、无忧无虑的生活得到保障；另一方面印第安人口锐减迫使殖民者关注印第安人的劳动条件并严肃考虑食品储存和土地生产效率等问题。这种情况在当时始料未及。

与此同时，西班牙人致力于寻找黄金和白银矿藏，并在墨西哥城附近最先发现了几处矿山，如苏尔特佩克（Sultepec）和塔斯科（Taxco）。从 1540 年开始，西班牙人勘探了更多的矿山，如萨卡特卡斯（Zacatecas）、雷亚尔·德尔蒙特（Real del Monte）、帕丘卡（Pachuca）和瓜纳华托（Guanajuato），能够进行大量开采。为了寻找更多的矿脉，西班牙人深入距离阿兹特克帝国甚远的北部地区，这一举动加快了他们在这一广袤地区的扩张和殖民进程。[②] 矿工和骡子需要消耗粮食，矿产开采需要木材、皮革等工具，因此在矿区周围出现了农业和畜牧业复合产业，同时也促进了城市中心的形成。同样，采矿业还需要欧洲生产的原材料，如铁和铜，因此促进了总督辖区海上贸易的发展。在这个贸易体系中，新西班牙把白银铸成银锭或换成现金运往西班牙，用其购买欧洲产品，购得的货物在西班牙港口分流，最后到达新西班牙。[③] 综上所述，

---

① 博拉：《新西班牙的萧条世纪》，第 43～60 页。

② 莫德斯托·巴尔加约：《殖民时期西班牙语美洲的采矿业和冶金业》（Modesto Bargalló, La Minería y la metalurgia en la América Española durante la Época Colonial），墨西哥经济文化基金出版社，1955，第 61～63 页。菲利普·W. 鲍威尔：《奇奇梅卡战争 1550～1600》（Philip W. Powell, La guerra chichimeca 1550 – 1600），墨西哥经济文化基金出版社，1977，第 19～68 页。皮特·贝克韦尔：《殖民时期墨西哥的采矿业和社会，萨卡特卡斯 1546～1700》（Peter Bakewell, Minería y sociedad en el México Colonial, Zacatecas 1546 – 1700），墨西哥经济文化基金出版社，1976，第 388 页。罗伯特·维斯特：《新西班牙北部矿区：帕拉尔矿区》（Robert West, The Mining Community in Northern New Spain: The Parral Mining District），加州大学出版社，1946，第 169 页。

③ 克拉伦斯·H. 赫宁：《哈布斯堡王朝时期西班牙和印第安之间的贸易和航海》（Clarence H. Haring, Comercio y navegación entre España y las Indias en la época de los Habsburgos reimp），墨西哥经济文化基金出版社，1979，第 xxxvi 页，第 460 页。欧费米奥·洛伦佐·桑斯：《费利佩二世时期西班牙和美洲的贸易》（Eufemio Lorenzo Sanz, Comercio de España con América en la época de Felipe II），巴亚多利德省议会厅出版服务所，1979，第 2 卷。安东尼奥·加西亚·巴克罗：《印第安路线：贸易概括和海上商业》（Antonio García – Baquero, La Carrera de Indias: suma de la contratación y océano de negocios），塞维利亚阿尔加达出版社，1992，第 348 页。

16 世纪下半叶总督辖区的白银产量急剧增加。在此期间白银生产受到一些外在因素的影响：西班牙采矿原材料价格上涨造成采矿成本上升；西班牙王室直接控制水银供应，供应情况不稳定，而水银是金属转化、白银精炼的基础材料；土著人口锐减造成矿区劳动力不足，直接导致矿产产量下降。关于这一点，笔者还想特别强调一个方面，它与马尼拉大帆船息息相关。

关于 16 世纪末 17 世纪初土著人口锐减对新西班牙造成的经济影响已经得到广泛而深入的研究，在这个问题上，大部分专家一致认为在农牧业方面可以说造成了全面瘫痪的后果。但是，对采矿和进出口贸易造成的影响，出现了许多分歧。就采矿业来说，有资料显示一些重要的采矿中心，如萨卡特卡斯，在 1590 ~ 1600 年新西班牙土著人口锐减造成最大社会动荡的十年间，并没有出现开采危机。相反，萨卡特卡斯矿区第一个产量增加发生在 1600 ~ 1630 年间。此后，从 1630 年起开采效率开始下降。但是，土著劳动力缺乏并不是萨卡特卡斯矿区采矿量大幅下降的唯一原因。西班牙王室将大量水银分配给秘鲁，新西班牙没有足够多的水银用来精炼白银，使得矿产开采的个人投资不足。类似情形在新西班牙其他矿区也存在。正如大家所一致认为的，萨卡特卡斯矿区的生产趋势阻碍突出。[①]

另外，关于新西班牙的大西洋进出口贸易，一个广为流传的说法是 17 世纪初新西班牙市场低迷，墨西哥城的垄断商人停止从西班牙购买商品，其主要原因就是土著人口锐减造成新西班牙经济衰退。[②]

作为上述观点的回应，出现了许多观点新颖的假设，在笔者看来，这些假设更加准确。在此笔者大致罗列这些假设：土著人口锐减并没有造成经济全面衰退，新西班牙并没有出现经济停滞现象。相反，一方面逼迫西班牙人以另一种方式加强与主要劳动力印第安人的联系。另一方面，西班牙殖民者增强了社会公民意识。他们不再将财富立即转移到宗主国，而是更加关心如何实现经济自给自足。这些因素促进了农业、采

---

①　贝克韦尔：《殖民地时期墨西哥的采矿业和社会，萨卡特卡斯 1546 ~ 1700》，墨西哥经济文化基金出版社，1976，尤其是总结部分，第 305 ~ 325 页。

②　于盖特·皮埃尔·肖尼：《塞维利亚和大西洋 1504 ~ 1650》（Huguett and Pierre Chaunu, Séville et l'Atlantique, 1504 – 1650）8 卷本，巴黎科林出版社，1955 ~ 1959。

矿业和商业的形成。最后，新西班牙开始投资另一条商路：马尼拉—阿卡普尔科大帆船，避开了第三方干预，也不再承担被王室克扣资金的风险。通过这条航线，新西班牙以更好的价格得到纺织品和香料供应。同时，还有其他好处，例如成为债主，在菲律宾开展殖民主义和商贸活动。①

　　关于最后一点的重要性，还有待继续研究。不久之前，极少有历史学家关注太平洋海上贸易，除了两本经典之作：1939 年威廉·L. 舒尔茨（William L. Schurz）出版的英文专著《马尼拉大帆船》② 和 1960 年皮埃尔·肖尼出版的法文专著《伊比利亚人的菲律宾和太平洋》③。关于新西班牙，在杰梅利·卡雷利④和亚力杭德罗·德·洪堡⑤的作品中特别突出的一点，毫无疑问就是盛大的阿卡普尔科集市，但两部作品均未就此现象的本质做深入研究。在 1979 年奥斯卡·斯佩特出版的英文专著《西班牙

---

① 请参阅约翰·林奇《哈布斯堡王朝统治下的西班牙》（John Lynch, *España bajo los Austrias*）第 2 卷，巴塞罗那半岛出版社，1972。皮特·J. 贝克韦尔：《殖民地时期墨西哥的采矿业和社会》。另见贝克韦尔写给伍德罗·博拉的作品推荐：《新西班牙萧条的世纪》（*El siglo de la depresión en Nueva España*），墨西哥公共教育部，1975，第 9～26 页。乔纳森·I. 以色列：《墨西哥和十七世纪的大危机》（Jonathan I. Israel, Mexico and the "General Crisis" of the Seventeenth – Century），《过去和现在》（*Past and Present*），总第 63 卷，1974 年第 2 期，第 33～57 页。约翰·J. 特帕斯克、赫伯特·S. 克莱因：《十七世纪新西班牙危机：是神话还是真实？》（John J. TePaske and Herbert S. Klein, The Seventeenth – Century Crisis in New Spain: Myth or Reality?），《过去和现在》（*Past and Present*），总第 90 卷，1981 年第 1 期，第 116～135 页。约翰·J. 特帕斯克：《新白银、卡斯蒂利亚和菲律宾 1590～1800》（John J. TePaske, *New Silver, Castile, and the Philippines 1590 – 1800*），引于约翰·F. 理查德《中世纪后期和现代社会早期的贵金属》（John F. Richards（ed.）, *Precious Metals in the Later Medieval and Early Modern World*），杜克大学出版社，1983，第 425～445 页。路易莎·谢尔·霍伯曼：《十七世纪的商人：一个初步肖像》（Louisa Schell Hoberman, Merchants in the Seventeenth – Century: A Preliminary Portrait），《西属美洲历史评论》（*Hispanic American Historical Review*），总第 57 卷，1977 年第 3 期，第 479～503 页；《墨西哥的商业精英 1590～1660：白银、国家和社会》（Louisa Schell Hoberman, *Mexico's Merchant Elite 1590 – 1660: Silver, State, and Society*），杜克大学出版社，1991，第 353 页。

② 威廉·L. 舒尔茨：《马尼拉大帆船》（William Lytle Schurz, *The Manila Galleon*），纽约，1939，第 453 页。

③ 皮埃尔·肖尼：《伊比利亚人的菲律宾和太平洋》（Pierre Chaunu, *Les Philippines et le Pacifique des Iberiques*），巴黎，1960，第 302 页。

④ 乔瓦尼·弗朗西斯科·G. 卡雷利：《新西班牙游记》（Giovanni Francesco Gemelli Careri, *Viaje a la Nueva España*），墨西哥国立自治大学出版社，1976，第 4～13 页。

⑤ 洪堡：《关于新西班牙的政治随笔》（Alexander von Humboldt, *Ensayo político sobre el reino de la Nueva España*），墨西哥国立自治大学出版社，1966，第 488～490 页。

湖泊》①　一书中，这种情形没有多大改变，但作者开始关注太平洋。到此为止，关于太平洋海上贸易对菲律宾和新西班牙的影响的研究几乎完全停止，甚至有点让人失望。但是，历史学家对太平洋地区在整个殖民主义时期的重要性的看法已经完全改变，无论其观点是出自亚洲、美洲或欧洲角度。在此背景下，太平洋航线的规模得以重新认识。在长达两个多世纪间，这是唯一一条沟通亚洲、美洲和西班牙的航线，并用 8 雷亚尔的墨西哥比索（银元）满足亚洲人的渴求。在通航最初时期，还有秘鲁白银与其竞争。马尼拉大帆船到达阿卡普尔科，给美洲带来了丰富的亚洲商品，几年之后便将美洲打造成一个拥有竞争力的市场，并改变了表面上看来对新西班牙不利的贸易局面，帆船返回马尼拉时船上 95%～98% 为白银钱币，其余部分为货物。墨西哥城的商人不仅聚集在阿卡普尔科进行交易，还直接参与亚洲岛屿的商业活动，因此亚洲商品在新西班牙占据价格优势。在此贸易活动中，新西班牙获益不菲。

接下来我们将讨论太平洋航行和马尼拉大帆船。

传统意义上，新西班牙和菲律宾之间的航海通道被称为马尼拉大帆船、中国帆船或阿卡普尔科帆船航线，有时也被称为"太平洋航线"，它与"印度洋航线"相对应。后者由穿越大西洋、寻找美洲大陆大西洋港口的西班牙船队组成。马尼拉大帆船的意义在于它成为西班牙语世界另辟的一条最重要的国际贸易通道。这条海上通道不仅联系了菲律宾和新西班牙两个殖民地，还沟通了其他无边无际的领土，吸引了无穷无尽的商人运来商品和财物装上马尼拉大帆船。阿卡普尔科除了接收卸载的装满亚洲产品的包裹和货箱，还扮演着商品分散点的角色。除了宗主国，新西班牙、太平洋沿岸从危地马拉延伸到智利广大地区的商人都可以参与其中。因此，从 16 世纪末期起，大西洋船队的垄断商开始反对太平洋航线给新西班牙消费者提供纺织品和香料。不久，阿卡普尔科的菲律宾大帆船成为印度洋船队在新西班牙市场的一个强劲的竞争对手。②

---

①　斯佩特：《西班牙湖泊：让观摩视野更宽阔，从中国到秘鲁考察人类》（O. H. K. Spate, *The Spanish Lake: let observation with extensive view, survey mankind from China to Peru*），伦敦，1979，第 xxiv 页，第 372 页。

②　卡门·尤斯特·洛佩斯：《跨太平洋商业中心，在马尼拉的墨西哥商人，1710～1815》（Carmen Yuste López, *Emporios transpacíficos, Comerciantes Mexicanos en Manila, 1710 – 1815*），墨西哥国立自治大学历史研究所，2007，第 513 页。

在 1565～1815 年约 250 年间，这条太平洋航线几经波折，最后成为一条规律而活跃的商业通道。在此期间，有些外在因素不得不提。印度洋航线的船队在横渡大西洋时有护航队随行，而太平洋通道上情况却不一样。最初几年有两艘帆船出航，后来只有一艘帆船驶向新西班牙的遥远航程。航行过程中，货物主人要承担船只遇难、迷路、翻船或海盗袭击的风险。危险一旦发生，所有的货物投资将付诸东流，此外还应加上在阿卡普尔科的相应盈利。如果不幸发生在返回马尼拉途中，则将丢失所有白银。

为了避免节外生枝，帆船利用季节循环，避开不利气候因素，于 7 月初从马尼拉旁边的甲米地港口出发，最后于 12 月底停泊在新西班牙南部海岸的阿卡普尔科湾。在这段漫长、艰辛且危险重重的旅途中，帆船面临着变幻莫测的气候条件：反向风、缓速风、连续不断的暴风雨、偶尔来袭的飓风、对船员情绪和身体造成伤害的气温变化，另外还有粮食和饮用水的短缺。帆船到港时，船员筋疲力尽、饥肠辘辘地走上陆地。他们之中有些生着病，还有些人在旅途中丧生。生还的船员经过一段时间的休息和恢复，3月，最迟 4 月，又开始险象重生的回程，于 7 月返回马尼拉。[①]

菲律宾和新西班牙之间的太平洋航线最初源于 15 世纪中期土耳其人和奥斯曼人攻占君士坦丁堡、切断了东方的珍贵香料和异域丝绸进入旧世界的通道。在此背景下，葡萄牙和西班牙开始寻找新的供应渠道，于是诞生了伟大的地理大发现和欧洲海外扩张时代。[②]

此时的西班牙王室，具体来讲是卡斯蒂利亚王国，支持航海计划仅为证实地球是圆的，并接受一直朝西航行可以到达东方这一原始观念，虽然这些在当时还没有得到证实。从西班牙方面来讲，1492 年开始的哥伦布航海以及随后的探险队取得的结果并不令人满意，从而推迟了西班牙人到达香料之岛——摩鹿加群岛的企图。但是，以下两件事情促使王室重新开启

----

① 卡门·尤斯特：《跨太平洋商业中心，在马尼拉的墨西哥商人，1710～1815》，第 26～31 页。

② 约翰·林奇：《哈布斯堡王朝统治下的西班牙》（John Lynch, *España bajo los Austrias*），巴塞罗那半岛出版社，1972。约翰·H. 艾略特：《新旧世界 1492～1650》（John H. Elliott, *El Viejo Mundo y el Nuevo, 1492 - 1650*），马德里，1972，第 157 页；《西班牙帝国 1469～1716》（*La España Imperial 1469 - 1716*），巴塞罗那，1972，第 454 页。同时请参考约翰·H. 帕里《欧洲和世界扩张》（John H. Parry, *Europa y la expansión del mundo*），墨西哥经济文化基金出版社，1975，第 277 页。

这一古老计划：1513 年巴斯克·努涅斯·德·巴尔沃亚（Vasco Núñez de Balboa）发现了太平洋，他当时正在巴拿马沿加勒比海的一边，印第安人带来消息称还存在另外一片海洋。巴尔沃亚被说服了，他穿过今天的巴拿马海峡，发现了一片浩瀚海洋，并将其命名为"南方海洋"。① 另外一个促使因素为埃尔南多·德·麦哲伦（Fernando de Magallanes）和塞瓦斯蒂安·埃尔卡诺（Sebastián Elcano）于 1519～1521 年间率领的探险队的航行。此次航海证明了以下决定因素：环球航行证明了地球是圆的，麦哲伦海峡沟通了两个大洋，"南方海洋"被认定为太平洋，到达摩鹿加群岛的通道，找到香料产地，最后发现了在跨越太平洋历史上的两大主要群岛——马里亚纳群岛（帆船从阿卡普尔科返回马尼拉途经的淡水补充点），当然还有神奇的菲律宾群岛。②

　　另一方面，同样在 1521 年，埃尔南·科尔特斯（Hernán Cortés）征服了古老的墨西哥帝国，这片土地成为未来新西班牙总督辖区的主要组成部分。于是，在西班牙王室支持的探险队的保护下，各船队立即做好准备，从新西班牙海岸出发，驶向太平洋，寻找西面的岛屿。从最初的埃尔南·科尔特斯统治到后来建立总督辖区，新西班牙组织了三次探险队：1528 年的阿尔瓦罗·德·萨阿维德拉（Álvaro de Saavedra）探险队，1542 年的鲁伊·洛佩斯·德·维拉罗伯斯（Ruy López de Villalobos）探险队，这两支探险队均未找到从亚洲返回美洲的航线，③ 最后是 1564 年米盖尔·洛佩斯·德·黎牙实比（Miguel López de Legazpi）和安德列斯·德·乌尔达内塔（Andrés

① 弗兰西斯科·洛佩斯·德·戈马拉：《印第安通史》，第 41～42 页。贡萨雷斯·费尔南迪斯·德·奥维耶多：《印度通史》（Gonzalo Fernández de Oviedo, Historia General y Natural de las Indias），马德里皇家历史学院，1851～1855，第 29 册，"第三章"。

② 安东尼奥·皮加费塔：《第一次环游世界》（Antonio Pigafetta, Primer viaje alrededor del mundo），《历史》（Historia），马德里，1985，第 16 卷，第 223 页。

③ 康斯薇洛·瓦雷拉：《鲁伊·洛佩斯·德·维拉罗伯斯航向西方岛屿 1542～1548》（Consuelo Varela, El viaje de Don Ruy López de Villalobos a las Islas del Poniente, 1542-1548），米兰，1983，第 iv～202 页。路易斯·亚伯拉罕·巴兰迪卡：《寻找从西往东的航线：阿尔瓦罗·德·萨阿维德拉·塞隆探险队》（Luis Abraham Barandica, En busca de la ruta occidental hacia el oriente: la expedición de Álvaro de Saavedra Cerón），历史学博士学位论文，墨西哥国立自治大学语言文学系，2001，第 162 页；路易斯·亚伯拉罕·巴兰卡：《从新西班牙到西面岛屿：鲁伊·洛佩斯·维拉罗伯斯率领的海上探险队 1542～1549》（De la Nueva España hacia las Islas del Poniente: la organización y viaje de los participantes en la expedición marítima al mando de Ruy López Villalobos, 1542-1549），历史学博士学位论文，墨西哥国立自治大学语言文学系，2004，第 252 页。

de Urdaneta）率领的探险队，此探险队以西班牙人占领菲律宾结束。而且，随着乌尔达内塔发现黑潮（Kuro Sivo）洋流，探险队终于找到了从西面岛屿返回新西班牙的航线，这支洋流从日本海岸出发，最后到达加利福尼亚。[①] 随着乌尔达内塔回到阿卡普尔科（他认为这是太平洋航行最理想的停靠终点），新西班牙开始了马尼拉大帆船事业。

由于西班牙距离菲律宾群岛甚远，西班牙与葡萄牙几十年前签订了领土界限协议，葡萄牙禁止西班牙船只越过好望角和印度洋到达亚洲，因此从西班牙到达菲律宾是不可能实现的。在此背景下，西班牙王室授权新西班牙总督辖区组织和推进菲律宾群岛的殖民进程。也许正因为这个原因，1574 年，西班牙王室承认菲律宾为附属于新西班牙总督辖区的统治区域。表面看来菲律宾是一个附属管辖区，但其实不然。

新西班牙总督辖区与秘鲁总督辖区一样，要求有领土官员来行使地方政府的职能，无论其头衔是市长、地方长官或统治长官。从司法 - 行政角度看，辖区内最高长官行使统治职能，区别在于是否代表国王。就菲律宾而言，最高长官同时也是大都督，由国王直接任命。在菲律宾管辖权内，其职权与新西班牙总督一样。但新西班牙总督能够在其总督辖区和岛屿范围之内代表国王。此外，在各自管辖范围内，总督和最高长官在民事、司法、财政、军事和教会事宜方面的职能一样。[②] 另外，王室授予统治官员处置印第安人和土地的权利，这项条件确保了西班牙帝国的贡税收入，尤其

---

① 路易斯·穆罗：《黎牙实比和乌尔达内塔驶向菲律宾的探险队：组织航行，1557 ～ 1564》（Luis Muro, La expedición de Legazpi - Urdaneta a las Filipinas：organización, 1557 – 1564），墨西哥公共教育部，1975，第 158 页。帕特里西奥·希达尔戈·努切拉：《安德列斯·德·乌尔达内塔在印第安历史的形象》（Patricio Hidalgo Nuchera, La figura de Andrés de Urdaneta en la historiografía indiana, conventual, documental y moderna），载于苏珊娜·特鲁丘埃洛·加西亚《安德列斯·德·乌尔达内塔：一位现代人》（Susana Truchuelo García ed., Andrés de Urdaneta：un hombre moderno），奥迪西亚市政府，2009，第 17 ～91 页；帕特里西奥·希达尔戈·努切拉：《路易斯·费利佩·穆罗·阿里亚斯讲述的乌尔达内塔和卡里翁关于黎牙实比舰队结局的争论》（La controversia Urdaneta versus Carrión sobre el destino final de la armada de Legazpi según Luis Felipe Muro Arias），《奥古斯丁档案：历史研究杂志》，第 XCV 卷，第 213 期，巴亚多利德，2011 年 1 ～12 月，第 245 ～278 页。

② 米盖尔·卢克·塔拉班：《菲律宾群岛政府和司令部的公共、私人权利原则（16 ～19 世纪）》（Miguel Luque Talaván, Las instituciones de derecho público y derecho privado en la Gobernación y Capitanía General de las Islas Filipinas（Siglos XVI – XIX）），载于莱昂西奥·卡夫雷罗《菲律宾通史》（Leoncio Cabrero, Historia General de Filipinas），马德里西班牙语文化出版社，2000，第 348 页。

在偏远贫穷、收入极少的地区。

将菲律宾设置为附属于新西班牙的统治区域对于总督辖区而言意味着每年应向菲律宾拨发国库开支（名为安置费），作为援助物资支撑菲律宾行政管理。这些津贴包括管理菲律宾所需物资，尤其是当地没有的产品。但是，随着时间的推移，安置费的大部分与阿卡普尔科的进出口税金结合在一起，且还须增加一笔与返回马尼拉的大帆船上所载货物的总价值成一定比例的税金。因此，最后缴纳安置费的是那些从大帆船货物中获利的菲律宾和新西班牙普通商人。①

在西班牙王室法律组成和行政权下放的框架中，菲律宾殖民化进程中新西班牙扮演着先锋角色。从 1565 年起，新西班牙开始颁发文件和布置任务，在菲律宾群岛安营扎寨，甚至计划向中国扩张，以及迅速让西班牙人占领马尼拉。② 在最初几十年，总督区还致力于推动新西班牙进入由垦殖民定居成为固定居民的岛屿。

此外，在最初几次航海中，阿卡普尔科作为帆船出发地，马尼拉成为目的地，当时大部分私人或政府船只由新西班牙制造。因此，理所当然应该认为新到马尼拉的居民是新西班牙公民，即使这部分人在马尼拉只停留极少时日。所以，马尼拉与新西班牙和墨西哥城之间存在着不可否认的联系。

从新西班牙这一方来看，从事跨洋贸易的商人主要居住在墨西哥城。

---

① 莱斯利·E. 鲍森：《政府赤字，墨西哥和菲律宾安置费 1606～1804》（Leslie E. Bauzon, *Deficit government, Mexico and the Philippine Situado 1606 – 1804*），东京东亚文化研究中心，1981，第 47～48 页。何塞普·弗拉德拉：《菲律宾，最特殊的殖民地》（Josep Fradera, Filipinas, la colonia más peculiar），《殖民政策中的公共财产 1762～1868》（*La hacienda pública en la definición de la política colonial, 1762 – 1868*），马德里，1999，第 54～57 页。路易斯·阿隆索·阿尔瓦雷兹：《亚洲帝国的开支》（Luis Alonso Álvarez, El costo del Imperio asiático），《西班牙统治下菲律宾殖民地的形成 1565～1800》（*La formación colonial de las Islas Filipinas bajo dominio español, 1565 – 1800*），墨西哥，2009，第 170～177 页。

② 帕特里西奥·希达尔戈·努切拉：《公正管理：西班牙在菲律宾殖民初始时期：菲律宾土著民情形》（Patricio Hidalgo Nuchera, *La Recta Administración: primeros tiempos de la colonización hispana en Filipinas: la situación de la población nativa filipina*），马德里，2001，第 182 页。卡洛斯·马丁内斯·肖、玛丽娜·阿方索·莫拉：《西班牙人的中国之路》（Carlos Martínez Shaw and Marina Alfonso Mola eds., *La ruta española a China*），马德里，2007，第 254 页。马内尔·欧莱：《中国的发明：16 世纪菲律宾关于中国的了解和策略》（Manel Ollé, *La Invención de China: percepciones y estrategias filipinas respecto a China durante el siglo XVI*），哈拉索维茨出版社，2000，第 190 页。《中国伟业：从无敌舰队到马尼拉大帆船》（*La empresa de China: de la Armada Invencible al galeón de Manila*），巴塞罗那，2002，第 302 页。

他们从总督首府所在地控制着总督辖区内部贸易。16 世纪末，这部分人脱离伊比利亚商业家族，形成了一个稳定的商人集体。他们开始热衷于一项新的贸易。这项贸易历经波折，终于在 1574 年左右启动。① 这项贸易成为当时另外一条意义重大且触手可及的货物供应链：摩鹿加的香料，中国的生丝，样式各异、种类繁多的纺织品，地毯，屏风和瓷器。② 这些商品最初用来满足新西班牙富裕阶层的消费需求，其中既有市民，也有教会人士，以及积蓄丰厚的个人，如批发商。除了自己消费，批发商还负责这些亚洲货物在总督辖区内部流通。

最初，马尼拉大帆船贸易也是白银投资的有效途径。随着一次又一次航海的进行，白银对中国和亚洲其他国家的商人的吸引力越来越大。因此，在最初几年，大帆船被打造成殖民地与殖民地之间进行贸易往来的又一通道。那时，菲律宾来的帆船在阿卡普尔科一靠岸，海滩上卸下的货物便被四面八方涌来的商人一抢而空。这种景象更加巩固了马尼拉大帆船贸易的可行性。这些中国货物带来的巨大利润吸引了墨西哥城的大垄断商人和个人投资加入大帆船贸易。③ 但事实上，自从太平洋海上贸易航线开辟以来，从阿卡普尔科引进许多香料和纺织品，相比西班牙船队带来的货物价格更加优惠，有利于建立一个独立于大西洋系统的商品—资金流动圈。这一点让西班牙王室，尤其是西印度船队大为不悦。

在菲律宾和新西班牙贸易开始时，西班牙王室并没有颁布法令规定一年可以组织几次航行。在 1593 年前，尚未规定限制太平洋上帆船所载货物的重量和质量，更加没有限制每年可以航行的船只数量，也没有规定船只

---

① 皮拉尔·马丁内斯·洛佩斯·卡诺：《殖民地信贷的起源，十六世纪的墨西哥城》（Pilar Martínez López - Cano, *La génesis del crédito colonial, Ciudad de México, Siglo XVI*），墨西哥国立自治大学出版社，2001，第 150 ~ 151 页；《十六世纪墨西哥城的商人和对外贸易》（Los mercaderes de la Ciudad de México en el siglo XVI y el comercio con el exterior），《康普顿斯美洲历史杂志》（*Revista Complutense de Historia de América*），总第 32 卷（2006 年），第 103 ~ 126 页。

② 安东尼奥·德·摩根：《菲律宾群岛纪事》（Antonio de Morgan, *Sucesos de las Islas Filipinas*），马德里，1997，第 311 ~ 316 页。古斯塔夫·柯里尔：《家庭仆人，日常生活的仪式》（Gustavo Curiel, *Ajuares domésticos, Los rituales de lo cotidiano*），安东尼奥·鲁维亚尔·加西亚：《巴洛克之城——墨西哥的日常生活历史》（Antonio Rubial García, *Historia de la vida cotidiana en México, La ciudad barroca*），墨西哥经济文化基金出版社，2005，第 81 ~ 108 页。

③ 伍德罗·博拉：《墨西哥和秘鲁的贸易与航海》（Woodrow Borah, *Comercio y navegación entre México y Perú*），墨西哥对外贸易学院，1975，第 236 页。

只能从阿卡普尔科出航。船只可以自由航行至秘鲁和危地马拉，亚洲来的货物可以经过新西班牙海域流通到这些地区。贸易开始时，没有任何法规限制个人从新西班牙航行至菲律宾。甚至，当时西班牙王室免费给船只发放国王通行证。帆船可以任意装载白银和货物，而不需支付任何赋税。从新西班牙来到马尼拉的旅客可以自由前往中国海岸，直接购买货物。但是，随着与新西班牙贸易的正常化和扩大化，帆船必须按照载货重量支付税金。1575 年，马尼拉城设立了一个皇家银行，税金就在此缴纳。此外，免费通行证不再向个人发放。在商业交易中，商人可以随意在马尼拉和可以到达的亚洲港口购买货物。最重要的是，不用担心被委托运往阿卡普尔科的货物在新西班牙由谁来接收。[①]

随着最初几十年菲律宾殖民化进程的推进，尤其是马尼拉与新西班牙贸易基础的基本建立，大帆船航线渐趋稳定。总之，最初几十年后，人们已经认识到季节循环对航行的重要性，一旦商品足够装满一船，帆船便准备出航驶向阿卡普尔科。此后，人们开始将货物打包装箱，放置在船只货仓，并招募果断坚定、做好准备进行航行的船员。

最初，在阿卡普尔科也不存在限制接收马尼拉来货的规定，甚至不知道帆船到达的确切时间。从 1548 年起，港口成为阿卡普尔科市镇的首府。由于当地气候炎热，不利于身体健康，市长居住在附近森林的一个城镇。一年的大部分时间里，船只靠岸由副市长负责。因此，市长作为港口监察员，与其手下一起负责登记和检查进出阿卡普尔科的船只。并且，他们有权收取 2.5% 的靠港费，尤其是载有货物的船只。但是，关于这一时期太平洋船只的赋税问题，我们没有其他记录。1593 年，在国王法令颁布后，阿卡普尔科建立了一个皇家银行和海关。自此以后，皇家财政部必须派遣官员常驻阿卡普尔科港口，其主要任务为收取太平洋贸易税金，最初的收取记录发生在 1595 年。[②]

---

① 卡门·尤斯特：《跨太平洋商业中心，在马尼拉的墨西哥商人，1710～1815》，第 21～26 页。

② 彼得·格哈德：《新西班牙历史地理 1519～1821》（Peter Gerhard, *Geografía Histórica de la Nueva España 1519 – 1821*），墨西哥国立自治大学出版社，1986，第 40 页。伍德罗·博拉：《墨西哥和秘鲁的贸易与航海》（Woodrow Borah, *Comercio y navegación entre México y Perú*），墨西哥对外贸易学院，1975，第 203～204 页。丰塞卡、乌鲁希亚：《皇家财政部通史》（Fonseca and Urrutia, *Historia General de la Real Hacienda*），墨西哥，1845，第 4 卷，第 453～464 页；第 5 卷，第 29～40 页。

最初几年，菲律宾和新西班牙商人进行贸易的场所不仅局限在大帆船。1593年，国王颁布法令后，开始组织大帆船贸易集市，但进程缓慢。在此之前，国王也没有派遣所谓的"白银运输员"带着私人资金抄件前往阿卡普尔科，这些人需对装船的白银进行一次严格的官方登记。这些骑在马上的运输员负责将资金从墨西哥城运往阿卡普尔科，以完成交易。除了十分熟悉从总督首府到达港口的路途和路上危险以外，运输员有时也充当墨西哥城货物主人的委托人，负责在阿卡普尔科接收来自马尼拉的货物。

因此，很长一段时间内，阿卡普尔科在太平洋贸易中扮演了自由港口的角色，它就像一条虚拟的线条，将菲律宾和新西班牙分开。在这个港口长期居住着墨西哥城商人和投资者的委托人，他们被授权接收各自货主的商品和货款。同时，他们必须自行登记其委托人需要在返航时寄回马尼拉的钱币和货物。除此之外，他们还负责这部分钱币和货物的装载工作，并登记在马尼拉接收货物的人员名单。

这种情形在1590年、1593年、1604年、1606年和1619年发生了急剧变化，这些年开始颁布法律，以确立太平洋贸易的法律系统，将大帆船贸易限制在法令规定的框架以内。[①] 从不同的皇家记录中可以发现以下信息：每年的航行周期，船只数量限制为每年2艘（实际只有1艘），批准每艘船载货300吨。同时还规定航线上所有船只、帆具、粮食以及官员、水手和船员的薪水均由王室国库负责，这项措施阻碍了私人扩大船队。但是，最严厉的措施是许可证的建立，以及固定每艘帆船的货载价值，按照比例分配装载空间，且只分配给马尼拉真正的西班牙居民及其后代，包括寡妇，无论其主要经济活动是商品流通，还是因为履行岛屿管理和城市统治的民事或军事职能居住在菲律宾。在太平洋贸易的不同阶段，马尼拉的教会人员、牧师、修女、教士会以及慈善机构也参与分享贸易许可。

同样，按照规定，能够参与大帆船贸易的授权港口只有马尼拉和阿卡普尔科。马尼拉是贸易所在地，阿卡普尔科是美洲接收点，同时阿卡普尔

---

① 安东尼奥·阿尔瓦雷斯·德·阿布勒：《中国、菲律宾和新西班牙贸易历史概述》（Antonio Álvarez de Abreu，*Extracto historial del comercio entre China，Filipinas y Nueva España*），墨西哥对外贸易学院出版社，1977。这本书包括所有从自由贸易到1734年颁发的限制新西班牙和菲律宾贸易的协议、法令和规定。卡门·尤斯特·洛佩斯：《新西班牙和菲律宾的贸易1590～1785》（Carmen Yuste López，*El comercio de Nueva España con Filipinas，1590 – 1785*），墨西哥国家人类学和历史学学院，1984，第13～24页。

科还被指定为菲律宾和新西班牙商人所有买卖活动的交易场所。从此之后，阿卡普尔科的马尼拉大帆船贸易统一在集市进行。集市由总督直接召集，其基本形式是自由集会和公开交易。集市在一年的前几个月举行，根据交易量和总督区贸易情形，一般为期一个月。此外，帆船入港日期、卸货时间（帆船停泊在港口入口处，然后由驳船将货物运至海滩），尤其是核对马尼拉装船和阿卡普尔科卸船登记的过程，也对集市开始和持续时间产生影响。市长及皇家财政部官员的主要任务是注意不让入港货物价值超过允许范围，监督货物入港以避免走私。如果出现走私情况，则开始检查货物。通常情况下，这些货物要么被没收，要么通过给官员送礼（一大笔金钱或许多亚洲产品）获得放行。

根据王室对太平洋贸易颁发的规定，首先禁止在菲律宾直接与中国进行贸易。1590 年，禁止直接与路过墨西哥的商人进行贸易。从 1593 年起，禁止与居住在菲律宾的任何西班牙人直接贸易。这样，就得以禁止秘鲁和危地马拉商人与阿卡普尔科进行交易。同样，禁止以个人名义从新西班牙前往菲律宾，居民迁往菲律宾则必须按照规章流程。按照规定，如果有人想去菲律宾，必须持有王室发放的许可证，声明定居马尼拉，并且八年之内不能携家眷离开。如是已婚人士，则须缴纳保证金。通过颁发许可证，西班牙王室限制了私人贸易，确保最大可能控制白银流向亚洲，同时安抚了西班牙船队。在此之前，西班牙商人垄断了美洲市场的纺织品供应，如今，他们正炉火中烧。[1]

在此情况下，从刚开始的自由航行和公开交易，到 1593 年起的一系列专横的限制法律，墨西哥商人通过太平洋航线与马尼拉开始了贸易往来。[2]

---

[1] 安东尼奥·阿尔瓦雷斯·德·阿布勒：《中国、菲律宾和新西班牙贸易历史概述》，1977。请特别参阅胡安·格劳（Juan Grau）和蒙法尔孔（Monfalcón）的两篇回忆录。

[2] 此处以及前面提到的信息和反思基于一项正在进行的、关于太平洋航线海洋借贷的研究。为此，笔者参考了一系列公共资源。本篇文章包括的信息来自目前收藏于墨西哥城公证处档案室的公证文件，这些文件提及一些私人投资者的商品交易和货币借贷情况，这些私人投资者于 1565～1610 年间参与马尼拉的殖民和贸易过程。关于这点，请参阅卡门·尤斯特《从自由贸易到许可证限制》（Carmen Yuste López, De la libre contratación a las restricciones de la permission），《墨西哥商人与马尼拉的早期贸易 1580～1610》（La andadura de los comerciantes de México en los giros iniciales con Manila, 1580–1610），载于卡洛斯·马丁内斯·肖和萨尔瓦多·贝尔内维·阿尔伯特《丝绸和白银海洋：马尼拉大帆船的经济世界》（Carlos Martínez Shaw and Salvador Bernebéu Albert, *Un océano de seda y plata：el universo económico del Galeón de Manila*），塞维利亚，西班牙语美洲研究学院，印制过程中。

在新西班牙，中国制造的商品几年之内便打开了市场，消费需求旺盛，投资风险最低。此外，随着中国商品质量优化、多样性增加、价格优惠、产地多样化，市场不断扩大。当然不仅只有中国货物，其他国家的产品通常由居住在马尼拉、充当其他亚洲商人中介方的中国人引进。因此，所有产品统称中国货物。从太平洋贸易开始到1650年，总督辖区需求量最大的中国商品有各式各样的生丝，如弯曲的、散开的或染色的蚕丝。丝绸质量分为三到四个等级：精细、一等、二等和三等。丝绸产地多样化：南京、广东。多种质量的衣物：刺绣、精加工、夹织金银细线，其中突出的有透明轻纱、锦缎、宽条子绸和缎子。此外还有丝绸披风、丝绸长裤、棉质长袜、帘幔、床单、弥撒法衣、牧师十字褡、男士和女士丝绸三件套。另一种重要的货物是屏风和各式各样的镶嵌木制品，如托盘、衣箱、写字台和上釉文件柜。此外，还有各种瓷器，如花瓷瓶、餐具、茶具、餐盘、杯子和罐子。另外还有其他物品，如朱砂纸，扇子，拐杖，扇贝，玳瑁和象牙制品，需求极大的台球游戏用的象牙球。因此，16世纪末，亚洲产品已进入新西班牙日常生活消费结构之中。在墨西哥城，市民明显偏爱亚洲手工艺品，如家具器件、家当等，就如同偏爱教区法衣、圣器的家具和教士服饰一样。新西班牙人甚至委托购买中国生产的黄金，订制一些中国黄金首饰，如戒指、耶稣受难像、金银丝细工等。一些垄断商人在阿卡普尔科接收和购买亚洲产品，控制其在新西班牙内部市场的流通，他们使用的支付方式是8雷亚尔面值的白银比索。这是所有亚洲商人承认和接受的流通钱币。在帆船载重中，白银占95%，剩下的为染料，如瓦哈卡的胭脂红、危地马拉的靛蓝，这些染料在出口市场上的报价与白银相当。

从1565年攻占菲律宾起，墨西哥城民间力量开始参与亚洲贸易，并将产品销售到新西班牙内部市场。这是鼓励和刺激西班牙人前往菲律宾群岛的一大动力因素，他们或者从事行政管理，或者肩负军事任务，或者仅仅以居民身份前往。1593年前，太平洋海上贸易的船只和商品不受限制，吸引了大批墨西哥个人投资者和提供借贷者，他们通过赞助菲律宾和亚洲其他地区的贸易活动谋取利益。由于亚洲产品迅速抢占了新西班牙市场，一些垄断商人开始在马尼拉寻找经纪人和代理方，直接从墨西哥城提供资金支持。此外，还出现了一些专门在马尼拉收购货物的贸易公司，他们的优势在于可以直接在广东和澳门进行交易。

　　1593 年设置的贸易许可证规定限制了单艘帆船装载货物的总价值，同时只允许新西班牙辖区范围内的商人接收货物，阿卡普尔科集市的购买方只能是新西班牙人。由于政策变化急剧，滋生了墨西哥商人的不正当行为，他们尽可能绕开贸易许可的限制。因此，非法交易和欺骗行为层出不穷。但是，值得思考的是墨西哥人为何如此心甘情愿让自己早些年在马尼拉创办的贸易活动被取消。

　　在 1630 年后的马尼拉贸易中以及在对墨西哥人开设在马尼拉的贸易公司的控制过程中，几乎没有人知道、也没有人去调查哪些事情是被允许的，而哪些事情又是被禁止的，因为它们之间的界限太过模糊。帆船贸易的一个突出特点是其私密性。1630 年后，墨西哥商人的秘密贸易行为与帆船贸易初期的自由贸易完全不一样。在帆船到达菲律宾早期以及帆船贸易启动初期，墨西哥商人和投资方在马尼拉的所有贸易行为均清晰明了地记录在公证文件中。当自由贸易被取消后，这种行为几乎是不可能的，他们转而隐藏太平洋贸易初期时采取的交易方式。随着时间的推移，贸易的私密性不断加强。

　　关于太平洋海上贸易持续的时间、墨西哥商人在马尼拉贸易中的参与度，从发展进程角度分析，整个过程中存在着三种观点。第一种观点出自马尼拉居民和商人，他们怀念自由公开、不受限制的初期贸易。另外两种观点来自宗主国统治者和大西洋贸易利益方，前者提及马尼拉居民在获取贸易许可中的欺诈行为，后者则提出墨西哥城的商人在控制马尼拉贸易中的不正当行为、非法手段和垄断行为。

　　在笔者看来，1593 年西班牙王室设立贸易许可证有两个目的，但也带来了一个经久不息的危害。一方面，许可证的设立有利于保证西班牙人长期居住在马尼拉，由于贸易许可证只颁发给马尼拉城真正的西班牙人，能够给这部分人提供保护。但是，此措施在马尼拉统治者和教会人士中引发了大量的不正当行为和行贿受贿行为。正如许多批评家对这一太平洋贸易组织形式发表的看法：一张价值有限的许可证不可能满足所有马尼拉城市民的需求，无论许可证代表的价值增长多少，也不论需求旺盛或疲软。事实证明，这些居民只是偶尔才参与分享阿卡普尔科帆船的货物装载，因为有些人没有足够资金购买货物，有些人宁愿出售手头的贸易许可权，以使用权盈利。这样一来，加强了帆船货物装载的集中性，使得大部分货载量集中在少数垄断商人手中。

另一方面，或许 16 世纪末西班牙王室的真正目的在于避免白银过多流入其他国家，尤其是中国，以此达到让西班牙船队垄断美洲市场的目的。王室的这个目的没有实现，这项措施取得的结果是阿卡普尔科的非法贸易和美洲太平洋沿岸的亚洲产品走私活动。

最后，用贸易许可权整顿太平洋贸易是一个荒诞的决定。从长远角度看，它不但没有促进菲律宾经济发展，相反，扰乱了太平洋贸易前二十到二十五年经营起来的公开谈判和自由贸易准则。因此，贸易双方不得不采取其他策略：为了最大效率利用贸易许可权，商人尽可能压低在马尼拉装船的货物的价格，在马尼拉装船和在阿卡普尔科卸船时使用虚假信息登记，在阿卡普尔科集市上假装进行买卖，实则暗地里进行私人协商。

这样，新西班牙商人，尤其是墨西哥城的商人采取一系列措施和协议以保证能够参与马尼拉贸易。在马尼拉贸易公司的帮助下，加上菲律宾和新西班牙官员的默许，新西班牙商人超越贸易许可权规定的货物接收方和购买方身份，从事贸易活动。

［作者简介：卡门·尤斯特·洛佩斯（Carmen Yuste López），历史学博士，墨西哥国立自治大学历史研究所教授。译者简介：戴娟，上海外国语大学西班牙语系硕士研究生］

结束语：马尼拉大帆船与全球化的思考

〔西〕卡洛斯·布拉索·布洛基 著　戴娟 译

　　最初产生组织一次马尼拉大帆船系列讲座的想法时，我们认为可以邀请几位演讲人从不同角度阐释大帆船的历史。鉴于帆船航线漫长、贸易动因复杂，我们想邀请四位分别来自西班牙、菲律宾、中国和墨西哥的专家，以最恰当的方式展示此项历史事业的多样性和丰富性。此外，在大帆船描述方面，我们想增加一个更深层次的思考，追寻大帆船在全球化起源中扮演的角色。基于上述疑问，更产生了"全球化的起源：马尼拉大帆船"这一讲座。2013 年 4 月 3～6 日，这次讲座在上海塞万提斯图书馆举行。分别有四位演讲人发言，证明我们的选择是正确的。演讲结束后，我们举行了一次圆桌会议，思考和讨论马尼拉大帆船与全球化起源的关系，以得出本次讲座活动的结论，并呈现在本结束语中。

　　麦哲伦和埃尔卡诺环球航行的成功证明了地球是圆形的，但是，直到1570 年，人们迫切希望用美洲白银交换亚洲产品时，才开始建立世界第一条国际商业路线。正在那时，马丁·德·拉达捆起绳索并辨明了那些乘着东方帆船来到马尼拉的商人来自马可·波罗笔下的中国，他因此完成了克里斯托弗·哥伦布的证明地球圆形之梦。于是，大帆船贸易作为一项正规事业开始成立。帆船从阿卡普尔科出发，满载白银和修道士，驶向马尼拉。次年，塞满中国手工制品的帆船起航回程。旅途异常艰辛，尤其是令人生畏的回程马尼拉—阿卡普尔科这一段，其间一半以上的船员命丧大海一点也不足为奇。这条先锋航线开启了人类历史上第一次真正意义的全球交流。

　　因此，界定这条航线诞生的原因是一项复杂而又矛盾的任务。中国对白银的需求与美洲和欧洲对亚洲物品的渴求就是刺激马尼拉大帆船产生的主要因素吗？或者反之，大帆船开辟全球海上新线路后才唤醒了这项贸易？这个基本问题近年来引起学术界浓厚兴趣，但似乎还没有达成共识。① 然而，应该指出的是这两个过程在16世纪最后几十年同时存在，而且，正因为它们的并存和航线所达到的地理范围，我们可以肯定地说马尼拉大帆船是第一项全球性事业。

多洛斯·弗尔克（Dolors Folch）教授在第一场演讲中强调了马尼拉大帆船能够运输极重的白银得益于其坚固性和紧密性，这个特征将它与以前的贸易区分开来。在此之前，运输重物给陆上和沿海贸易造成巨大成本，商业活动通常使用轻质物品进行结算，如著名的丝绸之路上的丝绸、中国的纸币、欧洲的汇票、太平洋和印度洋的科里贝壳。② 这些货币形式的优点在于运输便利。只有一种重金属，即黄金，由于其价值与重量息息相关，值得人们为之长途运输。但由于黄金的高价值，其用途仅限于大宗交易。美洲大陆丰富的白银蕴藏量带来了一笔当时人们尚未获知的巨大财富，这笔财富可以由帆船运给马尼拉的中国商人，他们已经做好准备不惜代价得到它。在此背景之下，我们直达问题核心，即全球化是否就是通过远距离资金和商品的交换而实现的市场一体化。③

用白银交换中国手工制品在西班牙人看来是一项有利可图的贸易，因为白银在中国很值钱，而手工制品很便宜。18世纪经济学家亚当·斯密用理论解释了其中的经济关系，他认为相比欧洲和美洲的谷物国家，亚洲的水稻种植国家单位面积土地养活的人口更多，这就导致中国人口密度大，劳动力廉价。中国的劳动力和手工制品均比欧洲便宜，而手工制品价格取

---

① 关于这个问题请参阅奥罗克、威廉姆森《哥伦布之后，关于欧洲海外贸易爆炸的解释，1500～1800》（Kevin O'Rourke & Jeffrey G. Williamson, "After Columbus, Explaining Europe's Overseas Trade Boom, 1500–1800"），《经济史杂志》（*The Journal of Economic History*）2002年第62卷第2期，第417～456页；弗林、吉拉尔德兹：《16世纪中国与全球化的诞生》（Dennis O. Flynn & Arturo Giraldez, *China and the birth of globalization in the16 th Century*），阿什盖特出版社，2010。

② 请参阅杨斌《贝壳的兴衰：亚洲的故事》（Yang Bin, "The Rise and Fall of Cowrie Shells: The Asian Story"），《世界历史杂志》（*Journal of World History*）2011年第22卷，第一部分。

③ 迈克尔·波尔多、艾伦·泰勒、杰弗里·G. 威廉姆森编《历史视角下的全球化》（Michael Bordo, Alan Taylor & Jeffrey G. Williamson, *Globalization in historical perspective*），芝加哥大学出版社，2003，第1～10页。

决于劳动力，因此，中国制造的商品比欧洲商品价格更低。[①] 虽然亚当·斯密错误地认为中国处于经济停滞时期，但这种价格关系构成了竞争优势理论的基础，日后成为国际贸易和全球化理论的支柱之一。

同时还需指出一个必不可少的因素：鉴于航行成本高、菲律宾的中国商人白银需求大，当时必须有足够高的技术水平，运输足够多的白银至太平洋彼岸。因此，大帆船的成功还得益于船只条件。菲律宾群岛优质的自然资源和甲米地造船厂的造船技术成就了这座海上堡垒。造船过程融合了来自西班牙的工程技术、岛上丰富的自然资源（木材、棉花和麻绳）以及当地人和居住在繁荣的帕里安（Parián）内的中国传统手工艺人祖传下来的对大自然的了解和认识。正好，在第二场演讲中，西亚尔西塔（Zialcita）教授谈到了大帆船对菲律宾民族身份形成的重要性。当时在菲律宾群岛大大小小 7000 多个岛屿上分布了近 200 种语言，大帆船赋予了这些分散游荡的民族一个极度混血的文化，让他们成为一个相互联系的统一体。原来的居民主要为南岛族人和尼格利驼人，大帆船在此基础上引进了两种文化：中国文化和西班牙文化，并且没有产生一种文化压倒其他文化的结果，这也是让我们肯定大帆船具有全球性特征的另一个原因。

如果只考虑全球性这一概念的现代意义，马尼拉很可能是人类历史上第一个全球化城市，即一座以混血文化为主导的城市。西亚尔西塔教授给我们列举了大量例子：使用西班牙语名字的中国商人的祖辈，融合了亚洲和欧洲潮流的法衣，包含了中国和美洲食物的当地饮食，守护教堂大门的中国石狮等。因此，1600 年的马尼拉比 1770 年的纽约人口还多。[②]

马尼拉大帆船带来的人口融合现象不仅在菲律宾存在，在混血人种比例本就高的美洲，随着亚洲水手的到来，混血现象更复杂。由于旅途危险，有些时候帆船单程航行结束后就不再返航了，这在某种程度上稳定了人口和文化的融合。这个特征让大帆船成为世界或全球历史研究的一个示

---

① 亚当·斯密：《国富论》（Adam Smith, *La riqueza de las naciones*），马德里联合出版社，2005，第一部，"第 11 章：关于土地的经济效益"。

② 彭慕兰、托皮克：《贸易创造的世界，社会、文化与世界经济，1400 年至今》（Kenneth Pomeranz & Steven Topik, *The world that trade created, society, culture and the world economy, 1400 to the present*），纽约 M. E. 夏普出版公司，2006，第 10 页。

范性主题。① 马尼拉大帆船不仅造就了太平洋两岸的混血文化，而且沟通了近代世界的两个主要经济体：伊比利亚帝国（葡萄牙和西班牙）和明朝统治下的中国。

韩琦教授在第三场讲座中讲述了中国（郑和船队）和伊比利亚半岛（达·伽马、哥伦布和乌尔达内塔船队）探险队开辟的重要航路。这些具有革命意义的探险活动不仅开启了地理大发现，还开创了新的商业渠道。但是，这些商业通道有一个共同点，即各国政府均颁布法令限制和禁止其通航，以达到垄断和控制商品流动的目的。明朝政府的朝贡性贸易及其禁止臣民私自与海外进行贸易很好地说明了当时对自由贸易的限制。在全球化起源时期，这种限制措施非常普遍，伊比利亚帝国同样以不同形式禁止自由海外贸易。然而，这些禁止措施通常在千里之外颁布，距离商业活跃地甚远，因此产生了"服从但不执行"的西班牙殖民地特色。在商业发展高潮时期，走私和海盗活动异常活跃。从广泛意义上讲，按照历史记录，海盗行径在亚洲、美洲和欧洲均十分普遍，不禁让人坚信这也是全球化起源之一。在这方面还有待继续研究，寻找海盗行径的定义和界定，以解释和说明这一超越地域特性、在 16 世纪末风靡全球的现象。

尽管各项政策限制海外贸易，马尼拉大帆船进口的大量美洲产品慢慢融入了中国文化和中国经济，韩琦教授的讲座中展示了其销量和重要性。与此同时，海外对中国制品的需求刺激了中国经济和手工业的发展。根据亚当·斯密经济学理论，这一巨大需求造成了手工业的专业分工：景德镇的瓷器、苏州和广州的丝绸、江南地区的棉纺织品等，推动了明朝经济发展。② 这一经济增长得益于白银不断发展成为中国经济的通用支付方式。这是一个向货币经济发展的根本性转变，它能在中国发生，离不开马尼拉大帆船和伊比利亚半岛避开朝贡惯例与明朝沿海省市通商。除了白银（由于海盗和走私猖獗，很难计算其总数），大帆船也促进了全球经济货币化。诚如韩教授所言，这一点在最初产生了积极影响，但随后也带来了消极影响。在讲座讨论环节中，我们分析了 17 世纪西班牙和中国的通货膨胀和经济危

① 请参考《全球历史杂志》（*The Journal of Global History*）和《世界历史杂志》（*The Journal of World History*）上刊登的历史学科的研究。

② 吴承明、徐涤新：《中国资本主义，1522～1840》（Wu Chengming & Xu Dixin, *Chinese Capitalism, 1522–1840*），纽约圣马丁出版社，2000。

机，证实了第二点。①

在最后一场讲座中，卡门·尤斯特（Carmen Yuste）教授从新西班牙总督领地的角度分析了马尼拉大帆船。在印第安人急剧减少的背景下，大帆船贸易开始建立。西班牙移民必须更多地参与当地经济以维持生计，如与马尼拉通商，他们可以购得比欧洲更便宜的生活用品。另外，美洲大陆劳动力短缺，采矿业占据重要地位，导致当地未出现能与亚洲制造业相竞争的手工业。此外，通过马尼拉大帆船与亚洲通商，许多奢侈品运到美洲大陆，满足当地精英阶层的消费需求。

通过观察马尼拉大帆船给菲律宾和墨西哥精英阶层的消费习惯带来的改变，可以将饮食、服饰、家装风格方面的剧烈变化与工业革命理论联系起来。大致上，该理论认为在英国工业革命（商品供应方式的革命）之前，已经存在一个需求革命，即消费革命。② 18 世纪欧洲对印度和中国的印花棉纺织品消费大增，这一因素促使英国人发明了纺纱机以和亚洲进口产品竞争。这个理论解释了 18 世纪欧洲经济变革，是否可以将之运用于 16 世纪末的大帆船贸易？通过分析菲律宾和美洲的纺织品和丝绸消费进程，这一假设似乎正确，我们可以进一步肯定马尼拉大帆船的全球性特征。

上述思考试图将马尼拉大帆船与全球化起源联系起来，在结束本次活动的圆桌会议上得到了充分讨论。首先，较之其他地理大发现时期的航线，关于马尼拉大帆船的研究明显不足。第一本专门研究大帆船的书还停留在30 年代舒尔茨出版的那本经典之作，这说明急需更新和继续研究本议题。本次活动绝不仅仅是为了唤起人们对马尼拉大帆船的记忆，显而易见，最近几年，尤其在年轻学者间重新燃起了对大帆船的研究兴趣。③ 通过四位研究经验丰富的专家之眼，我们拉近了中国、菲律宾、西班牙和墨西哥关于

① 艾特威尔：《国际贵金属流动与中国经济，1530～1650》（William S. Atwell, "International Bullion Flows and the Chinese Economy, 1530 – 1650"），《过去与现在》（*Past and Present*）1982 年总第 95 卷，第 68～90 页。

② 该理论最先由日本人口统计学家 Akira Hayami 提出，但由 Jan de Vries 发展和系统化。请参阅德弗里斯《工业革命与勤奋的革命》（Jan de Vries, "The industrial revolution and the industrious revolution"），《经济史杂志》（*The Journal of Economic History*）1994 年第 54 卷第 2 期，第 249～270 页。

③ 请参考塞维利亚组织的专业大会："马尼拉大帆船（1565～1815）：航海、贸易、文化交流。"

这些方面的学术研究。因此，本次活动也为研究大帆船稍尽了绵薄之力。

其次，本次活动还试图让中国民众认识和了解大帆船。明清时期的书籍为研究提供了许多历史参考，如将之与西语国家的有关文件记录联系起来，未来很可能发现更多关于大帆船的信息。尤其，通过当地学报、朝代历史和其他用中文撰写的一手资料，我们可以研究白银和商品进出口情况，以及江苏、浙江、福建和广东地区工业发展的演变。因此，在中国传播马尼拉大帆船历史、促进西语国家和中国大学之间的学术交流是我们为推进大帆船研究、准确得出大帆船贸易量而迈出的第一步。例如白银，它对世界经济意义重大，但要准确得出其在大帆船贸易中的交易量却十分困难。因此，十分有必要继续进行研究。

最后，大部分世界经济史出版物在谈到马尼拉大帆船贸易时，通常武断地将之视为缺乏连续性的偶然事件，而用重墨介绍大西洋海上贸易和日后英国和荷兰贸易公司的发展。我们应该参考不同的历史记录，重新审视和评价马尼拉大帆船海上贸易，确定其对世界产生的影响和深远意义。虽然近年来已有一些研究对比了太平洋和大西洋的海上贸易，突出了前者的重要性，但是为数甚少。16世纪末马尼拉城的中心性、世界性和全球性仍鲜为人知，值得关注和研究。因此，通过各个国家的齐心合作，我们能够继续揭示更多马尼拉大帆船的秘密，更加准确地确定其在全球化起源中扮演的角色和历史重要性。

［作者简介：卡洛斯·布拉索·布洛基（Carles Brasó Broggi），历史学博士，西班牙加泰罗尼亚开放大学教授。译者简介：戴娟，上海外国语大学西班牙语系硕士研究生］

全 球 史

吴于廑先生对世界史宏观理论的贡献

陈志强

内容提要：吴于廑先生的世界史宏观理论是在认真分析前人理论成果的基础上提出的，其重要贡献在于将世界史纳入纵、横发展两个维度考察，形成了内在联系、辩证有机的整体世界史观。其关于农耕、游牧两大世界的划分及其"三次大冲击"的观点尤具特色；其关于工业文明的产生和全球范围的扩张理论更具有系统性；而其关于当代世界历史发展趋势的看法具有前瞻性，这一理论具有鲜明的中国特色。

关键词：中国特色　世界史　宏观理论

吴于廑先生最后十余年利用不同场合、通过一系列文章，比较完整地提出了他的世界历史纵横发展理论，明确系统地阐述了对相关重大问题的见解。笔者反复阅读，仔细思考，认为吴于廑先生对世界史宏观理论的贡献主要表现在以下几个方面。

首先是其整体世界史理论，这一理论表现在时间与空间两个维度方面，前者涵盖了资本主义工业文明产生前、后的人类历史发展，后者则把人类活动遍及全球的足迹纳入其中。资本主义工业文明发轫前的世界似乎杂乱无章，各个地区的人类活动表现得复杂多样，似乎无章可循。为了说明混乱中的世界，马克思主义以对资本主义社会的研究为基础，力图从世界历史发展的内在结构和发展动因上解释人类整体发展的问题，对世界历史的纵向发展问题做出了唯物主义的说明，形成了人类社会阶段性进化发展的宝贵理论。吴于廑先生在充分吸收马克思主义相关理论的基础上，进一步深入说明了在人类漫长的历史发展进程中，人类从分散孤立向联系密切状态的横向发展。

　　吴于廑先生对世界历史纵向与横向发展的辩证关系做了充分的诠释。"在历史发展为世界历史的漫长过程中，纵向发展和横向发展并不是平行的、各自独立的。它们互为条件，最初是缓慢地、后来是越来越急速地促成历史由分散的发展到以世界为一整体的发展。纵向发展制约着横向发展。纵向发展所达到的阶段和水平，规定着横向发展的规模和广度。处于较低社会发展阶段的人类，不可能形成复杂的社会分工，不会有程度较深的生产社会化和专业化。与此相应，人们就不可能在较广阔的范围内进行经济上的以及其他方面的交往。不达到较高的物质生产水平，没有程度较深和方面较广的生产社会化和专业化，历史就只能是各个地区相互闭塞的历史，而非联系密切的，结为一体的世界历史。"① 这一理论的合理性鲜明地表现在它对现有世界史宏观理论困境的突破，亦即突破研究主体的立场和视角的局限性。他对已经出现的各种世界史宏观理论进行全面细致的分析后，认为这些理论都不同程度地存在观察历史的偏见，因此要切实把握世界历史发展的"整体性"，就要使世界历史表现出的纵向发展和横向发展辩证地结合起来。

　　吴于廑先生的第二个贡献具有非常鲜明的特色，他对前资本主义时代世界历史的发展进行了深入分析，提出了关于农耕和游牧两个世界的划分及后者对前者的三次大冲击理论。他认为，"就亚欧大陆而言，经历了好几千年的发展之后，中国由黄河至长江，印度由印度河至恒河，西亚、中亚由安那托利亚至伊朗、阿富汗，欧洲由地中海至波罗的海，由不列颠至乌克兰，还有与亚欧大陆毗连的地中海南岸，都先后不一地成为农耕地带……我们不妨称此长弧形地带为亚欧大陆上的农耕世界"。② "在亚欧大陆，宜于农耕的地带基本偏南，即上面所说的从东到西的长弧形农耕世界。宜于游牧的地带基本偏北，几乎和农耕地带平行，东起西伯利亚，经我国的东北、蒙古、中亚、咸海里海之北、高加索、南俄罗斯，直到欧洲东境，

---

① 吴于廑：《中国大百科全书　世界历史卷》"世界历史"，见《吴于廑学术论著自选集》，首都师范大学出版社，1995，第 64~66 页。

② 吴于廑：《世界历史上的游牧世界与农耕世界》，《吴于廑学术论著自选集》，第 93~95 页。

也是自东而西……称之为游牧世界。"① 两个世界的不同发展道路和前景在于，农耕生产的增长率大于游牧生产的增长率，因此这两个并列存在的世界一个富庶先进，一个贫瘠落后；南农北牧，南富北穷。这样就将前资本主义时代纷繁复杂、不断变动的世界格局纳入合理的框架，清晰地展现出那个漫长时期农耕和游牧两大世界的基本特征。这个理论不仅注意到游牧和农耕世界的区别，更揭示出这个相对闭塞的世界各地区也发生着大范围的横向联系，吴于廑先生将其归纳为游牧世界对农耕世界的三次大冲击。这个理论不仅勾勒出前资本主义时代世界历史发展横向运动的宏大图景，而且分析了造成大冲击结果的原因，以及三次冲击造成的影响。"三次大冲击说"准确地描述了农耕和游牧时代世界范围内地区间横向运动的情况，弥补了包括马克思主义经典作家在内提出的所有世界历史理论的不足。

　　吴于廑先生的另一个重大理论贡献是关于近现代世界多种现代化模式之间竞争较量的理论。这个理论认为，世界历史最近数百年发展的基本性质就是人类社会的现代化进程，其核心内容是工业文明的发生与发展，这一结论建立在对资本主义工业文明兴起以来的世界史发展所进行的全局性观察基础上。他认为正是工业文明在西欧一隅的发展，突破了人类社会农业文明长期形成的限制，并进行了迅猛的世界性扩展，进而导致全球性的重大变革。从世界历史长时段观察，经受过游牧世界三次大冲击并最终取得胜利扩张的农耕世界，在15、16世纪遭到自身内部产生出来的工业文明的冲击，并最终败下阵来。吴于廑先生明确提出"世界史"形成于15、16世纪的观点，认为："这两个世纪是历史发展为世界史的重大转折，也许是意义最深、最大的转折。这两个世纪是世界性海道大通的世纪。海道不仅取代了以往联结亚欧大陆东西两端的陆上通道，而且大大扩大了联结的范围，海流所至，无远弗届……各大地区间的闭塞从此获得世界性的突破。这两个世纪也是资本主义生产方式以其初生的姿态登上历史舞台的世纪。世界市场自此渐次形成，资本主义最初以其触角、然后以其超越前资本主义一切生产方式所能产生的巨大能量，伸入地球的每个角落，终之席卷世界……世界各民族间'闭关自守状态''愈来愈彻底'的消失……十五、十

---

① 吴于廑：《世界历史上的游牧世界与农耕世界》，《吴于廑学术论著自选集》，第95～96页。

六世纪以来四百年的历史说明，世界已经从根本上消灭各民族、各地区的闭塞，密不可分的全局已经形成。"① 当代世界体系始于15世纪末海道大通或者1500年这个说法并不新奇，如今几乎成为学界共识，但是吴于廑先生充分注意到这两个世纪历史发展的趋势，注重分析农业和工业两种文明地位的历史性转换，细致剖析农耕世界如何孕育工业文明，以及由重商主义到工业革命之人类社会的重大转型。这就克服了施宾格勒、汤因比等文化形态史观学者观察各个时代不同文明间横向联系的视觉盲点，也克服了弗兰克等力图以"世界贸易"和"海陆交通"结构解释1000年甚至5000年世界体系之缺乏历史感的不足，突出了历史发展的进步性和现代性。吴于廑先生认为当前历史发展横向联系的作用越来越强烈，"三四百年来，大体自易北河口迄莱茵河一线以外之东，都在经历这样（工业文明）的改造。这是社会进步阶级、阶层和人民为摆脱落后的农本经济及其传统统治的改造，亦即工业化和适应工业化的经济政治体制的改造……这是迄今为止世界历史上最重要的横向发展的主题"。② 这一理论正确地预测了当前和今后相当长时间内世界范围两大工业文明体系的发展前景，具有前瞻性和现实性。

吴于廑先生对于世界历史发展的美好未来的理论也是一个重要的贡献。当今这个多变、多样、多元且联系空前紧密的世界给我们制造了过于复杂的局面，令人眼花缭乱，难于把握。无论是"后现代主义""文明冲突论""世界体系论"，还是多种"世界现代化理论""多元文化对话主张"等，都试图对现实的困惑做出合理的解释。吴于廑先生的整体世界史观对此提出了清晰而合理的见解，并指出了人类发展美好的前景。他认为两次世界大战的性质是各大殖民主义国家之间矛盾的激化。自俄国十月革命胜利开始，"历史上就出现了一个与资本主义工业世界相对立的、以实现生产资料公有、消灭阶级剥削为特征的、方在新生阶段的社会主义工业世界"。"是资本主义工业世界的继续存在和发展，还是社会主义工业世界的成长壮大以至最后代之而起，成为当代世界全局性矛盾的焦点。" 他正确地预测："两个世界正在由对抗转向对话、并存和互相竞争的局面，亦即从经济、政

---

①　吴于廑：《吴于廑学术论著自选集》，第578～579页。
②　吴于廑：《世界史学科前景杂说》，《吴于廑学术论著自选集》，第50页。

治、文化诸方面不断较量彼此的实力和影响力高低胜负的局面，已在逐步形成。"① 他乐观地认为："世界历史的合理未来——合理地生产、合理地分配、合理地应用科学技术、合理地满足人类群体和个体不断提高的物质生活和精神生活的需要，不在于资本主义工业世界的补苴延续，而在于社会主义工业世界的更新继起，在这个更新继起之中，也包括资本主义制度自身的蜕变。"② 两种工业文明由对抗转化为对话，由"不同"趋向"相同"，求同存异，追求世界共同发展。而吴于廑先生提出的"世界历史的合理未来"就是我们为之奋斗的"大同世界"即共产主义理想。

　　行文至此，笔者深为吴于廑先生的理论所折服，值此纪念先生百年诞辰之际，冒昧提出浅见，与学界同仁共享心得。

　　　　　　　　（作者简介：陈志强，南开大学历史学院教授）

① 吴于廑：《中国大百科全书·世界历史卷》"世界历史"，《吴于廑学术论著自选集》，第80～81页。

② 吴于廑：《中国大百科全书·世界历史卷》"世界历史"，《吴于廑学术论著自选集》，第85～86页。

国际关系史

简论冷战时期美国核战略思想的演变*

赵学功

内容提要：核战略主要包括核威慑政策、核力量使用政策、核武器发展政策及核裁军政策等几个方面，它们相辅相成，共同构成了美国国家安全战略的核心内容之一。冷战时期，美国的核打击目标主要针对苏联和社会主义国家，为此制订了一系列作战计划，并且将核威慑视为实现其国家政策目标的重要工具。随着美苏关系的变化以及核技术的发展，美国政府对核战略多次进行调整，使之能更好地适应美国国家安全战略的需要。

关键词：核战略　冷战　美苏关系

核武器自 1945 年问世以来，便成为美国谋求实现其自身政治、军事和外交目标的重要工具，并由此形成了一套核战略思想。对于什么是核战略这一问题，学者们尚未有一个统一的严格的定义。大体说来，比较一致的观点是这一概念应包含四部分基本内容：核威慑政策或声明，即由政府决策人物公开宣布的有关核武器的理论、政策、原则以及打击目标等综合性政策；核力量使用政策，即核武器实际运用的方针政策，包括核战争计划和打击目标政策，这是核战略中最为核心部分，集中体现了最高决策层对核战争的基本观点和意图；核武器发展政策，即有关核力量研究、发展、

＊　本文为教育部人文社会科学重点研究基地项目"核武器与战后国际关系"（批准号：08JJDGJW265）和国家社会科学基金项目"核武器与美国对外关系研究"（批准号：12BSS033）阶段性成果。

试验等方针政策；核裁军政策，即有关围绕削减核军备而制定的相关政策。① 冷战时期，作为世界上第一个核国家，美国的核战略随着威胁形势的变化以及核技术的不断发展经历了几次较大的调整。

一

杜鲁门时期，美国的核战略处于初创阶段，尚未形成系统的理论体系，美国决策者并没有深刻地认识到核武器对国际关系发展所产生的广泛影响，只是将其视为一种威力空前、可以更有效摧毁对手工业基地和城市的炸弹。1953 年 1 月艾森豪威尔执政后，美国的核战略开始逐步形成。大规模报复战略是美国第一个系统的核战略，确立了核武器在美国国家安全和军事战略中的核心地位。10 月，艾森豪威尔批准了国家安全委员会第 162 号文件，确定此后无论何时，只要需要就使用核武器，以核武器和战略空军为中心来制订全盘战略计划。1954 年 1 月，国务卿杜勒斯在对外关系委员会发表讲话，首次公开提出了这一战略。他宣称，威慑侵略的办法就是"自由世界"愿意并且能够在它所选择的地点，以其所选择的方式有力地做出反应，这个基本的决定就是主要依靠一种巨大的报复能力，"能够即刻以我们所选择的方式迅速进行报复"。杜勒斯所言"巨大的报复能力"即是核武器，这表明大规模报复战略其实就是以美国强大的核武库为后盾，对苏联等国家进行威慑。根据这一战略，一旦发生战争，美国将使用核武器，而且在打击目标方面没有限制，这就要求美国必须在战略武器和战术武器方面占据绝对优势地位，否则不足以对其他国家构成威慑。

① 国内外的相关研究主要包括徐光裕：《核战略纵横》，国防大学出版社，1987；王仲春、夏立平：《美国核力量与核战略》，国防大学出版社，1995；顾德欣：《核裁军史》，国防大学出版社，2004；王仲春：《核武器、核国家、核战略》，时事出版社，2007；张静怡、宋久光：《从"纯威慑"到"实战威慑"：60 年代以来美国核战略的演变》，《美国研究》1988 年第 4 期；潘锐：《从"大规模报复"到"星球大战"》，《太平洋学报》2002 年第 3 期；伯纳德·布罗迪：《绝对武器》（Bernard Brodie, *The Absolute Weapons*），纽约：哈考特出版社，1946；麦乔治·邦迪：《危险与生存》（McGeorge Bundy, *Danger and Survival*），纽约：兰登书屋，1988；塞缪尔·威廉森、斯蒂文·里登：《美国核战略的起源》（Samuel Williamson and Steven Rearden, *The Origins of U. S. Nuclear Strategy*），纽约：圣马丁出版社，1993；劳伦斯·弗里德曼：《核战略的演变》（Lawrence Freedman, *The Evolution of Nuclear Strategy*），伦敦：麦克米伦出版社，2003。

这一战略的出台主要基于以下几方面的考虑：第一，朝鲜战争的经验。美国决策者通过朝鲜战争深深地认识到，在亚洲同共产党国家的人力资源打一场地面战争对美国来说是非常不利的，付出的代价太高。第二，平衡预算的需要。艾森豪威尔上台后，大力压缩政府财政赤字，削减常规军备，而把有限的资金投入到核武器的研制和生产方面，既可以加强美国的安全，同时也减少军备的支出。第三，美国的核垄断地位虽然已经被打破，但苏联的核力量还不足以对美国本土构成直接的威胁，使得美国仍可以发挥自己的核优势，对苏联进行威慑。

基于大规模报复战略，美国的核力量得到了长足发展。1953 年，美国已拥有 1000 枚左右的核弹，400 多架战略轰炸机，并开始在欧洲部署战术核武器。1956 年 5 月，美国在太平洋上首次进行氢弹空投试验，氢弹从此进入实战阶段。1959～1961 年，美国平均每天制造的各种核武器数量达 75 枚，美国的核武库急剧膨胀。1957 年，美国库存核弹头为 5000 枚，至 1960 年底则激增至 18000 枚左右。美国还在英国、意大利、土耳其、联邦德国等部署了"雷神""木星"中程导弹，直接威胁着苏联的欧洲地区。海军装备了新式的"北极星"潜射导弹。在大力发展进攻性核力量的同时，美国从 1955 年起即着手研制反弹道导弹系统。1954～1960 年，美国在海外的战略空军基地由 14 个增至 20 个，在本土的基地由 37 个增加到 46 个。①

在核力量使用方面，从 20 世纪 40 年代中期开始，美国军方就制订了一系列针对苏联的核作战计划。而且，这些作战计划也都体现出"大规模报复战略"的基本特征，即充分利用美国的核力量，对敌对国家的军事和城市目标进行全面的打击。1946 年 6 月，美国参谋长联席会议拟定了第一个对苏联实施核打击的"铁钳"作战计划，认为与苏联的战争将是一场全面战争，需要动用美国及其盟国包括原子弹在内的所有战争潜力。根据该计划，一旦美苏发生战争，要求以 50 枚原子弹摧毁苏联 24 个城市。1948 年 5 月，美国军方又制订了"半月"计划，建议用 50 枚原子弹攻击苏联，摧毁其进行战争的潜力，并使其 50% 的工业陷于瘫痪。1949 年初，美国军方以"特洛伊"计划取代"半月"计划，设想在一个月之内，用 133 枚原子弹攻击苏联 70 座城市，主要目标包括工业中心、交通运输枢纽以及发电站等。

---

① 王仲春、夏立平：《美国核力量与核战略》，第 102 页。

朝鲜战争期间，军方完成了"敲诈"计划，要求对苏联 100 多座城市投掷 200 多枚原子弹。① 从 1945 年至 1949 年初，美国确定的核打击目标主要是苏联的城市和工业目标，主要原因是这些目标很容易确定，摧毁这些目标是削弱苏联军事力量的最佳途径。1949 年之后，随着苏联拥有了原子弹和军事力量的不断壮大，美国的打击目标清单也更为复杂化，主要包含了三类目标：工业设施、交通运输线和军事目标。1954 年 3 月，战略空军司令部提出了一个以"消灭一个国家"为目的的"基本战争计划"，设想在两个小时之内，向苏联投掷 735 枚原子弹，届时苏联除了冒烟的、有放射性的废墟之外不会剩下任何东西。②

随着核技术的迅速发展与核武器种类和数量的不断增多，特别是美军各军种都配备了各种类型的核武器，使得制订全面的核作战计划变得更为必要。1960 年以前，美国的核作战计划一直由战略空军司令部单独拟定，存在着诸多问题。1960 年 8 月，艾森豪威尔批准建立"联合战略目标计划参谋部"，负责制订统一联合作战计划，将确定的各种军事、工业和政府目标有机地统一起来，最大限度发挥核打击的作用。军方随后制订了第一份"统一联合作战计划"，确定在核战争爆发时立即对苏联、中国和东欧国家的 1050 个目标投掷 3500 枚原子弹，以取得战争的胜利。③

自 20 世纪 50 年代中期，尽管出于宣传和政治目的，美苏双方都曾提出种种限制核军备竞赛的倡议，包括"原子用于和平"和"开放天空"等设想，并且在联合国内外开始进行有限的接触，但都没有达成任何实质性的协议。④ 主要原因在于美国不愿放弃并想方设法维持自己的核优势，而苏联则不甘落后，力图扭转战略劣势。从根本上说，双方对谈判都缺乏必要的诚意，提出各种禁止核试验的建议在很大程度上是出于宣传目的，以取得

①　参见斯蒂文·罗斯《美国的战争计划 1945～1950》（Steven Ross, *American War Plans, 1945～1950*），伦敦：弗兰克·卡斯出版社，1996。

②　戴维·罗森堡：《两小时后冒烟的放射性废墟》（David A. Rosenberg, "A Smoking Radiating Ruin at the End of Two Hours: Documents on American Plans for Nuclear War with the Soviet Union"），《国际安全》（*International Security*）1981/1982 冬季号，第 25 页。

③　戴维·麦克多诺：《美国核战略的演变》（David McDonough, "The Evolution of American Nuclear Strategy"），《艾德菲论文》（*Adelphi Papers*）第 46 卷，第 383 期，2006，第 18 页。

④　罗纳多·波瓦斯基：《走向毁灭：美国与核军备竞赛》（Ronald Powaski, *March to Armageddon: The United States and the Nuclear Arms Race*），牛津大学出版社，1987，第 84～92 页。

国际社会的支持。

二

　　大规模报复战略将核武器作为解决复杂的军事问题的核心手段，并立足于打一场全面战争，这使美国屡屡陷入困境，既不敢贸然发动核战争，又无力有效地应对局部地区的冲突问题。事实上，这一战略出台不久，就在美国国内遭到不少人的批评，并在政府内部引发了激烈争论。1958 年 8 月，时任参议员的约翰·肯尼迪在参议院发表讲话时抨击大规模报复战略使美国"一直处于困境"，只能在"要么毁灭世界，要么投降"之间做出选择，其结果必然是使美国在战争边缘上犹豫不决，并将主动权拱手让予对手。曾在艾森豪威尔政府担任陆军参谋长的泰勒在其 1959 年出版的《不定的号角》一书中明确强调，大规模报复战略已经走到了尽头，"目前迫切需要对我们在战略上的需求进行一次重新评估"，大规模报复战略由于过分依赖核力量的威慑作用，从而使美国丧失了战略上的主动权，主张用"灵活反应战略"取而代之。随着苏联核力量的迅速发展，美国的绝对核优势已经丧失，大规模报复战略的基础发生了严重动摇。不仅如此，大规模报复战略也并没有得到盟国的支持，英国、法国等始终对这一战略的有效性持怀疑态度，特别担心西欧会成为美苏进行核战争的牺牲品。

　　肯尼迪执政后，灵活反应成为美国的基本国家安全政策和核战略。也正是从这一时期开始，美国决策者开始认真考虑如何将核武器用于实战威慑，在实际冲突中使用这一武器。灵活反应战略恰恰适应了肯尼迪政府关注的一旦威慑不能奏效而发生冲突，美国应如何做出反应的需要，这是冷战时期美国核战略的一次重大调整。自此以后，虽然历届美国政府都随着形势的变化、美苏核力量对比的消长以及核武器技术的发展，对这一战略的某些方面多次进行调整，但都未脱离该战略的基本框架和指导思想。[①]

　　在肯尼迪任内，为了确保美国的核优势，威慑苏联不敢发动战争，美国的核力量得到了迅速发展。从 1961 年 3 月发表第一篇国防咨文开始，肯尼迪政府加快了由潜艇发射的"北极星"导弹和地下发射的"民兵"导弹

---

① 《美国国防部长温伯格 1986 财年国防报告》，国防大学出版社，1986，第 52 页。

的生产和发展，将"北极星"潜艇数量由 6 艘增加到 41 艘，潜艇上对准苏联目标、装有核弹头的导弹数量从 96 枚增加到 464 枚："民兵"洲际导弹的数量从 300 枚增加到 800 枚，并将 15 分钟预警的 B - 52 战略轰炸机的数量增加了 50%。根据肯尼迪政府的计划，美国战略核导弹的数量要由 1100 枚增加到 1700 枚，其中包括 1000 枚"民兵"导弹、656 枚"北极星"潜艇导弹。1961 年 4 月，美国武器库中拥有各类战略核武器 3000 件，到 1964 年 7 月增至 5000 件，增加了 66%。[①] 肯尼迪还扩建了美国的常规力量，由 11 个正规师扩大到 16 个师，总人数近 100 万，以确保美国威慑力量的不可摧毁性。与此同时，肯尼迪还要求大幅度增加民防计划的费用，大规模建造掩蔽所，并把民防工作的管辖权移交给国防部，以此防备苏联的突然袭击或由于偶然事件而引起的战争。

1961 年 3 月，五角大楼已经拟定了一个针对苏联的第一次打击计划，旨在摧毁其远程导弹，并估计苏联伤亡人数会达 100 万。根据 1961 年 9 月美国参谋长联席会议制订的"统一联合作战计划"即 SIOP - 62 计划，如果 1963 年爆发美苏全面战争，战略空军司令部的所有力量将对苏联发动进攻，战略轰炸机和导弹将携带总数为 3423 件核武器，对"中苏集团"的 1077 个目标发动进攻，"摧毁或中立中苏集团的战略核能力以及重要的军事和政府部门"，同时打击其主要的城市与工业中心。据美国参谋长联席会议估计，苏联、中国以及东欧国家 3.6 亿至 4.25 亿的人口将被消灭。曾参与起草、修订该文件的一位国防部官员认为，如果实施该作战计划，意味着美国除了打击苏联和中国所有的军事目标之外，还要摧毁苏联和中国的每一座城市。[②] 1961 年 7 月，肯尼迪在国家安全委员会会议上强调：至关重要的是，在关键时刻，美国要赶在苏联之前使用核武器。9 月 20 日，战略空军司令托马斯·鲍威尔向肯尼迪表示，现在是苏联向美国发动突然袭击最危

---

① 菲利普·纳什：《肯尼迪对外政策中的核武器》（Philip Nash，"Nuclear Weapons in Kennedy's Foreign Policy"），《历史学家》（*Historian*）第 56 卷第 2 期，1994，第 286 页；理查德·斯莫克：《国家安全与核困境》（Richard Smoke，*National Security and the Nuclear Dilemma*），纽约：兰登书屋，1987，第 111 页；迈克尔·布罗尔：《肯尼迪政府的核战略》（Michael Brower，"Nuclear Strategy of the Kennedy Administration"），《原子能科学家公报》（*Bulletin of Atomic Scientists*）第 18 卷第 8 期，1962，第 34 ~ 35 页。

② 戴斯蒙德·鲍尔、杰弗雷·里奇尔逊：《战略核目标》（Desmond Ball and Jeffrey Richelson，*Strategic Nuclear Targeting*），伊萨卡：康奈尔大学出版社，1986，第 62 页。

险的时候，"如果全面核战争不可避免的话，美国应该首先发起攻击"。肯尼迪也对发动对苏联的先发制人打击表示出某种兴趣，他主要担心的是"苏联需要多长时间才能发射他们的导弹"。①

1962 年 6 月 16 日，国防部长麦克纳马拉在位于安阿伯的密歇根大学发表讲话，称美国已经得出结论，在可能的程度内，一旦发生核战争，主要的军事目的应当是摧毁敌人的军队和军事设施，而不是它的平民；要做到这一点，美国必须拥有一个超过苏联许多倍的全面核优势，以保证在遭受打击以后的还击力量至少和苏联先发制人的打击力量一样强大，"给予可能的敌人以可以想象的最强烈的刺激力量"，同时又要维护美国的社会结构，确保国家的生存，取得实力竞赛的胜利。② 这一讲话被称为"打击军事力量""不打城市"或"限制损伤"战略。这也是战后美国首次公开提出将军事力量作为核打击的主要目标的政策主张。这一政策主张在美国核战略发展史上占有重要的地位，标志着"实战威慑"战略思想的诞生。

美国军方对艾森豪威尔时期的"统一联合作战计划"进行了重大修订，在规划打击目标时，将苏联与其他社会主义国家作了区分，并将苏联的战略核力量与城市目标作了区分。新的"统一联合作战计划 - 62"对使用核武器提出了五种选择方案，按照先后次序为：战略核力量；远离城市的其他军事力量和资源；城市附近的军事力量及资源；指挥、控制系统；必要时对城市、工业地区进行大规模的攻击。在美国确定的 1860 个打击目标清单中，城市 - 工业目标只有 210 个，其余都是军事目标。③ 这一计划体现了麦克纳马拉的战略意图，在美国战略核力量威慑失败的情况下，为美国决策者提供了一个可以用于军事目的的统一政策和战争计划。

但是，麦克纳马拉的"限制损伤"战略思想在当时并没有成为核战略思想的主流，反而遭到来自国内外舆论的批评，认为在美国拥有明显优势的情况下谈论打击苏联军事目标，无异于谋求"第一次打击"。西欧国家向

---

① 弗雷德·卡普兰：《约翰·肯尼迪的先发制人计划》（Fred Kaplan，"JFK's First - Strike Plan"），《大西洋月刊》（The Atlantic Monthly）第 288 卷第 3 期，2001，第 81～86 页；斯科特·萨根：《统一联合作战计划 - 62：向肯尼迪总统提交的核战计划》（Scott Sagan，"SIOP - 62：The Nuclear War Plan Briefing to President Kennedy"），《国际安全》第 12 卷第 1 期，1987，第 51 页。

② 弗里德曼：《核战略的演变》，第 222～223 页。

③ 鲍尔·里奇尔逊：《战略核目标》，第 66 页。

来把苏联城市视为核打击的抵押品，正是因为这些城市处于西方国家的核威胁之下才使得苏联领导人不敢轻举妄动，而美国一旦放弃了打击苏联城市这一威胁，也就失去了遏制苏联进攻西欧的威慑手段。同样重要的是，苏联方面并不认同美国的这一思想，单方面实施"打击军事力量战略"也就失去了意义。根据苏联的军事战略，要求在核战争爆发初期的几小时或几分钟，就对美国前方和后方的军事、政治以及经济目标同时发起密集的核突击，在短时间内达成战争的政治目的。此时，在美国占主导地位的是与"大规模报复战略"一脉相承的"确保摧毁战略"。鉴于美国取得了对苏联的巨大优势，特别是潜射核力量的发展，使美国获得了可靠的"第二次打击力量"，这也为"确保摧毁战略"的实施创造了条件。麦克纳马拉也在随后改变了立场，向"确保摧毁战略"思想靠拢。

1964年，麦克纳马拉提出了"相互确保摧毁战略"，以城市和工业中心为主要核打击目标，威胁要在核报复打击中摧毁对方城市，使对方不敢对美国首先发动核攻击。他认为，美国应拥有一支即使在遭到苏联核袭击后仍能在还击中摧毁苏联20%～25%的人口和2/3工业的第二次打击能力，这就需要成功地向苏联发射300～400枚核弹头，彻底摧毁200座城市或严重摧毁300座城市。根据他的判断，苏联人口的20%～33%和工业生产能力的50%～75%被摧毁，将意味着在今后许多年内苏联大国地位的消失。[1]"相互确保摧毁战略"主要是通过将对方的城市和工业中心作为打击对象，以此来威慑苏联不敢对美国发动核打击。在某种程度上，这一战略是从大规模报复战略演变而来，两者都将城市和人口目标作为首要的打击目标，两者所不同的是，"确保摧毁战略"依靠第二次打击力量，而"大规模报复战略"则具有第一次打击的特点。[2]

随着美国核战略逐步走向成熟，核武器的发展也步入了长足发展时期，洲际导弹、潜射导弹和远程战略轰炸机构成的"三位一体"进攻性战略核力量得到了大大加强。20世纪60年代中期，美国拥有各类核弹35000枚，总当量约300亿吨。为了具备"第二次打击能力"，美国大力加强进攻性核

---

① 戴斯蒙德·鲍尔：《战略威慑的目标》（Desmond Ball, "Targeting for Strategic Deterrence"），《艾德菲论文》第185期，1983，第1页。

② 王仲春：《核武器、核国家、核战略》，第130页；张静怡、宋久光：《从"纯威慑"到"实战威慑"》，第12页。

力量的建设，从 1961 年到 1968 年，战略导弹从 159 枚增至 1710 枚，其中洲际导弹由 63 枚增至 1054 枚，潜射导弹从 96 枚增至 656 枚。1967 年库存的核弹头总数达到了 32000 枚。美国战略导弹数量已达饱和状态，发展重点转向提高质量，发展生存能力强、命中率较高、反应迅速的导弹，并研制多弹头战略导弹。在战略轰炸机方面，850 架 B－47 中程轰炸机全部退役，大量装备 B－52 远程战略轰炸机。

1962 年 10 月的古巴导弹危机使美苏领导人真正认识到了核对抗的危险，开始认真考虑如何防止核战争的发生。1963 年 6 月 20 日，美苏达成了《热线协定》，在莫斯科和华盛顿之间建立了直接的无线电和电话联系，以便两国领导人在危机期间能够保持联系。8 月 5 日，美国、英国和苏联签署了《禁止在大气层、外层空间和水下进行核试验的条约》，即《部分核禁试条约》，规定缔约国保证不在条约禁止的领域进行核试验，保证不引起、不鼓励或以任何方式参加上述核试验，这是 1945 年以来美苏在限制核军备竞赛方面取得的第一个具体成果。

20 世纪 60 年代末至 70 年代中期，由于美苏两国在战略力量方面达成了大体平衡，并且整个东西方关系进入相对缓和阶段，美苏在限制战略武器方面取得了较大进展。1968 年 7 月 1 日，美苏签署了《防止核武器扩散条约》，确定有核缔约国不得将核武器让予任何其他国家；无核缔约国不得拥有核武器，并接受国际原子能机构的核查；缔约国就停止核军备竞赛和实现核裁军进行谈判。应当说，尽管美苏签署该条约的意图在于阻止其他国家掌握核武器，但在防止核扩散方面还是发挥了一定的积极作用。

三

尼克松执政后，对美国的外交和军事战略进行了重大调整，提出了旨在以实行战略收缩为主要内容的"尼克松主义"。在对苏关系上，开始采取较为灵活的态度谋求与苏联对话，推行缓和政策。这是尼克松政府调整对外政策的一个显著特点。造成这一政策调整的主要原因之一，即是美国丧失了昔日的战略优势，美苏两国战略核力量已接近均衡。如果美国对苏联发动大规模核进攻，苏联也能以同样的手段进行报复，给美国造成难以承受的破坏。美国战略导弹数量从 1967 年之后冻结在 1700 枚的水平上，苏联的战略导弹数量到 20 世纪 70 年代初期已增至 2358 枚，并且也拥有了分导式多弹头导弹，美苏之间形成了战略均势。尼克松清醒地认识到，美国凭借优势力量来遏制苏联的时代已经过去，对苏强硬政策已难以奏效，唯有通过改善两国关系、进行军控谈判才能约束苏联军备的发展速度。

从苏联方面来讲，推行缓和政策主要基于以下几点原因：第一，苏联经过多年的不断努力，终于在战略核力量方面与美国达成了均势，苏联为此也付出了高昂的代价，给国内经济造成了很大压力。苏联希望通过缓和，控制军备竞赛，改善国内经济状况，同时从西方国家获得资金和技术，增强自身经济实力。第二，苏联的战略力量已得到大大加强，这就使它可以与美国达成某些协议，以此来约束美国的行动，同时迫使美国承认苏联的均势地位，这对苏联的战略利益将有益无害。倘若在形成均势后继续大规模扩大战略武器的数量优势，会不可避免地引起美国的竞争，促成新一轮激烈的军备竞赛，这对苏联来说是难以承受的。第三，苏联希望缓和有助于加强和巩固自己在东欧国家的地位。第四，苏联试图通过改善美苏关系来阻止中美的接近，进而实现苏美联手对付中国。基于上述考虑，苏联领导人勃列日涅夫在 1971 年 4 月举行的苏共二十四大所作的政治报告中正式提出了以缓和为核心的 6 点 "和平纲领"，宣称在 70 年代要把缓和放在苏联外交政策的首位。尽管出发点不同，缓和却成了美苏两国的共同需要。

尼克松、福特两届政府的核战略基本上是 "相互确保摧毁战略" 的继承和发展，其立足点是避免核战争，更加强调常规力量的主导作用，以核武器为后盾，继续加强第二次打击力量的建设。尼克松执政后，公开批评 "相互确保摧毁战略"，指出："我绝不能（而且我的继任者也绝不能）把不分青红皂白地屠杀敌方平民作为对挑衅唯一可能做出的反应。"20 世纪 70 年代中期，美国政府修改了前一时期准备重点打击苏联城市的核战略指导思想，转而强调用数量有限的核武器有选择、有限制地打击数量有限的军事目标，首先是苏联的战略核武器基地。这一被称为 "有限核选择战略" 首先由国防部长詹姆斯·施莱辛格提出，因而也被称为 "施莱辛格主义"。实际上，1974 年初，包括施莱辛格在内的一些美国政府高层官员就开始谈论美国正在修订的核战略。"有限核选择战略" 主要体现在 1974 年的《国家安全决策备忘录第 242 号》中，1975 年初施莱辛格首次公开披露了其基本内容：第一，控制升级。这是第 242 号备忘录提出的新战略主张的核心内容，要求在威慑一旦失败、冲突爆发时，美国应有选择地、有控制地使用核武器，以便减少美国的损失，并进而力求迅速按有利于美国及其盟国的条件结束战争。第二，建立一支由多种核力量组成的、可靠的战略预备力量，目的在于实施"战争间威慑"和作为谈判时讨价还价的筹码，从而迫使对方接受对美国有利的条件而结束冲突。第三，阻止苏联的战后恢复。在控制升级失败的情况下，美国剩余战略力量的目标是摧毁对敌人在战后恢复大国地位有决定性意义的70%的政治、经济和军事资源，使美国在一场核大战后先于苏联恢复强国地位。[①] 另外，鉴于美苏在战略核力量方面达成了所谓的"恐怖的平衡"，尼克松和福特政府认为美苏间发生核大战的可能性减小了。

　　1977年，卡特政府重新采用"相互确保摧毁战略"，认为美国只要拥有可以在还击中摧毁苏联20%～30%的人口和50%～60%的工业的"充足的核力量"，就可以遏制核战争的爆发，没有必要耗费巨额军费发展打击军事目标的核能力，因而采取了以打击城市为主的核战略。卡特政府对于施莱辛格的"有限核选择"思想持否定态度，认为使用任何核武器都必将使冲突迅速升级为全面核战争，从而使美苏双方都遭到毁灭。70年代后期，随着苏联在全球扩张势头的不断增强，美苏关系趋于紧张，美国政府开始重新评估其核战略。1980年7月，卡特签署了总统第59号指令，宣布"一个建立在相互确保摧毁理论基础上的核战略不再是可行的"，提出将"抵消战略"作为美国新的核战略，重点由打击城市和工业目标转为打击军事目标，包括洲际导弹发射井、指挥系统、军政领导人的地下掩体；由否定有限战争的可能性转向强调美国必须保持对有限核战争做出有控制的反应能力。根据这一战略，美国的核力量既能对大规模攻击实施全面核报复，又能对小规模攻击有选择地使用核力量，打击单个或多个目标。国防部长布朗在国防报告中强调，美国已经得出了这样的结论，即要使威慑充分有效，美国必须能够按照苏联发起进攻的类型和规模做出反应；美国的目的是在最可能广的方案范围内，使苏联无法达到胜利的目的；要使苏联领导人清楚地认识到，对于苏联发动的任何核进攻，美国绝不会在要么僵硬地毫无反

① 利昂·斯洛斯、马克·米洛特：《美国核战略的演变》（Leon Sloss and Marc Millot, "U. S. Nuclear Strategy in Evolution"），《战略评论》（Strategic Review）第12卷第1期，1984，第22～23页。

应，要么彻底毁灭苏联两者之间做出选择，苏联也不可能取得胜利。布朗认为，这一战略就是要使美国努力保持军事力量、应急计划及指挥控制的能力，并使苏联领导人相信"以核武器进行任何一种规模的突击或在战争的任何阶段使用核武器，都不可能导致战争的胜利，不管苏联人会给胜利下什么样的定义"。与此同时，美国进一步调整核打击目标。在1980年拟定的《第5号统一作战计划》中，确定的打击目标总数约8800个，其中军事目标和工业目标各占一半。布朗强调，"近20年来，在我们战略核力量的使用计划中，一直明确地包含着打击军事目标和非军事目标的各项方案"，"一直以来，美国的核力量不仅准备打击军事目标，而且准备打击那些支持战争的工业目标和进行战后恢复工作的目标。我们一直认为极为重要的是，一旦发生战争，就必须攻击那些可能对美国及其盟国造成破坏的部队"。[1] 卡特政府修订核战略的目的仍然是加强对苏联的威慑，旨在表明美国已做好应对各种类型战争的准备，苏联不可能幻想发动进攻而不付出高昂的代价。

这一时期，美国进攻性战略核力量质量有了较大发展。战略导弹总数保持在1710枚，但随着多弹头导弹的部署，从而使战略导弹可运载的核弹头数达9000枚，打击精确度显著提高。20世纪70年代中期，战术核武器增至22000枚，其中部署在美国本土的有10800枚，部署在欧洲的为7000枚，部署在大西洋舰队1000枚、亚洲1700枚、太平洋舰队1500枚。1975年4月，美国建成第一处"卫兵"反弹道导弹发射场。

美国还加快了与苏联核裁军谈判的步伐。尼克松上台伊始，表示愿意就限制战略武器问题与苏联谈判，苏联对此立即做出反应，宣称已准备好同美国就限制战略核武器"认真交换意见"。1969年10月，双方就举行限制战略武器谈判达成协议，同年11月，谈判在芬兰首都赫尔辛基拉开了序幕。谈判之初，双方围绕战略核武器的概念等一系列问题展开了激烈争论，致使谈判屡屡陷于僵局。美国的基本意图是：将反弹道导弹与限制进攻性战略武器联系起来，用限制美国在反弹道导弹上的优势来换取削弱苏联在进攻性战略武器数量上的优势，遏制苏联陆基洲际导弹尤其是重型洲际导弹的发展，冻结苏联的战略武器数量，而同时保持美国在多弹头分导技术

---

① 哈罗德·布朗：《美国未来二一年的对外战略》，时事出版社，1986，第89页；斯洛斯、米洛特：《美国核战略的演变》，第20、21页。

上的领先地位。美国主张把双方战略导弹数量限制在美国已拥有的 1710 枚水平上，进行对等削减。苏联则提出，任何能达到对方领土的核武器都属于战略进攻性武器，美国部署在欧洲大陆以及在地中海和太平洋上美国航空母舰的飞机即所谓"前沿配置系统"，均应算作战略武器，而苏联的中程导弹和以西欧为作战目标的轰炸机群因不能到达美国领土不计入战略武器数内。因双方立场相去甚远，在 1970 年内谈判未能取得任何进展。

及至 1971 年初，美苏两国的态度有所松动。苏联表示同意限制进攻性武器和防御性武器的谈判同时进行，从而打破了谈判僵局。美国方面也做出较大让步，放弃了战略进攻性导弹的对等原则，允许苏联在洲际导弹方面占有一定数量的优势，但不得扩大，实行所谓过渡性冻结，并默许把苏联正在发展的新型逆火式洲际超音速战略轰炸机排除在谈判范围之外。5 月 20 日，美苏发表共同声明，强调两国在回顾了限制战略武器会谈过程之后，"已同意今年集中力量制定一项限制部署反弹道导弹协议"，并在达成这一协议的同时，"将商定关于限制进攻性战略武器的某些措施"。这一声明为双方以后的进一步会谈并最终取得谅解打下了基础。

1972 年 5 月底，尼克松总统应邀前往莫斯科，同苏联领导人勃列日涅夫进行会谈。这是战后第一位美国总统对苏联的访问，双方签署了《美苏关系基本原则》《美苏联合公报》等一系列文件，保证尽一切努力避免军事冲突，防止核战争，用和平手段解决争端。限制战略武器问题是美苏首脑会晤的中心议题，双方签订了《关于限制反弹道导弹防御系统条约》和《关于限制进攻性战略核武器的某些措施的临时协定》。这两个文件表明，美苏承认双方战略核力量保持均衡，任何一方不得享有单方面的优势。《关于限制反弹道导弹防御系统条约》规定，双方可各拥有两个反弹道导弹系统，其中一个用来保卫首都，另一个用来保卫洲际导弹基地。《临时协定》是对反弹道导弹系统条约的补充，旨在缓和双方在进攻性战略武器方面的竞争，主要是冻结两国武器库中进攻性导弹的数量。其结果是，在陆基洲际导弹方面，美国可拥有 1054 枚，苏联为 1618 枚。在潜艇发射导弹上，美国为 710 枚，苏联为 950 枚。苏联以数量优势在一定程度上抵消了美国的质量优势。但是，协定未限制导弹质量的发展和核弹头的数量，这就为双方继续扩充军备留下了余地。美苏首脑莫斯科会晤是一个重大事件，标志着美苏关系进入了一个新的缓和时期。尼克松政府认为，首脑会晤"为世界上两个最强大的国家之间建立一种新型关系奠定了基础"。苏联方面则宣称双方达成的协议具有"重大的国际意义"，是"美苏关系发展中的重大步骤"。

1973 年 6 月，勃列日涅夫访美，与尼克松举行了第二次首脑会晤。双方签署了《关于进一步限制进攻性战略武器谈判的基本原则》《美苏关于防止核战争协定》等文件。《基本原则》规定，"双方将在一年内做出认真努力来制定一项关于限制进攻性战略武器的更完备措施的永久性协定，并使该协定在 1974 年签署"。但同时又同意双方进攻性武器可以"现代化和更新"，这实际上是允许继续在核武器的质量上进一步发展和完善。两国首脑在《美苏关于防止核战争协定》中强调，美苏政策的一个目标是消除核战争的危险和使用核武器的危险，重申双方的行事方式将是为了避免出现两国关系恶化的局势，避免军事对抗，消除两国之间以及它们之中任何一方和其他国家之间爆发核战争的可能性。双方确认，如果有核战争的危险，双方将根据协定条款立即进行紧急磋商，并做出避免这一危险的一切努力。

1974 年 6 月，尼克松再次访苏，同勃列日涅夫举行了第三次首脑会晤，双方就进一步限制反弹道导弹系统、限制地下核试验等方面的合作达成了协议。双方同意只在一处部署反弹道导弹，并停止建设新的反弹道导弹发射场。但在限制战略武器这一最重要问题上，因双方分歧严重，互不相让，未能取得重大进展，仅同意于 1974 年底召开一次"小型最高级会议"，以求在这一问题上达成协议。1974 年 8 月尼克松因水门丑闻被迫辞职，福特继任总统，继续推行缓和政策。同年 11 月，福特与勃列日涅夫在海参崴举行"工作会晤"，集中讨论了限制战略武器问题。双方表示"决心使美苏关系改善的过程不断发展并不致逆转"。会谈结束后，双方发表了关于限制进攻性战略武器问题的联合声明，宣布愿意根据"同等安全的原则"，签订一项有效期至 1985 年底的关于限制进攻性战略武器的条约，对进攻性核武器的运载工具和分导式多弹头导弹加以数量限制。双方商定：今后 10 年内，双方进攻性战略武器运载工具的总额均不得超过 2400 个，其中能运载分导式多弹头的导弹不得超过 1320 个。这个限额远远超出美苏两国当时实际拥有的数量。① 双方还同意，在 1980 年和 1981 年底以前，开始就 1985 年以后

---

① 斯莫克：《国家安全与核困境》，第 172 页。

进一步限制和尽可能削减战略武器进行谈判。为达成《海参崴协议》，美苏双方都做出了较大让步。苏联放弃了过去谈判中坚持的要在战略核武器数量上多于美国，要把美国的"前沿配置系统"列入限制范围等要求。美国则允许苏联保留威力巨大的重型洲际导弹，并同意将美国占有很大优势的重型轰炸机计算在总数内。福特总统对于在《海参崴协议》基础上达成第二阶段限制战略武器条约持乐观态度。他对勃列日涅夫说："我相信我们已取得重大进展。我希望我们会晤的势头将继续下去，这样到明年，我们就能最后完成我们在这里业已取得的进展。"苏联方面也宣称，将在 1975 年上半年签订条约。但事情的发展远不是那么顺利。由于美苏在战略核武器的限额问题、定义问题、核查问题存在严重分歧，致使限制战略武器谈判一度陷入僵局。苏联对安哥拉事务的干涉，更给美苏缓和蒙上了一层阴影，两国关系开始紧张，勃列日涅夫预定于 1975 年 6 月访美的计划也因此而告吹。

卡特执政后，美苏限制战略武器谈判速度加快。经过反复讨价还价，1979 年 6 月 18 日，卡特和勃列日涅夫在维也纳举行最高级会议，签署了《关于限制进攻性战略武器条约》，即《第二阶段限制战略武器条约》，主要规定了双方战略武器的总限额以及分导式多弹头运载工具的最高限额，确定至 1981 年底双方进攻性战略武器运载工具限额各为 2250 件，其中分导式多弹头运载工具各 1320 件。尽管该条约不可能限制美苏之间的军备竞赛，但它的签订仍然有一定的积极意义，为以后限制和削减战略武器的谈判提供了基础。

20 世纪 70 年代以来，双方竞赛的重点由数量转向质量，不断发展新型的运载工具，提高攻击的准确性，使核弹头小型化，并部署多弹头分导式导弹、巡航导弹以及反导弹系统。卡特政府继续推行现实威慑战略，美国的战略力量依然处于劣势。苏联利用美国战略调整之机，大力扩军备战，积极向外扩张，走上了与美国争夺世界霸权的道路。在战略核力量方面，苏联部署的 SS－18 等新型陆基洲际导弹威力巨大，命中率高，对美国在欧洲的基地构成严重威胁。苏联从 1977 年起大量部署机动性强、精确度高、能携带 3 个弹头的 SS－20 中程导弹。面对苏联咄咄逼人的攻势，美国领导人显得力不从心。美国的战略地位受到了前所未有的挑战。

四

1981 年 1 月里根入主白宫后对苏联奉行强硬政策，美苏军备竞赛进一步加剧。他力图恢复美国的战略优势地位，扭转不利于美国的战略态势，明确提出要重建美国军事实力。10 月，他发布《第 13 号国家安全决策指令》，宣布摒弃"相互确保摧毁战略"，继续推行"抵消战略"。里根政府把"相互确保摧毁战略"称为美苏之间"相互自杀的契约"，认为："这种相互确保摧毁理论忽略了三个根本问题：第一，如果苏联人认为我们对他们的核袭击的反应只会在自杀和屈服二者之间做出抉择，那么苏联可能相信美国根本不会对核袭击做出反应；第二，建立在使苏联平民大量伤亡基础上的理论既不道德也不审慎；第三，美国政府懂得核战争不可能取胜，我们的核战略是要保证苏联领导人也相信核战争绝不可能取得胜利，因此绝不打核战争。"[1] 里根政府更加强调要增加核战略的灵活性、可信性和选择性。

执政初期，里根政府对核战争的基本立场是：核战争是可能爆发的，在一定意义上也是可以打赢的，美国必须谋求核优势，以取得战争的胜利。国防部长温伯格 1982 年 8 月 17 日在众议院拨款委员会作证时指出，由于"苏联人的实际行动已表现出他们相信核战争是可以打赢的，因此要遏制战争，就应当准备一旦威慑失灵时真正打一场核战争并设法获胜"。为了应对苏联日益增长的核实战潜力，美国政府将其核力量的现代化置于最优先考虑的地位。里根还摒弃了核战争必定是短暂的观点，确信不论是全面核战争还是有限核战争都不一定能够迅速取胜，因而，美国必须努力提高核力量的"生存能力"，使之能够在爆发战争的各种情况下经受住苏联的第一次打击，并对苏联实施核报复。但是，到了 80 年代中期戈尔巴乔夫上台后，苏联政府大力推行"新思维"，努力缓和与美国的关系，里根政府对核战争的看法也发生了转变。里根在 1988 年 1 月的《国家安全战略》报告中指出："我一再强调核战争不可能取胜，绝不能打核战争。"虽然如此，里根政府并没有改变通过加强实战准备来提高核威慑效果的基本方针。

在打击目标方面，里根政府由侧重打击苏联的城市、工业和人口中心

---

[1]　蔡祖铭主编《美国军事战略研究》，军事科学出版社，1993，第 175 页。

等转向打击苏联的战略力量、部队集结地、军工生产基地、指挥控制中心等军事目标，这种转变表明美国的核战略进一步向实战方向发展。里根政府认为，这样既可以减少人口的伤亡，控制战争的升级，又可以削弱苏联持久作战的能力。

1981 年 6 月，里根政府提出了 6 年内耗资 1800 亿美元的战略核武器现代化计划，建立一支前所未有的、强大的现代化战略力量，从而打破与苏联的核均势僵局，重新获得核优势地位。至 1988 年底，美国已经部署了 MX "和平卫士" 洲际导弹 50 枚、"三叉戟" 潜射战略导弹 384 枚、B－1 战略轰炸机 100 架。在战术核武器方面，1981 年 8 月 8 日，里根下令生产中子弹，以增强战区核威慑能力；发展新型短程核导弹以取代过时的战术导弹，并大量部署 "战斧" 式舰载巡航导弹。

更重要的是，1983 年 3 月 23 日，里根政府提出了 "战略防御计划"，即所谓 "星球大战计划"。力图构筑多层次、多手段拦截导弹的战略防御体系，把苏联的导弹拦截在太空中，取得压倒苏联的 "第一次打击能力"。因而，这一计划是对美国长期奉行的 "相互确保摧毁" 核战略的否定，意味着美国核战略的基础从单纯依靠核报复转向攻防兼备的双重核威慑。冷战结束前，美国拥有陆基洲际导弹 1000 枚、潜射导弹 640 枚、战略轰炸机 311 架，战略核力量运载工具共计 1951 件，各种核弹头约 2.6 万枚，其中战略核弹头 1 万枚，总当量达 50 亿吨。

在大力加强战略力量的同时，美国还试图通过军备控制谈判削减苏联核武器的数量。执政初期，里根政府的谈判政策较为强硬，对 1969 年开始的美苏核军备控制谈判所达成的协议，特别是卡特政府与苏联签署的《第二阶段限制战略武器条约》持批评态度，认为这些条约和协议只是单方面限制了美国核军备的发展，却不能阻止苏联扩充其核军备，使得美苏战略核力量对比发生了不利于美国的变化。

1985 年 3 月戈尔巴乔夫上台后，大力倡导对外政策的 "新思维"，在军备谈判方面采取了较为积极的态度，核裁军从 "限制" 阶段迈入了实质性的 "削减" 阶段。1985 年 11 月和 1986 年 10 月，里根与戈尔巴乔夫先后在日内瓦和冰岛的雷克雅未克围绕军控问题举行了两次会晤。1987 年 9 月，双方签署了《减少核危险中心协定》，规定在两国首都建立减少核危险中心，通过卫星传真线路彼此通报向对方方向发射弹道导弹的情况，以降低爆发核战争的可能性。同年 12 月 8 日，两国首脑在华盛顿举行第三次会晤，签署《美苏关于销毁中程导弹和中短程导弹条约》（简称《中导条约》）。条约规定，两国应在条约正式生效后立即停止所有射程为 500～5500 公里中短程和中程导弹的生产和试验；三年内应销毁双方所有的中程导弹，中短程导弹应在 18 个月内销毁；销毁实现后则禁止一切有关这两种导弹的生产、试验和部署。条约同时还提出了严格的核查方法和销毁方法。尽管该条约规定的销毁的两种导弹只占两国核武库的 4%，但它是自出现核武器以来美苏达成的第一个真正裁减核军备的协议，对于促进美苏关系的缓和及进一步推动两国战略核武器谈判具有积极意义。1988 年 6 月，双方在莫斯科互换《中导条约》的批准书，条约正式生效。1991 年 7 月，美苏签署了《削减战略武器条约》，规定在此后 7 年内将战略核武器削减 30%，双方把各自的三种战略武器运载工具（陆基洲际导弹、潜艇弹道导弹和重型轰炸机）削减为 1600 件，双方部署的核弹头各为 6000 枚。这些条约的签订在很大程度上结束了两国之间的核军备竞赛，大大促进了东西方关系的缓和与冷战的结束。

通过上述考察，可以发现，冷战时期美国的核战略思想几经演变，从初创时的简单、僵硬逐步走向成熟，变得更为灵活多样和复杂化。但大体而言，每一届政府的核战略都是在核威慑战略这一框架下进行的调整，都是美国国家安全战略和军事战略的重要工具和后盾，核武器始终是美国各种战略手段中"最具威慑力的最后手段"。同时，也可以看出，美国的核战略无论是以何种名称和形态出现，都带有较强的进攻性、扩张性和冒险性，是为美国的全球战略服务的。核讹诈始终是美国核威慑战略的基本特征，核优势则是美国实力地位的一个主要象征。

美国的核威慑政策、核力量使用政策、核力量发展政策以及核军备控制政策是其核战略的基本内容，四者是一个有机的统一整体，缺一不可。同时，四者之间又相互制约。影响美国核战略思想变化的因素很多，但主要包括以下几方面。其一，美国外交政策特别是对苏政策的变化。说到底，核武器作为一种重要的威慑力量，是为美国实现自己的政治和外交意图服务的，核战略的发展演变当然要服从美国冷战战略的变化和国家安全的需要。其二，技术的变革。随着原子能科学的不断发展，核武器的研制越来越呈现加速度趋势，核武器变得越来越多样化、小型化、精确化，特别是分导式多弹头技术的发展，对美国核战略产生了深刻影响。正是军事技术的变革使得核武器从原来的纯威慑力量逐步成为可用于实战、满足不同需求的真正的武器。同时，技术的不断进步也使得核武器的通信、指挥、控制系统变得更为复杂化。其三，苏联核战略的变化。冷战时期，苏联是美国最主要的对手，美国的核力量也主要是用来对付苏联的挑战。随着双方军备竞赛的加剧和力量对比的变化，美国的核战略也因此而不断调整。从一定意义上说，美国的核政策也是对苏联政策和行动的一种反应，体现了对苏联威胁认知的变化。核武器的最大作用在于威慑对手，随着对手战略力量的不断增强，美国的核战略必须相应地做出调整，从而能继续有效地起到威慑的效果。实际上，自 20 世纪 60 年代后期开始，美苏两国在核武器问题上进入了一个相互威慑时期。在核武器问题上，美苏一方面展开了激烈的军备竞赛，同时又不得不进行限制和削减战略武器的谈判。核武器在美苏关系中具有独特的作用，它可以说是一把双刃剑。一方面，为了追求所谓的战略优势，维护国家安全，双方在核军备竞赛方面可以说是不遗余力，从而加剧了世界紧张局势。另一方面，核军备竞赛不仅没有给美苏两国带来安全，反而使双方都面临着被对方毁灭的危险。

由于核武器空前巨大的破坏力，使用核武器意味着两败俱伤，尽管美国曾多次制订各种各样的核作战计划，并在朝鲜半岛、台湾海峡、中东、加勒比海、印度支那等地区挥舞核大棒，对其他国家进行核讹诈，但都没有奏效。事实是，自二战结束以来，美国从未在实战中动用过核武器。在很大程度上，使用核武器已经成为一种"禁忌"。[1] 这种情况的出现并非是美国核威慑战略的结果，也非美国的所谓"自我约束"所致，而是有着复杂的国内、国际因素制约着美国使用核武器。

（作者简介：赵学功，南开大学世界近现代史研究中心教授）

---

① 参见尼娜·塔奈恩瓦尔德《核禁忌：美国与不使用核武器的规范基础》（Nina Tannenwald, "The Nuclear Taboo: The United States and the Normative Basis of Nuclear Non-use"），《国际组织》（*International Organization*）第 53 卷第 3 期，1999，第 433 ~ 468 页。

晚清赴俄使臣的俄国历史文化观[*]

肖玉秋

内容提要：当中国的国门被西方坚船利炮打开之后，清廷先后派遣张德彝、缪祐孙、王之春亲赴俄国，以了解俄国情形和办理外交事务。其间三位使臣对俄国独特的历史文化进行了考察。他们撰写的旅俄游记，有助于改变国人对俄国认识不足的被动局面，在一定程度上促进了中俄文化交流。

关键词：晚清　使臣　俄国　历史文化观

自中国国门被西方的坚船利炮打开之后，中外交涉日益频繁，"而外国情形，中国未能周知"。总理各国事务衙门"久拟奏请派员前往各国，探其利弊，以期稍识端倪，藉资筹计"。1866年（同治五年）春，时任中国海关总税务司的英国人赫德因故回国，总理衙门便派斌椿偕子笔贴士广英及同文馆学生德明（张德彝）、凤仪、彦慧三人，随行赴欧洲游历。"即令其沿途留心，将该国一切山川形势，风土人情，随时记载，带回中国，以资印证。"[①] 这是中国有史以来派往西方的第一个考察团。此后，清廷又多次遣使赴俄，其中包括19世纪70年代的张德彝、80年代的缪祐孙以及90年代的王之春。虽然使臣们在俄国逗留的时间长短不一，但都就俄国文化的许多方面留下了鲜活而珍贵的记录。

---

[*]　本文为教育部人文社会科学重点研究基地重大项目"近代以来中俄文化交流史研究"（07JJD770105）的成果之一。

① 陈学恂、田正平编《中国近代教育史资料汇编：留学教育》，上海教育出版社，1991，第5页。

一　赴俄使臣及其著作

张德彝（1847～1918），本名德明，字在初。汉军镶黄旗人。1862 年
（同治元年）作为京师同文馆首批 10 名学生之一入学英文馆，1865 年毕业。
次年，他便随同斌椿使团游历欧洲十国，于同治五年六月初五抵达圣彼得
堡，至初十登上"火轮车"离开，在圣彼得堡停留了 6 天时间。1868～
1869 年，他再以通事身份随蒲安臣使团出使美欧国家。1870 年，钦差大臣
崇厚因天津教案一事专程赴法道歉，他以随员身份陪同。1876 年（光绪二
年），张德彝随中国第一位驻外公使郭嵩焘使英，先后出任中国驻英使馆译
官、秘书。其间于 1878 年曾奉调使俄任崇厚的翻译官，直至 1880 年回国，
在彼得堡停留了 13 个月。1887～1890 年随洪钧使德任参赞。自 1891 年起
任光绪皇帝的英语教师。1896 年任出使英、意、比国大臣罗丰禄的参赞。
1901 年随那桐任驻日本参赞。同年，任出使英、意、比国大臣，次年担任
祝贺西班牙国王加冕专使，先赴马德里，后赴伦敦专任驻英大臣，1906 年
任满回国。张德彝一生八次出国，在国外度过了 27 个春秋。他把见闻写成
了近二百万字的八部"述奇"，其中第一部至第六部和第八部，已收入湖南
人民出版社"走向世界丛书"出版。唯缺第七部述奇，学界一直认为已遗
失，但 1985 年赵金敏撰文称在中国历史博物馆馆藏文献中发现了《七述
奇》，并将其全文发表。① 在张德彝八部"述奇"中，第一部《航海述奇》
和第四部《四述奇》中记录了访俄期间的见闻。

缪祐孙，字右岑，一作柚岑，江苏省江阴县人，缪荃孙从弟，1886 年
中进士，授户部主事。当时针对中国对外情的隔膜和无知，清政府决定派
遣官员出洋游历。1887 年 5 月 18 日（光绪十三年四月二十六日），总理衙
门拟定了一份派遣游历使的具体计划《出洋游历章程》，对出洋的人数、选
拔考试办法、期限、待遇等作了具体规定。6 月 12～13 日（光绪十三年闰
四月二十一日至二十二日），总理衙门破天荒为中央各部保举的出国官员举
行了选拔考试，考试内容是关于边防、史地、外交、洋务的策论。结果从
应考的 54 人中初步录取了 28 人。后经总理衙门大臣面试、光绪皇帝朱笔圈

---

① 赵金敏：《关于张德彝〈七述奇〉手稿》，《近代史研究》1985 年第 6 期。

定，一共确定 12 人为游历使。这 12 位官员分别被派往亚洲、欧洲、南北美洲的二十多个国家进行为期两年的游历考察。时年 33 岁的户部学习主事缪祐孙以第二名的考试成绩奉派前往俄国游历。① 缪祐孙于光绪十三年九月十三日乘船启程，在意大利热那亚登陆，改乘火车，经德国柏林，于十月二十二日进入俄国境内，二十三日到达圣彼得堡。其后，在俄国境内游历。除圣彼得堡外，他还到莫斯科、基辅、雅尔塔、八枯（巴库）、裘冕（秋明）、克拉斯诺雅尔斯克、伊尔古慈克（伊尔库茨克）等地游历，于光绪十五年经恰克图回国。

缪祐孙此次游历，历时两年，跋涉 7 万余里，凡俄境内山川险要，政治得失，帑藏盈绌，兵力厚薄，物产饶歉，户口众寡，俗习美疵，无不历览，最终撰成《俄游汇编》。该书于 1889 年由上海秀文书局石印出版。与《航海述奇》《四述奇》不同的是，《俄游汇编》在写作方法上，将翻译、调查、考证融为一体，论述更加翔实准确；在编纂体例上，运用了表格形式，内容因此更加清晰直观。全书共 12 卷，卷一为俄罗斯源流考、译俄人自记取悉毕尔始末、译俄人自记取中亚细亚始末三部分；卷二至卷四为疆域表，卷五为铁路表，卷六为通俄道里表，卷七为山形志、水道记，卷八为舟师实、陆军制、户口略，卷九至卷十二为日记。

回国之后，缪祐孙仍回户部任职，由于所著《俄游汇编》"探访精详，有裨时务"，于光绪十六年六月被总理衙门褒奖，"免补主事，以本部员外郎遇缺即补，并赏加四品衔"。不久，调任总理衙门章京，先任司务厅收掌，后派俄国股当差，又兼法国股，直至去世。②

王之春（1842～1906），字爵棠，号椒生，湖南省清泉县人。为明末清初大思想家王夫之的七世孙。王之春出身文童，弱冠从戎。19 世纪 70 年代，先后作为李鸿章和彭玉麟的部属，驻防北塘海口和江苏镇江一带。1879年（光绪五年），日本正式吞并琉球，威胁我国的东部海疆，王之春受两江总督沈葆桢派遣赴日本查探，并将此行的见闻写成《谈瀛录》。同年，他还

---

① 王晓秋：《晚清中国人走向世界的一次盛举：1887 年海外游历使初探》，《北京大学学报》2001 年第 3 期。

② 马千里：《奉使游历求真知——缪祐孙与〈俄游汇编〉》，《书屋》2006 年第 3 期。关于缪祐孙的卒年，学界有不同意见。马千里先生认为，缪祐孙卒年 44 岁，而柯愈春先生认为其卒年 41 岁（参见柯愈春《清人诗文集总目提要》中册，北京古籍出版社，2002，第 1809页）。

根据顺治至同治年间中外交涉的有关材料辑录成《清朝柔远记》一书。1888 年，王之春由广东粮道迁浙江按察使。同年又迁广东按察使。1894 年出使俄国。1898 年任四川布政使，镇压余栋臣起义。次年升山西巡抚，不久调任安徽巡抚。1902 年任广西巡抚，主张以让出广西全省筑路权和开矿权为条件，借法国驻越南军队镇压广西会党起义，激起国内拒法运动。1903 年被革职。1904 年遭爱国志士万福华谋刺未遂，万福华被捕，黄兴、章士钊等牵连入狱，轰动一时。1906 年卒。

1891 年（光绪十七年），王之春在担任广东按察使期间，曾代替因病请假的广东巡抚刘瑞芬接待来华旅行的俄国皇储尼古拉。王之春与尼古拉"三次晤话"，并设宴款待。正因为如此，1894 年（光绪二十年），他作为清廷专使被派往俄国，一是吊唁亚历山大三世逝世，二是庆贺尼古拉二世登基。除此之外，他还负有重要的外交使命，那就是促使俄国出面调停中日甲午战争。归国后，王之春将俄国及沿途所经过国家和地区的地理状况、历史沿革、人文风貌、军械更新、政治变革等情况汇集成书，名曰《使俄草》，又名《使俄日记》。全书共 8 卷，其中第四卷专门介绍俄国和专使在俄的活动情况。

从光绪二十一年正月二十二日抵达圣彼得堡，到二月二十二日由俄罗斯启程回国，王之春恰好在俄国逗留一个月。除参加外交活动以外，他还进行了一系列的参观和考察，其中包括皇宫、大教堂、博物院、万生院（动物园）、书库、制造钱币局、格致学塾、水师学堂等。此外，他观看过芭蕾、陆操（陆军演练）、溜冰、赛马。因此，王之春出使虽然负有外交使命，但《使俄草》中也记载了许多俄罗斯独特的文化现象。

二 赴俄使臣笔下的俄国历史文化

对于赴俄使臣而言，了解俄国的历史对于认识俄国的现实具有重要意义。王之春的《使俄草》完整而简练地介绍了俄国历史。说其完整，是因为它从公元 862 年留里克王朝建立开始，一直讲到末代沙皇尼古拉二世，内容包括皇位的更替及主要大事；说其简练，是其仅用近两千个汉字就叙述完毕。比如，他这样叙述罗曼诺夫王朝的首位沙皇米哈伊尔·费奥多罗维奇："……乃举麦格尔为王。麦格尔者，姓罗曼懦非。其父即教士非喇里底司，前使波兰，被囚未释，母与前朝亦系懿亲，累世忠贞，咸谓其德泽胄系，宜膺是位，乃迎立之。其父非喇里底司还国，亦能悉心辅佐。"① 关于俄国历史上的"双皇"时期，他写道："麦格尔死，子非得儿第二立。五年亦死。无子，有母弟曰伊凡第五，庶弟曰彼得，并立为王。所非爱者，前后阿来格赛之女，守贞不嫁。伊凡无能，藉保卫名，擅权干政，欲使人杀彼得。事泄，所非爱出室，彼得之权始振，伊凡拥虚名。"② 在他的笔下，奥丽加"具有智巧胆略"，弗拉基米尔大公"性荒淫无度"，伊凡一世"治国明决，颇能振兴"，伊凡三世"英明机警"，伊凡四世"居心残虐，谬戾嗜杀"，彼得一世"性情颇燥""以霸术为事"，叶卡捷琳娜二世"居位数十年，战胜攻取列邦"，尼古拉一世"刑戮颇重"，与各国征战，愤恨而死，亚历山大三世"秉性仁慈，以息战安民为心"。③ 经过王之春的总结，历代俄君的个性和治国特点跃然纸上。当然，《使俄草》的叙述也有讹误。前文中称，罗曼诺夫王朝第一任沙皇米哈伊尔·费奥多罗维奇死后，继承王位的是费多尔，而实际上是阿列克塞·米哈伊洛维奇。阿列克塞·米哈伊洛维奇是米哈伊尔·费奥多罗维奇唯一的儿子，从公元 1645 年至 1676 年在位。费多尔是米哈伊尔·费奥多罗维奇之孙，阿列克塞·米哈伊洛维奇之长子。阿列克塞·米哈伊洛维奇死后，费多尔登基。

为扭转俄国的落后局面，彼得一世以西方国家为榜样，在俄国进行了大刀阔斧的改革，为俄国跻身欧洲强国之列奠定了基础。对于正在思考如何"师夷之长技以制夷"的中国而言，无疑具有重要的示范价值。因此，彼得中兴国家的事迹也尤为我国使节所关注。王之春在《使俄草》中写道：彼得"幼即令习武事为戏，聘法人雷富卜德训以文字、兵机。彼得下泪曰：'凡兹文武事，宜皆胜于俄，何我国之不讲求也？'年二十二，微服出游英国，学习船政、算学及一切制造之事。返国乃迁今彼得罗堡。通商聚财，一以霸术为事，遂至富强。与各国连战皆捷。"④ 张德彝同样写到了彼得的功业，他说彼得一世"以国人不明耕种，不善使船，少年发愤，乃改变名姓，往荷兰暨别国学诸般技艺。及学业成，始归本国，励精图治，育人才、

① 王之春：《使俄草》，台湾文海出版社，1967，第 228 页。
② 王之春：《使俄草》，第 228～229 页。
③ 王之春：《使俄草》，第 225～233 页。
④ 王之春：《使俄草》，第 229 页。

设学校、开垦田地、通商掘矿以富国，训练士卒、制造船炮以强兵，几二十年，遂成霸业，北极三洲之地，皆为所有。现在泰西诸国号召小邦者，惟英吉利、法郎西与俄罗斯也"。① 彼得为强国兴邦而隐姓埋名前往西欧学习先进的科学和知识，无疑令两位中国使节深为感佩。他不畏困难，励精图治，勇于变革，终使俄国从弱邦穷国变成可以与英国比肩并号令其他国家的强国。

自988年始，东正教成为俄国国教。在《四述奇》中，张德彝对俄国东正教的特殊之处有了明确的认识。他写道："按俄人所奉之教，为老天主教，一切规模，较他国天主、耶稣两教稍异，故称曰古教，又曰东教，因其始自东方也。通国以君为教皇。"② "通国以君为教皇"一句恰恰道出了东正教政教合一的特点。张德彝注意到俄国人的宗教信仰非常虔诚，对上帝常怀感恩和畏惧之心，不仅教堂林立，而且所到之处，总能看到有天主像悬挂。"俄通国礼拜堂共二万九千余所，高大壮观者五百，教士共七万名，外有住堂者五百五十，内男子四百八十，妇人七十。"③ "俄京市肆门首，多有挂天主像者。像系绸画，四面以铜镀金，作闪光。边则或铜或木，宽皆二三寸。大者长二尺，广尺半。小者长一尺，广八九寸。男女老幼之虔心供奉者，过必免冠，以手指左右肩、顶上、胸前，作十字形。各家屋隅，亦挂一幅，如中土家家供奉司命，昼夜永燃油灯一盏。"④ 由于俄国实行俄历，因此东正教的圣诞节与实行公历的天主教国家并不在一天庆祝。张德彝是学习英文出身，并游历过西方，这种差异便引起了他的注意："是日为俄历十二月二十五日（即西历正月初六日），乃耶稣诞辰。市肆关闭，游人甚多。按西国及俄国，皆以二十五日为耶稣诞辰，然俄国十二月二十五日，系西国正月初六日，而西国十二月二十五日，又为俄国十二月十三日，究不知彼此所定，以孰为是。"⑤ "因近日耶稣诞辰，见街市卖有小松树，下衬十字木墩，令其不倒，上挂五彩花灯玩物。各家买立屋中，入夜燃灯庆贺，灯熄则儿童分散各玩物。俗与他国者同。"⑥

---

① 张德彝：《航海述奇》，湖南人民出版社，1981，第110页。
② 《刘锡鸿·英轺私记　张德彝·随使英俄记》，岳麓书社，1986，第674页。
③ 《刘锡鸿·英轺私记　张德彝·随使英俄记》，第770页。
④ 《刘锡鸿·英轺私记　张德彝·随使英俄记》，第647页。
⑤ 《刘锡鸿·英轺私记　张德彝·随使英俄记》，第644页。
⑥ 《刘锡鸿·英轺私记　张德彝·随使英俄记》，第644页。

面对金碧辉煌的东正教堂，王之春则直斥建造者"罔计生民膏血，固由愚民崇信之过，彼教王、教士假天堂地狱之说，以哄骗布施，卒使置之无用之地，与中国僧道同一伎俩"。[1] 对于东正教徒崇拜的耶稣，王之春认为其也不过是一个市井善欺之人。他说："耶稣生时，考其行事，不过一医生耳。其守摩西礼拜，亦七日来复之义，其持十字架以治疾，亦《周礼》以午横互之义，意其立说，当与《墨子》相似。至所云天堂地狱，当是教王假饰其说，以欺哄西人，使敬畏而广为布施也。西人于通商、制造一切，不能不谓之智勇，独至生死之关未能了悟，盖其于阴阳升降之理，造化消息之机，神质离合之故，茫乎未之有知，此殆务征实而不求诸精深之过耳，然方今材智辈出，西人翻译华书，颇多有得，他日必渐渐觉悟及此，教案其庶日少乎？"[2] 最令王之春感到困惑的是，精于通商和制造之术的西人竟然不能理解在他看来最为浅易的生死之道。

复活节是俄罗斯东正教教历中最重要的节日，又叫彩蛋节。这一天家家充满喜悦的气氛，参加礼拜，设宴聚会，此外还有交换复活节彩蛋的风俗。俄国的复活节彩蛋材质各异，色彩缤纷，寄托了人们的美好愿望。缪祐孙正好赶上了在俄国过复活节，亲身体验了那种无处不在的欢乐和喜庆。他写道："二十六日，己卯，晴，为俄鸡子节。盖其俗奉东教，以昨日为耶稣死，今日复生，家家称庆，食采鸡子。其法用鸡子裹以五色绒，浸水煮之，其纹斑斓焉。前十余日，肆间售玩具，或木质，或草织，或绫锦，或玻璃，或瓷，或铜，或银，旨作鸡子形，傅以人物花鸟绘画，其中或置香水一瓶，或针、剪、刀、梳之类，其粗者实以饧。民间纷纷购取赠遗，为馈节之礼。其至好者，必以酒食相邀约。"[3] 看来，鸡子节这一天，彩鸡子是家家必备的一道大餐。

19 世纪俄国艺术获得了长足的发展，芭蕾和马戏一时冠绝欧洲。《四述奇》对俄国艺术着墨甚多。关于圣彼得堡戏园的分类和分布情况记述如下："俄京有四戏园，其至大者名巴立帅，专演法郎西、义大利国戏；一名麻林斯吉，专演俄戏；一名阿来三德，演德、俄二国戏；一名米海拉，演德、

---

① 王之春：《使俄草》，第 235 页。
② 王之春：《使俄草》，第 307～308 页。
③ 缪祐孙：《俄游汇编》，台湾文每出版社，1973，第 601 页。

法二国戏。此外马戏团一、小戏园六七、小曲馆十余处，演杂曲。"① 《四述奇》中最常提到的是巴立帅，即大剧院。麻林斯吉就是现在的马林斯基剧院，阿来三德即亚历山德里娜剧院，而米海拉则是米哈伊洛夫斯基剧院。这些都是圣彼得堡最负盛名的剧院，所演剧目各有特色。张德彝在圣彼得堡观看过芭蕾舞剧、歌剧、滑稽剧、历史剧，并对某些剧目的表演、剧情和舞台布景留下了自己的观感。当他第一次观看芭蕾舞剧时，他写道："旋二出开，乃一跳舞场也。幼女百数十人，服短裙，色分五彩，分群列队，作线成环，忽燕飞而鱼跃，忽鸿骞而龙游，殊觉闹热可观。"② 半个月之后当他再次观看芭蕾舞时，他将这种"舞而不歌"的艺术称作"巴蕾塔"："是晚舞而不歌，名曰巴蕾塔，义亦跳舞也。伶人皆幼女，服五彩衣，有百数十名。" 接着，他又颇为详细地描述了奇妙的舞台布景转换："景致尤觉奇异，一望千里，真假非目所能辨。如初场地近北极，雪地冰山，白熊水獭，虽系人工，动作与真毕肖。时值冬令，幼女跳舞，衣履皆白。忽而入春，和风暖日，景象一新，幼女跳舞，衣履皆绿。继而入夏，赤日烘云，花芳树密，幼女跳舞，衣履皆红。继而入秋，风吹木落，千里寂寥，幼女跳舞，衣履皆黄。忽又入冬，山寒水冻，烟雾苍茫，幼女跳舞，衣履皆黑。正跳舞间，大雪狂风，天地严肃，海浮冻块，山作冰楼，大船遭险，四面触冰，桅折旗裂，人呼拯救，观者为之惊骇咋舌。末则灯烛复明，通场作一大花园，花明柳媚，水秀山青。幼女改装跳舞，依乐移步，随式转躯，又换一番景象也。"③ 中国戏曲舞台布景极其简单，全靠演员用动作来演绎。面对俄国芭蕾舞台上春夏秋冬四季的瞬间交替，张德彝所获得的奇异印象肯定是非常强烈的。

　　王之春的《使俄草》是最早记录柴可夫斯基《天鹅湖》的文献之一，他将这部名剧的剧名译为《鸿池》："出名'鸿池'，假托德世子惑恋雁女，而妖鸟忌之。声光炫丽，意态殊佳。并演宫中招集各国乐妓跳舞，或百人，或六七十人，衣装随时变换，皆鲜艳夺目。每更一曲，则以布遮之，及复开，而场中陈设并异……至于曲中节目，则不免近于神仙诡诞之说，与中

---

① 《刘锡鸿·英轺私记　张德彝·随使英俄记》，第 749～750 页。
② 《刘锡鸿·英轺私记　张德彝·随使英俄记》，第 654 页。
③ 《刘锡鸿·英轺私记　张德彝·随使英俄记》，第 660 页。

土小说家言略同。"①

马戏也是俄国的国粹，技艺高超，水平一流，驻俄中国使臣少有不观者，缪祐孙也不例外。"二十五日戊申，大雪。竟日赁庑谟伊喀街。夜，使馆诸人约看马戏。其步法与乐之节拍相应。至于脱其衔辔，驰其鞍鞯……以纤腰女郎，剪发稚子，足各立一骑，左之右之，巧献各伎，从容不迫，可谓难矣！又置诸乐器，使小象五，以鼻鼓之，大象一，执鼓挝以节之，金石和谐，条理不紊，亦一异也。末一女子寻橦度索，趫捷可观。"② 从字里行间可以看出，缪祐孙对俄国的马戏表演颇感新奇。

缪祐孙听说有人在教堂举行婚礼，雨后阴天，亲自前往当一回看客。他写道："二十一日，癸卯，阴，夜微雨，往礼拜堂看德商某娶。其俗婚期男女皆至礼拜堂，张烛奏乐，数童子歌以叶之。神父领夫妇至神前，颂经教诫，既以手摩顶数四，咸俯首受诫，携归成礼。其亲友多来相礼，伴送男女各十数人，分立左右，给经文一幅，手执口诵，其他观者楼上下近百许人。"③ 由于婚礼在礼拜堂进行，并有神父主持而显得庄重，又因有亲友以及其他观者的出席而气氛热烈。

有些社交礼仪给张德彝留下了印象。俄国人在拜客赴会时，习惯在门厅处脱掉厚厚的外衣："俄国春、秋、冬三时，天寒地冻，积雪结冰。男女出门，皆头戴皮冠，足登复履。男披高领大皮裘，对襟无钮，面或毡或呢，色皆乌黑。妇女披高领斗篷，面或绒或呢，色皆紫蓝。有羊皮，有水獭皮，有狼皮，有貂皮。拜客赴会，皆脱冠履外袭于门内楼前，盖楼前左右，专设衣冠木架两行也。"④ 此外，达官贵族以讲法语和德语为时尚："俄通国之人多能德、法语，故以法语为官话，以德语作商言。他邦来此游历者，不必定通俄文，惟能德、法语言足矣。"⑤

当然，俄国人的某些陋习令张德彝感到不悦。张德彝认为，要赏钱、懒惰、迟到等陋习为俄国人所特有。关于要赏钱，张德彝举例说，崇厚递交国书那天，"当由温宫回后，各护卫车夫以及司阍武弁等来乞赏，乃以卢

---

① 王之春：《使俄草》，第 202～203 页。
② 缪祐孙：《俄游汇编》，第 549 页。
③ 缪祐孙：《俄游汇编》，第 589 页。
④ 《刘锡鸿·英轺私记 张德彝·随使英俄记》，第 679 页。
⑤ 《刘锡鸿·英轺私记 张德彝·随使英俄记》，第 678 页。

布一百劳之，亦独俄罗斯有此风俗耳"。① 关于懒惰的习俗，《四述奇》写道："俄国除每七日一礼拜外，又多该教先贤生诞节期，故匠役休息之日甚多，且皆嗜酒，每饮必醉，有连醉二三日方醒者。事必预日告嘱，方可兴工，否则诿以多词，不能工作，虽命来取值，亦多推却。其懒惰有如此。"② 与西方国家不同，迟到在俄国已是司空见惯的事，因此张德彝说："西人每事订时，无论何等人，毫不爽约。至俄京则不然，如赴宴会及他约，皆晚到一小时不为迟。工役尤甚，苟订明日某时，必逾一日或二日，问则对以某日礼拜六，某日礼拜一，或例应休息，或因醉未醒，诸多推诿。虽大僚订期会晤，亦有如是者。每言一点钟，必延至四五点钟始至焉。亦风俗之使然也。"③

参观博物馆和图书馆也是晚清使臣的重要活动内容。在冬宫中，巧夺天工的金孔雀钟引起了张德彝极大兴趣。这是英国当时最伟大的珠宝师詹姆斯·考克斯主持制造的，外观金碧辉煌，内部机械结构极其复杂，直到今天仍然是外国游客最喜欢的展品。"嗣见一金制自鸣钟。蒙以玻璃方罩，广八尺，高丈余。中一金树上集一孔雀，下伏一雄鸡、一鹏鸟，又有芝草三枚，赤金色，云系钟钥。鹏鸟四面有小钟十数枚。若拽左边芝草，则小钟齐鸣，音声抑扬，宛如奏乐；其鸟头摇目转，两爪起落，如西人跳舞状。拽右边，则雄鸡展翼而鸣，断续可听。拽正中，则孔雀伸颈开屏，光耀夺目。机关巧妙，莫可名言。"④ 据说金孔雀钟本来是为中国皇帝制造的，后来宠臣波将金将其买下，准备献给叶卡捷琳娜二世。詹姆斯·考克斯的作品，其实在清宫中也有。现在故宫中就保存有一件铜镀金仙鹤驮亭式表。一只仙鹤口衔灵芝，身驮二层仙阁，鹤腹中安装有机械，仙阁内时钟转动，可演奏四支乐曲，寓意为"海屋添畴"。张德彝可能未曾见过清宫里的仙鹤钟，却有幸见到了冬宫里的金孔雀钟。

夏宫位于芬兰湾南岸的树林之中，是沙皇的郊外行宫，有大量的雕塑，虽经历过战争的破坏，至今仍然有176个喷泉和4处梯形瀑布，被誉为"喷泉之都"。即便是法国凡尔赛宫与之相比也稍显逊色，张德彝为其所吸引，

---

① 《刘锡鸿·英轺私记　张德彝·随使英俄记》，第650页。
② 《刘锡鸿·英轺私记　张德彝·随使英俄记》，第721页。
③ 《刘锡鸿·英轺私记　张德彝·随使英俄记》，第738页。
④ 张德彝：《航海述奇》，第109页。

也就不足为奇了。"宫前对大园，中横石桥，后有水法十座，正对宫楼。宫之左右，皆山市楼房。由宫入园，见大水法五座，高皆十余丈，旁有小水法二十二座，其水皆自兽口横出入池，溅珠喷玉，池满不溢。又东西两水法，距里许，高约三丈，如大玻璃罩而下垂。一池中立一石人，怀抱水鸟，有水自口涌出，高五丈许。有一处十六石柱，高各三四丈，围七八尺。每二柱间以野兽，或立或卧，或坐或伏，皆口中喷水。又一处立二铜孩，同抱一蛙，有水自蛙口中出，高三丈余。"①

王之春在俄期间，参观了书库（即图书馆），因此在《使俄草》中有关于俄国馆藏图书情况的记述："……复与许公同游其国书库。凡数十楹，其书最古者为蜡丁、犹太文，用牛革录写，捆作大卷，以备一格，盖不复能开视也。据西史称，犹太开国于有夏之时，厥后遂启希腊。有商中叶，洒哥落从厄日多来立国，始以文字传其国人。欧人通文学自希腊始，正如中国之贵史籀大篆也。其次则麻哈墨特之经文，乃得于突厥者，已知装潢成册矣。至俄主彼得罗及喀特林所自手录之书，尤珍贵异常。又有蒙古文西藏经典，其护页皆用革。若英法荷兰书，不下数千种。中国书籍有清文经书、东华录、性理精义、朱子全书、中枢政要、户部则例等数十种，亦有小说书，若西厢记、红楼梦之类。所藏约数十万卷，天文、算学、舆地、医学、化学，分别部首，以类相从。亦有中国各色画册。"② 王之春在这里不仅看到了欧洲最古老的拉丁文和犹太文牛皮书，还见识了珍贵的伊斯兰教经本，以及彼得大帝和叶卡捷琳娜二世的手稿。汉籍收藏也很丰富，还为蒙藏文经典制作了皮封套。

三　结语

在《尼布楚条约》签订以后至鸦片战争以前的中俄和平往来的 150 年间，"俄国对华外交是积极进取型的。它所追求的目标是领土、政治、经济、文化等全方位的利益"。正因为如此，俄国人自 1715 年起就开始派遣东正教传教团来华，并将其变成集使馆、学馆和商馆等多种功能于一体的

---

① 张德彝：《航海述奇》，第 112 页。
② 王之春：《使俄草》，第 262～264 页。

宗教机构。与俄国相反，"清政府整个对俄关系是被动的、保守的、封闭的、内向型的"。清政府在处理对俄关系上，"比对其他任何邻国都更为小心谨慎，只要不触及到国家安全、领土完整和边疆民族的安定，就尽量采取宽厚忍让的态度，并尽量满足其要求，在具体交往中采取传统的'厚往而薄来'的方针，借以争取和平的外部环境，以便集中力量向内"。① 清政府不仅未在俄国设立任何机构，甚至连出访俄国的事情也极为少见，仅在雍正年间派出托时和德新两个使团使俄，② 而这两个使团访俄的根本目的是期望通过外交途径，来解决内政问题。因为雍正继位后，西北地区准噶尔势力依然对清朝的统治和中国的统一构成严重威胁，为使俄国对平定准噶尔叛乱给予谅解并保持中立，清廷才两次破例以祝贺彼得二世和安娜沙皇继位为名遣使俄国。1840 年鸦片战争打开了中国的大门，也使先进的中国人睁眼看世界。林则徐、魏源率先提出了"师夷之长技以制夷"的思想，并分别编写了《四洲志》和《海国图志》。此时的清政府也意识到中国对外情的隔膜和无知。所以，在国门被打开之后的半个多世纪里，清政府不断派遣官员出洋考察。张德彝、缪祐孙和王之春就是在这种背景下奉命赴俄了解俄国情形和办理外交事务的。

与大多数游历记作者一样，赴俄使臣同样也是以中国文化为标尺来衡量外国文化的，因此，他们的关注点往往都是俄罗斯文化所具有的与本民族文化不同的地方，文化差异越大，越是能引起他们的注意。正如上文所述，俄国独特的历史、宗教、艺术、习俗以及博物馆和图书馆均被纳入了使臣们的考察视野，并如实记录在他们的游记作品中。

由于使臣游记所记录和描写的内容均为其亲眼所见和切身感受，再加上他们大多拥有较为充裕的时间对俄国文化进行细致的观察，所以赴俄使臣对俄国的认识，无论从广度上还是从深度上都大大提高。蔡鸿生先生如此评价《四述奇》："清朝人的俄国观，正是在张德彝的《四述奇》中，才得到最具体、最生动的表现。"③

然而，综观清代中俄两个民族的文化互识过程，俄国对中国文化的研

---

① 薛衔天：《关于中俄历史文化对两国关系影响问题的思考》，《近代史研究》1994 年第 4 期。
② 康熙晚年曾派出图理琛使团假俄道前往伏尔加河流域慰问和联络土尔扈特部，其出访对象不是俄国，而是自中国出走的一个游牧民族。
③ 蔡鸿生：《俄罗斯馆纪事》，广东人民出版社，1994，第 199 页。

究和传播在深度上和广度上都大大超过了中国对俄国文化的研究和引入，呈现出明显的不平衡性。从俄国东正教驻北京传教团中涌现出了众多的汉学家，他们以丰厚的著述加深了俄国对中国的认识和了解。与俄国的中国研究相比，中国对俄罗斯的历史文化关注的时间不可谓不早，然而在图理琛《异域录》问世以后的一个多世纪里，中国刊行的有关俄国的著作极其有限。直到鸦片战争以后，中国知识分子才在外敌入侵的刺激下真正开始了对世界主要国家历史文化的认识。然而，由于他们绝大多数不通俄文，未历俄地，对研究对象的认识不可能达到应有的深度和广度。从这个意义上说，赴俄使臣的游记作品开阔了国人的眼界，有助于改变国人对俄国知之甚少的被动局面，从而对中俄文化交流产生促进作用。

（作者简介：肖玉秋，南开大学世界近现代史研究中心教授）

再论十六世纪法国—奥斯曼
同盟外交的特点

周东辰　王　黎

内容提要：自 1453 年奥斯曼帝国攻陷君士坦丁堡后，它便不可避免地卷入了欧洲国家间的政治斗争之中，并时常发挥重要的作用。在这一超越宗教信仰的外交关系的形成过程中，法国与奥斯曼帝国的关系显然不容忽视。他们所缔结的同盟性质的战略条约，甚至远早于 1648 年"威斯特伐利亚体系"。本文试图根据最新的英法文史料，重现法国国王弗朗索瓦一世在位期间法国—奥斯曼同盟的形成过程，并在此基础上论析双方建立这一关系的战略考虑，尤其是法国对外政策中的现实主义因素所起的作用。同时本文也试图证明这种超越宗教信仰的外交关系的形成，是奥斯曼帝国的扩张与基督教欧洲的内部冲突交织互动的结果，这种互动在客观上维护并推动了近代欧洲外交体系的形成、发展与最后确立。

关键词：法国—奥斯曼同盟　欧洲外交　特惠条约　均势原则

纵观欧洲外交史以及国际条约史，1536 年签订的法国—奥斯曼同盟（Franco – Ottoman Alliance）无疑是一个重要的里程碑以及同盟战略的范例。它是由法国国王弗朗索瓦一世（François I，1515 – 1547）与奥斯曼苏莱曼大帝（Suleiman the Magnificent，1520 – 1566）签署的一系列特惠条约（Capitulations）而构成的同盟关系。虽然在 1453 年君士坦丁堡陷落之前，奥斯曼人与欧洲人的经贸联系就业已存在，但那些完全是根据在位苏丹签发的法令，临时性地给予欧洲人在帝国境内活动的准许权益。① 这些权益内容较广，包括贸易、旅行规定、低关税率、免征国内税；规定由欧洲国家自己设立的领事法庭，来负责审理该国侨民之间或者与当地居民发生的民事、刑事案件。② 当时热那亚是第一个获得特惠条例的意大利城邦国家，随之其后的是威尼斯和佛罗伦萨。法国则是第一个主动向奥斯曼帝国寻求这一特权的西欧大国。1536 年 2 月，法国特使让·弗赖特（Jean de La Forêt）与奥斯曼特命全权大臣伊卜拉辛（Ibrahim Pasha）代表双方各自君主签署了正式同盟条约。③ 此条约虽经签署，但由于其中有涉及与商贸活动不相关的内容，而未被苏丹立即批准而生效。直到 1559 年，法国才实际上获得在奥斯曼境内享有在此特惠条约中规定的特权。

历史上有关这一重要条约的内容及其解读一向存有争议，本文是根据《世界历史百科全书》收录的版本为依据。不难发现，它的核心内容除了涉及双边的自由贸易与旅行、军事上相互友好和宗教信仰自由外，特别明确规定了驻外使节和领事在帝国境内享有的治外法权等原则。这些规定很快成为奥斯曼与欧洲其他国家缔结条约的基础原则。④ 这里需要指出的是，虽然奥斯曼苏丹与欧洲君主们签订的条约均写入 "外交互惠" 原则（the rule of reciprocity），然而在派设常驻使节方面，奥斯曼政府并未接受这一规定。相反，它只是接受来自欧洲的使节，却一直拒绝派出常驻欧洲各国首都的外交代表。⑤ 1793 年前的奥斯曼帝国与欧洲国家缔结了多项条约，但前者仍然坚持奉行单向外交的做法。这一现象得以久存的原因，一方面是由于奥

---

① 詹姆斯·安吉尔：《法土特惠条约》（James B. Angell, The Turkish Capitulations），《美国历史评论》（*The American Historical Review*）1901 年 1 月第 2 期，第 254～255 页。

② 杰夫·贝里奇、阿兰·詹姆斯：《外交学辞典》（G. R. Berridge, Alan James, *A Dictionary of Diplomacy*），伦敦麦克米伦出版社，2001，第 28 页。

③ 即《奥斯曼帝国和法国友好与商业条约》，本文中简称《法奥条约》。条约内容分经济、军事、司法、宗教等几个方面。见朱寰主编《世界上古中古史参考材料》，第 326～327 页；修芮威兹：《1535～1914 年近东、中东外交材料汇编》（J. C. Hurewitz, *Diplomacy in the Near and Middle East, A Documentary Record：1535 - 1914*），纽约，1983，第一卷，第 1～5 页。

④ 彼得·斯特恩斯：《世界历史百科全书》（第六次修订版）（Peter Stearns, *The Encyclopedia of World History*（6ᵗʰ ed.）），纽约霍顿·米夫林出版社，2001，第 350～353 页。

⑤ 努里·约杜塞夫：《奥斯曼帝国的外交态度》（A. Nuri Yurdusev, *The Ottoman Attitude toward Diplomacy*），引自努里·约杜塞夫主编《奥斯曼帝国的外交：传统抑或非传统》（A. Nuri Yurdusev ed., *Ottoman Diplomacy：Conventional or Unconventional*），伦敦麦克米伦出版社，2004，第 27～28 页。

斯曼帝国的实力尚未强大，未能使其成为欧洲国家不可忽视的重要力量。另一方面则归因于帝国内部的稳定，新登基的苏丹可以继承现存的条约关系来维护有关的权利与义务。①

在这一特定环境下，1536 年双方签署的《法奥条约》显然不是一般意义上的国际协定。当时法国国王弗朗索瓦正陷入对抗神圣罗马帝国皇帝查理五世（Charles V）追求欧洲霸权的争斗。出于政治上的考虑、包括面临的军事压力，弗朗索瓦摒弃了基督教君主在道义上必须反对穆斯林国家这一传统信条，转向东方的异教帝国寻求帮助。与此同时，奥斯曼帝国也出于在欧洲扩张的需要，不希望看到一个强大的哈布斯堡王朝威胁其本身的安全。实际上，《法奥条约》奠定了此后两国外交关系的基础，并为法国在东地中海及近东地区建立商业、文化据点提供了条约保障。② 毫无疑问，签订这样的条约在当时欧洲也绝非易事。根据 16 世纪欧洲人文思想家波特若（Giovanni Botero）的记载，继让·弗赖特之后，法国驻君士坦丁堡特使林孔（Antonio Rincón）也是一位致力于法奥同盟的重要人物。他在任职期间（1538～1541）曾多次秘密出使奥斯曼帝国。当时的法国首相、红衣主教杜普拉（Cardinal Du-prat）称他为"基督教世界的叛教者"，极力推动法国与奥斯曼帝国达成了"一个卑鄙且邪恶的条约"。③ 的确，历史上法奥同盟常被指责为"不虔诚的合作""百合花与新月渎圣的结合"等。但同时也有对该条约及其奉行的同盟关系持有不同肯定评价的学者，例如，坎恩（Robert Kann）称其为"第一个基督教国家与穆斯林帝国之间构成的非意识形态的外交同盟"。④

西方学者对法国与奥斯曼同盟的研究由来已久，最早可见于 1848 年法国外交史学者沙里埃（Ernest Charrière）编撰的四卷本《法国在东地中海的谈判》一书。⑤ 该书包含了 16 世纪的外交档案、信件以及相关记述，为以

---

① 修芮威兹：《1535～1914 年近东、中东外交材料汇编》（J. C. Hurewitz, *Diplomacy in the Near and Middle East, A Documentary Record: 1535–1914*），耶鲁大学出版社，1979，第 1 页。

② 加勒特·马丁利：《文艺复兴时期的外交》（Garret Mattingly, *Renaissance Diplomacy*），伦敦企鹅丛书出版社，1955，第 155 页。

③ 吉奥瓦尼·波特若：《国家的理性》（Giovanni Botero, *The Reason of State*），纽黑文维利兄弟出版社，1956，第 223～224 页。

④ 罗伯特·坎恩：《哈布斯堡王朝史，1526～1918》（Robert A. Kann, *A History of the Habsburg Empire, 1526–1918*），加利福尼亚大学出版社，1980，第 62 页。

⑤ 埃内斯特·沙里埃：《法国在东地中海的谈判》（Ernest Charrière ed., *Négociations de la France dans le Levant*），巴黎：皇家印刷局，1848，第 16～18、78～82 页。

后研究有关法国与奥斯曼同盟关系提供了翔实的一手史料。另一部重要的早期著作是由乌尔苏（J. Ursu）1908 年撰著的《弗朗索瓦一世的东方政策》。① 此书因编入大量关于法国—奥斯曼同盟研究的参考文献而被广泛提及。实际上，随后的国外研究大多是根据上述两部经典文献史料，再对具体问题进行重新阐述。② 其中一些学者试图从经济视角来探讨法国—奥斯曼同盟，从而把 1536 年签订的《法奥条约》中规定的商业特权作为研究重点。③ 近 10 年来，欧洲与土耳其的学者们从外交或国际法的视角，重新探究了奥斯曼帝国与欧洲国家间安全及贸易关系的演变，并取得了可喜的学术成果。④ 然而，需要指出的是，国内关于该问题的研究一直是沿袭传统的对历史资料的解读，明显欠缺对外交政策与条约内容的理论分析。⑤ 本文从外交史视角出发，探究 16 世纪法国与奥斯曼帝国两国同盟关系的演变，以

---

① 乌尔苏：《弗朗索瓦一世的东方政策，1515 ~ 1547》（J. Ursu, *La Politique Orientale de François Ier：1515 - 1547* ），巴黎：香槟出版社，1908，第 9 ~ 10 页。

② 克里斯丁·伊莎莫 - 沃海伦：《巴巴罗萨的拯救：1543 ~ 1544 年奥斯曼和法国的联合作战计划考》（Christine Isom - Verhaaren, Barbarossa and His Army Who Came to Succor All of Us：Ottoman and French Views of Their Joint Campaign of 1543 - 1544），《法国历史研究》（*French Historical Studies*）2007 年 3 月，第 395 ~ 425 页；让·德尼、简·拉罗奇：《苏莱曼大帝舰队远征考 1543 ~ 1544》（Jean Deny and Jane *Laroche*, L' expédition en Provence de l' armée de mer du Sultan Suleyman sous le commandement de l' amiral Hayreddin Pacha, dit Barberousse *1543 - 1544* ），斯特拉斯堡大学出版社，1969，第 161 ~ 211 页。

③ 德·拉马·简森：《十六世纪法国对于奥斯曼帝国的外交政策》（De Lamar Jensen, "The Ottoman Turks in Sixteenth Century French Diplomacy"），《十六世纪研究杂志》（*The Sixteenth Century Journal*），1985 年冬季版，第 451 ~ 470 页；盖斯敦·哲勒：《1535 年法奥互惠条约签订的实践考》（Gaston Zeller, Une Légende qui a la Vie Dure：Les Capitulations de 1535），《当代史期刊》（*Revue d'Histoire Moderne et Contemporaine*）1995 年第 2 期，第 32 页；詹姆斯·安吉尔：《法土特惠条约》（James B. Angel, the Turkish Capitulation），《美国历史评论》（*The American Historical Review*），1901 年 1 月第 2 期。

④ 努里·约杜塞夫主编《奥斯曼帝国的外交：传统抑或非传统》（A. Nuri Yurdusev ed., *Ottoman Diplomacy：Conventional or Unconventional*）；卡尔 - 赫兹·齐格勒：《奥斯曼帝国同欧洲天主教国家的和平条约》（Karl - Heinz Ziegler, *The Peace Treaties of the Ottoman Empire with European Christian Powers*），引自蓝道尔·里瑟夫主编《欧洲历史中的和平条约和国际法：从中世纪晚期到第一次世界大战》（Randall Lesaffer, *Peace treaties and international law in European history：from the late Middle Ages to World War One*），剑桥大学出版社，2004，第 338 ~ 364 页。

⑤ 国内相关的研究有：宋保军：《"不虔诚的同盟"：16 世纪法土同盟的建立及其影响》，《东北师大学报》（哲学社会科学版）2010 年第 5 期；王晋新、宋宝军：《奥斯曼扩张与 16 世纪欧洲国际均势的演变》，《史学集刊》2010 年第 5 期；王黎：《奥斯曼帝国加入欧洲外交体系的历史探究》，《南开学报》（哲学社会科学版）2011 年第 3 期。

证实这一同盟的实质是基于双方在安全战略上考虑的产物，其中包括基督教国家内部的纷争与奥斯曼帝国向外扩张的原因。这些因素深刻地影响了日后欧洲国家体系的形成。

一

　　15 世纪中期，意大利国家的外交机制与实践显然走在欧洲其他国家的前面。① 随后，其影响广泛地波及了中欧、西欧地区，因此可以说意大利城邦国家推动了欧洲近代国家体系的形成。1453 年，奥斯曼帝国攻陷君士坦丁堡后，便作为伊斯兰教国家中最强的一支确立了在南欧及东地中海的优势地位。此后的奥斯曼帝国以及伊斯兰教势力一直被视为对基督教世界的主要威胁。英国历史学家戴维斯（Norman Davies）认为，实际上是由于奥斯曼的威胁，才迫使西欧国家开始考虑东欧在整个欧洲外交中的地位，并与之形成政治上的联系。② 欧洲外交史学家莫沃特（R. B. Mowat）强调，15 世纪末期的欧洲国家基本上分化成为相互敌对的政治力量，因此，双方急于通过与奥斯曼帝国的结盟来达到加强各自力量的目的。③ 正是由于当时欧洲国家与之缔结多项条约，奥斯曼帝国便是参与欧洲事务的主要非基督教国家。美国学者修芮威兹（J. C. Hurewitz）也写道："奥斯曼不仅是纳入欧洲国家体系的首个非基督教国家，而且是第一个接受欧洲外交机制与理念的非欧国家。其意义标志着欧洲国家体系跨越出其自然疆域的第一步。"④

　　16 世纪前半期的欧洲仍然尚未走出中世纪的宗教阴影。所以，其君主们与奥斯曼帝国所签订的条约被称为形成时期的条约关系。然而，法国国王率先放弃对待伊斯兰教及其国家的传统态度，并与奥斯曼帝国结成战略

---

①　加勒特·马丁利：《文艺复兴时期的外交》，第 47 页。

②　诺曼·戴维斯：《欧洲史》（Norman Davies, *Europe – A History*），伦敦：兰登书屋，1997，第 333 页。

③　莫沃特：《欧洲外交史：1451～1789》（R. B. Mowat, *A History of European Diplomacy 1451 – 1789*），爱德华·阿诺德公司，1928，第 10 页。

④　修芮威兹：《奥斯曼帝国的外交政策和欧洲国家体系》（J. C. Hurewitz, Ottoman Diplomacy and the European States System），《中东研究杂志》（*The Middle East Journal*）1962 年第 2 期第 15 卷，第 141 页。

伙伴。① 如果以意大利战争（1494～1559 年）作为当时的历史背景，法国—奥斯曼同盟的演变大致可分为三个时期。第一个时期（1525～1536 年）为法国—奥斯曼同盟的孕育时期。其始点一般被认为是 1525 年的帕维亚战役。作为法国入侵意大利战争中的最重要转折点，这场战役的意义经常与 345 年后的色当战役（1870 年）相比较。法军不仅在此战役中受到西班牙军队的重挫，就连法王弗朗索瓦一世也被俘为阶下囚。这一惨败使法国面临着空前的危机，即它同时受到来自南部的西班牙、西北的英格兰，以及波旁公爵在普罗旺斯的威胁。政治上，这场战役进一步标志着法国瓦卢瓦王朝与哈布斯堡王朝的矛盾激化到了顶峰，因为查理五世的神圣罗马帝国大有改变西欧版图及政治均衡的可能。② 然而，西班牙的胜利很快使西欧诸国宫廷意识到来自哈布斯堡王朝的威胁。英王亨利八世、教皇和威尼斯、佛罗伦萨等意大利城市国家，看到了此时真正的威胁更是来自查理五世企图支配欧洲的政治抱负。当时意大利历史学家、外交官圭恰迪尼（Francesco Guicciardini）也这样写道：“如果欧洲国家不联合起来反抗神圣罗马帝国，便会臣服于它的政治统治之下。”③ 为此，圭恰迪尼积极展开外交活动，并让欧洲君主相信遏制哈布斯堡王朝追求霸权的必要。最终在 1526 年，一个由法国和教皇领导的、多个意大利城市国家参加的神圣同盟正式建立，史称科尼亚克同盟（League of Cognac）。它不仅得到了英格兰的支持，同时也与奥斯曼帝国达成了非正式协议。这一同盟被公认为是 16 世纪欧洲外交史上“均势”思想应用于实践的产物。④ 由此可见，当时的欧洲君主已经意识到并能够达成反对霸权的共识。如果“均势”尚未成为处理欧洲国家关系准则的话，它至少也是当时日臻成熟的政治理念之一。

　　如果接受“均势”理念已经应用于 15 世纪意大利城市国家体系的话，⑤那么，16 世纪的欧洲国家便开始广泛地接受它、并用其于政治中纵横

①　德·拉马·简森：《十六世纪法国对于奥斯曼帝国的外交政策》，第 451 页。
②　安格斯·康斯塔姆：《1525 年的帕维亚：意大利战争的顶峰》（Angus Konstam, *Pavia 1525 : The Climax of the Italian Wars*），牛津大学出版社，1996，第 8 页。
③　弗朗切斯科·圭恰迪尼：《意大利史》（Francesco Guicciardini, *The History of Italy*），新泽西州普林斯顿：普林斯顿大学出版社，1969，第 352 页。
④　加勒特·马丁利：《文艺复兴时期的外交》，第 150 页。
⑤　莫沃特：《欧洲外交史：1451～1789》（R. B. Mowat, *A History of European Diplomacy 1451 - 1789*），爱德华·阿诺德公司，1928，第 28 页。

掉阄。法国较早将"均势"理念正式列为指导其外交政策的原则，并体现在弗朗索瓦在位期间致力于在外交上削弱哈布斯堡王朝、建立有利于法国的大陆均势。无论在理念还是在实践上，它确立了此后两百年法国对外政策的现实主义传统。自帕维亚战役之后，弗朗索瓦一世开始采取新的外交策略反对哈布斯堡王朝。为了摆脱地缘政治上的孤立，法国把目光移向东方，寻找强大的同盟。在他被俘期间，弗朗索瓦曾试图写信给奥斯曼帝国的苏莱曼以请求援助；此事在他母亲露易丝（Louise of Savoy）主持召集的宫廷会议上得到了支持，并且他们还商讨了与奥斯曼结盟的对策。派往奥斯曼宫廷的第一个法国特使不幸在波斯尼亚遇难，其所携带的文件也告遗失。[1] 1525 年，法国再次派出特使富兰志潘尼（Frangipani）前往君士坦丁堡谈判，他携带了弗朗索瓦一世苏莱曼大帝的秘密信件。信中请求奥斯曼帝国给予帮助，并在信中提出了攻打神圣罗马帝国腹地的具体建议。次年，富兰志潘尼带回了苏莱曼的回信，信中肯定了他对法王的支持："君主战败被俘并不值得惊讶，因此请振作起来，不要为此而消沉……至于其他的事情，你会收到信使带回的答复。"[2] 法国的请求与奥斯曼在欧洲扩张的想法不谋而合；毫无疑问，它强化了苏莱曼攻打匈牙利的动机。[3]

　　早已想插手欧洲事务的奥斯曼帝国，对与法国结盟表现出热情不难理解。探究其原因，主要是与弗朗索瓦一世这位基督教世界的"笃信王"（The Most Christian King）建立同盟关系，意味着信奉伊斯兰教的奥斯曼帝国在欧洲的扩张具有了政治优势与"合法性"。苏莱曼在 1526 年成功地发动了第一次摩哈赤战役（Battle of Mohács），奥斯曼帝国在匈牙利的胜利加剧了对哈布斯堡帝国东部的威胁。当查理五世忙于与波斯建立同盟以反制奥斯曼帝国构成的威胁时，弗朗索瓦一世在 1528 年又与匈牙利国王萨普雅（Zapolya）建立了法匈同盟，这一同盟关系持续了近 200 年之久。法匈同盟作为法国在中欧制衡哈布斯堡王朝的重要手段，再次展现了欧洲外交中的

---

① 罗杰·莫瑞曼：《苏莱曼大帝》（Roger B. Merriman, *Suleiman the Magnificent 1520 - 1566*），伦敦阅读出版社，2007，第 129 页。

② 沙里埃：《弗朗索瓦一世同苏莱曼大帝通信集》（Charrière, *Lettre de Soliman II à François Ier*），巴黎皇家印刷局，1848，第 116~118 页。

③ 罗杰·莫瑞曼：《苏莱曼大帝》，第 132 页。

错综复杂以及"均势"原则的运用。[①] 借此，法国在哈布斯堡王朝周边建立了环形包围圈，这使法国有机会扩大其在地中海的势力。然而，就在法国外交政策初露端倪之际，由于奥斯曼帝国在欧洲的强势进攻，使得基督教世界陷入极度恐慌之中，法国与奥斯曼的联盟也使其失去了一些欧洲盟友。迫于基督教世界的压力，法国不得不在1529年与西班牙签订了《康布雷和约》（Treaty of Cambrai）。但这一短暂的和平仅为缓解欧洲君主间矛盾的权宜之计，并没有从根本上解除法国与哈布斯堡王朝的相互敌视。弗朗索瓦一世清楚地看到与奥斯曼帝国结盟会激起基督教世界的反对，这位"笃信王"虽表面上不遗余力地以维护基督教世界和平的名义说服欧洲君主们，但暗中却积极发展与奥斯曼的同盟关系。他深知法国需要的是一个真正的同盟，并为此不惜付出"道义上"的代价。1536年，现实政治的考虑与个人野心再次让法国和奥斯曼帝国联手制衡西班牙在北非的扩张，与此同时法国借机再次出兵意大利来实现其扩张领土的野心。[②]

二

根据同盟战略的性质，法国与奥斯曼关系的第二个时期（1536～1538年）标志着这一同盟的正式形成，并突出体现了法国外交的传统与特点。法国为促成与奥斯曼的同盟，做出了一系列的外交努力，其中包括于1535年设立了第一个在奥斯曼帝国的常驻使馆。首任法国驻君士坦丁堡大使让·弗赖特在1536年与奥斯曼帝国苏丹签署了正式同盟条约。这项条约被认为是比帝国以前与欧洲各国签署的特惠条例级别更高的政治与军事同盟。由于该条约的原件已遗失，法国年鉴学派历史学家泽勒（Gaston Zeller）就其真实性提出了质疑，认为其措辞显出时代错置的特征。[③] 尽管对该条约的真实性尚存争议，但其商业与军事的重要性则是显而易见的。德国国际法史学者齐格勒（Karl - Heinz Ziegler）指出，它除了涉及自由航行、通商规则外，奥斯曼苏丹还单方面让予欧洲人在商业、宗教以及居住等方面特权。

---

① 安德森：《欧洲现代国家体系的起源：1494～1618》（M. S. Anderson, *The Origins of the Modern European State System, 1494 – 1618* ），伦敦朗文出版社，1998，第98页。

② 安德森：《欧洲现代国家体系的起源：1494～1618》，第105页。

③ 德·拉马·简森：《十六世纪法国对于奥斯曼帝国的外交政策》，第455页。

其中第 3 条中规定：居留在帝国境内的外籍人员，主要为法籍商人或宗教人员，无论在民事还是刑事案件中均享有领事与司法裁判权。[1] 实际上，此条约除了扩大以往特惠条例所授予的特权外，还对后来国际法中的"治外法权"原则产生了深远的影响。

法国开始向奥斯曼政府派遣常驻使节的意图远远超过维持双边的同盟关系。[2] 就在法国—奥斯曼同盟建立后，法国怀着占领米兰的目的，于 1536 年发动了入侵萨伏依联盟的战争。[3] 这场入侵意大利的战争很快演变成了弗朗索瓦一世与查理五世为了长期争夺各自控制的势力范围（米兰和勃艮第）的正式决斗。双方规定"赢得战争的一方有义务为了基督教世界的利益而反抗土耳其人"[4]。对此，弗朗索瓦一世公然以维护"基督教世界和平"的名义，力图减少来自基督教社会内部的压力；但他私下又与奥斯曼谈判形成军事同盟，共同打击哈布斯堡王朝。在 1537 年的联合战役中，奥斯曼与法国分别从南部和北部夹击意大利半岛，迫使查理五世在 1538 年与法国签署了《尼斯停战协议》（*Truce of Nice*）。根据此协议，双方秘密协商将把奥斯曼帝国的势力驱逐出匈牙利。这一秘密条约导致了法国—奥斯曼同盟的一度失效。

然而，欧洲君主间的矛盾显然复杂而深远，他们的角逐不仅难以缓解，而且涉及多方面的利益和考虑，例如王朝间的妒忌、对疆土的追求等。1542 年，法国与奥斯曼帝国同意恢复同盟关系，从而进入了第三个时期（1542 ~ 1559 年），亦称战略合作时期。当时正值意大利战争的后期，弗朗索瓦一世与苏莱曼在同神圣罗马帝国皇帝查理五世与英王亨利八世进行的数次战争中取得了连续的胜利。仅 1543 年，法国与奥斯曼帝国的联合舰队数次炮轰勒佐、尼斯等要塞，并攻击了加泰罗尼亚海岸。此外，法国为奥斯曼海军舰队提供了土伦港过冬，从而对西班牙和意大利南部沿海形成了持续的威胁。通过一系列的联合进攻，两国严重破坏了地中海地区基督教国家的集体防御。[5] 同样

---

① 齐格勒：《奥斯曼帝国同欧洲天主教国家的和平条约》，第 338 ~ 364 页，第 372 页。

② 加勒特·马丁利：《文艺复兴时期的外交》，第 155 页。

③ 科耐克特：《文艺复兴时期的勇士和保护人：弗朗索瓦一世的统治》（R. J. Knecht, *Renaissance Warrior and Patron: The Reign of Francis I*），剑桥大学出版社，1994，第 77 页。

④ 沙里埃：《弗朗索瓦一世同苏莱曼大帝通信集》，第 296 ~ 309 页。

⑤ 费尔南多·布罗代尔：《菲利普二世时期的地中海和地中海世界》（Fernand Braudel, *Mediterranean and the Mediterranean World in the Age of Phillip II*）第二卷，加利福尼亚，1996，第 906 页。

在中欧战场上，法国与奥斯曼联军通过对匈牙利的围攻，致命地打击了哈布斯堡王朝的有生力量，从而为法国在西欧的胜利提供了便利条件。不仅如此，法国还在 1547 年为奥斯曼进攻波斯萨法维王朝的战争（Ottoman - Safavid War）提供军事援助。在此阶段，法国与奥斯曼的同盟一方面成功地对哈布斯堡王朝实行了封锁，从而维持了法国与西班牙在欧洲的均势。另一方面，奥斯曼通过与法国的结盟，成功达到了其在欧洲境内扩张领土的目的。

三

然而，长达 66 年之久的意大利战争也同时让交战各方付出了高昂的代价。欧洲国家最终在 1559 年签署了《卡托 - 康布雷奇和约》（Peace of Cateau - Cambrésis）以结束这场战争，并最终确立了自 1519 年西班牙霸权后，由法国—哈布斯堡王朝—奥斯曼帝国构成的欧洲均势体系。从此，以大国均势为特征的欧洲体系开始取代了意大利松散的城邦体系。法国—奥斯曼同盟作为实现这一重要转变的基石，其影响首先体现在反对任何追求欧洲霸权的国家或王朝，从而维持了欧洲的均势。"均势"（Balance of Power）以维持地区平衡为目的，因此意在制衡追求霸权的势力。[1] 事实上，自 1494 年法国入侵意大利以来，欧洲便开始运用均势政治。最初由西班牙领导的神圣同盟作为反对法国追求区域霸权的制衡力量而维持了均势。随后法国—奥斯曼同盟作为反对哈布斯堡王朝追求欧洲霸权的平衡力量维持了欧洲大陆的均势。然而，当时欧洲国家之间的联盟不仅出于对霸权本身的遏制，而且也是出于企图取代那个最强的力量。[2] 这种基于王朝强权政治背景下的争斗，其反对霸权的根本原因在于对潜在威胁力量的恐惧。因此是"出于恐惧的均势"，而不是各国有意识地对均势的维持，国家一般倾向于选择实力强大的盟友借以增强其自身的力量。奥斯曼帝国作为一个不可忽视的外部力量，让欧洲国家一于始便企图通过与其结盟来增强自身的力量。因此，这个东方异教帝国参与到欧洲国家之间的政治角逐是不言自明的。

① 米德拉斯基：《战争史研究手册 第二部》（Manus I. Midlarsky, Handbook of war studies II）第二卷，密歇根大学出版社，2000，第 320 页。
② 加勒特·马丁利：《文艺复兴时期的外交》，第 141 页。

毫无疑问，真正做到成功地利用这个外部力量的国家则是弗朗索瓦一世治下的法国。这是因为法国—奥斯曼同盟的建立，一定会使法国与哈布斯堡帝国的对抗演变为后者与法国—奥斯曼同盟的对抗。对此，英国学者沃森（Adam Watson）写道："正是由于法国—奥斯曼同盟基于反霸权力量的友好关系以及奥斯曼帝国对哈布斯堡霸权所施加的持续压力，才使得 1648 年威斯特伐利亚体系之后形成了一个基于反霸权特征的欧洲国际社会。"①

与此同时，法国—奥斯曼同盟影响了法国外交理念与实践的变化。它集中体现在法国的外交政策上。如果说 15 世纪末的法国外交相较意大利来说处于相对滞后状态的话，那么，在查理八世入侵意大利时还没有形成系统的外交政策。② 为此，可以说自 16 世纪，法国逐渐接受并实践着近代欧洲外交。在外交理念方面，法国—奥斯曼同盟的建立体现了法国从中世纪宗教观念主导外交行为的传统中解脱出来，将外交服务、并服从于国家利益。当然这不是一个简单的过程。弗朗索瓦一世倡导的现实主义外交观念是在一个世纪之后，才由法国政治家黎塞留与马扎然倡导的"国家利益至上"（raison d'être）最后体现出来，并且在法国建立了较为完整的外交机制。据统计，法国在 1515 年只有一个驻外大使，弗朗索瓦一世继位 10 年后增至 4 个，1547 年达到 10 个之多。无疑，法国通过向奥斯曼帝国派设常驻使节，因此在君士坦丁堡建立了有效的对话机制和社会关系，从而保证了双边相对稳定、友好的关系。

1536 年法国、奥斯曼签订同盟条约之后，它便一直代表着法国对外关系的基本特征。首先，双方在军事与经济上的共同利益，不仅有效地制衡了西班牙在地中海的扩张，同时也带动了与周边国家间的商贸活动。尤其是意大利战争结束后，经济合作成为维系同盟关系的重要因素，转而为未来双边外交关系奠定了基础。此外，虽然法国—奥斯曼条约所建立的同盟关系是基于战略考虑的，但是，奥斯曼帝国作为信奉伊斯兰教的国家，对条约的签订有着宗教上的影响，并体现在伊斯兰教规对条约具有的宗教约束力上。原则上伊斯兰教允许穆斯林与非穆斯林国家签署和平条约，这种对条约上的宗教宽容可见《古兰经》经文：即使是与异教徒签订的条约也

---

① 亚当·沃森：《国际社会的演化》（Adam Watson, *The Evolution of International Society*），泰勒弗朗西斯出版集团，2009，第 177～178、216 页。

② 亚当·沃森：《国际社会的演化》，第 115 页。

必须遵守。同样，在中世纪教会的某些法规中也有这样的规定：基督教会应该给予异教徒签订条约的便利与宽容。①

其次，欧洲历史上的法国—奥斯曼同盟也同时加速了基督教世界统一意识的瓦解。脱胎于中世纪宗教观念，基督教世界观一方面强调存在着一个统一的"基督教共和国"（Respublica Christiana）；然而另一方面却对不同的异教教徒予以不同形式的征伐。这一悖论及其观念在16～17世纪发生了重要的转变。传统的历史解释倾向于这是由于近代国家主权的上升以及教皇世俗权力的下降而导致的后果。法国—奥斯曼同盟恰好补充了对这种转变的传统解释。由于法国—奥斯曼同盟的建立早于1618～1648年宗教战争的爆发，弗朗索瓦一世在帕维亚战役后转向奥斯曼苏丹求助，充分说明了当时基督教在欧洲君主中正在失去它昔日的道德力量。尽管作为一种观念在当时并没有被完全遗忘，但当基督教与国家（实为君主）利益发生冲突时，就不可避免地为世俗利益所淡化，甚至被取代。② 同样不可忽视的是，法国—奥斯曼同盟首次将作为欧洲外交的外部力量——奥斯曼帝国纳入近代欧洲国家体系的形成过程，并产生了不可忽视的影响和催化剂的作用。从地缘政治上讲，位于欧洲东南翼的奥斯曼帝国，作为强大的伊斯兰教势力早于欧洲国家体系的形成而存在；到了15世纪，它已经渗透到地中海和巴尔干地区，并对意大利半岛与哈布斯堡王朝构成了严重的威胁。实际上，这体现了欧洲君主们已把奥斯曼帝国视为一个特殊的政治力量来考虑，自然欢迎它参与欧洲的政治角逐。20世纪德国历史学家德约（Ludwig Dehio）这样写道，历史上，"奥斯曼帝国不断介入欧洲均势及其外交体系中，对维护欧洲国家体系的存在起到了重要的作用"。③ 的确，这场进行了66年的"意大利战争"是初生的欧洲国家体系内第一场有全局意义的重大战争，它开启了欧洲国家与奥斯曼帝国之间的历史性关系，包括今天欧盟成员国对

① 齐格勒：《奥斯曼帝国同欧洲天主教国家的和平条约》，第339页。
② 罗伯特·杰克逊：《国际社会的演变》（Robert Jackson, *The Evolution of International Society*），转引自约翰·柏利斯、斯蒂芬·史密斯主编《全球化下的世界政治——国际关系导论》（John Bailys & Steve Smith ed., *The Globalization of World Politics—An Introduction to International Relations*），牛津大学出版社，1999，第40～42页。
③ 德维希·德约：《不稳定的均衡：欧洲霸权四个世纪的角逐》（Ludwig Dehio, *The precarious balance: Four centuries of the European Power Struggle*），纽约：阿尔弗雷德·克诺夫出版社，1962，第40页。

土耳其的传统看法或者坦言说"偏见"。

综上所述，法国—奥斯曼帝国之间的同盟是双方对安全与现实利益考虑的产物。客观上，它既满足了帝国在欧陆上的扩张，也实现了君士坦丁堡渴望遏制哈布斯堡王朝追求霸权的目的。同样，法国—奥斯曼同盟带给法国国家利益的好处也十分明显。这一条约是近代欧洲国际关系走向现实政治的里程碑，并集中体现了对 16 世纪欧洲的政治利益、经济关系、外交观念等方面的深远影响。这一切无疑是近代欧洲外交的主要特征之一以及宝贵的遗产。

（作者简介：周东辰，南开大学历史学院世界史专业博士生；王黎，南开大学历史学院副教授）

地区国别史

论当代美国高等教育成人学习者资助政策*

周小粒　于　莎

内容提要：二战后美国构建起了以联邦政府为主、各州政府为辅的高等教育成人学习者资助体系，为成人学习者提供不同程度的资助，并呈现出资助理念多元、资助形式混合、分权与统一相结合的特点。与此同时也存在忽视成人学习者产生间接教育费用、缺少满意的资助资格评估程序、限定成人学习者在校学习期限、限制资助课程类型等问题。

关键词：美国　高等教育　成人学习者　资助政策

为在全球经济发展中占据制高点，各国政府纷纷在 20 世纪中后期，从国家战略层面提出了人力资源发展目标，并认识到成人接受高等院校继续教育对经济发展的重要性，因此陆续出台了多项政策资助条款以实现成人学习者重返高等院校接受继续教育的夙愿。

成人学习者资助政策是指政府对利用业余时间在高等院校进行非全日制学习的成年人①实施经费援助的相关法律政策。

美国是当今世界上拥有较为完备的资助成人学习法律政策体系的国家之一，早在 1944 年便颁布《退伍军人重新适应法》（*Serviceman Readjustment Act*），授

---

* 本文系教育部人文社会科学项目"学习型社会下成人终身能力的构建及培养策略研究"（项目编号：13XJA880002）成果之一。
① 在美国高等院校非全日制成人学习者通常具有利用业余时间上学、从事全职工作、经济独立、需要抚养孩子等特征。

权政府对二战退伍军人重返高校学习实施经费资助，拉开了政府资助高等教育成人学习者群体的序幕。经过半个多世纪的发展，如今已建构起了以联邦政府为主、各州政府为辅的成人学习者资助政策体系。

纵观国内学术界，对美国高等教育资助政策的研究更多聚焦在普通大学生群体，而对成人学习者资助政策的相关研究，可谓是凤毛麟角。在现有研究中，学者们大多从宏观角度阐述成人学习者资助政策的运行机制及其特点，缺乏对政策实施层面的剖析。随着终身学习社会的构建，终身学习理念推进步伐的加快，为消除成人开展终身学习的外部障碍而出台相关政策显得尤为重要，因此对美国成人学习者资助政策的研究不但可丰富现有对国外的成人学习政策研究，同时也可以为我国终身学习政策及相关成人学习资助条款的制定提供借鉴。

一　美国高等教育成人学习者资助政策产生的背景

二战后受政治、经济、文化、科技等因素的影响，美国构建起了以联邦政府为主、各州政府为辅的高等教育成人学习者资助体系。作为法制完备的西方国家，美国政府资助条款通常以法律、法规的形式呈现，从而形成了有法可依的局面，具体如下。

1. 经济发展对劳动力素质提出了新的要求

20 世纪 70 年代后，美国由工业经济过渡到知识型经济的发展模式。克林顿政府就曾明确表示："在经济全球化的形势下，我们要想取得成功，更多的还要依靠高技能的工人，这就需要我们保证所有的美国人都有接受高等教育和培训的机会。"[1] 在近三十年联邦及州政府出台的资助政策中，进一步把资助群体扩展到成人学习者，以兹鼓励他们重返校园。当前，美国有 9000 万名年龄超过 25 岁的成年人只具备高中及以下的教育文凭。随着人口结构的变化，在未来的几年里工作岗位对学历的需求与现有劳动力文化程度水平的鸿沟还会进一步拉大，到 2014 年将会产生 900

---

[1]　经济顾问委员会：《总统经济报告》（The Council of Economic Advisers, *Economic Report of the President*），华盛顿特区：美国政府印刷办公室出版，1995，第 3 页。

多万的合格产业工人缺口。① 由此可见，在美国提高成年劳动者文化和技能水平的任务相当繁重。

2. 科技发展促使人们岗位频繁转换及终身学习理念的深入人心

在过去的几十年间，一些新型的技术型岗位应运而生，促使劳动者不得不面对频繁的岗位转换问题，因而接受再教育及培训成了广大成年人的迫切愿望。如今在美国高等院校中，年龄超过 24 岁的成人学习者占学生总人数的 44%。② 另外，由于"知识爆炸"时代的来临，人们所学的知识已不能一劳永逸地受用终身。因此，政府将推广终身学习理念提上了议事日程，并于 1976 年颁布了《终身学习法》（*Lifelong Learning Act*），使得该理念深入人心。根据 2005 年的调查数据，31% 的 25 岁及以上的成人学习者在高等教育机构中学习，换言之在 1500 万名大学生中，年龄 25 岁及以上的成人学习者占到了 470 万。③

3. 政府削减了对高等院校的拨款经费

20 世纪中叶以来，两次全球性的金融危机都在一定程度上导致了美国经济的衰退，使得政府财政经费紧张。克林顿及其前任总统（老布什）任职期间，美国国内生产总值仅有年平均 0.7% 的增长，这也是 20 世纪 30 年代经济危机以来的最低水平，④ 政府相应地紧缩高校教育经费。高校为保证自身的顺利运行不得不通过提高学费来抵消赤字。从 20 世纪 80 年代开始，美国高等教育学费出现持续上涨态势。根据 2005 年美国国家教育部统计中心所统计的数据来看，高等院校学杂费在 1992 年首次超过了州政府对高校的经费拨款额度，并占整个高等院校经费来源的最大份额，因此低收入成人学习者支付能力不足的问题进一步加重。当前，还有 3.7 亿具有参加高等

① 罗陀·罗伊·比斯瓦斯、薇琪·乔蒂斯、希斯·普林斯：《打破极限：针对在职人员参与高等教育学习的资助政策革新》（Radha Roy Biswas, Vickie Choitz, and Heath Prince, *Pushing the Envelope: State Policy Innovations in Financing Postsecondary Education for Workers Who Study*），波士顿：国家劳动力教育委员会，2008 年，第 1 页。

② 罗陀·罗伊·比斯瓦斯：《成人学习者的教育资助》（Radha Roy Biswas, *Financing Education for Adult Learners*），肯塔基州成人学习者峰会，2008，第 6 页。

③ 经济顾问委员会：《总统经济报告》，华盛顿特区：美国政府印刷办公室出版，1995 年，第 1 页。

④ 刘绪贻、韩铁、李存训：《战后美国史（1945～2000）》，人民出版社，2002，第 541 页。

教育学习需求的产业工人无法实现自己的意愿。[①]

二 美国高等教育成人学习者资助政策的主要内容

20 世纪 70 年代开始，伴随着高等教育大众化步伐的加快，联邦政府把资助对象延伸到普通成人学习者。为满足各州人力资本发展的需求，各地政府结合本州实际情况，也实施了相应的成人学习者资助政策。

（一）联邦政府资助政策

美国实施教育经费资助的主要是联邦教育部。美国教育部的统计显示，在高等教育学生资助政策中适用于成人学习者的主要有：佩尔助学金、增补教育机会助学金、帕金斯贷学金计划、斯坦福贷款等。在 20 世纪末，政府为实现高等教育普及化所实施的终身学习税收扣除方案、卫生与公众服务部实施的贫困家庭临时援助计划及就业与培训管理署所实施的劳动力投资法案，都为身处贫困线下的成人学习者带来了福音。

1. 佩尔助学金

佩尔助学金（Federal Pell Grant）由 1972 年的《高等教育修订法》授权联邦政府实施，主要为低收入家庭学生入学提供经济帮助。资助资格由联邦政府统一认定，对贫困家庭学生上学成本可承受能力进行评估，若评估结果低于特定标准可获资助。1998 年《高等教育修正案》规定：1999～2000 学年佩尔助学金最高数额为 4500 美元，2000～2001 学年为 4800 美元，2002～2003 学年为 5100 美元，2003～2004 学年为 5800 美元。[②] 虽然佩尔助学金也授予非全日制成人学习者，但与全日制学生相比能获得资助资格者却很少。在 2003～2004 学年，有 32% 的全日制大学生获得佩尔助学金的资助，而利用业余时间参加学习的成年人中只有 13% 的学习者获得资

---

① 罗陀·罗伊·比斯瓦斯、薇琪·乔蒂斯、希斯·普林斯：《打破极限：针对在职人员参与高等教育学习的资助政策革新》，波士顿国家劳动力教育委员会，2008 年，第 7 页。

② 斯蒂芬·波蒂：《1998 年高等教育修正案：对学校和学生的影响》（Stephen Burd, The Higher Education Amendments of 1998: The Impact on Colleges and Students），《高等教育编年史》（The Chronicle of Higher Education）第 45 卷，1998 年第 8 期，第 39 页。

助资格。① "未来工作" 委员会于 2002 年所开展的一项关于学生援助方案为何对成人学习者不适用的调查发现，在 200 万名参加高等教育学习的成人学习者中，只有 3.3% 的人能申请到佩尔助学金，平均每人只获得 813 美元。② 究其原因，这与该助学金在对学习者上学成本承受能力评估时，未把非全日制成人学习者参加学习所产生的间接教育成本纳入评估体系有关。因此，成人学习者得到的资助名额及资助额度都要比全日制普通学习者少。

2. 增补教育机会助学金

增补教育机会助学金（Supplemental Educational Opportunity Grants）是由 1965 年《高等教育法》所实施的教育机会助学金演变而来，1972 年《高等教育修订法》颁布后起用现名。该助学金是对接受佩尔助学金后仍有经济困难的学生进行补充性资助，与前者相同的是受助资格也由联邦政府统一认定，资助款项无须偿还。目前，资助额度设定在 100~4000 美元之间，全美大约有 3800 所高校参加了该项助学计划。倘若申请者获得佩尔助学金的受助资格，同时其所在院校又参与了增补教育机会助学金计划，那么他就有可能成为受助者，前提是受助者的成绩必须在中等以上。对于利用业余时间进行学习的成人学习者而言，这一要求不免显得苛刻。事实上，能获得该项助学金的成人学习者微乎其微，对成人学习者提供资助只存在理论上的可能性。

3. 帕金斯贷学金计划

帕金斯贷学金计划（Perkins Loan Program）源于 1958 年《国防教育法》设立的 "国防贷学金"，20 世纪 80 年代后更名为帕金斯贷学金，旨在为参加全日制和利用业余时间学习的经济困难学生提供低利息率贷款。目前，全美大约有 1800 所高等院校为学生提供该项贷款服务，因此又被称为 "基于学校" 的贷学金。各校自行确定受助者的审核标准，学生毕业前利息由政府支付，毕业 9 个月后开始分期还贷，利息恒定为 5%，月最低还款额度 50 美元，最长还款期限为 10 年。帕金斯贷学金计划对于成人学习者最有益

---

① 布莱恩·J. 库克、杰奎琳·E. 金：《佩尔助学金项目现状报告 2007》（Bryan J. Cook & Jacqueline E. King, *2007 Status Report on the Pell Grant Program*），华盛顿特区：美国教育协会，2007，第 13 页。

② 伊莱恩·L. 乔、艾米丽·斯托佛·德罗科、玛丽娅·弗林：《高等教育中的成人学习者：成功的障碍及提升成效策略》（Elaine L. Chao, Emily Stover DeRocco, Maria K. Flynn, *Adult Learners in Higher Education: Barriers to Success and Strategies to Improve Results*），美国劳动部职业训练局政策发展研究办公室，2007，第 29~30 页。

的条款莫过于把联邦贷款经费提供给各州职业教育委员会，让各州职业教育委员会为参与高等教育职业技术类课程学习的青年及成年学习者提供服务。① 这表明成人学习者只要参加职业技术类课程学习就可申请贷款，但各校在审核帕金斯贷学金资格时，往往会优先考虑佩尔助学金获得者，因此每年能成功申请到该项贷款的人数并不多。

4. 斯坦福贷款

斯坦福贷款（Stafford Loans）是 1965 年美国《高等教育法》授权的三个联邦学生贷款项目之一，20 世纪 80 年代改用该名。与帕金斯贷学金计划不同的是该贷款采用的是浮动利息，分为政府贴息和非贴息两种类型。政府贴息指贷款者在校学习期间或还款期内贷款利息均由政府承担，而非贴息则需由贷款者本人承担利息。其中非贴息类型的贷款经费源自银行或私人经费募集机构，申请时无须做出经费需求说明，因而更适用于成人学习者。而贴息类型的贷款经费源自政府，通常联邦政府会关注学生在一个学期内，入校上学时间是否达到一半。对于在校学习时间不足一半的成人学习者而言，只能申请政府无贴息贷款。

5. 终身学习税收扣除方案

终身学习税收扣除方案（Lifetime Learning Tax Credit），建立在 1997 年国会通过的《纳税人救助法》基础上。1997 年克林顿政府把税收政策引入学生资助体系中，通过"以税抵费"和减免税收的方法提高学习者对高等教育的承受力。② 该方案适用于需改换职业、进修而希望重返高校的成人学习者。方案规定学生家庭将在每年首付 5000 美元学费及其他必要费用时，享受 20% 的课税扣除；到 2003 年，每年首付 10000 美元时享受同等待遇。③由于扣除的税收无须返还，因此与"家庭贡献"息息相关，要求各家庭纳税人所缴纳的税款必须等于或大于资助金额。相比联邦政府颁布的其他资助政策，该方案具有为帮助成年人发展职业技能而提供服务的明确目标，

---

① 苏珊·高隆卡、丽萨·马图斯·格鲁斯曼：《为低收入工作者扩大教育机会》（Susan Golonka, Lisa Matus - Grossman, *Opening Doors: Expanding Educational Opportunities for Low - income Workers*），人力资本研究公司、全美官方协会最佳实践中心，2001，第 44 页。

② 刘忠学：《美国高校学生资助体系的目标分析》，《比较教育研究》2002 年第 10 期，第 37 页。

③ 《1997 年美国国会预算均衡法案》（*U. S. Congress Balanced Budget Act of 1997*），华盛顿特区：美国政府出版局，1997，第 13～14 页。

未设有学习者必须进行学位证书类课程学习的条款。在 2000 年就有 720 万家庭得到终生学习赋税扣除。① 这不但保证了每位公民得到终身学习的机会，同时对美国建构学习型社会产生了积极影响。

6. 贫困家庭临时援助计划

贫困家庭临时援助计划（Temporary Assistance to Needy Families），设定于 1996 年，由卫生与公众服务部实施，通过联邦政府拨给各州固定经费的方式，对困难家庭实施援助。受助者最多可领取 5 年联邦救助金，但各州有 20% 的名额用于放宽资助期限。这一援助计划强调了工作第一的重要性，不但通过教育和培训帮助成年人找到全职工作，同时也为受助者提供在职教育与培训的援助。各州除提供有助于拿到学位而采取模块化教学模式或缩短课时外，还帮助学习者取得能被劳动力市场所认可的短期学习学历。② 这一援助计划帮助了生活在贫困线以下，但无法得到联邦教育部资助政策申请资格的成年人进入当地社区学院进行技能及文化知识学习，从而找到全职工作岗位，保障生活经费的来源。

7. 劳动力投资法案

《劳动力投资法案》（*Workforce Investment Act*）是美国联邦政府于 1998 年颁布，主要包含为成人提供职业教育、提高文化知识水平及再就业培训等内容。联邦政府允许各州自行确定受助者资格，但通常情况下联邦政府会要求各州把低收入者及领取公共援助经费者，优先定为资助对象。法案规定州和地方的劳动力投资委员会统筹安排和使用联邦政府所拨发的经费，除一部分经费用于劳动力投资委员会的日常开支外，其余经费则通过证券形式流入到实施培训和服务的社区学院等机构。它同贫困家庭临时援助计划一样，为成人学习者提供职前和职后的教育培训资助。当成人学习者被确定为受助者，即可获得承办培训项目的社区学院运行情况和培训费用等信息资料。③ 受助者可依据相关信息资料选择参加当地社区学院提供的培训

① 《美国总统经济报告》（*Economic Report of the President*），华盛顿特区：美国政府出版局，1997，第 156 页。
② 伊莱恩·L. 乔、艾米丽·斯托佛·罗科、玛丽娅·弗林：《高等教育中的成人学习者：成功的障碍及提升成效策略》，美国劳动部职业训练局政策发展研究办公室，2007，第 33 页。
③ 斯蒂夫·塞文纳：《在劳动投资法下实施的关键决策对成人低收入人群的影响》（Steve Savner, *Key Implementation Decisions Affecting Low-income Adults under the WIA*），法律和社会政策中心，1999，第 8 页。

项目，参加学习时持政府发放的证券以抵学费。这一法案的实施为美国走向人力资源强国奠定了坚实的基础。

总之，美国联邦政府资助政策体现了资助部门和形式多等特点，从而有效地帮助了大量经济困难的成人学习者获得接受高等教育的机会。

（二）州政府资助政策

出于对本州人力资本投资的考虑，各州巧妙地依托联邦政府的资助体系，制定了一系列行之有效的资助政策。其中有 9 个州为利用业余时间上学的成人学习者投入了 10% ~ 20% 的必要性基础经费援助，有 6 个州的援助经费投入则超过了 20%。① 依据本州实际情况制定出的资助政策主要有：给予在校学习时间不足一半的本州区域内的成人学习者援助；对家庭困难的低收入成人学习者给予奖励（排除了收入相对较高的成人学生）；将成人学习者在学习过程中所产生的间接教育开支纳入援助体系；对不参加学历证书相关课程学习的成人学习者提供援助（见表 1）。

表 1　各州成人学习者资助政策内容

州政府资助政策内容	实施资助政策的州	案例
给予在校学习时间不足一半的成人学习者援助	阿肯色州、伊利诺伊州、印第安纳州、肯塔基州、马萨诸塞州、密歇根州、俄亥俄州、宾夕法尼亚州、华盛顿州、西弗吉尼亚州	伊利诺伊州实施的"货币奖励方案"，对在校学习时间少于一半的成人学习者提供必要的财政援助。2006 年该州的 MAP 助学金项目共为 146000 名大学生提供了资助，其中有 42% 的学生为在校学习时间少于一半的成人学习者。
对家庭困难的低收入成人学习者给予奖励	康涅狄格州、佛罗里达州、肯塔基州、马萨诸塞州、俄亥俄州、华盛顿州	华盛顿州给参与产业工人再培训计划的身处贫困线以下的成年人提供学杂费、书籍及其他学习相关费用。
将成人学习者在学习过程中产生的间接教育开支（如孩子看护、来回交通费用等），纳入援助体系	康涅狄格州、马萨诸塞州、俄亥俄州、宾夕法尼亚州、华盛顿州	康涅狄格州在推进劳动力发展的《教育援助法案》中，把贫困家庭成人学习者参加高等教育学习产生的间接教育开支囊括到资助范围内，资助金额在 1000 ~ 4050 美元之间。

---

① 凯伦·斯坦伯格：《聚焦成人学习：国家和各州数据》（Karen Steinberg，*Adult Learning in Focus*：*National and State - by - State Data*），高等教育委员会年会，2009，第 27 页。

续表

州政府资助政策内容	实施资助政策的州	案例
对不参加学历证书课程学习的在职成年人提供援助（例如：成人教育和与技能证书相关的非学分教育）	康涅狄格州、华盛顿州、西弗吉尼亚州	西弗吉尼亚州实施的高等教育在职成人学习者援助方案中，对参加特定培训项目或紧俏职业的职业资格证书培训课程的学习者提供最高 2000 美元的资助。

资料来源：Pushing the Envelope State Policy：Innovations in Financing Postsecondary Education for Workers Who Study，http：//www. jff. org/Document/BTEnvelopeXS. pdf。

从表 1 可以看出，州政府制定的资助政策比联邦政府更注重结合成人学习者的学习特点，对成人学习者来说更为适用。它不但彰显了以人为本的思想和人文关怀的理念，而且使整个美国高等教育成人学习者资助政策体系形成了联邦与地方政府互补的良好局面。

三　美国高等教育成人学习者资助政策的特点

美国之所以能成为人力资本强国及高等教育最为发达的国家之一，与其颁布和实施的成人学习者资助政策的特点密切相关。

（一）资助理念多元化

20 世纪 50 年代末，经济学家西奥多·舒尔茨等人提出了人力资本理论，指出有大量证据表明学校教育和大学的科学研究乃是经济增长的主要源泉。[1] 与此同时美国爆发了"民权运动"，民众强烈要求获得平等的受教育权利，促使政府当局把资助政策向弱势群体[2]倾斜。1972 年的《高等教育修订法》把利用业余时间学习的成人学习者纳入了资助范围，打破了原先仅限于资助退伍军人的局面。同时，不少州政府也明确地把资助天平向低收入成人学习者倾斜。就业与培训管理署所实施的《劳动力投资法案》，更旗帜鲜明地以"劳动力投资"来命名，以充分发挥人力资本理论的指引作用。目前

---

[1]　西奥多·W. 舒尔茨：《教育的经济价值》（Odore W. Schultz，*The Economic Value of Education*），纽约和哥伦比亚：哥伦比亚大学出版社，1964，第 82 页。

[2]　弱势群体泛指身处教育及社会等领域不利地位的群体，其中包括非洲裔、西班牙裔在内的美国少数族裔群体及经济收入较低家庭的成人及青少年学习者。本文所表述的弱势群体主要指经济收入处在贫困线以下的成人学习者。

美国形成了人力资本理念和教育公平理念相互交织的格局，出现了资助类目增多、资助对象扩大的趋势，使整个资助政策体系进一步趋向完善。

（二）　资助形式混合

政府通过助学金、贷学金、税收减免、证券抵消学费等多种形式为参加高等教育学习的成人学习者提供援助，一方面有效地防止了部分因高等教育支付能力不足而流失的成人生源，同时也满足了成人学习者对不同资助形式的需求。纵观整个成人学习者资助政策体系，呈现出资助形式混合的发展态势，大体可细分为赠与性资助和延迟付费两大类。赠与性资助包括佩尔助学金、增补教育机会助学金、终身学习税收扣除方案，及贫困家庭临时援助计划、劳动力投资法案中的学习经费资助部分和各州政府的奖助金，这部分资助无须成人学习者偿还。延迟付费型主要有帕金斯贷学金计划、斯坦福贷款及一些州政府实施的贷款，表现为政府或其他私人机构先替贷款者垫付费用，日后再由其按低利息率分期偿还。

（三）　分权与统一相结合

在美国高等教育发展的近四百年时间里，一直采用分权制管理模式，而财政拨款成了联邦政府对高等教育干预和引导的重要手段。美国高等教育成人学习者资助政策体系也采用了这种统一基础上的分权模式，呈现出以联邦政府资助为主、州政府等社会机构资助为辅的特性。把政策制定权利下放到地方的做法，有利于各州在制定资助政策时因地制宜并各具特色，在一定程度上对联邦资助政策起到了补充作用，如联邦政府颁布的一些资助政策中没有把成人学习者在学习过程中所产生的间接教育费用纳入教育成本进行评估。而康涅狄格州、马萨诸塞州、俄亥俄州、宾夕法尼亚州、华盛顿州等州出台的政策就将成人学习者在学习过程中产生的诸如孩子看护、来往交通费用等间接教育开支纳入资助范围。正是这种分权与统一相结合的模式，使联邦政府和州政府资助举措相得益彰。

四　美国高等教育成人学习者资助政策存在的问题

毫无疑问，美国拥有当今世界上最完备的高等教育学生资助政策体系，但多数政策的资助对象并未延伸到成人学习者，即使面向成人学习者的联邦和州政府资助政策中也存在着一些问题。

（一）忽视成人学习者产生的间接教育费用

联邦政府实施的大多数资助政策中，并没有把成人学习者因利用业余时间上学而请保姆看护孩子以及学习期间食宿、来往交通、误工造成的经济损失等间接教育费用考虑在资助范围内。如佩尔助学金对在校学习时间不足一半的成人学习者提供资助只存在理论上的可行性，并未把这部分学生在学习时产生的食宿开支归为他们的教育成本。[①] 直到 2005 年的《赤字消减法案》颁布后，佩尔助学金在对成人学习者上学成本评估时，才囊括这部分学习者群体的三个学期的食宿费用。[②] 因此，低估了成人学习者所产生的实际教育费用，致使他们得不到与全日制学生相同额度的资助经费。

虽然许多州政府所颁布的资助政策是对联邦政府资助政策的不到位之处进行弥补，但也存在相同问题。只有康涅狄格、马萨诸塞、俄亥俄、宾夕法尼亚、华盛顿等州把成人学习者的间接教育费用纳入他们的学习成本。[③] 大部分州忽视了成人学习者的间接学习费用，如肯塔基州在 2007~2008 学年制定的资助政策中，就明确指出只帮助利用业余时间进行学习的成人学习者解决部分学费和书本费用，每年最高助学金额为 1000 美元。[④] 不难发现，无论是联邦政府还是州政府所制定的资助政策都有意无意地回避了成人学习者的间接教育费用。根据伊利诺伊州的一项研究发现，教育成本过高是成人学习者生源流失的原因之一。

---

① 凯伦·斯坦伯格：《聚焦成人学习者：国家和各州的数据》（Karen Steinberg, *Adult Learning in Focus*：*National and State – by – State Data*），高等教育委员会年会，2009，第 9 页。

② 罗陀·罗伊·比斯瓦斯、薇琪·乔蒂斯、希斯·普林斯：《打破极限：针对在职人员参与高等教育学习的资助政策革新》，波士顿：国家劳动力教育委员会，2008，第 6 页。

③ 罗陀·罗伊·比斯瓦斯、薇琪·乔蒂斯、希斯·普林斯：《打破极限：针对在职人员参与高等教育学习的资助政策革新》，波士顿：国家劳动力教育委员会，2008，第 20 页。

④ 《协作关系来提升成人参与高等教育的机会》（Partnering to Improve Adult Access to Higher Education ［OL］）CPE. Ky. gov/nr/rdonlyres/81c78fes…/O/beckygil Datrick pdf，2008，第 14 页。

（二）　缺少满意的资助资格评估程序

在美国的整个高等教育学生资助政策体系中，成人学习者属于边缘群体，针对这部分群体，一直以来都缺少令人满意的资助资格评估程序。联邦助学金及贷款政策大多为在校学习时间达到一半及以上的学习者提供服务。一些援助政策还与学习者的入学时间紧密相连，如佩尔助学金就对在校学习时间不足一半的夏季学期入学者不提供资助。究其原因，这与大部分机构及学校对获得经费援助的成人学习者是否能完成学业持谨慎态度有关，政策制定者对这类学生能否完成学业一般持保留意见。2003 年美国国家教育的调查表明，自 1995～1996 学年开设高等教育证书及学历学习课程以来，大约有 2/3 的在校学习时间不足一半的成人学习者，不但没有在六年时间内取得证书，而且还放弃了参加高等教育的学习机会。① 正因如此，政府当局不愿把有限的教育经费，过多投放给这部分群体。因此，鲜有为他们量身定制的资助资格评估程序。

现行适用于该群体的联邦资助政策中，存有对成人学习者学习成本评估不利的硬性条款，以至于让数百万收入过低而缺乏接受高等教育学习机会的成年人无法获得资助资格。

（三）　限定了成人学习者在校学习的期限

事实上，成人学习者因工作、家庭等原因，难以参加按传统课程时间授课的课程学习。美国劳工部在 2002 年所做的一项关于全美成人学习者的调查发现，在从事全职工作的成年人中，只有 15% 的成年人能入校进行全日制学习。高等教育机构把长线课程分解为短期学习模块或缩短课程周期以满足学生需求。但压缩课程时长的方法却引发了新的问题，即由于学习时间过短而无法达到申请助学金的标准。在联邦资助政策中，除了帕金斯贷学金计划外，基本上都要求学习者满足相关学院规定的至少 6 个学分的学时要求。一部分联邦政府学生经费资助政策则要求学生必须提供一个包括 600 个小时在内的 15 周的课程学习时间，最短的在校学习时间也必

---

① 伊莱恩·L. 乔、艾米丽·斯托佛·罗科、玛丽娅·弗林：《高等教育中的成人学习者：成功的障碍及提升成效策略》，美国劳动部职业训练局政策发展研究办公室，2007，第 15 页。

须满足提供至少 300 个小时及超过 10 周的学习时间的说明，方可获得联邦经费资助资格。[①]

在全美 50 个州和 1 个特区中，对利用业余时间进行短期学习的成人学习者实施经费资助的也并不多。在相关部门调查的 31 个州中，有 14 个州不为利用业余时间上学的成人学习者提供任何必要性基本援助，有 17 个州为利用业余时间上学的成人学习者只提供 10% 的必要性基本援助。[②] 只有在阿肯色、伊利诺伊、印第安纳、肯塔基、马萨诸塞、密歇根、俄亥俄、宾夕法尼亚、华盛顿、西弗吉尼亚等州政策中明确指出对在校学习时间不足一半的成人学习者提供经费援助。[③] 可见资助政策中有关对学习者在校学习期限的限定条款，给在职成人学习者设置了不小的障碍。

（四）限制资助课程的类型

联邦政府许多资助政策要求学生参加关于学位或证书课程的学习，对参加发展与补偿性课程学习的成人学习者不予资助。然而，多数成人学习者进入高校学习，只为掌握特定的工作技能，并不打算攻读学位或学历性质课程。在美国社区学院里参与无学分课程学习的学生人数占到了近一半，技能类型的课程是社区学院近些年发展最快的课程。[④] 在社区学院里成人学习者参加最多的是计算机硬件和软件应用及维修、汽车服务、健康营养、电器安装维修等职业技能类培训课程的学习。此外，随着网络技术在教育领域的运用发展，通过函授和网络在线课程学习，满足了成年人的学习需求，成为他们最佳的学习方式之一。但资助政策限制了这部分采用远程函授课程方式学习的成人学习者申请资格。

宾夕法尼亚州、北卡罗来纳州、俄勒冈州、肯塔基州、密西西比州和

---

① 伊莱恩·L.乔、艾米丽·斯托佛·德罗科、玛丽娅·弗林：《高等教育中的成人学习者：成功的障碍及提升成效策略》，美国劳动部职业训练局政策发展研究办公室，2007，第 15 页。

② 凯伦·斯坦伯格：《聚焦成人学习者：国家和各州数据》，高等教育委员会年会，2009，第 27 页。

③ 罗陀·罗伊·比斯瓦斯、薇琪·乔蒂斯、希斯·普林斯：《打破极限：针对在职人员参与高等教育学习的资助政策革新》，波士顿：国家劳动力教育委员会，2008，第 20 页。

④ 伊莱恩·L.乔、艾米丽·斯托佛·德罗科、玛丽娅·弗林：《高等教育中的成人学习者：成功的障碍及提升成效策略》，美国劳动部职业训练局政策发展研究办公室，2007，第 38 页。

马里兰州等极少数州，把全部无学分和职业培训类课程包括在资助范围内。亚利桑那州、伊利诺伊州和新泽西州等几个州的资助政策只是包括了部分无学分课程及培训项目。可见，大多数州政府所颁布的政策对参与无学分课程的学习者而言也不适用。

综上所述，由于美国是一个"三权分立""法律至上"的分权制国家，联邦和州政府通过颁布政策法规的形式，对在职成人学习者进行直接经费资助，有效地维护了学习者的利益，其中把对经济困难的成人学习者进行资助与国家发展人力资本目标相结合的方针，达到了"一箭双雕"的功效。这些助学项目不仅能使更多的人上大学，而且能够使他们为适应新的形势做更好的准备。① 此外，这些法规还在一定程度上体现了高等教育公平的理念，有利于社会的和谐与稳定。虽然整个高等教育成人学习者的资助体系还存在一些问题，但美国政府所采取的许多举措已经走在了世界的前列，值得我国等发展中国家学习与借鉴。

（作者简介：周小粒，四川师范大学历史文化与旅游学院教授；于莎，四川师范大学成人教育研究所硕士研究生）

---

① 美国教育部：《高等教育行动计划：入学机会、可承担性、义务性》（Department of Education, U. S. A., *Action Plan of Higher Education: Improving Accessibility, Affordability and Accountability*），美国教育部，2006，第 1 页。

中日两国女子教育：差距及其原因分析*

李　卓

内容提要： 中日两国的女子教育在前近代业已形成差距，近代以后差距继续扩大，二战后两国女子教育发展道路各不相同。中日两国在文化传统、社会背景、教育观念等方面的差异是造成女子教育差距的根本原因，近代中国内忧外患，积贫积弱，女性不可能像日本女性那样在相对安定的环境下去接受教育，人们对女性解放的热情远远超过了对女子教育的关注和投入；"革命"思维与极"左"思潮的影响阻碍了女子学校在中国的发展。

关键词： 无才是德　女子教育　日本　中国

有哲人说过："摇摇篮的手推动世界。"母亲的素质决定人类和民族的未来。高素质的国民是一个国家的人力资源，女性则是人力资源之母。在现代化进程中，经济技术的发展是核心，人的现代化是主体，占人口一半的女性的知识水平与教养是衡量一个国家现代化水平的重要标志。在东亚国家历史上，儒家的男尊女卑思想及"无才是德"的观念对女性带来不同程度的束缚，使女性长期处于无学状态。而日本能够较早冲破这种束缚，开启女子教育之门，近代以来中日两国在女子教育方面进一步拉大距离。正视这一差距，分析差距存在的原因，对于致力于现代化建设，实现中国

---

　　* 本文为作者主持的教育部人文社会科学重点研究基地重大项目"女子教育与东亚国家的现代化"（批准号：10JJD770022）成果之一。

梦的中国人来说很有必要。

一　前近代：已现差距

　　女子教育，广义上指基于一定的女性观，以女子为对象所实施的教育，狭义上主要指对女子的学校教育。在封建时代，中国男子有受教育的权利，可以通过科举考试实现"学而优则仕"，而女子历来被排斥在学堂之外。女性最重要的本分是"在家从父、既嫁从夫、夫死从子"。"从"也就无所谓才，因此，女性没有学习知识的必要，"女子无才便是德""妇人识字多海淫"，一直是封建社会评价女性的标准。在人们的心目中，女德远远重于女才。当然，也有主张女性读书识字的，中国历史上也有像蔡文姬、李清照这样的杰出的才女，但是绝大多数女性是目不识丁的文盲。这是因为女子读书识字要有限度，即能持家足矣，多了反倒是麻烦。如明代《温氏母训》中讲："女性只许粗识柴米鱼肉数百字，多识字，无益而有损也。"清代内阁学士靳辅在教育家人子孙的《庭训》中说："女子通文识字而能明大义者，固为贤德，然不可多得。其他便喜看曲本小说，挑动邪心，甚至舞文弄法，做出无耻丑事，反不如不识字，守拙安分之为愈也。"① 在这种女子教育观主宰下，旧中国的女性长期处于无学状态。19世纪晚期的社会现实就是"朝野上下间，拘于无才是德之俗谚，女子独不就学，妇功亦无专司，其贤者，稍讲求女红中馈之间而已"，② "女性不得入学，以无才为福也，习以不教，不识文字，稍弄笔墨，涂丹黄，填韵语，则号为闺秀矣"，③ 能红袖添香、研墨铺纸就已经满身书香了。

　　日本以女子为对象的学校教育虽然在明治维新后才迅速发展起来，但在前近代已经奠定了较为深厚的基础。总体说来，日本封建时代的女子教育落后于男子教育，但是具体说来，有两个亮点应该注意到。

　　第一个亮点是贵族社会比较重视女子教育。贵族作为上流阶层而存在，

---

①　徐梓编注《家训——父祖的叮咛》，中央民族大学出版社，1996，第333页。
②　郑观应：《盛世危言·第3卷·女教》，引自陈学恂《中国近代教育文选》，人民教育出版社，1983，第58页。
③　徐勤：《中国除害议》，引自舒新城《中国近代教育史资料·下册》，人民教育出版社，1981，第953页。

时时事事要保持与这一阶层相符合的行为规范及生活情趣，经过数百年的陶冶，以知性、高雅为特征的贵族教养得以形成。贵族社会的女子所处的日常生活环境有着浓厚的文化氛围，很多贵族家学发达，贵族家的女子从小在装束、仪态、举手投足方面受到严格的家教，家庭环境的耳濡目染，使她们自然而然地受到贵族文化的熏陶。贵族社会在注重男子教育的同时，也在一定程度上重视女子教育。贵族家庭的女子不能像男子一样进入教育机构接受教育，只能在家由其母或祖母担任教师，或聘请教师到家里来授课，教女孩子读写、书法、弹琴、写汉诗、作和歌及各种技艺。贵族偏重女才的教育促进了日本古代上流社会女子在政治、文艺、宗教等各方面都很活跃的景象。除了出现多名女天皇①之外，也涌现出不少像紫式部、清少纳言、赤染卫门、和泉式部等极富才华的女作家。贵族社会重视女子教育对全社会形成了典范作用。进入武家社会，女子教育开始重女德，但读书写字等才艺培养仍然受到重视。

第二个亮点是江户时代的平民教育有了长足发展。江户时代社会稳定，经济繁荣，教育需求大增。由于科举制度早已瓦解，教育不具有政治方面的功利性，实用便成为教育的最高价值。江户时代教育的最大特色是以寺子屋为中心的平民教育成就显著，② 这种平民教育不是强制的，纯属自主自愿。所以，尽管日本没有通过科举考出来的官员，却有广大具有读写能力的劳动群众存在，这其中当然包括女性。在当时可知具体学生人数的13816所寺子屋中，招收女学生的有8636所，人数达到148138名，占学生总数的20%。③ 据考证，江户时代已经有了10%左右的女性入学率（男性入学率为43%）。④ 在江户、大阪、京都这样的大城市，有的寺子屋中女学生人数甚至超过男学生。到江户时代后期，在大城市还涌现出很多由女性经营的寺

---

① 从公元6世纪末到8世纪，曾经有八代、六位女帝（其中二人两次即位），分别是推古（592－628年在位）、皇极（642－645年在位）、齐明（655－661年在位）、持统（690－697年在位）、元明（707－715年在位）、元正（715－724年在位）、孝谦（749－758年在位）、称德（764－770年在位）。

② 寺子屋，江户时代民间开办的初等教育机构，因发源于寺院而得名。据统计，江户时代后期寺子屋的数量已经达到15506所。石川谦：《寺子屋》，至文堂，1972，第88页。

③ 石川谦、石川松太郎：《日本教科书大系·往来篇》（『日本教科書大系·往来篇』）第15卷，讲谈社，1973，解说第7－8页。

④ R. P. 多尔：《江户时代的教育》（『江户時代の教育』），松居弘道译，岩波书店，1970年，第300页。

子屋及女师匠（教师）。当时出版的女子专用的启蒙教育读物"往来物"已经达到一千多种，内容包括女德涵养、社交礼仪、书信写作、历史地理、农商知识等各个方面。不少幕末到日本的外国人都为日本人较高的识字率（女性为 15%，男性为 45%）感到惊叹。

由上可见，中日两国的女子教育的差距在前近代已经显现。

二　近代：差距继续扩大

明治维新后，在千头万绪的改革事业中，新政府把教育摆在重要位置。1869 年（明治二年）1 月，时任兵库县知事、后来的首任内阁总理大臣伊藤博文就在其向新政府提出的建议书《国是纲目》中，提出要让全国人民通晓世界各国的学问，在东京、京都、大阪建立大学，在郡与村建立小学，不论都城还是偏僻之域，要让人人"智识明亮"。新政府于 1871 年 7 月成立最高教育行政机构文部省，并开始关注女子教育问题。10 月，明治天皇发布《奖励华族海外留学之敕谕》，其中提到："我邦女学之制未立，妇女多不解事理，母氏之教导之于幼童之成立实为切紧之事。今赴海外者，可携妻女或姐妹同行，晓外国所在女教之状，知育儿之法。倘人人注意于此，致勤勉之力，则不难进开化之域，立富强之基，与列国并驰。"[①] 在文部省的积极推动下，三所官立女子学校——东京女学校、京都府立新英学校及女红场（后改称京都府女子学校）、开拓使女学校在 1872 年内相继成立，从此拉开日本近代女子教育事业的序幕。1872 年 8 月，日本近代史上第一个教育法令——《学制》正式颁布，其中强调"兴小学之教，洗从来女子不学之弊，期兴女学之事与男子并行也"，[②] 体现了男女平等实施初等教育的原则。此后，明治政府对教育政策不断进行调整，1900 年开始实施四年制免费义务教育，1907 年又将义务教育时间延长到六年，当年女子的小学入学率就达到 96.14%（男子为 98.53%），适龄女童几乎全部入学。同时，"高等女学校"（即女子中学）也有了较快发展，1910 年（明治四十三年），

---

① 宫内厅：《明治天皇纪》第 2 卷，吉川弘文馆，1969，第 565～566 页。

② 文部省：《关于实施〈学制〉的计划》（「「学制」施行に関する当面の計画」）；三井为友：《日本妇女问题资料集成》（『日本婦人問題資料集成』）第 4 卷·教育，家政出版，1976，第 144 页。

全国已有高等女学校 193 所，学生 56239 人。[1] 到 1925 年，高等女学校（其中包括以家政教育为中心的实科高等女子学校）学生达到 301447 人，超过了普通中学的男学生人数（296791 人）。[2]

女子初等教育的快速普及以及中等教育的发展，为日本社会注入了活力，提高了劳动者的素质和国民的知识素养，培养出大批近代化国家建设需要的有用人才，女性成为产业工人中的重要组成部分。1912 年，在工厂就劳的人群中，女工已达到五成左右，[3] 女医生、女教师、女记者、女事务员等职业女性大量出现。至 1930 年，职业女性已达到 874154 人，[4] 几乎所有行业中都有了女性的身影。

同时期中国女子教育与日本相比，既有的差距进一步扩大。

首先，从近代女子学校教育的起步来看。19 世纪 70～80 年代，当日本已经建立近代教育体系，中村正直、森有礼等启蒙思想家提出"造就善良的母亲，要在教女子"，"国家富强之根本在教育，教育之根本在女子教育"等教育思想，积极开办女校的时候，中国仅有少量的西方传教士创建的女子学校（一般认为 1844 年英国女传教士爱尔德赛创办的宁波女学是中国第一所教会女校，早于日本 1870 年在横滨设立的菲利斯和英女学校），不仅没有中国人自己办的女子学校，就连提倡女子教育的人也几乎不存在。中国在甲午战争中的失败，使以康有为、梁启超等人为代表的新兴资产阶级改良主义者认识到"欲强国必由学校"，"西方全盛之国，莫若美；东方新兴之国，莫日本若"。之所以如此，因美国是"女学最盛者"，而日本是"女学次盛者"。[5] 这些维新志士感悟到中国积弱是"自妇人不学始"。1898年，上海著名商人经元善开办了经正女学，从此，中国出现了创办女学的热潮，陆续出现了一些私立的女子教育机构。而此时，日本文部省已发布《高等女学校令》，开始大张旗鼓地发展中等女子教育了。

其次，从女子教育被纳入近代学制体系的时间来看。日本在明治维新

①　森秀夫：《日本教育制度史》，学艺图书株式会社，1991，第 80 页。
②　文部省：《学制百年史》（资料编），帝国地方行政学会，1975，第 489 页。
③　女性史综合研究会：《日本女性史》第 4 卷·近代，东京大学出版会，1982，第 163 页。
④　赤松良子：《日本妇女问题资料集成》（『日本婦人問題資料集成』）第 3 卷·劳动，家政出版，1977，第 116 页。
⑤　梁启超：《论女学》，引自陈学恂主编《中国近代教育文选》，人民教育出版社，1983，第 146 页。

后，女子教育受到政府的重视，从 1872 年颁布《学制》起，女子学校教育就被纳入近代学制体系，并通过法律、政令敦促各级政府办学和女子入学，这无疑为女子教育的发展创造了良好的环境和保障。随着小学入学率的提高，1891 年日本政府颁布《中学校令》，开始发展女子中等教育。在中国，梁启超等人提出振兴中国女子教育的主张尽管已经比日本晚了二十多年，却没有得到清政府的支持。19 世纪末期虽出现了创办女学的热潮，但仅仅是民间和个人的行为。在清政府于 1903 年（光绪二十九年）颁布的《癸卯学制》中，并没有承认女子学校教育的地位，只是提到"以家庭教育包括女学"。值得一提的是，《癸卯学制》制定的时间较中国本土第一所教会女子学校出现的时间晚近 60 年，较中国第一所私立女子学校经正女学的建立时间也晚 5 年。在这样的社会背景下，官方所制定的学制只在家庭教育中为女学留下一容身之所，其守旧与落后由此可见一斑。1905 年，清政府设立学部，仍将女学归入家庭教育范畴。直到 1906 年，迫于高涨的反帝、反封建运动的压力，清政府才不得不开始将女学列入学部职掌。1907 年，始定《女子小学堂章程》和《女子师范学堂章程》。据此，女学堂和女师范学堂才开始在各地设立，女子教育从此在中国教育系统中有了位置。而就在同一年，日本女子小学入学率已达到 96.1%。

最后，从旧中国女子教育发展速度来看。日本在明治维新后全社会都比较重视女子教育，当时日本女子教育的盛况如清末留日学生王桐龄所言："女子教育机关相当发达，自国立之女子高等师范学校，私立之女子大学以外，特殊之女子职业学校甚多，女子之不受教育者居最少数，体力脑力当然相当发达。"[1] 清末很多到日本考察、访学的官员与知识分子，见到在船上、旅店做工的勤杂人员（包括女性）闲暇时间读书、看报，虽然语言不通，却能够与他们进行笔谈，无不惊诧不已。相比之下，中国的女子教育情况与日本形成较大反差。根据教育部发布的 1915~1916 年的统计，当时中国的各项女学生数加起来只有 180949 人，当时著名的教育家黄炎培对此颇为感叹："女子教育无可言矣，若大学校、专门学校，女子竟无一校无一人，不更可羞耶？"[2] 另据中华教育改进社 1922~1923 年的调查，在当时全

① 王桐龄：《日本视察记》，北京文化学社，1928，第 129 页。
② 黄炎培：《读中华民国最近教育统计》（1919 年），载陈学恂主编《中国近代教育史教学参考资料》下册，人民教育出版社，1987，第 356 页。

国 1811 个县中，有 423 个县（23.34%）没有初等小学，1161 个县（64%）没有高等小学。[①] 有统计说，在 1931～1945 年间，只有 780 多万的女性受过初等教育，受过高等教育的女性仅占女性总人口的 0.46%，当时的女性文盲比例超过 90%。[②] 直到新中国成立，绝大多数劳动女性处于"无学"状态，女童的入学率不足 15%，[③] 而在日本，早在 1873 年就已经达到了这个水平（15.4%）。

三　战后：发展道路各不相同

第二次世界大战结束后，1946 年颁布的《日本国宪法》、1947 年的《教育基本法》及《学校教育法》，都赋予日本女性与男性平等地接受教育的权利。日本在教育民主化改革过程中，纠正了战前女子教育的诸多弊端，为战后女子教育的发展奠定了制度基础，女子教育迎来新的繁荣发展。1947 年，日本义务教育的时间从六年延长到九年，此后，女子的义务教育入学率一直都在 99% 以上。在此基础上，女子的高中升学率也逐年提高，1950 年时还只有 36.7%，仅仅经过 20 年，到 1970 年就已经达到 82.7%，1979 年超过 95%，2005 年达到 96.8，[④] 2010 年更达到 98.3%，并从 1969 年开始就一直高于男子的高中升学率。

在女子高等教育方面，战前以私立专门学校为主的女子高等教育发展缓慢。在战后教育改革过程中，日本政府着力发展女子大学教育。从 1946 年起，旧制大学向女子全面开放，东京大学也于 1947 年首次招收 20 名女大学生；接着，文部省于 1948 年成立 5 所私立女子大学，1949 年把建立于 1890 年的东京女子高等师范学校改组为国立御茶水女子大学，把建立于 1908 年的奈良女子高等师范学校改组为国立奈良女子大学，至今这两所国立大学仍是日本女子高等教育机构的中心。针对战前旧制专科学校向新制

---

① 卢燕贞：《中国近代女子教育史》，台湾文史哲出版社，1989，第 71 页。
② 郑真真、连鹏灵：《中国女性的受教育状况》，2006 年 3 月 16 日，中国网，http://www.china.com.cn/chinese/zhuanti/fnfzbg/1156231.htm。
③ 中华全国妇女联合会妇女研究所等编《中国妇女统计资料 1949～1989》，中国统计出版社，1991，第 128 页。
④ 总务省统计局：《入学率及升学率》（『就学率及び進学率』）（1948～2005 年），http://www.stat.go.jp/data/chouki/zuhyou/25 - 12.xls。

大学转型中有些学校在师资、设备等方面尚未达到大学标准的情况，从 1950 年起，允许成立以培养专业技能为目标，学制为 2~3 年的短期大学，当年成立的短期大学就有 149 所。通过上述途径，日本女子接受高等教育的机会大大增加。1935 年，日本高等教育机构中女学生大约 18000 人，而在战后新学制刚刚起步的 1951 年，就超过了 48000 人，到 1964 年已经达到 225000 人，[①] 女子的大学本科与短期大学合计入学率，由 1955 年的 5.0% 提高到 1975 年的 32.4%，2010 年达到 56%，[②] 向女子高等教育大众化迈进了一大步。

1949 年新中国的成立迎来了教育发展的新时期，《宪法》规定女性享有平等受教育的权利，但是教育事业经历了曲折的发展历程，包括经历了私立学校消亡和女子学校消亡。新中国成立初期私立学校被接收、改造为公立学校，尤其是 1952 年，模仿苏联模式，对高等院校进行大规模院系调整，私立高校或被停办，或改为公办。此后，在国内出现长达几十年的私立学校断层局面。私立教育消亡的同时，公立教育投入远远不够，因此可以说，新中国成立后基础教育还相当薄弱。不要说女子教育，就整体的大学普及率而言，1950 年是 0.3%，1960 年是 0.2%，1970 年为 0.1%，[③] 反而呈下降趋势。这里必须提到的是，本来就很落后的新中国教育事业，又在 1966 年开始的"文化大革命"中，教育工作者遭受严重摧残，教学工作中断，学校处于瘫痪状态，耽误了整整一代青少年的成长，造成人才青黄不接、知识匮乏的严重问题，更为严重的是中国陷入"知识越多越反动"的泥潭，丧失了求知的活力。女子教育在"文革"中遭受到的损失更大，新中国成立前的女子中学在解放初期被接管后逐渐取消，少数幸存的女校在"文革"中则被全部改制，女校被迫彻底退出历史舞台。

20 世纪 70 年代末开始的改革开放，使中国的教育事业逐渐回归正常轨道，女子学校在中国亦再度出现。从 90 年代开始，我国政府确立了教育优

---

① 文部省：《我国教育的水准》（『わが国の教育水準』）（1964 年度），帝国地方行政学会，1964，第 27~28 页。

② 文部科学省：《文部科学白皮书》（2010 年度），佐伯印刷株式会社，2011，第 400 页。

③ 中国现代化战略研究课题组、中国科学院中国现代化研究中心：《中国现代化报告 2010》，北京大学出版社，2010，第 349 页。

先发展战略，制定了《女性发展纲要》《中国教育改革和发展纲要》和《面向 21 世纪教育振兴行动计划》等，女子教育受到了前所未有的重视。到 2010 年，义务教育普及率达到 82%，① 在此基础上，接受高等教育的人数也大幅度提高。2004 年，女生占本科在校生的比例已经上升到 45.70%，女硕士和女博士的比例也分别达到 44.2% 和 31.4%。②

改革开放以来，中国的教育事业成就显著，但是仍然有很大发展空间。以下几组数字仅仅是整体情况的比较，已经反映出我们存在的问题：我们的教育投入（公共教育费比例）曾经长期不及印度，我们的义务教育普及率还远远低于日本等发达国家，我们的大学普及率与发达国家乃至邻国韩国的差距更大（见表 1 和表 2）。据 2006 年的统计数字，我国 15 岁以上文盲人口共有 1.138 亿，其中女性文盲就达 8383 万人，占到七成以上。③ 农村女性受教育水平还很低，西部贫困地区女童失学辍学现象还很严重。没有文化的女性是无法摆脱愚昧的，在农村，由于"女文盲""女法盲"多有存在，使不法分子能轻而易举地从事残害女性的犯罪活动，致使买卖婚姻、拐卖妇女儿童、卖淫嫖娼等社会丑恶现象屡禁不止。从家庭教育的角度而言，女性承担着抚养教育子女的重任，母亲的文化水平关系着中华民族的明天。而文盲母亲必然会对子女的智力开发和接受教育产生不利影响。

表 1　中日成人识字率及大学普及率比较（1950～2005 年）④

项　　目		1950 年	1960 年	1970 年	1980 年	1990 年	2000 年	2001 年	2005 年
成人识字率（%）	中国	36	43	53	67	78	91	91	91
	日本	—	98	99	99	99	99	99	99
大学普及率（%）	中国	0.3	0.2	0.1	2	3	8	10	22
	日本	6	10	18	31	30	47	49	55

---

① 中国现代化战略研究课题组、中国科学院中国现代化研究中心：《中国现代化报告 2010》，第 364 页。
② 郑真真、连鹏灵：《中国女性的受教育状况》。
③ 《全国文盲女性占七成》，http://news.sina.com.cn/c/2006 - 10 - 17/080510252740s.shtml。
④ 根据中国现代化战略研究课题组、中国科学院中国现代化研究中心：《中国现代化报告 2010》"1700～2005 年中国现代化指标和水平的国际比较"制作，第 349 页。

表 2　教育相关指标国际比较①

	年份	中国	美国	英国	德国	日本	韩国	印度
公共教育费比例（%）	2005	2.8	5.6	5.4	4.6	3.7	—	3.8
义务教育普及率（%）	2007	77	94	98	100	100	98	56
大学普及率（%）	2007	23	82	59	50	58	95	12
互联网普及率（%）	2007	16	74	72	72	69	76	7

四　中日女子教育差距原因分析

以上事实，说明了中日两国教育尤其是女子教育存在明显的差距。差距是指事物之间的差别程度，差距的形成常常源于现象背后深层的差异。一般来说，差距是数量上的，而差异才是本质上的。中日两国在文化传统、社会背景、教育观念等方面的差异是造成女子教育差距的根本原因。就女子教育而言，中日两国女子教育的差距主要因以下差异而生。

第一，中国儒家传统的包袱太重，束缚了女子教育的发展。

儒家女教重女德，中日两国皆如此。男尊女卑思想渗透于社会生活的各个方面，不仅成为社会对女性的最高要求和评判尺度，也成为女性的行为规范和自我完善的标准。封建礼教要求女子深居闺阁，足不出户，她们最重要的本分是服从。仔细回顾一下就会发现，中国历史上推崇的女性榜样，不是苦守寒窑的王宝钏，就是千里寻夫哭倒长城的孟姜女，舆论上褒奖的只是恪守妇道、视贞洁重于生命的良家女性，至于是否有知识并不重要。除了精神上的约束之外，中国女子教育还要面对一个特殊的障碍——缠足。女子缠足的目的如同《女儿经》所说："为甚事，缠了足，不因好看如弓曲，恐她轻走出房门，千缠万裹来拘束。"肉体上的摧残剥夺了女性的行动自由，使她们几乎成为半残废，连家门都不易跨越，何以迈向学堂？因此，清末提倡女子教育的开明人士清楚认识到"缠足一日不变，则女学一日不立"。所以，中国近代女子教育的起步，远比日本要艰难。它既要冲

---

① 根据中国现代化战略研究课题组、中国科学院中国现代化研究中心《中国现代化报告2010》中"1980～2007年世界知识普及指数""1980～2007年世界信息共享指数"等表制作，第380～383页。

破旧的传统观念的束缚，还要首先解放女性的双脚。缠足裹脚这种连作为中国封建王朝最后统治者的清朝人都看不过眼的陋习竟然一直残存到 20 世纪中期，[①] 中国的女子教育自此才开始逐渐普及。

日本人虽接受了中国儒家歧视女性的思想，但作为水稻耕种民族，日本女子一直是生产活动中的主力而长期受到尊重，使她们免受了缠足那样的身体折磨。由于儒家思想直到江户时代才被作为官学而受到幕府的大力提倡，"女子无才便是德"的观念并没有像在中国那样深入人心。如前所述，从奈良、平安时代开始，贵族社会内就形成了让女孩子从小接受教育的传统；到江户时代，由于分处于武士、商人及手工业者、农民不同阶层的人们家业经营的需要，女子具有一定读写能力在一定程度上得到提倡，一些女训中甚至有提倡女子学习文化的内容。如 17 世纪中期出现的《女式目》中有"女子无论地位高低，虽各有所爱，但首先应学艺，写文章。如不谙此道，则一生中不辨善恶，没有乐趣，亦无慰藉"，"如不晓文习字，见识浅薄，便难于相夫教子"。[②]《女子手习状》中也告诫女性，"出嫁的女子，若不通文字，即使容貌娇美，娘家富足，也会被丈夫及其亲族蔑视"。[③]这些对女子的训诫表明，即使是在歧视女性的年代，很多日本人对女性掌握文化知识也是持鼓励态度的。成书于元禄年间（1688～1704 年）的女训《唐锦》甚至将"学范"列入首章首条，并且列举一系列包括中国与日本的女训与文学典籍在内的女子应学的书目，体现了作者希望女子在知识方面有所长进的愿望，因此才有了女子接受教育的动力。如前所述，江户时代的寺子屋作为一种教育机构，已经把女性作为教育对象，在教育机构的准备、教育人才的储备、入学动员等方面，都为明治以后近代女子教育的普及奠定了良好的基础。

第二，中日两国近代社会的不同性质给两国女性带来了不同命运，直接影响到女子教育。

日本自明治维新以后走上近代化建设之路，迅速摆脱了沦为殖民地的命运，并跻身于资本主义强国之列，直至发动对外侵略战争。从国内社会

---

① 1950 年 7 月 15 日，中央人民政府政务院下达禁止女性缠足令，自此之后，年轻女子缠足现象才渐渐绝迹。
② 黑川真道：《日本教育文库·女训篇》，日本图书中心，1977，第 649、672 页。
③ 转引自志贺匡《日本女子教育史》，东京：琵琶书房，1977，第 320 页。

环境上看，明治维新后一系列改革带来的社会动荡到 1877 年的西南战争[①]被平息才趋于稳定，此后日本社会进入和平发展时期，相对稳定的国内环境是日本教育事业得以发展的基本前提条件。为了加快近代国家建设，国家与社会对女性角色的期待已经不仅是恪守妇德、践行女教的好妻子、好母亲，还要求有知识、有文化，具有作为近代国家国民的自觉。近代著名教育学家、日本女子大学的刱始人成濑仁藏提出，要把"作为人的教育""作为女人的教育""作为国民的教育"作为女子教育的目标。因而在整个日本近代史上，不仅有一批有志于女子教育的教育家（包括很多女教育家），而且有较为系统的女子教育理论，使女子教育能够快速普及并发展。

中国自鸦片战争以后，已经沦为半殖民地半封建国家。甲午战争之后，更是面临着亡国的危险。当日本大力发展近代女子教育的时候，反帝、反封建是中国社会的首要任务。维新派奋起救国，深感力量单薄，于是想到发动占人口一半的女性参加拯救民族危亡的斗争。他们以不缠足和兴女学为出发点，争取女性在身体和精神上的解放。可见，倡办女学的直接目的是为了救亡图存，此时人们对女性解放的热情实际上远远超过了对女子教育的关注和投入。对于长期受压迫的女性来说，争取个人的生存权利，争取与男性平等的地位使女子教育更为迫切和实际。辛亥革命后，中国陷入长期的军阀混战，接着又面临日本对中国的侵略，内忧外患，战乱连连，中国教育事业的发展始终没有安定的社会环境，广大女性不可能像日本女性那样在相对安定的环境下去接受教育和知识的熏陶，国尚且难保，谈何有教育的发展？近代中国积贫积弱造成中国教育事业整体的落后，女子教育落后更甚于男子。正因为中国女子教育在反帝、反封建、反侵略的社会革命中诞生，并与此相伴而发展，近代中国女子教育自产生之日起就被赋予了"革命"的色彩。在这样的环境当中，涌现出许多女革命家，论其影响远远超出了女教育家。缺乏女教育家的参与是中国近代女子教育的缺陷，直接影响了女子教育的进程。

第三，"革命"思维与极"左"思潮的影响阻碍了女子学校在中国的发展。

---

① 西南战争：1877 年在"维新三杰"之一的西乡隆盛率领下发动的士族反政府武装叛乱。政府动用数万人的军队，耗时六个月平息之，西乡隆盛兵败自杀。这是明治时期最大规模的士族叛乱，西南战争是日本历史上最后的内战。

　　当今世界，女子学校在欧美发达国家非常普遍，日本的女子学校也承担了女子教育的重要角色。战前日本除小学外，1879 年开始实行男女分校学习制度。由于当时公立女子中、高等教育机构尚不发达，官方开设的最高层次的女子学校很少，无法满足社会需求。在这种情况下，私立女子学校便应运而生，其弥补了由于政府忽视而导致的女子高等教育的空白及女子中等教育的薄弱环节，客观上促进了私立女子学校的发展，致使战前培养高层次女性人才的教育中一直由私立女子学校占据主导地位。在战后改革过程中，作为教育民主化的重要内容，实行"男女共学"被写入《教育基本法》，在九年义务教育阶段都实施了男女同校，但在高中阶段以上，尤其是在私立学校中，男女分校的情况还普遍存在。尽管 90 年代以来，女子高中、女子大学数量呈减少趋势，男女共学的学校增加的倾向比较明显，但到 2011 年，日本全国仍然有 80 所女子大学（73 所是私立大学）、112 所女子短期大学（109 所私立大学）外，还有女子高中 334 所（国立 1 所，公立 44 所，私立 289 所），约占全国高中总数（5060 所）的 6.6%，远远多于男子高中（130 所）。① 这些数字说明男女分校仍然被普遍认同，并在女子教育中发挥着重要作用。

　　相比之下，中国的女子教育则命运多舛。在中国女子教育刚刚起步，女子学校羽翼欠丰的时候，轰轰烈烈的五四新文化运动对女子教育产生了直接影响，社会各界对男女同校和大学开放女禁进行大讨论，将其作为教育平等的标志，并把它与妇女解放、社会进步等问题联系起来。在这样的氛围当中，以 1920 年北京大学率先招收女学生、1922 年没有男女学校区别的《壬戌学制》的颁布为契机，中国的学校设置已经明显体现出男女共学的倾向。至新中国成立，不仅大量私立学校被接收，原有的一些女子学校也被作为男女不平等的标志被逐渐撤销。"文化大革命"期间，极"左"思潮甚嚣尘上，男女平等思想被异化为否认两性差异的绝对平等，女子学校被视为歧视女性的封建遗物而被全部改制，从此彻底退出中国学校教育的历史舞台。自此以后，中国的教育——培养目标、教育内容、教育方法等完全都是男女相同的模式，"教育必须为无产阶级政治服务，必须同生产劳

---

　　①　文部科学省：《学校基本调查》2011 年度，http：//www. e – stat. go. jp/SG1/estat/NewList. do? tid = 000001011528。

动相结合"的教育方针只谈阶级性、政治性，完全忽视了性别教育，使大多数中国人不知女子教育为何物，其直接后果就是导致性别教育的缺失，助长了女性男性化倾向。改革开放以来，有些女子大学、女子中学开始恢复和重建，但是数量少、层次低、人们的认知程度低，在现今男女平等的社会氛围里真正被人们接受还需要相当长的时间。

结　语

自明治时代至今天，日本女子教育事业迅速发展，并居于亚洲国家乃至世界的前列。女子教育的普及，对国民整体素质的提高及经济的发展发挥了重要作用。与日本相比，我国的女子教育还有很大差距。"妇学不讲，为人母者，半不识字，安能教人?"① 早在 19 世纪末期，就有人发出这种感叹和呼吁，时至今日，这种现象仍没有彻底改观。因此，发展女子教育，增加女性的知识与素养，仍然是我们面临的艰巨任务。

（作者简介：李卓，南开大学日本研究中心和世界近现代史研究中心教授）

---

① 梁启超：《论幼学》，引自陈学恂主编《中国近代教育文选》，人民教育出版社，1983，第149页。

日本对南太平洋岛国的政府开发援助*

陈艳云　　张逸帆

内容提要：政府开发援助（ODA）是日本实现国家利益、发展与他国关系和扩大自身国际影响的重要手段。20 世纪 60 年代末以来，日本一直是向南太平洋岛国提供政府开发援助的大国之一。通过对南太平洋岛国的政府开发援助，日本以极小的成本代价获得了巨大政治、经济及安全利益。本文论述了日本对南太平洋岛国的政府开发援助的历史发展轨迹、近年来对该地区政府开发援助政策的调整及其特点，并从社会交换论的视角分析了日本援助南太平洋岛国的动机，日本所付出的成本及获得的收益。

关键词：日本　南太平洋岛国　政府开发援助

关于政府开发援助（Official Development Assistance，以下称 ODA），经济合作与发展组织（OECD）开发援助委员会（DAC）给出的定义是：发达国家向发展中国家提供的无偿援助或贷款（贷款应包含至少 25% 的赠款成分的无息或低息贷款）。① 20 世纪 60 年代末以来，日本一直是向南太平洋岛国②提供 ODA 的大国之一。然而，迄今为止，学界对于日本 ODA 的研究，

　＊　本文为中山大学大洋洲问题研究项目"日本对南太平洋岛国的援助研究"阶段性成果之一。

　①　详见 OECD 官方网站，http：//www.oecd.org/dac/dacglossaryofkeytermsandconcepts.htm # ODA。

　②　除了澳大利亚和新西兰之外，南太平洋岛国共有 14 个国家，分别为萨摩亚、汤加、巴布亚新几内亚、斐济、密克罗尼西亚、所罗门群岛、瓦努阿图、马绍尔群岛、帕劳、图瓦卢、基里巴斯、瑙鲁、库克群岛和纽埃。本文中的南太平洋岛国主要是指上述 14 国。

主要集中在日本对东亚、东南亚、中东和非洲地区或国家的援助，鲜有学者关注其对南太平洋岛国的 ODA。在国外学界的相关研究中，江户淳子的《太平洋岛屿地区与日本的援助政策》① 和志村茂的《对大洋洲地区的援助》② 两篇文章论述了 20 世纪 70 年代到 80 年代中后期日本政府对南太平洋岛国的援助政策，但该阶段仅为日本向南太平洋岛国提供 ODA 的起步阶段。90 年代后，尤其是近年南太平洋地区战略格局变化促使日本 ODA 政策调整并呈现出的新特点更值得学界关注。此外，国外的研究多关注日本对该地区或某些国家的渔业、远程技术、教育等特定领域的援助，③ 并且多把人道主义关切视为日本向南太平洋岛国提供 ODA 的主要动因。相比之下，清水靖子的《以环境援助为名的掠夺》④ 以日本对泰国和巴布亚新几内亚的环境援助为例，对日本打着帮助发展中国家进行环境开发的旗号掠夺其热带雨林资源的真实目的进行了揭露。

---

① 〔日〕江户淳子：《太平洋岛屿地区与日本的援助政策》（江户淳子：太平洋島嶼地域と日本の援助政策），载三轮公忠、西野照太郎《大洋洲岛国与大国》（三輪公忠、西野照太郎：『オセアニア島嶼国と大国』），东京：彩流社，1990，第 165 ~ 203 页。

② 〔日〕志村茂：《对大洋洲地区的援助》（志村茂："オセアニア地域への援助"），《地理》第 37 卷，1992 年第 7 期，第 37 ~ 43 页。

③ 相关论著主要有：〔斐济〕桑德拉·塔尔特：《日本的援助外交与太平洋岛国》（Sandra Tarte, *Japan's aid diplomacy and the Pacific islands*），苏瓦：南太平洋大学太平洋研究所，1998。该著作重点围绕日本对南太平洋岛国主导性产业渔业的援助展开论述。〔日〕小菅敏夫：《远程教育：以太平洋岛国地区为例、以南太平洋大学为中心》（小菅敏夫：遠隔教育：太平洋島嶼国地域における事例、南太平洋大学を中心に），《ITU 月刊》（『ITU ジャーナル』）第 42 卷，2012 年第 6 期，第 21 ~ 24 页。德尔：《太平洋岛国 ODA 援建的日本太平洋 ICT 中心的作用以及最尖端技术援助国际合作的地区贡献》（プラマニク カデル：太平洋島嶼国でODA 支援により建設されたJapan Pacific ICT Centerの役割と最先端技術支援国際協力の地域貢献について），《日本 ITU 协会杂志》（*Journal of the ITU Association of Japan*）第 41 卷，2011 年第 4 期，第 36 ~ 39 页。〔日〕沼田道正：《巴布亚新几内亚的教育改革与日本援助的可能性》（沼田道正：パプア・ニューギニアの教育改革と日本の援助可能性について），《国际研究论集》（『国際研究論集』）第 13 卷，2001 年第 4 期，第 56 ~ 88 页。〔日〕高间英俊：《民营化支援与援助的考察——以南太平洋萨摩亚为例》（高間英俊：民営化支援と援助の考察——南太平洋サモアの事例から），《国际合作研究》（『国際協力研究』）第 16 卷，2000 年第 2 期，第 17 ~ 27 页。〔日〕蓬莱晃文：《马绍尔群岛共和国日本的 ODA 工事》（蓬莱晃文：マーシャル諸島共和国における日本のODA 工事），《土木学会杂志》（『土木学会誌』）第 80 卷，1995 年第 8 期，第 6 ~ 9 页。

④ 〔日〕清水靖子：《以环境援助为名的掠夺——来自泰国和巴布亚新几内亚的实地报告》（清水靖子：環境援助という収奪——タイとパプアニューギニアからの現地報告），《技术与人类》（『技術と人間』）第 21 卷，1992 年第 6 期，第 16 ~ 27 页。

事实上，在日本实施 ODA 的过程中，并非如一些学者所说的完全是出于人道主义关切，受援国也并非只是被动地接受援助。国际政治中的援助与受援关系是一种基于相互利益的交换行为，是一种互惠关系，而不是任何单方面的受益。① 日本与南太平洋岛国之间的援助与受援关系亦是如此。

近年来，笔者有幸两渡扶桑，收集了不少有价值的资料。本文拟根据这些资料，探寻日本对南太平洋岛国 ODA 的历史发展轨迹及援助特点，并从社会交换论的视角出发，探讨日本援助南太平洋岛国的动机，以及日本付出的成本和收益，进而从一个侧面把握日本与南太平洋岛国之间关系发展变化的轨迹和特点。

一　日本对南太平洋岛国政府开发援助的演进

日本向南太平洋岛国提供 ODA 始于 20 世纪 60 年代末。从 1969 年到 20 世纪 80 年代中期，日本对该地区的 ODA 处于起步阶段。整个 70 年代，日本对该地区 ODA 年支出除 1976 年和 1979 年外，全部处于 500 万美元以下（见图 1）。1977 年 8 月底，在巴布亚新几内亚首都莫尔兹比港召开了南太平洋 12 国首脑参加的南太平洋论坛，② 会议达成协议，设立 200 海里专属经济区，并计划在 1978 年 3 月前完成相关法律准备工作并划定专属经济区。③ 根据此项协议，斐济率先于 1978 年 4 月确立了 200 海里专属经济区。④ 专属经济区的确立，骤然提升了南太平洋岛国在日本安全和经济中的地位，此后，日本对该地区 ODA 支出成倍增长（见图 1）。1979 年，日本的 ODA 支出从 1978 年的 464 万美元猛增到 1360 万美元。20 世纪 80 年代中期，日本的 ODA 额更是呈直线上升，1986 年从 1985 年的 2409 万美元猛增至 5469 万美元，之后数年持续增长，1989 年增加到 9826 万美元，是 1985 年的 4 倍（见图 1）。

---

① 丁韶彬、阚道远：《对外援助的社会交换论阐释》，《国际政治研究》2007 年第 3 期，第 38～55 页。

② 南太平洋论坛（South Pacific Forum, SPF）成立于 1971 年 8 月，是南太平洋国家的区域性合作组织，2000 年 10 月正式更名为太平洋岛国论坛（Pacific Islands Forum, PIF）。

③ 《1977 年第八届南太平洋论坛公报》（1977 Communique（EIGHTH SOUTH PACIFIC FORUM）），见太平洋岛国论坛秘书处：http://www.forumsec.org/pages.cfm/political – governance – security/forum – leaders – meeting。

④ 〔日〕小林宏：《日本与大洋洲：纽带加深的经济·友好关系》（『日本と大洋州：紐帯深まる経済·友好関係』），东京：教育社，1978，第 123～124 页。

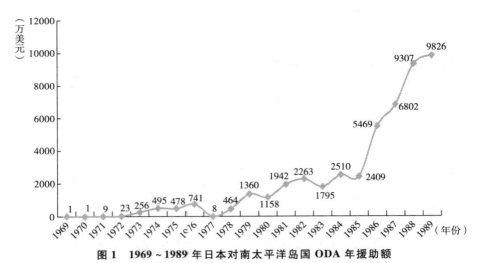

图1　1969～1989年日本对南太平洋岛国ODA年援助额

资料来源：笔者根据日本外务省网站以及日本驻南太平洋岛国各大使馆网站相关数据资料制作而成。

　　20世纪80年代中后期，日本与南太平洋岛国关系之所以得到迅速发展，主要有以下几方面原因：（1）1978年，日本大平正芳内阁上台以后，推出"环太平洋经济圈构想"，并于1980年5月公布了《环太平洋合作构想最后报告》，目标是建立类似欧共体的太平洋经济共同体，因而，获得南太平洋岛国的支持对日本这一构想的实现具有深远的意义。（2）1982年，联合国第三次海洋法会议通过了《联合国海洋法公约》，规定沿海国从其领海基线算起，可以划定不超过200海里的专属经济区，并在该区域内享有一定的经济权和管辖权。这一国际法上的规定使得南太平洋岛国以渔业为主导的经济地位以及作为海洋通道的战略价值均得到显著提高。（3）1982年中曾根康弘担任日本首相后，提出要进行"战后政治总决算"，意图通过加强对外援助来改善日本国际形象，谋求与其经济实力相称的政治大国地位。（4）南太平洋岛国独立后，与前宗主国的关系也渐行渐远，如英国对南太平洋岛国的援助持续减少，[①] 迫切需要世界经济大国日本的援助，同时寻求对外关系多元化。在上述背景下，1985年1月，日本首相中曾根康弘到访南太平洋岛国中最大的两个国家斐济和巴布亚新几内亚。1987

---

① 〔日〕大洋洲·南太平洋委员会：《关于日本对太平洋岛国援助的建议》（『太平洋島嶼国に対する日本の援助への提言』），东京：研究情报基金，1988，第2、7页。

年 1 月，日本外相仓成正访问南太平洋岛国斐济、巴布亚新几内亚和瓦努阿图，并在斐济首都苏瓦发表题为《面向太平洋未来社会》的演说，阐述了"日本对太平洋岛国政策基轴五原则"，其中第四和第五原则是扩大对太平洋岛国的援助，增进双方相互理解和人员交流。① 此后，日本对南太平洋岛国的 ODA 进入一个全新阶段。

　　20 世纪 90 年代，尽管日本经济开始陷入萧条，但日本仍十分重视对南太平洋岛国的援助，1991 年 5 月，日本政府 ODA 执行机构日本国际合作署 JICA（Japan International Cooperation Agency）还专门成立了"大洋洲地区援助研究会"，探讨对南太平洋地区的援助政策，制订各项援助计划。② 20 世纪 90 年代，日本对该地区的 ODA 年援助额均保持在 1 亿美元以上，1996 年甚至达到历史最高水平，接近 2 亿美元（见图 2）。然而，也正是从 1996 年开始，日本对该地区的援助连续 8 年呈下降趋势，2002 年开始降至 9347 万美元。直到 2008 年，ODA 年援助额均在 1 亿美元以下，2004 年更是降至 20 世纪 80 年代中期以来的最低点，仅为 4215 万美元（见图 2）。究其原因，主要是日本由于国内经济困难而转变 ODA 政策。2002 年 8 月，日本副外相植竹繁雄（Shigeo Uetake）在太平洋岛国论坛第 14 次对话会议上发表讲话，表示日本将继续对该地区提供 ODA，但同时表示，由于日本经济面临严重困难对其 ODA 预算造成极大压力，因此日本需要将其 ODA "从数量主导向质量主导转变"，"希望能得到南太平洋国家的理解"。③

二　近年来日本对南太平洋岛国政府开发援助政策的调整

　　近年来，随着世界政治经济重心向亚太地区转移，美国、中国、俄罗斯等大国竞相增强其在南太平洋地区的影响力，大国之间的博弈也随之日趋激烈，过去一直处于世界政治边缘的南太平洋岛国在国际政治与亚太地区格局中的战略地位也日益凸显。

　　美国在"重返亚太"战略的指导下，在南太平洋地区呈现"高调回归"

---

① 日本外务省：《外交蓝皮书 1987 年》（『外交青书 1987 年』），http：//www.mofa.go.jp/mofaj/gaiko/bluebook/1987/s62 – 302.htm。

② 〔日〕志村茂：《对大洋洲地区的援助》，第 37 页。

③ 关于植竹繁雄的讲话，参见 http：//www.mofa.go.jp/region/asia – paci/spf/pfd0208.html。

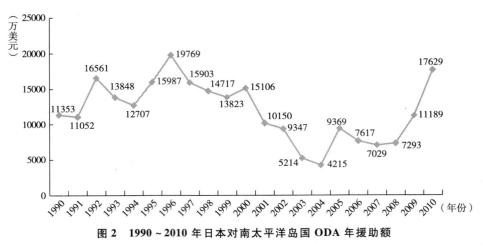

图 2　1990～2010 年日本对南太平洋岛国 ODA 年援助额

资料来源：笔者根据日本外务省网站以及日本驻南太平洋岛国各大使馆网站相关数据资料制作而成。

的态势。2010 年 11 月，美国国务卿希拉里访问巴布亚新几内亚，成为近 12 年以来首位访问南太平洋地区的美国国务卿；2011 年 6 月，美国负责东亚和太平洋事务的助理国务卿坎贝尔率高级代表团，对 8 个太平洋岛国展开了为期一周的访问；同年 9 月，美国派出史上最高级别及最大规模的代表团参加在新西兰举行的太平洋岛国论坛域外国对话会议；2012 年 8 月，希拉里再度出访，参加了在库克群岛举行的第 43 届太平洋岛国论坛领导人峰会。美国对南太平洋地区事务的高调介入，打破了该地区二战后以来以澳大利亚和新西兰为中心的战略格局。

　　近年来，中国也通过各种方式不断推进与南太平洋岛国之间的关系。在政治方面，从 2006 年 8 月中国外交部长李肇星出访南太平洋地区 8 个邦交国以来，中国政府高级官员频繁到访这一地区。中国与该地区的经贸往来更是呈爆炸式增长。2001 年双方贸易额仅 1.8 亿美元，到 2010 年已增加到 15 亿美元；在这十年间，中国对南太平洋岛国的出口额以每年 34% 的速度增长，而南太平洋岛国对华出口年均增长率也高达 30%。[①] 除了政治、经济的交流与合作之外，近年来中国也加强了对南太平洋岛国的援助力度。

---

① 《中国－太平洋岛国贸易快速增长》，《瓦努阿图每日邮报》，参见中国商务部网站 http：//www.mofcom.gov.cn/aarticle/i/jyjl/l/201102/20110207420392.html。

2005 年中国对该地区的 ODA 为 3300 万美元，次年达到 7800 万美元，2007 年更是增长到了 2.93 亿美元，① 年援助额开始超过日本（2007 年日本对该地区的援助额仅为 7029 万美元）。中国与南太平洋岛国间还设立了"中国－太平洋岛国论坛""中国－太平洋岛国经济技术合作论坛"等对话沟通平台，增加了彼此了解，密切了相互关系。

除了美国与中国这两个关键性因素之外，其他大国在南太平洋地区的影响同样不容忽视。"南下"的俄罗斯以及向来在这一区域中扮演主导者角色的澳大利亚与新西兰两国，分别作为这场"战役"中的一方来参与竞争。2011 年，韩国与南太平洋岛国也开始启动外长级会谈。在当今国际格局下，南太平洋已然成为多个行为体竞争的区域，② 各方势力之间的博弈愈演愈烈。尤其是被日本看作竞争对手的中国在南太平洋地区的强势崛起，使日本感到巨大压力，从而促使日本不得不对其 ODA 政策作出相应的调整。

为了应对南太平洋地区国际战略环境和地区格局的变化，近年来日本重新调整其 ODA 政策，加大对南太平洋岛国的援助力度，强调发展与该地区关系的重要性，希望通过发展与太平洋国家的关系，"在地区秩序和规范的构建中发挥主导性作用"。③ 2009 年 5 月在日本北海道举行的第五届日本－太平洋岛国论坛峰会上，日本提出了旨在促进解决太平洋岛国所面临的经济发展、环境保护、人权保障、和平与安全等一系列问题的《太平洋计划》，并承诺在此后的三年时间内就此投入 500 亿日元。④ 2010 年 9 月，在日本外务省的策划和支持下，日本政府智囊机构日本国际问题研究所（JIIA）召开"加强日本与太平洋岛国伙伴关系"会议，并发表了加强双方伙伴关系的政策建议报告，报告指出："鉴于 ODA 是维护和巩固与南太平洋地区友好关系极其有效的工具，日本不应减少对该地区的 ODA，而应该

①　孔妃妃：《浅析中国对于南太平洋岛国的对外援助》，外交学院硕士学位论文，2010 年，第 23 页。

②　〔日〕小林昊：《太平洋岛国问题与落伍的日本》（小林泉：『太平洋島嶼国問題と取り残される日本』），《外交》第 13 卷，2012 年第 5 期，第 87～88 页。

③　日本外务省：《外交蓝皮书 2012 年》（『外交青書 2012 年』），http：//www. mofa. go. jp/mo-faj/gaiko/bluebook/2012/html/index. html。

④　《第五届日本－太平洋岛国论坛峰会宣言》，参见日本外务省网站 http：//www. mofa. go. jp/mofaj/area/ps_summit/palm_05/ha_sen. html。

继续发挥其最大效用。"①

2009 年，日本对南太平洋岛国的 ODA 开始走出低迷，再次突破 1 亿美元，为 1.12 亿美元，2010 年更是飙升到 1.76 亿美元，是 2008 年 7293 万美元的两倍多（见图 2），2011 年保持在 1.55 亿美元的水平。②

2011 年 11 月，日本召开了有外务省官员、专家学者参加的第六届日本－太平洋岛国论坛峰会筹备会议，着重探讨了南太平洋地区国际形势的变化以及日本的应对措施。会上专家学者向外务省提交建议书，建议书指出，近年来，围绕太平洋岛国地区的战略环境发生了重大改变，日本在该地区所处的外交环境也在发生急剧变化，鉴于此，从外交战略上考虑，日本对太平洋岛国的 ODA 额不应当减少，至少应维持现有水平。③ 建议书还建议日本政府邀请美国参加拟于 2012 年召开的第六届日本－太平洋岛国论坛峰会，日本与"太平洋地区海洋秩序的主导者"美国一道，共同处理整个太平洋地区的事务。④ 该建议书受到日本政府高度重视。2012 年 5 月，日本－太平洋岛国论坛第六届峰会在日本冲绳举行，会议达成了进一步密切双方关系宣言。会上，日本宣布其已履行上届峰会承诺，三年（2009～2012）的援助总额为 4.93 亿美元（约 508 亿日元），同时承诺将在今后三年里（2013～2015），提供 5 亿美元的 ODA。⑤ 在日本政府的积极倡导下，美国有史以来首次参加了日本－太平洋岛国论坛峰会。

近年来，随着南太平洋地区国际战略环境和地区格局的变化，日本对南太平洋岛国的 ODA 也呈现出一些新的特点。

---

① JIIA：《进一步强化日本与太平洋岛国的伙伴关系》（『日本と太平洋島嶼国のパートナーシップ強化に向けて』），ht p：//www2. jiia. or. jp/kokusaimondai _ archive/2010/2010 - 11 _ 006. pdf。

② JICA：《国际协作机构年度报告书 2012》（『国際協力機構年次報告書 2012』），第 178～179 页。http：//www. jica. go. jp/about/report/2012/ku57pq00000sc3za－att/14. pdf。

③ 《第六届日本－太平洋岛国论坛峰会有识之士会议提案》（『第 6 回太平洋・島サミットに向けた有識者会合提言』），第 7 页。http：//www. mofa. go. jp/mofaj/press/release/23/11/pdfs/1115_06_01. pdf。

④ 《第六届日本－太平洋岛国论坛峰会有识之士会议提案》（『第 6 回太平洋・島サミットに向けた有識者会合提言』），第 4～5 页。

⑤ 《第六届日本－太平洋岛国论坛峰会宣言》，参见日本外务省网站 http：//www. mofa. go. jp/mofaj/area/ps_summit/palm_0€/kizuna_jp. html。

　　第一，随着联合国千年发展目标①实现日期的临近，日本对南太平洋落后国家的援助额明显上升。

　　长期以来，南太平洋中两个最大的岛国斐济和巴布亚新几内亚一直是日本 ODA 的重点，如日本对斐济的 ODA 额常年占其对该地区 ODA 支出的将近一半，2000～2001 年甚至达到 50.5%。② 1995～2000 年，在发展援助成员国对巴布亚新几内亚的 ODA 支出中，日本始终占据第二位，仅次于澳大利亚。然而，近年来，由于各大国在上述两国的竞争日趋激烈，日本将其援助重点逐步转向该地区落后国家，2011 年日本对上述两国之外的密克罗尼西亚、汤加、所罗门群岛等 12 个南太平洋岛国的援助额占该年度援助额的近 81%。③ 通过加大对落后国家的援助力度，提升日本的国际威望。

　　第二，加强对南太平洋岛国环境保护等日本传统优先领域的援助，使日本在与中国的竞争中处于优势地位。

　　一直以来，日本对南太平洋岛国的援助包括基础设施建设、渔业、教育、医疗卫生、环境保护和气候变化等广泛领域。近年来，针对中国对南太平洋岛国援助的扩大，日本十分重视发挥其在环境保护（如垃圾处理等）领域的优势。④ 2009 年 5 月，第五届日本－太平洋岛国论坛峰会上，双方达成构建"太平洋环境共同体"⑤ 的协议，日本投入 68 亿日元，设立太平洋环境共同体基金，持续为南太平洋岛国提供节能产品、提升水资源管理及废弃物管理水平，并帮助这些国家培养环境领域的专家。2010 年，日本国际合作署（JICA）与太平洋地区环境计划秘书处（SPREP）合作，开始实施涵盖全部南太平洋岛国的"大洋洲废弃物区域战略（2010～2015）"，帮

---

　　① 联合国千年发展目标：2000 年 9 月联合国 189 个成员国签署《联合国千年宣言》，承诺在 2015 年之前，将全球贫困水平降低一半（以 1990 年的水平为标准）。

　　② 日本外务省：《太平洋岛国对于日本来说为何重要？》（Why the Pacific Island Countries are important to Japan?），http：//www.mofa.go.jp/region/asia－paci/spf/palm2003/relation.html?dcee2c40。

　　③ 笔者根据 JICA《国际协作机构年度报告书 2012》（『国際協力機構年次報告書 2012』）相关数据统计。

　　④ 《第六届日本－太平洋岛国论坛峰会有识之士会议提案》（『第 6 回太平洋・島サミットに向けた有識者会合提言』），第 7 页。

　　⑤ 《第五届日本－太平洋岛国论坛峰会宣言》，第 1 附属文件《太平洋环境共同体》（『太平洋環境共同体』），日本外务省：http：//www.mofa.go.jp/mofaj/area/ps_summit/palm_05/ha_sen01.html。

助该地区建立可持续资源循环型社会。

第三，在对南太平洋岛国的援助上加强与美国的合作。

2012年5月，在日本的倡议下，美国第一次被邀请参加了在日本冲绳召开的第六届日本－太平洋岛国论坛峰会。8月底，美国首次参加了在库克岛举行的太平洋岛国论坛领导人峰会。9月1日，日本外务大臣政务官中野让和美国国务卿希拉里共同出席了在库克岛召开的太平洋岛国论坛对话国会议，日美两国签署了《关于对太平洋岛国援助日美合作共同声明》。声明规定，日美在对南太平洋岛国援助中，在防灾、环境气候变化、克服岛国脆弱性与人类安全保障、人员交流与情报共享四个优先援助领域加强合作。① 日本试图通过与美国的合作，借助美国的力量，继续保持其在南太平洋地区的优势地位，与美国一道共同构建亚太地区新秩序。

第四，加强与日本地方政府、大学及非政府组织的合作。

日本政府在南太平洋岛国废弃物管理问题上，引入"福冈模式"，即采用日本福冈市与福冈大学合作研发的"准好氧填埋法"，对萨摩亚、帕劳、瓦努阿图以及密克罗尼西亚等国的废弃物处理场进行改造后，实现低成本运作和高效管理。日本ODA执行机构JICA还分别与鹿儿岛县的志布志市、三重县政府及财团法人国际环境技术传播中心、冲绳县那霸市及非政府组织冲绳再循环运动市民会、东京大学及日本科学技术振兴机构等多个地方政府、大学、非政府组织合作，帮助南太平洋岛国减少废弃物的数量并提高废弃物的循环再利用率。

日本政府加强与日本地方政府、大学及非政府组织的合作，既可以缓解日本政府面临的财政压力，又可以提高ODA的质量，还可以使日本ODA从"看不见脸的援助"转变为"看得见的援助"，从而赢得日本国内民众的广泛支持，可谓"一举多得"。

三　日本向南太平洋岛国提供政府开发援助的动机

根据社会交换论，ODA在本质上是援助国与受援国之间利益的双向交

---

① 《关于对太平洋岛国援助日美合作共同声明》（『太平洋島嶼国における日米援助協調に関する共同声明』），http://www.mofa.go.jp/mofaj/press/release/24/9/pdfs/0901_01_01.pdf.

换。尽管日本或多或少地会以利他主义的宣传进行包装，也不可否认，日本对外援助客观上的确存在着利他性，但实际上，当日本决定是否对南太平洋岛国进行援助以及援助的力度时，其根本动机仍然是在最大程度上实现其国家利益。日本外务省曾直言不讳地表示，ODA 作为日本政府对太平洋岛国外交的一环，其所要达到的国家利益目标是：（1）在安全保障方面，确保太平洋岛国对日本保持亲近感；（2）确保太平洋岛国在联合国等国际场合对日本立场的理解和支持；（3）确保日本在南太平洋地区资源的供给以及运输航道的畅通。① 可见，日本对南太平洋岛国提供 ODA，既有其战略与安全利益上的动机，也有其政治及经济利益考量，而南太平洋岛国也具备满足日本上述需求的各种资源，主要包括自然性资源和制度性资源。

（一）战略与安全利益因素

战略与安全利益涉及国家生存的根本，是一个国家最为核心的利益，对该国政策选择具有决定性的作用。战略安全利益是日本对外援助的主要目标，在地缘政治考量中占据重要位置的国家则成为其 ODA 优先选择对象。1981 年，日本外务省在其《经济合作的理念：为何实施政府开发援助》文件中指出，对外援助是为保障日本综合安全所必须付出的代价。② 由此可见安全保障在日本 ODA 中的重要地位。

日本作为一个岛屿国家，国土面积狭小，自然资源匮乏，因此，确保原材料供应与海上运输通道的安全，对日本经济有着举足轻重的意义。而海域辽阔的南太平洋地区，与日本同属环太平洋圈，共享太平洋海域，它不仅是日本从事深海渔业的重要区域，也是日本运送产品及自然资源的具有战略性意义的海上运输通道。③ 日本从澳大利亚的进口（日本所需铁矿石、煤炭和棉花有一半是从澳大利亚进口）以及日本向澳大利亚与新西兰的出口都要通过这片海域，因此，维护这一海域的稳定以及与沿途国家保

---

① 日本外务省：《我国与太平洋诸岛诸国的关系》（『我が国と太平洋諸島諸国との関係』），ht-tp：//www. mofa. go. jp/mofaj/area/ps_summit/palm_04/pdfs/about. pdf。
② 日本外务省经济合作局：《经济合作的理念：为何实施政府开发援助》（『経済協力の理念：政府開発援助はなぜ行なうのか』），东京：国际合作推进协会，1981，第 1 页。
③ 日本外务省：《政府开发援助（ODA）白皮书 2010 年》（『政府開発援助（ODA）白書 2010 年』），http：//www. mofa. go. jp/mofaj/gaiko/oda/shiryo/hakusyo/10_hakusho/index_honpen. html。

持友好关系对日本至关重要。① 另外，南太平洋海域是"日本运送核燃料的重要通道之一，对于核能发电占全国电力需求 35% 的日本来说，得到南太平洋岛国的理解是必不可少的"。②

（二）政治利益因素

政治利益因素在日本对南太平洋岛国的 ODA 中具有充分体现。首先，南太平洋岛国独立后，外交上最显著的特点是强调地区组织的作用和采取集体外交行动。③ 在对外关系中，南太平洋论坛的作用不可小觑。如 1977 年 8 月召开的南太平洋论坛就规定在进行对外渔业谈判时，入会各国要采取一致行动。④ 2000 年后，南太平洋论坛更名为太平洋岛国论坛。太平洋岛国论坛作为在南太平洋地区最具代表性和影响力的区域性国际组织，发挥着越来越大的作用。目前，该论坛已与中国、美国、英国等域外 14 个国家建立了部长级对话伙伴关系。因此，与其建立良好关系有利于提高日本在这一地区的国际地位和影响力。其次，日本对该地区提供 ODA 援助的过程，也是其本国文化的输出与国际形象的塑造过程。作为曾经在二战期间入侵过南太平洋地区的侵略国和战败国，日本给该地区带来巨大创伤，战后也从未向该地区支付过任何赔偿，日本的国家形象在战后一度跌入谷底。重新建构一个良好的、负责任的大国形象，对日本来说十分重要。战后以来，由联合国、世界银行等国际组织推动建立的国际援助机制，使得发展中国家获得来自发达国家的援助逐渐成为一种被广泛认可的国际权利，国际社会也逐渐将发达国家提供国际援助的份额作为衡量其国际贡献的标准。而对于谋求"政治大国"地位的日本来说，更是迫切需要通过增加"国际贡献"来塑造其良好的国际形象。由于日本对南太平洋岛国的 ODA 绝大部分为无偿援助，因而往往都被宣称是出于人道主义和国际义务的目的、为了

---

① 　日本外务省：《太平洋岛国对于日本来说为何重要？》（Why the Pacific Island Countries are important to Japan?）。

② 　宫岛昭夫（日本外务省欧亚局大洋洲课课长）：《共有未来——南太平洋论坛（SPF）与日本》（宫岛昭夫："未来を共有する―南太平洋フォーラム（SPF）と日本"），《外交论坛》（『外交フォーラム』）第 13 卷，2000 年第 5 期，第 28 页。

③ 　〔斐济〕桑德拉·塔尔特：《日本的援助外交与太平洋岛国》（Sandra Tarte, *Japan's aid diplomacy and the Pacific islands*），第 9 页。

④ 　《1977 年第八届南太平洋论坛公报》（1977 Communique（Eighth South Pacific Forum））。

促进该地区社会经济发展而进行的，对日本国家形象的重塑具有其他政治行为难以比拟的作用。最后，联合国为了体现主权平等原则而实行的一国一票制，增加了南太平洋岛国可用于交换的制度性权力资源。南太平洋岛国人口只占世界人口的 0.14%，在联合国却拥有 12 票，占联合国总票数的 6% 以上。而成为联合国安理会常任理事国，是日本梦寐以求的政治目标，因此，通过 ODA，换取南太平洋岛国在联合国对日本的支持，是推动日本对该地区实施援助的最重要的政治动因之一。而同样是一票的表决权，大国之间的博弈明显要复杂得多，日本自然也会更倾向于争取发展中国家的支持。

（三）经济利益因素

南太平洋岛国对于日本的经济重要性主要体现在两方面。首先，如前文所述，南太平洋地区是日本输出产品、输入原材料的具有战略价值的海上运输通道，该地区的安全和稳定，对保障这一运输通道的畅通至关重要。

其次，南太平洋岛国为日本提供了丰富的原材料与能源，包括海洋、矿藏以及森林资源。在海洋资源方面，南太平洋岛国陆地面积虽然狭小，却拥有 2000 万平方公里专属经济区（是中国陆地面积的 2 倍），是金枪鱼、鲣鱼等丰富渔业资源的宝藏。长期以来，南太平洋岛国所处的太平洋海域，是日本发展深海渔业极为重要的一个区域。[1] 1975 年，日本 85% 的金枪鱼来自太平洋海域，1980 年上升为 90%，其中包含南太平洋岛国广大专属经济区及其周边海域。[2] 目前，日本约 80% 的金枪鱼、鲣鱼来自中西部太平洋水域渔场。巴布亚新几内亚则是铜、黄金与石油、天然气的主要供给国。在森林资源方面，巴布亚新几内亚、所罗门群岛与新西兰三个国家占据了日本木材进口总量高达约 20% 的份额。[3]

---

[1]　日本外务省：《政府开发援助（ODA）白皮书 2010 年》（『政府開発援助（ODA）白書 2010 年』）。

[2]　〔斐济〕桑德拉·塔尔特：《日本的援助外交与太平洋岛国》（Sandra Tarte, *Japan's aid diplomacy and the Pacific islands*），第 2 页。

[3]　日本外务省：《太平洋岛国对于日本来说为何重要？》（*Why the Pacific Island Countries are important to Japan?*）

四　日本对南太平洋岛国政府开发援助的成本与收益

　　根据社会交换论，援助关系是援助国与受援国间利益和权力资源交换的关系，是一种互惠的关系。任何援助关系的存在都必然给构成这种关系的双方带来利益，如果这种关系只是单方面获益，那么这种援助关系是不稳定的、也不可能持久。日本与南太平洋岛国间的援助关系从 20 世纪 60 年代末开始一直持续至今并且还在不断加强，说明两者都从这种援助关系中获得了利益。首先，日本的 ODA 为南太平洋岛国的经济和社会发展做出了贡献。截至 2010 年，日本向南太平洋岛国提供的无偿资金援助、技术合作以及低息贷款金额分别为 15.78 亿美元（不包括通过多边组织的无偿援助）、11.74 亿美元和 1.90 亿美元，其中在无偿资金援助方面的支出最多，约占全部支出的 53.64%。日本将大量的援助用在了支持南太平洋岛国国内基础设施建设上。2003～2006 年，日本对斐济基础设施建设的总支出约为 520 万美元，占发展援助委员会（DAC）成员国对该国基础设施建设援助总额（约为 600 万美元）的 89%。南太平洋岛国国内许多重要的公路、大桥、机场、港口和铁路等国家基础设施是在日本的援助下修建的。如日本在 1988 年和 1996 年两度向巴布亚新几内亚提供总额约 127.63 亿日元贷款，以帮助巴布亚新几内亚修建其最重要的机场——莫尔兹比港国际机场。此外，在水产资源生产及管理、环境保护、医疗卫生、文化教育以及灾害救助等领域，日本也向南太平洋岛国提供了大量援助。这些援助帮助南太平洋岛国加强了国家的各项基础设施建设，有助于改善该地区人民的生活质量，提高了南太平洋岛国抵御各种自然灾害的能力。

　　日本在对南太平洋岛国的 ODA 中同样获得了丰厚的收益，并且付出的成本极低。在日本对外援助中，对南太平洋岛国的援助支出所占的比例几乎微不足道。日本对该地区的 ODA 支出不到其全部援助支出的 1%。尽管所占份额极低，但由于人口因素关系，南太平洋岛国对日本 ODA 的人均占有量却远远高于同为受日本援助的亚洲国家。南太平洋 14 个岛国人口占发展中国家人口的 0.16%，即使按对大洋洲 ODA 占 0.9% 计算，该地区的人均享有量也是发展中国家人均水平的 5 倍。也就是说，在日本与南太平洋岛国这对交换关系中，一方面对于后者来说日本是其最重要的援助来源之一，而在另一方面对于日本来说这种数量级的援助不会构成太大压力，并且成效显著。

从日本对南太平洋岛国实施 ODA 的收益来看，从前文所述的日本政府对南太平洋岛国外交所要达成的三个目标来看，日本向南太平洋岛国提供 ODA，不仅赢得了该地区的好感，其所获得的政治收益更是显而易见。在 1996 年南太平洋论坛总会上，全体会员"坚决而且是一致支持"日本成为安理会非常任理事国。① 在此后日本争当联合国安理会常任理事国问题上，南太平洋岛国同样是日本"坚实的支持者"。② 南太平洋岛国在多种国际场合公开表示对日本申请成为联合国安全理事会常任理事国的支持。如 2006 年 5 月下旬在日本冲绳举行第四届日本 - 太平洋岛国论坛峰会期间，太平洋岛国领导人纷纷表示支持联合国安理会的改革，并重申在双边基础上，对于日本申请成为联合国安全理事会常任理事国持支持立场。③ 日本以不到 1% 的 ODA 支出却收获约 6% 以上的联合国选票，其效用可谓非同一般。正如第六届日本 - 太平洋岛国论坛峰会建议书中所言："太平洋岛国对日本十分亲善，在国际场合与日本协调一致。而这些都要归功于日本长期以来向该地区提供的援助。从费效比来看，对诸如南太平洋岛国这样国土规模相对狭小的国家提供援助能收到极佳的效果，可以作为有效的外交手段加以利用。"④ 而对日亲近的南太平洋岛国显然有助于确保日本在南太平洋地区资源的供给以及运输航道的畅通。因此可以说，日本对南太平洋岛国的 ODA 基本上实现了其外交目标。

（作者简介：陈艳云，中山大学亚太研究院国际关系学系暨大洋洲研究中心副教授、历史学博士；张逸帆，台湾大学政治学研究所硕士研究生）

---

① 太平洋岛国论坛（太平洋諸島フォーラム），参见日本外务省网站：http：//www. mofa. go. jp/mofaj/area/pif/gaiyo. html。
② 日本外务省：《第六届日本 - 太平洋岛国论坛峰会》（『第 6 回 太平洋・島サミット』），http：//www. mofa. go. jp/mofaj/press/pr/pub/pamph/pdfs/palm6. pdf。
③ 日本外务省：《第四届日本 - 太平洋岛国论坛峰会》（『第 4 回 太平洋・島サミット』），http：//www. mofa. go. jp/mofaj/area/ps_summit/palm_04/sengen. html。
④ 《第六届日本 - 太平洋岛国论坛峰会有识之士会议提案》（『第 6 回太平洋・島サミットに向けた有識者会合提言』），第 7 页。

论澳大利亚淘金热爆发的过程与内涵

费　晟

内容提要：澳大利亚淘金热迟至 1851 年才爆发主要是由于殖民当局的压制。突破阻力不仅取决于殖民地社会自下而上的冲击，也是出于殖民当局应对外部竞争的主动选择。当美国加利福尼亚淘金热爆发并吸引大量欧洲自由移民劳动力时，澳大利亚殖民当局开放了黄金开采权，借此抵消加州淘金热的冲击，随后率先发现金矿的新南威尔士殖民地又遭遇维多利亚州的挑战，由此掀起澳洲淘金热高潮。从加州辗转回澳洲的淘金者将跨太平洋的两大淘金热串联起来。淘金热的爆发反映出原本孤立的囚犯殖民地已日益深陷于全球市场体系。随着淘金热加剧的自由移民流动，澳洲开始势不可挡地向自由移民殖民地转型。

关键词：澳大利亚　淘金热　自由移民

澳洲著名社会评论家罗伯特·墨累概括说："1788 年澳洲囚犯殖民地的建立、1830 年代牧羊业的大繁荣、1850 年代开始的淘金热以及 1901 年澳大利亚联邦的建立是澳洲历史上的四大关键性事件。"① 澳洲淘金热通常是指 1851 年在新南威尔士以及维多利亚殖民地爆发的淘金热，而后者又占据最显赫的地位——在 19 世纪 50 年代维多利亚殖民地出产的黄金竟占到当时全

---

① 罗伯特·默累：《淘金热导致了什么？》（Robert Murray，"What the Gold Rush Wrought?"），《象限》（*Quadrant*）2001 年第 1～2 月刊，第 33 页。

球黄金总产量的 38% 左右。① 学术界对澳洲淘金热之影响多有关注，特别是强调其对于澳大利亚经济腾飞与社会发展的突然刺激与推动作用。② 然而淘金热爆发在 1851 年并非一种偶然，它其实反映出当时澳洲殖民统治模式面临的压力与挑战。通过对澳大利亚淘金热爆发细节的分析，本文认可淘金热决定性地推动了澳大利亚殖民地的转型，但更认为它起到了催化剂的作用。从淘金热的爆发可以再次看到历史的必然性与偶然性如何交织促成了澳洲殖民体系的转型。本文将首先介绍澳大利亚殖民当局为何压制和拖延黄金开采活动，接着说明加州淘金热如何打破了澳洲淘金热爆发的瓶颈，然后分析澳洲殖民地的竞争关系如何导致淘金热一发不可收拾地蔓延，最后总结其折射的澳洲殖民体系转型之历史大势。

一　被压制的澳洲淘金热

　　澳大利亚淘金热是一场被延滞爆发的运动。因为自 19 世纪 30 年代牧羊业在澳洲发展以来，澳大利亚殖民地腹地不断被牧羊人深入探索，他们发现天然黄金的消息已经时有耳闻。比如淘金热史学家杰弗里·瑟利指出，在淘金热爆发后至少有数十位牧羊人声称早就发现过黄金。③ 而新公布的官方档案证明，不仅悉尼周边地区曾在 19 世纪 40 年代就发现过黄金，而且当局早在 1841 年、1844 年、1845 年与 1848 年就具体记录过菲利普港区殖民地（亦即后来的维多利亚殖民地）报告过金矿的确切位置，其中后三则记录所涉及的区域就位于维多利亚的核心矿区——本迪戈（Bendigo）、巴拉腊特（Ballarat）与卡索曼（Castlemaine）。④ 尽管如此，淘金热并不是由牧羊人掀起的，因为官方不仅没有乘势勘探金矿，而且竭尽所能压制这一消息：

---

① 罗伯特·默累：《淘金热导致了什么？》，第 40 页。

② 国内学者中张建新较全面地总结了学界的有关讨论，可参见张建新《澳大利亚 "淘金狂" 及其影响》，《世界历史》1997 年第 3 期。

③ 杰弗里·瑟利：《黄金时代：维多利亚殖民地史，1851～1861 年》（Geoffrey Serle, *The Golden Age: A History of the Colony of Victoria, 1851～1861*），墨尔本大学出版社，1963，第 10 页。

④ G. B. 韦伯：《导致维多利亚黄金被发现的历史事件及早期的采矿岁月》（G. B. Weber, "History of Events Leading to the Discovery of Gold in Victoria and the Early Mining Years"），《澳大利亚地理科学研究所报告》（*Australian Institute of Geoscientists Bulletin*）1996 年第 20 号，第 5～6 页。

"1851 年和 1852 年发现金子的新矿区早就是人们反复经过的地区，但是之前人们并没有为此认真探索过。"①

显然，黄金矿藏的物理性存在并不必然导致淘金热，因为出于当时澳洲殖民地的性质与地位，当时的澳洲当局不能也不敢放任淘金活动的展开。自 1788 年英国第一支舰队抵殖澳洲后，50 年间澳大利亚先后建立起若干个直辖于英国殖民部的流放犯殖民地，当时它们可谓英国全球殖民体系中身份最低贱且地理位置最边缘的移民殖民地。对帝国殖民部外派官僚而言，尽管牧羊业的扩张和自由移民的增长已经改善了澳洲的社会和经济条件，但其首要使命仍然停留于监管囚犯并维护社会秩序。中央集权的官僚机器习惯于降低操作成本与难度，它会尽可能规避自己要承担的行政责任与风险，可淘金热恰恰会加剧这方面的挑战。② 比如早在 1839 年，波兰裔博物学家斯特泽勒奇（Count Strzelecki）伯爵在考察澳大利亚东南部农场时就获得了黄金矿产样本，他向自己的好友、新南威尔士总督乔治·吉普斯（George Gipps）报告说新南威尔士殖民地肯定存在金矿。1841 年，默奇森爵士（Roderick Murchison）发现斯特泽勒奇带回国的金矿石标本和俄国已经开发的乌拉尔山区金矿石构造相像，由此也推测澳大利亚有黄金。他建议把英国康涅什地区的人送到澳大利亚采金，但是同样没有得到任何响应。③ 后来斯特泽勒奇自己解释了他为什么不敢擅自公布发现黄金的消息："我收到了总督的警告，要我对自己公开这一消息的后果负责。因为总督说如果宣布殖民地是黄金地带，那么要维持殖民地（新南威尔士、范·迪门、诺福克岛）的社会秩序就不可能了，这里住着 45000 名流放犯。除非本土的刑法典有所修改，否则遣送流放就会变成对犯罪的奖赏而不再是惩罚。我得服从国家政治利益……"④ 同样是在 1841 年，业余地质学家、牧师克拉克（William Clarke）在大分水岭以西采集到了金矿石样本。他把矿石送到

---

① 杰弗里·布莱尼：《赢了一半的土地》（Geoffrey Blainey, *A Land Half Won*），墨尔本麦克米伦出版公司，1980，第 157 页。

② 本文此处受到了詹姆斯·斯考特（James Scott）分析官僚机构资源管理方式之通病的提示，参见詹姆斯·斯考特《国家的视角》，社会科学文献出版社，2004，"第一章"。

③ 康涅什（Cornish）是指英格兰西南部的康沃尔郡（Cornwall）的居民，这里拥有非常悠久的锡矿开发历史，男性居民多以采矿为业，举世闻名。

④ 约翰·亚瑟·菲利普：《金银的开采与冶炼》（John Arthur Phillips, *The Mining and Metallurgy of Gold and Silver*），伦敦斯宠出版社，1867，第 103 页。

吉普斯总督那里，但后者再次警告说："把它拿走，克拉克先生，否则我们俩的喉管都会被割断。"① 正是因为澳洲在英国全球殖民体系中的特殊处境，殖民当局不可能全面勘探和开发金矿。

另一方面，当时英国的矿产法与矿冶学知识水平也限制黄金开发，称职履行英国法律的殖民地官僚由此加剧了对金矿开发的消极态度。原来1689年以后，英国法令规定铜、铅、铁等贱金属矿藏都可以由私人开发，所以1844年南澳大利亚殖民地开始大规模开发当地铜矿。但是法律同时规定作为贵金属的金银矿所有权与开发权一律归皇家所有，这就迫使普通殖民者即便发现了黄金也不愿意公布，唯恐被没收所得。澳洲许多殖民地居民是戴罪之身，并不敢轻易再挑衅权威，何况这里的土地本身在法律上多属于皇家领地，连牧场主都只是借用而已。② 换言之，英国的法律排斥资本主义自由市场介入澳洲黄金开发。与此同时，19世纪中期地质学才刚刚兴起，很多时候还依附于植物学与动物学，相关的知识与研究不受重视。"沿袭博物学传统的殖民地政府最喜欢聘用植物学家而不是地质学家或者是矿冶学家，探险者们整天关注的是花草树木而不是它们所掩盖的矿物质。"③这样一来，多数探险队与旅行队都极少考虑对澳大利亚东南部殖民区进行矿冶勘探。学界如此，民间就更缺乏黄金矿冶学的知识。由于黄金珍稀罕见，澳洲一般殖民者甚至从未见过天然黄金，结果就算发现了黄金样本也无法确认。与矿业学知识匮乏相辅相成的是，黄金矿冶技术的不足使得许多人认为澳洲黄金不具有可开采性。当时人们尚不知道澳洲存在冲积金与原生金两种类型的矿产。④ 包括斯特泽勒奇在内的专家获得的多是原生金矿石，而这在当时是难以粉碎的，结果他自己都怀疑澳洲黄金具有现实开发的可能，官方自然就更不愿意认真处理。所以说，发现黄金是一回事，相信黄金具有可开采的价值从而予以实践成了另一回事，民间主动开发黄金

---

① 杰弗里·布莱尼：《不曾停歇的热潮：澳大利亚矿产史》（Geoffrey Blainey, *The Rush That Never Ended: A History of Australian Mining*），墨尔本大学出版社，1993，第8页。
② 杰弗里·布莱尼：《赢了一半的土地》，第157页。罗伯特·默累：《淘金热导致了什么？》，第38页。杰弗里·瑟利：《黄金时代：维多利亚殖民地史，1851~1861年》，第10~11页。
③ 杰弗里·布莱尼：《不曾停歇的热潮：澳大利亚矿产史》，第7页。
④ 原生金矿是指地壳中包裹在坚硬岩脉中的黄金矿藏，冲积金矿则是原生金矿随地质运动而剥离汇积起来的黄金单质，在自然界中主要是随水流冲积而成。

阻力重重。①

　　鉴于上述因素，人们不难理解即便牧羊人可能经常接触到天然黄金，为何迟至 19 世纪 40 年代末期殖民地都没有爆发淘金热。

二　加利福尼亚淘金热触发澳洲淘金热

　　尽管澳大利亚殖民当局总体上努力维系着囚犯殖民地的统治，但谁也未曾料到发生在太平洋彼岸的另一场淘金热会急速触发澳洲的变局。1848 年初，北美洲的加利福尼亚爆发了淘金热，其主要开发对象就是冲积金矿。当时的加州名义上还属于墨西哥，但实际上已是美国西进运动觊觎的最后一块边疆。加州淘金热可算是资本主义农牧业生产向美国西部推进的副产品，人们几乎是一发现黄金就掀起了淘金热，因为这里与澳洲殖民地情况有所不同，当时加州缺乏官方权威的有效统辖，发现黄金的消息可以被毫无顾忌地公之于世，淘金者闻风而至也不会受到阻挠，由此黄金开采热潮一发不可收拾。② 当时作为加州主要出海口的旧金山与新南威尔士殖民地首府悉尼港仅存在不太固定的联系，但是到 1848 年底，这一消息还是顺着无孔不入的跨太平洋贸易网传入了澳大利亚殖民地。新南威尔士和范·迪门岛的民众顿时沸腾了，众多拥有自由身份的殖民者开始考虑前往加州淘金，哪怕他们对加州地处何方一无所知。"1849 年初，有一艘运输了 1200 盎司金子的船只从美洲驶来，经停悉尼时大家都看呆了，之前连加州在哪里都不清楚，现在立刻就相信了那里盛产黄金，于是人们马上就想移民，不仅是（澳洲）殖民地中尚未安顿或者天性好冒险的人们想前往加州，新近从英国抵达的受资助的移民也是如此，他们一上岸就听说了加州淘金热，于是几乎毫无例外地立刻启程前往加州，甚至连一天都不想多逗留。可他们受了资助，本该是澳洲的劳动力。"③ 事态在不断激化，据估计在 1849 年和

①　杰弗里·布莱尼：《矿产探发的理论：以十九世纪的澳大利亚为例》（Geoffrey Blainey, "A Theory of Mineral Discovery: Australia in the Nineteenth Century"），《经济史评论》（The Economic History Review）第 23 卷，1970 年第 2 期，第 320 页。

②　大卫·古德曼：《寻找黄金：19 世纪 50 年代的维多利亚与加利福尼亚》（David Goodman, Gold Seeking: Victoria and California in the 1850s），斯坦福大学出版社，1993，第 3～5 页。

③　爱德华·哈蒙德·哈格里夫斯：《澳大利亚及其金矿》（Edward Hammond Hargraves, Australia and Its Gold Fields），伦敦英格拉姆出版公司，1855，第 72～73 页。

19 世纪 50 年中，且不算在吸引新移民方面的损失，仅从澳大利亚出境前往加州的男性移民就有 6000 ~ 8000 人——"在悉尼港天天有人哭天喊地找船要跑到加利福尼亚去"。① 如此一来，令澳洲殖民地最头疼的劳动力短缺问题雪上加霜，刚刚由牧羊业推动而开始试行的自由殖民政策立刻面临无以为继的局面。面对有限的自由劳动力不断流失的现实，猝不及防的澳洲殖民当局一时束手无策。

　　前辈学者较少强调加州淘金热对澳洲当局心态重塑的作用，但事实上加州淘金热带来的社会冲击很快就转化为对澳洲殖民当局的强大政治压力。因为此时造成自由移民流失的关键症结在于英澳当局的管理体制：相比于澳洲更为强势的官僚统治与更为严明的管理法令，西班牙在加州的统治力量早已是日薄西山，所以加州的黄金开发几乎完全向世界市场开放，移民可以非常自由地前去淘金。1849 年初，面对汹涌奔赴加州的移民，新任新南威尔士总督查尔斯·费兹洛伊（Charles Fitzroy）不得不开始考虑以对等的手段来阻止人口流失了。3 月 1 日，费兹洛伊向当时的殖民国务大臣约翰·格雷发去了紧急信件暗示能否也进行黄金开发，他举证说："我新得到一块重达 3.5 盎司的纯金矿石。只是还不知道确切的出产地方，但这似乎肯定是在大分水岭西侧发现的。"② 这里要注意一个微妙的细节——费兹洛伊和前任吉普斯总督的态度已经颇有不同。吉普斯当时根本就没打算向伦敦政府报告有关消息，还竭力扼杀消息的扩散。"到 1850 年，澳大利亚当局已经被澳洲发现黄金的消息搅扰得进退两难，尽管费兹洛伊总督受命被迫重申禁止私人开采贵金属，但他认识到这对遏制人口流失极为不利。"③ 在太平洋盆地地理联系趋紧的格局下，加州淘金热让澳洲的官僚们警醒：如果澳洲殖民地爆发淘金热，那可能会导致社会不安；但若没有类似的运动，那么这个社会或许会瓦解。

---

① 埃里克·罗斯：《旅居者：中国与澳大利亚世纪之久的史诗故事》（Eric C. Rolls, *Sojourn-ers: The Epic Story of China's Centuries – Old Relationship with Australia*），圣卢西亚昆士兰大学出版社，1992，第 74 页。

② 《澳大利亚：风景、自然史、资源与定居；对其金矿的惊鸿一瞥》（*Australia: Its Scenery, Natural History, Resources, and Settlements; with a Glance at Its Gold Fields*），伦敦宗教协会宣传册，出版年代约为 19 世纪 50 年代初，第 165 页。

③ T. 理查德：《人与金属》（T. A. Rickard, *Man and Metals*），纽约维特莱塞书屋，1932，第 750 页。

具有讽刺性的是，加州淘金热从 1850 年底起逐渐趋于平息，所以一些前去淘金的澳洲矿工开始打道回府。这批人被称为 "1849 年人"① （the ninety - fourer），他们尚不知道澳洲当局对黄金开发的态度已经因为他们发生了微妙变化。即便如此，其中一些有经验人士在比照了家乡与加州的环境后坚信澳洲肯定也有大金矿，结果一位名叫爱德华·哈格里夫斯（Edward Hargreaves）的淘金者一举成名。

1855 年，哈格里夫斯坦率地承认："我的脑海中本没有任何地质科学方面的理论准备，我只是简单地比较了我在加利福尼亚所看到的地质结构以及 18 年前我在澳洲见过的景象；而且我完全相信，如果（加州）表露的这种地质地貌可以探测到黄金，那么澳洲也会有的。我立刻就按照这种想法去实践了……"② 哈格里夫斯于 1851 年 1 月返回到澳洲，2 月 5 日他就招募了两位认路的同伴启程翻越大分水岭，前往巴瑟斯特（Bathurst）一带寻找冲积金矿，一周后他就有所斩获。哈格里夫斯立刻向两位同伴传授了加州的淘金工具与技巧，随后立刻返回悉尼联系当局。他于 3 月初面见殖民地秘书爱德华·托马斯（Edward Thomas），试探性地宣称说自己正在寻找金子以求得官方奖赏，后者没有表示反对，而是说如果证实发现了具有可开采价值的金矿并报官，政府可以予以奖励。4 月 3 日，哈格里夫斯提笔写信给殖民地秘书称："如果政府答应给我奖励，也就是马上给我 500 英镑的报酬，我就会向相关官员或者任何指定的官员明确指出金矿的具体位置，……在我的发现得到确证之后我自愿让政府接管金矿，然后请再给我额外的奖励。"③ 4 月 15 日，政府回信答应了他的请求。于是 4 月 30 日他回信报告了金矿的具体位置。紧接着他立刻动身返回巴瑟斯特，同时唯恐政府赖账而故意把消息泄露给媒体，那样整个悉尼将会顿时轰动。5 月 18 日，他再次写信给殖民地秘书称已经有数百人随他一起采矿，至此澳洲淘金热终于爆发了。

哈格里夫斯用行动证明了澳洲当局对金矿开发态度的转变，因为到 1851 年时，殖民当局为有效遏制人口外流已近不择手段。此时总督的心思

---

① "1849 年人"这个词专指在 1849 年投身加州淘金热的移民。在澳洲，这一称呼还意味着当事人是经验丰富的从加州归来的矿工。

② 爱德华·哈格里夫斯：《澳大利亚及其金矿》，第 99 页。

③ 《澳大利亚：风景、自然史、资源与定居；对其金矿的惊鸿一瞥》，第 166 ~ 167 页。

是："如果真有金子存在，那么母国政府就会完全停止向这里输送囚犯，同时这也能阻止人们移民加州了；只是这个消息对我们来说好比当头惊雷——我们还没有准备。"① 政府从哈格里夫斯的报告中确认了一个有利于留住人口的机会。后来哈格里夫斯嘲笑曾经在 19 世纪 40 年代发现金矿的一位牧师——认为牧师早已多次发现黄金却没有像他一样申请奖赏，所以是一个愚蠢的失败者。② 殊不知回到克拉克的时代，谁都无法与官方讨价还价，因为后者没有这方面的需求。

哈格里夫斯掀起的淘金热旋即产生了广泛的社会反响。1851 年 5 月，哈格里夫斯将自己发现的巴瑟斯特矿区命名为"俄斐"（Ophir）——这是《圣经》中记载盛产黄金和宝石的地方。"在公布发现黄金的刹那，简直无法用言辞形容社会各阶层的兴奋劲儿。"③ 俄斐在淘金热爆发头一个月内就吸引了数百名淘金者，他们几乎都是从距离它最近的大据点悉尼而来。在哈格里夫斯等"1849 年人"的榜样示范下，加利福尼亚矿工的经验很快得到了传播和接受。而淘金经验的迅速推广又进一步降低了普通人加入淘金热的门槛，这样涌入新南威尔士的矿工群体如滚雪球般壮大，金矿如雨后春笋般冒出。在很短的时间里，大分水岭以西明确成形的淘金区达到了 15 个，而可能涌进这些矿区的矿工简直没有上限。④ "乌合之众们正不断从悉尼赶来，没有食物、财产和工具，……他们到这里来明显是怀揣着这样的认识，那就是他们用自己的脚后跟都能从地里磕出那珍贵的金属，然后自然就有钱买日常需求品了。"⑤ 显然，澳洲人口外流的趋势已被遏制，而殖民当局一直担心的社会不稳定局面也已出现。于是总督立刻想搬出私人不得挖掘黄金的矿产法来稳定社会局面。可是，"总督很明智地发现这已经不可能控制了，那个从中世纪沿袭下来的规矩，再没有约束力。在 16000 英里

① 威廉·莫雷尔：《淘金热》（William Parker Morrell, *The Gold Rushes*），伦敦麦克米伦公司，1941，第 202 页。

② 爱德华·哈格里夫斯：《澳大利亚及其金矿》，第 107 页。

③ 高德弗瑞·芒迪：《我们的对跖地，澳大利亚殖民地的定居与漫游：金矿的惊鸿一瞥》（Godfrey Charles Mundy, *Our Antipodes: or, Residence and Rambles in the Australasian Colonies: With a Glimpse of the Gold Fields*），伦敦本特利出版公司，1855，第 561 页。

④ 弗朗西斯·兰斯洛特：《澳大利亚写真：它的居民地、农场与金矿》（Francis Lancelott, *Australia as It Is: Its Settlements, Farms, and Gold Fields*），伦敦科本公司，1852，第 8 页。

⑤ 《悉尼先驱晨报》（*Sydney Morning Herald*）1851 年 6 月 6 日。

之外的地方，靠这么捉襟见肘的政府人手根本不可能阻挡如此多淘金者的步伐。"① 于是在 1851 年 5 月 23 日，悉尼当局只好颁令允许矿工自由淘金，但必须事先缴纳金矿开采许可费以表示对皇家所有权的尊重："（1）从 6 月 1 日起，任何人如果没有领取执照并支付许可费，就不能在任何形式的土地（私人或公有的）上挖掘或运出金子。（2）根据当前的情况，金矿开采执照费用为每月 30 先令，预先支付，但是要注意，其数额可能根据未来的情况有所调整。（3）执照可以去金矿管理员驻辖地申领，他们是由皇家总督任命而实际执行这一政策的。他们被授权收取费用。（4）想要获得或者更新你的执照，除非你能证明你已经结束了之前的工作，或者向委员证实你合法合理地离开了先前的服务岗位。（5）每个执照覆盖的位置和范围可以调整，实施管理的首要任务是避免误会以及相互干扰。"② 为了贯彻这一命令，殖民当局向各个发现了重要金矿的地区派遣由政府官员或社会贤达充任的金矿管理员，同时还为其招募两名副手和若干士兵。这样一来，"皇室拥有黄金的敕令被转化为一种无足轻重的勒索"。③ 澳洲方面阻遏移民自由淘金的闸门终于打开了。不过，新南威尔士的淘金热缓解了澳洲移民流失的势头，却引发了澳洲其他殖民地的危机，而这又促成了淘金热向更深远的范围扩散。

三　淘金热向维多利亚殖民地蔓延

就在新南威尔士殖民地爆发淘金热之际，位于其南部的维多利亚殖民地淘金热也拉开了帷幕。富有戏剧性的是，维多利亚淘金热爆发的场景几乎是前者的翻版。当时澳洲最重要的殖民据点是新南威尔士的首府悉尼，它受到了加州淘金热的强烈冲击，而 1851 年从新南威尔士分离出来的维多

---

① T. 理查德：《人与金属》，第 750 页。
② 《新南威尔士金矿管理条令，1851 年 5 月 23 日》（"Regulation on the New South Wales Goldfield, May 23, 1851"），载于曼宁·克拉克编《澳大利亚历史文件选编：1788～1851 年》（Manning Clark ed., *Select Documents in Australian History: 1788～1851*），悉尼安古斯与罗伯森出版社，1955，第 8 页。
③ T. 理查德：《人与金属》，第 750 页。

利亚殖民地则以墨尔本为首府，对加州淘金热的反应一直较为平淡。① 因为
这里与北美洲相隔过于遥远、联系很少。更重要的是这里人群结构比较简
单、人均资源格外充裕，尤其是吸纳了多数就业人口的牧羊业受到排他性
的关照，盈利空间颇为乐观。② 不过由于远离传统殖民统治的中心且交通基
础设施落后，维多利亚同样不足以吸引自由移民。于是恰如新南威尔士的
官僚一样，实际掌控维多利亚殖民地的大牧场主和大商人也一直力图封杀
此间存在黄金的消息，只不过他们更多是从经济层面考虑问题——他们害
怕淘金活动会吸引走有限的牧羊业劳动力，而且淘金活动还可能破坏既有
的牧场资源。毫不奇怪的是，1850 年在卡索曼地区的弗里斯特溪（Forest
Creek）还发生了这样的案例：一个牧场主的亲戚在这里分管一个畜牧站，
剪羊毛前他在溪水里洗刷羊群，突然发现水底金光闪闪。他一开始还以为
是云母石的反光，但是仔细一看却大吃一惊，因为这是干干净净、又沉又
纯的金子，上面只盖了一层薄薄的沙子。他立刻捡了一大堆送到自己的叔
叔那里，但是让他非常意外和不满的是，冷漠的牧场主勒令他绝对要保密，
否则"人们会蜂拥而来，把这里掀个天翻地覆，而牧羊人则会舍下牧群跑
掉"。③

　　但是新南威尔士爆发淘金热后，维多利亚统治阶层的心态也发生了转
变。原来，维多利亚的大众舆论认为挖黄金的回报率肯定比牧羊业高得多，
何况邻近的新南威尔士并不是间隔着大洋的加利福尼亚，从维多利亚前去
淘金的成本相对很低，于是维多利亚殖民者纷纷脱离牧羊业离境转投巴瑟
斯特矿区。一时间墨尔本人口"每天减少数百人，社会经济秩序出现了紊
乱，劳动力都涌向新南威尔士金矿区"。④ 如此一来刚刚独立的维多利亚殖
民地就面临人口锐减的窘境，这加剧了墨尔本大商人和牧羊业主面临的劳

---

① 1851 年菲利普港区殖民地正式从新南威尔士殖民地独立，为纪念英国女王而重新定名为
　　"维多利亚殖民地"。
② E. 毕弗：《澳大利亚淘金热时代之前的繁荣：1843~1851》（E. A. Beever，"The Pre – Gold
　　Boom in Australia 1843 – 1851"），《澳大利亚经济史评论》（*Australian Economic History Re-*
　　view）第 19 卷，1979 年第 1 期，第 6 页。当时维多利亚法令甚至可以让牧羊业主破产却不
　　必被清算财产。
③ 詹姆斯·福莱特：《维多利亚金矿探发史》，第 180 页。
④ 唐·加登：《维多利亚史》（Don Garden，*Victoria：A History*），墨尔本托马斯尼尔森出版公
　　司，1984，第 69 页。

动力短缺局面，他们对黄金开发的态度也就转变了。1851 年 6 月，亦即新南威尔士淘金热爆发大半个月之后，墨尔本的经济精英们自发成立了"黄金奖赏委员会"（Gold Award Committee），公告称任何在距离墨尔本 120 英里范围内发现黄金的个人都可以获得 200 英镑的奖励。[①] 悬赏告示发出仅仅三个礼拜后，一个探金团队就在墨尔本东北方向的山区瓦兰德特（Warrandyte）发现了金矿。此后又过了一个月，一名叫詹姆斯·埃斯蒙德（James Esmond）的长途马车夫率领伙伴在墨尔本西北方向 120 英里处的克伦斯河（Clunes）也发现了更丰富的冲积金矿，这立刻引发了一大群人前去采矿。此后发现的金矿层出不穷，维多利亚淘金热终于登上了历史舞台。

对此殖民当局采取了推波助澜的政策。1851 年 6 月，为了遏制居民向新南威尔士移民，殖民地总督拉筹伯（La Trobe）对黄金奖赏委员会的悬赏令表示了公开支持，甚至拨款 1 万英镑用作奖励的准备金。同时他也欣慰地说道："冬季正在逼近，这里前往巴瑟斯特地区的路途不易，需要相当大的勇气与准备工作，而几乎没有几个劳工阶层的人能达到这种条件，人口外流已经遏制。"[②] 这样一来，维多利亚淘金热的升温势不可挡了。殖民地两大港口城市季隆和墨尔本的居民开始争先恐后向 7 月新发现的大金矿巴拉腊特（Ballarat）移民。对他们来说，"出门挖金子更像是参加巨大的宴会、运动会或者那些在家信中值得吹嘘的事情。通往巴拉腊特的小路上挤挤挨挨行进着牛车、马车、驴车、狗和羊，还有手推车。背着耙子的淘金者好像铁路的调度员，……连牧师都跑了"。[③] 当年 11 月，拉筹伯给英国殖民地大臣格雷提交报告说："维多利亚发现的金矿距离城镇比较近，结果在墨尔本、季隆及其广大郊区，短短三个礼拜的时间中，许多男性居民都已经消失了。……棉花田荒芜了，房间都被出租了，商业停顿，甚至连学校也关

---

① 参见詹姆斯·福莱特《维多利亚金矿探发史》，第 1 页。后来，黄金奖赏委员会分成了 6 个分会，按区域受理领奖申请。

② 《拉筹伯给格雷的信：近期澳大利亚金矿发现情况，1851 年 11 月 10 日》（"Latrobe to Grey, Recent Discovery of Gold in Australia, Nov. 10, 1851"），曼宁·克拉克编《澳大利亚历史文件选编：1851～1900》（C. Manning Clark ed., Select Documents in Australian History, 1851～1900），悉尼安古斯与罗伯森出版社，1955，第 5 页。

③ 韦斯特·贝特：《幸运之城：巴拉腊特的第一代人 1851－1901》（Waste Bate, Lucky City: The First Generation at Ballarat, 1851～1901），墨尔本大学出版社，1978，第 10～12 页。

门了。……雇用工人越来越难，这种情况下，任何契约合同都没有人遵守了。"① 极为讽刺的是，这封信在次年 4 月才送到伦敦，因为沿海港口的水手们都跑去淘金了，船只被舍弃在码头，政府都没找到直航的船。②

在急剧升温的澳洲淘金热中，维多利亚完全压制了新南威尔士的风头，并且借此成为澳洲第一大自由移民目的地：1852～1861 年，澳洲总人口从 35 万增加到 115 万，而维多利亚人口竟然从 7 万增加到 53.8 万人。也就是说澳洲淘金热前十年中吸引了 80 万左右的移民，而维多利亚吸引了近 58%。③ 直到 1892 年，澳洲历史最悠久的新南威尔士殖民地才在人口上重新赶上维多利亚。迟至 1911 年，悉尼的人口才重新超过墨尔本。值得一提的是，从 1852 年下半年开始至 1861 年，海外移民也开始如潮水般涌入矿区，平均每年都在 4 万人左右，其中包括大量中国广东移民。④ 澳大利亚淘金热终于激发起一场浩大的移民采矿运动，巨额财富的积累使得墨尔本继圣弗朗西斯科之后被称为"新金山"。

小结：再论澳大利亚淘金热的爆发

淘金热爆发后的第四年，为了抗拒殖民当局的税收政策，维多利亚的尤里卡金矿爆发了澳大利亚历史上空前的工人暴动。这场运动本身并不波澜壮阔，但是它直接促成了澳洲殖民地的议会自治，英国殖民部不再通过科层化的行政管理机构统治澳洲殖民地。同时由于淘金热创造的巨额财富以及吸引的大规模自由移民，把因犯流放澳大利亚彻底失去了原有的惩罚意义与价值，澳大利亚顺理成章地转为公民殖民地。对此，学者们强调并歌颂突发的淘金热扭转了澳洲殖民地的命运，特别是推动其走上现代化发展的道路。然而从淘金热爆发的来龙去脉看，突发性和自下而上推动的特

---

① 曼宁·克拉克编《澳大利亚历史文件选编：1851～1900》，第 6～7 页。
② 至 1852 年春，维多利亚海港停航的远洋船只达到 43 艘，占全部通勤远洋船数量的 2/3 以上。T. 理查德：《人与金属》，第 755 页。
③ J. 嘉德威：《人口统计数目》（J. C. Caldwell, "Chapter 2: Population"），载于雷·范普璐编《澳大利亚人：历史统计资料》（Wray Vamplew ed., *Australians: Historical Statistics*），新南威尔士费尔法克斯、塞姆与威登协会，1987，第 26 页。
④ 威廉·威斯特加斯：《1857 年的维多利亚与澳大利亚金矿》（Westgarth, *Victoria and the Australian Gold Mines in 1857*），伦敦史密斯·艾德公司，1857，第 17 页。

点还是表面化的，因为殖民当局立场的转变显然同样起到了举足轻重的作用。可以说澳大利亚淘金热爆发很大程度上是新南威尔士当局抗衡加利福尼亚淘金热的结果，而维多利亚淘金热也是对新南威尔士淘金热的对冲。讽刺的是，促成而不是继续压制淘金活动恰恰是殖民统治者为了巩固自身地位的选择，但淘金热最终颠覆了它们。

相比于淘金热的影响，我们更关心为什么是淘金热而不是别的运动促成了这种转变。通过梳理淘金热爆发的细节不难发现，殖民统治者最关切的是自由劳动力的流失问题，这也是决定澳大利亚殖民地存亡的关键因素。众所周知，1788 年英国开始殖民澳大利亚的主要动机并不是为了榨取海外劳动力与财富，也不是为了打造商品与资本的新输出地，而是为了安置国内过剩的囚犯。[①] 因此与英帝国其他殖民地不同，澳大利亚不仅名分上不光彩，而且在英国主导的全球经济体系中处于边缘化地位：澳洲大陆没有大批软弱的原住民劳动力可供压榨，亦无法吸引自由移民。殖民地建成 40 多年后，由于极度缺乏自由劳动力，澳大利亚殖民地何去何从已经成为国内舆论讨论的一个焦点。从 1829 年开始，爱德华·威克菲尔德（Edward Wakefield）的"系统殖民理论"（Systematic Colonization）呼之欲出。威克菲尔德一针见血地指出澳大利亚作为一个囚犯殖民地，最大的问题就是劳动力始终不充足，而英国工业革命发展及资本主义经济的膨胀要求它在全球范围内扩大自己的原料产地与市场，自然也需要更多劳动力的投入，19 世纪 30 年代澳洲牧羊业的大繁荣其实就反映了这种需求。所以扩大澳洲劳动力的供给是澳洲殖民地得以生存的基本出路。他强调："第一，英国工人失业和工资低微是英国动乱的基因，消除这一基因的办法是在海外'开拓殖民地'，即向殖民地大批移民。第二，要把殖民地不仅变成普通工人愿意去的地方，还要变成能吸引拥有资本的人愿意去投资的地方，以减少国内上层阶级间的竞争。第三，为达到以上目的之方法是改变澳洲一直实行的'土地恩赐制度'，而代之以'土地出售制度'。第四，殖民地建设成功之后，应给殖民地以自治权。"[②] 这个理论试图使殖民地达到资本、劳动力和

---

① 学界至今对英国殖民澳大利亚的具体动机存在争议，但无人否认流放囚犯是其最重要的决策理由。参见斯图亚特·麦金泰尔《澳大利亚史》，东方出版中心，2009，第 27 页。

② 参见张天《澳洲史》，第 123～125 页。另，国内有关这一理论思想的专门研究可参见陈亮《威克菲尔德"系统殖民论"考察》，中国社会科学院硕士学位论文，2003 年。

土地三者之间的平衡，所以被称为"系统殖民论"。英国殖民部开始尝试推动这一战略理念，减少向澳洲流放因犯，加大力量资助贫困的英国公民移居澳洲，以低廉的价格向其出售土地以吸引定居。因此在淘金热爆发前，自由移民已经逐步增加，新南威尔士殖民地开始要求废除流放制度，澳大利亚殖民地转型已成为一种必然趋势。

　　但这种趋势非常脆弱，或者说澳洲殖民地向自由移民殖民地发展的势头仍不甚明朗，因为无法解决如何让澳洲殖民地变得有吸引力这一问题。19世纪30年代牧羊业在澳大利亚大有发展，澳洲逐步成为英国全球生产与贸易体系中重要的原材料产地。可是澳洲牧羊业的经营模式粗放，而且只有大地主才能盈利，因而它吸纳自由劳动力的空间非常有限。此外牧羊人相对的低收入与高劳动强度更不足以吸引欧洲大陆的移民，甚至是贫困人口。一个旁证就是，从1848年开始，新南威尔士殖民地以及菲利普港区的大农场主成批引入中国劳工来满足牧羊业发展需求，直到1851年才停止输入。新南威尔士总督在送交英国首相格雷（Earl Grey）的信件中说："这些华工的输入是个人行为，官方没有给予任何支持性表态，相反，政府断然拒绝了所有要求对此进行援助或奖赏的申请。但是我还得确切地说一句，在悉尼地区，所有抵达的中国人都很轻松地赢得了尊敬，还被雇用为仆役、花匠和牧羊人，颇为有益。总体上说他们无疑是一群无害的人，这令雇主很满意。"① 殖民当局对于澳洲殖民地社会转型、对于引进实用的自由劳动力也是犹豫不决：身为行政管理的官僚，他们要维持殖民地的秩序，然而要维持殖民地的生存和发展，他们又必须加大移民吸引力度。正是在澳洲殖民地努力脱离因犯殖民地身份、竭力吸引自由移民的大背景下，加利福尼亚淘金热的爆发才会像晴天霹雳一般刺激到澳洲殖民当局。再没有比淘金热更容易诱惑自由移民的了，澳洲淘金热由此在当局的默许甚至推动下不断发展，并且从新南威尔士蔓延到了新设立的维多利亚殖民地。

　　如果从更大的国际背景下看，我们更可以理解澳洲淘金热的爆发其实是全球资本主义自由市场体系发展的结果。首先，一个急切的现实是："1850年前后，整个欧洲都处于艰难时世——在英国，铁路大投机后的经济

---

① 《罗伊总督给格雷的信，1849年10月3日》（"Governor Sir C. A. Fitz Roy to Earl Grey, 3 Oct. 1849"），《英国众议院文件》（Accounts and Papers），1851年2月4日～8月8日，第40卷第1号。

凋敝、爱尔兰大饥荒以及大宪章运动都让整个国家陷入动荡和发展的低谷。在法国，1848 年革命推翻了政府，巴黎从此反复成为政治暴乱的中心。随后法国又发动入侵意大利的战争。在德意志，内乱不休，德累斯顿的起义紧随巴登和巴列丁奈特（Palatinate）起义而爆发。在奥匈帝国，诸侯陷入战争，还将战祸引向波兰，整个世界都亟须发展，渴求货币……而澳洲黄金的发现简直就是一剂强心针，一下子挑动了大众的心。"① 作为全球殖民体系以及资本主义市场核心地带的欧洲面临着重大困境，而原本处于西方势力扩张边缘地带的加利福尼亚和澳大利亚则通过淘金热给全球市场补充了动力。其次，当时的英帝国作为全球自由贸易体系的主要推动者，通常不能也不会遏制自由贸易带来的人员、资本与技术的流通。如同哈格里夫斯那样的"1849 年人"，本质上都是试图在新大陆发家致富的冒险家，他们可以自由奔波于大洋两岸，最终成功地把淘金热从加利福尼亚扩散到澳大利亚。这本身就说明了全球市场加大了对资源边疆的整合，人员和物资的流通注定将打破旧有的殖民体制。在 19 世纪中期的英帝国殖民体系下，维系澳大利亚殖民地的动机注定不可能是为了流放囚犯和保守海外军事据点，偶然到来的淘金热恰如其分地完成了将殖民地绑定自由市场特别是金融贸易市场的任务。因此与其说淘金热促成了澳洲殖民地社会的最终转型，莫若说它更像一种催化剂，而其爆发的过程真切反映出澳洲殖民体制转变的大趋势是官僚机器所无法抗拒的。

（作者简介：费晟，中山大学亚太研究院大洋洲研究中心讲师，历史学博士）

---

① T. 理查德：《人与金属》，第 759 页。

试析中东剧变的特点、类型与影响

黄民兴

内容提要：21 世纪初的中东剧变席卷几乎整个阿拉伯世界。这一运动的发生既有内因，也有外因，而以内因为主。与战后阿拉伯世界其他三次重大的政治运动相比，本次运动的区别表现在：地域范围的逐渐扩大，目标的递进，草根性和同时性更加突出，运动形式的不同。卷入运动的国家从过程和结局看大体有 6 种类型。中东剧变已经并将继续对中东的政治、经济和社会，以及地区和国际关系产生重大影响。

关键词：中东剧变　地区政治格局　阿拉伯国家

正当"9·11"事件发生 10 周年之际，一场席卷几乎整个阿拉伯世界的重大事件震撼了全世界。2010 年 12 月，突尼斯的一个失业大学生自焚事件迅速演变为大规模的民众示威，进而发展为推翻政府的行动，这场"茉莉花革命"迫使执政 23 年的总统本·阿里辞职，仓皇出逃沙特阿拉伯。突尼斯示威的示范效应很快传导到了阿尔及利亚、埃及、利比亚、摩洛哥、约旦、也门、伊拉克、苏丹、毛里塔尼亚和巴勒斯坦等阿拉伯国家和地区，甚至阿曼和巴林这样的富裕的产油国。这场声势浩大的政治运动波及了 19 个阿拉伯国家和地区，其中 11 国规模较大（突尼斯、阿尔及利亚、埃及、利比亚、摩洛哥、约旦、也门、伊拉克、叙利亚、阿曼、巴林），8 个国家和地区规模较小（科威特、沙特阿拉伯、阿联酋、卡塔尔、巴勒斯坦、苏丹、毛里塔尼亚、西属撒哈拉）。而完全未卷入的阿盟成员国仅有 3 个：索马里、吉布提、科摩罗。其中，索马里早已陷入政权解体，其动荡规模超过中东剧变；吉布提和科摩罗则是领土面积和人口规模十分有限的岛国。由此来看，几乎所有阿拉伯国家都在不同程度上陷入了政治动荡。还有一事需要提及：在中东剧变开始后，苏丹有关南方独立的全民公决顺利通过，它意味着苏丹南方形成了一个亲西方的基督教黑人国家，从此脱离阿拉伯世界。此外，运动还一度冲击了非阿拉伯世界的伊朗，甚至以色列也爆发了抗议物价上涨的大规模群众运动。

这场政治运动造成了阿拉伯国家大量平民和军人、警察的死亡。据估计，埃及的死亡人数为 846 人，突尼斯 338 人，也门 2000 人，利比亚 2.5 万~3 万人，叙利亚 94000 人以上，阿拉伯世界的死亡总人数为 122418 ~ 127431 人或更多。[①] 动荡造成的经济损失也很惊人。[②]

中东剧变不但对各国政治造成冲击，而且对各国学术界而言也是一个惊人的事件。关于这一运动的原因众说纷纭，不外乎"内因说"和"外因说"两类，前者主张"本色革命"，后者则强调"颜色革命"。[③] 我们认为，运动的发生既有内因，也有外因，而以内因为主。

中东剧变的整个运动距离现在过于接近，而目前叙利亚和也门的运动还在发展中，因此要深入判断运动的影响，时机还不够成熟。但毫无疑问的是，阿拉伯地区正处于一个重大的历史性时刻，目前的政治动荡将对未来阿拉伯地区的国际关系格局产生深远影响。下面仅就此作一粗浅的分析。

1. 中东剧变的特点和类型

（1）中东剧变的性质和特点

关于当前阿拉伯民众抗议的性质（政治性还是经济性的）存在争议。我们认为，它的开端是社会经济性的，但迅速向政治性演变，因为相关国家的矛盾涉及各个方面，而民众的强烈不满已经压抑了太长时间。可以说，这次运动是战后阿拉伯世界继 20 世纪四五十年代的独立运动、五六十年代

---

① 《阿拉伯之春》（"Arab Spring"），2013 年 6 月 18 日，http://en.wikipedia.org/wiki/Arab_Spring。

② 在叙利亚，旅游业遭受严重损失。由于政府允诺提高工资、降低燃料价格，由此损失的金钱估计将占 2011 年 GDP 的 2%，在税收和经济增长不变的情况下年度财政赤字将占到 GDP 的 8%。里拉兑美元已经贬值 15%。见阿奇《叙利亚社会动乱的经济后果》（Lahcen Achy, "The Economic Consequences of Syria's Social Unrest"），《洛杉矶时报》（Los Angeles Times），2011 年 8 月 17 日。

③ 参见马晓霖《中东乱局：制度设计与发展模式之误》，《人民论坛》2011 年第 9 期。

共和主义浪潮和冷战结束后的"民主化"浪潮以来又一次波及整个地区的、规模前所未有的民族民主运动高潮。它与二战结束以来阿拉伯世界的前述三次重大的政治运动的区别表现在以下方面。

第一，地域范围的逐渐扩大。四五十年代的独立运动中有 6 国独立（叙利亚、黎巴嫩、摩洛哥、突尼斯、利比亚、苏丹），卷入运动的国家更多。五六十年代共和主义浪潮推翻了埃及、伊拉克、也门和利比亚的君主制，冲击了约旦和黎巴嫩，影响到沙特。后冷战"民主化"浪潮主要涉及北非国家，部分影响到海湾国家。而此次运动影响范围已经波及 19 个国家和地区，目前在大多数国家已经趋于稳定，但未来运动仍有扩大的可能。

第二，目标的递进。四五十年代的独立运动以国家独立为目标，五六十年代的共和主义浪潮以推翻君主制为目标，后冷战"民主化"浪潮以多党制和市场经济、社会变革为目标，这次运动的目标是反对威权主义统治，争取社会平等、经济繁荣、政治民主和外交独立，是本地区民众经历了战后几十年来"阿拉伯社会主义"、自由主义和伊斯兰主义等各种选择之后用实践对本地区的现代化道路做出的新选择。

第三，草根性日趋明显。四五十年代的独立运动和五六十年代共和主义浪潮是由贵族、资产阶级、军人、小资产阶级组织发动的、半自上而下的政治行动，后冷战"民主化"浪潮是官方自上而下的运动，这次运动则是真正的自下而上的自发而广泛的群众运动，有点类似于 1979 年伊朗的伊斯兰革命。

第四，同时性更加突出。四五十年代的独立运动持续了 13 年，五六十年代共和主义浪潮持续六七年，后冷战"民主化"浪潮持续 3～5 年，这次运动则在 3 个月内波及 18 国，具有非常明显的同时性。

第五，形式的不同。在运动的形式上，四五十年代的独立运动为基本上和平的非殖民化运动，五六十年代共和主义浪潮为军事政变和内战，后冷战"民主化"浪潮为改革运动，这次运动主要具有非暴力性，其形式包括游行示威、罢工、集会，这是以往所未有的。[①] 当然，在社会不太发达的

---

① 西方学者称其为"非暴力抵抗"。一些外国分析家认为，这场运动是西方事先策划的。如法国情报研究中心主任埃里克·德纳塞认为，阿拉伯"革命"是柔性军事政变，因为运动的领袖们早在 2007～2008 年就参加过美国的非政府组织举行的各种会议，而埃及和突尼斯的军方首脑在"革命"前曾到美国访问，"革命"中更迭的只是领导阶层。见〔法〕《论坛报》2011 年 6 月 2 日。

利比亚和也门，运动演变为内战或准内战。

早在十几年前，埃及著名的女历史学家阿法夫·卢特菲·赛义德·玛尔索就对 1952 年埃及革命进行了自己的阐释，从埃及当代史的角度为我们提供了解读当前局势的某种线索："1952 年革命……是极其惊人的，它给埃及带来了曾被人广泛讨论的新事物：变革，推翻君主政体和腐朽的统治精英。之后，人们开始对他们的腐败、贪婪、搞裙带关系和无能感到失望。"①因此，尽管战后阿拉伯世界经历了一波又一波民族民主运动和某种程度的经济发展，但并没有从根本上解决内部的结构性矛盾，这些矛盾最终都归结为长期以来政府在国家发展、治理、外交等方面的无能。在全球化时代的今天，这种矛盾终于如同火山一般大面积爆发了。

（2）中东剧变的发展类型

从地理范围和发展态势上看，这一场被称为中东剧变的政治运动在总体上已经趋于稳定，卷入运动的国家从过程和结局看大体有如下几种类型。

第一类，埃及②和突尼斯。两国通过和平示威和军队中立成功地推翻了现政权，转入建设新的政治体制阶段。西方已经对两国允诺提供大量财政援助。

第二类，利比亚③和也门。由于当局的镇压和西方的煽动，利比亚陷入内战，西方世界通过联合国禁飞决议公开支持反对派，促成卡扎菲的最终倒台。也门局势基本处于胶着状态中，萨利赫总统因伤出国，返回国内后最终与反对派达成妥协，辞职下台，但国内形势仍不稳定。

第三类，叙利亚④。这里的示威似乎与其他国家有所不同，存在着外部力量（一些西方媒体指出是海湾的个别阿拉伯国家和美国）的有意煽动，以便借机打击亲近伊朗的叙利亚复兴党政权。但另一方面，当局也采取了

---

① 加拉格：《中东史的方法：采访顶尖的中东史学家》（Nancy Elizabeth Gallagher, *Approaches to the History of the Middle East: Interview with Leading Middle East Historians*），伯克夏，1994，第 103 页。

② 相关情况参见《2011 年的埃及革命》（"Egyptian Revolution of 2011"），2011 年 12 月 22 日，http：//en. wikipedia. org/wiki/2011_Egyptian_revolution。

③ 相关情况参见《2011 年的利比亚内战》（"2011 Libyan Civil War"），2011 年 2 月 15 日，http：//en. wikipedia. org/wiki/2011_Libyan_civil_war。

④ 相关情况参见《2011 年的叙利亚起义》（"2011 Syrian Uprising"），2011 年 3 月 15 日，http：//en. wikipedia. org/wiki/2011_Syrian_uprising。

诸如解除实施了几十年的《紧急状态法》、释放政治犯和允许成立反对党等措施，但收效不大。反对派的活动愈演愈烈，最终演变为遥遥无期的血腥内战，而阿盟和土耳其对叙利亚采取了严厉的措施。

第四类，巴林①。唯一爆发激烈冲突的海湾产油国，主要是教派冲突，矛头指向君主制，但在其他产油国的支援下已经平息下来。

第五类，阿尔及利亚、摩洛哥、约旦、伊拉克、阿曼。② 这些国家波澜不惊，当局已经比较成功地稳定了局势，原政权继续存在，或者同时重组内阁，进行了程度不同的改革，③ 但能否完全化解矛盾还有待观察。

第六类，科威特、苏丹、巴勒斯坦自治区、毛里塔尼亚、摩洛哥。这些国家或地区或者出现了小规模的示威（巴勒斯坦自治区是反对以色列），或者改组了内阁，其中巴勒斯坦自治区的法塔赫与哈马斯努力尝试建立联合政府。

其他阿拉伯国家则比较稳定。其中，沙特阿拉伯较为特殊，因什叶派的不稳其形势一度十分紧张。

2. 中东剧变的深远影响

（1）对阿拉伯国家政治经济体制的影响

总而观之，中东剧变已经并将继续对阿拉伯世界的政治、经济和社会产生重大影响。在政治上，它在不同程度上推动了阿拉伯国家尤其是共和国政治体制的变革。可以说，此前阿拉伯地区的"民主"个案都是美国强行推销给本地区的，如巴勒斯坦（1993 年）和伊拉克（2003 年），但现在埃及和突尼斯成为由本地区自发产生的民主实验室。利比亚也在战事结束后走上伊拉克的道路，开始民族国家重建的试验。在其他国家（主要是君

---

① 相关情况参见《2011 年的巴林起义》（"2011 Bahraini Uprising"），2011 年 12 月 22 日，ht-tp：//en. wikipedia. org/wiki/2011_Bahraini_uprising。

② 关于阿曼的情况，参见哈希米《阿曼起义：为了新的黎明的到来》（Said Sultan al Hashimi，"The Omani Spring：towards the break of a new dawn"），《阿拉伯改革简讯》（*Arab Reform Brief*）第 52 期，2011 年 11 月。

③ 在摩洛哥，2011 年 7 月初，全民公投以 98.49% 的赞成票通过新宪法草案，草案规定国王将放弃部分重要权力，而首相和议会，特别是众议院的权力将扩大。首相将由在议会选举中领先的政党产生，并拥有解散议会、提名和罢免大臣及政府行政和公共部门负责人等多项重要权力。草案同时强调司法独立。参见《摩洛哥国王放弃部分重要权力 宪政改革迈出重要一步》，人民网引自新华网消息，2011 年 7 月 2 日，http：//www. people. com. cn/h/2011/0702/c25408 - 3210174859. html? prolongation = 1。

主制国家），某种程度的政治改革也必不可免。

在中东剧变后经历了政权更迭的国家，出现了伊斯兰党派与自由主义党派、政党与军队、不同宗教或教派①之间的激烈博弈。突尼斯、埃及、利比亚和摩洛哥进行了国会选举，从选举结果看，伊斯兰政党均成为最大党派，只有利比亚除外。例如，在埃及于 2011 年 12 月结束的议会选举中，伊斯兰政党大获全胜，获得共计 65% 的选票，其中温和的自由与正义党为 36.62%，强硬的萨拉菲派光明党为 24.36%，温和派新中心党为 4.27%。②

由此，战后阿拉伯共和制国家和一些君主制国家由世俗主义党派主政的时代宣告结束，新的政治结构将在较大程度上类似于土耳其式的政治模式，即政党前台主政，军方幕后施加影响，而国家仍可能基本保持世俗主义的发展方向。这就是学术界提出的"土耳其模式"，而土耳其近年来明显的政治稳定和经济繁荣则为阿拉伯世界的伊斯兰政党提供了最好的依据，埃及穆斯林兄弟会新建的政党名称（自由与正义党）即类似于土耳其的正义与发展党。但是，由于中东各国国情复杂多变，"民主盛宴"能否为民众分享，或者是否存在后续的持续动荡，目前还难以断定。③ 埃及在穆巴拉克下台后基督徒与穆斯林的血腥冲突及民众持续的反对穆斯林兄弟会政权的示威已经暗示了未来的动荡。而西方世界也对中东伊斯兰力量的复兴表示忧虑。

第二类国家是内乱后的利比亚、也门和叙利亚（如果叙利亚的复兴党政权崩溃的话）。首先，这三个国家的社会组成具有显著的多元化色彩，前两个国家是部落社会，叙利亚则是一个什叶派的阿拉维派长期执政、人口主体为逊尼派、基督教徒人口众多的国家。其次，它们存在着意识形态不

---

① 2011 年 11 月 18～25 日，埃及各地上百万人走上街头，举行示威活动，抗议军方拖延交权，当局派军警镇压，警民冲突造成 41 人死亡，3000 多人受伤。埃及国内局势因此再度紧张，军方 25 日任命曾在穆巴拉克时代担任总理的詹祖里为新总理，遭到示威者的反对。
② 法新社开罗 2011 年 12 月 4 日电。转引自《埃及伊斯兰政党初战告捷西方不安》，中华网 2011 年 12 月 5 日，http://club.China.com/data/thread/1011/2734/79/75/21.html。
③ 穆斯林兄弟会的一些领袖拒绝土耳其干涉埃及内政，因为埃尔多安支持在埃及实行世俗主义；同时，兄弟会的前发言人希尔巴维（Kamal Al-Hilbawi）呼吁阿拉伯和伊斯兰国家效仿伊朗的政治模式。参见马哈茂德《埃及土耳其关系的新阶段》（Passant Mahmoud, "New Era in the Egyptian-Turkish Relations"），http://www.strategicoutlook.org/2011/09/new-era-in-the-egyptian-turkish-relations/；阿兰电视网（Al-Alam TV），2011 年 2 月 21 日，http://www.memritv.org/clip/en/0/0/0/0/0/0/2823.htm。

同的众多党派。在利比亚，伊斯兰势力积极参与了反对卡扎菲的内战，从而确保了自己在战后政治中享有一定地位。此外，它们还存在着中央与地方、教派等问题。因此，上述国家面临着政治经济重建的重任，前途不明朗。如果重建失败，它们（尤其是利比亚、也门）可能出现"索马里化"的前景，即中央政府徒具形式或解体，国内出现地方、部落、教派、政党之间的对立，甚至导致国家陷入内战，国民经济崩溃。

第三类国家是沙特阿拉伯、科威特、巴林等富裕的海湾产油国。它们将进行程度不等的社会和政治改革。例如沙特，已经允许妇女参加市政选举，这是过去无法想象的。如果不进行改革，这些国家仍会面临重大风险。①

在经济上，阿拉伯国家自由化、市场化的改革可能将会延续，但在一些国家也可能出现变数。例如，在埃及，穆巴拉克推进的市场化改革取得明显的进展，但民众得到的实惠不大，因此下层民众普遍反对市场化改革，这可能对执政党产生影响。如果相关阿拉伯国家的政治改革取得真正的进展，则它们的经济发展和地区合作可能进一步提速。

许多外国学者对这次运动给予积极评介。美国著名学者沃勒斯坦认为，这是第一次世界大战期间的阿拉伯大起义以来的第二次阿拉伯大起义；日本报刊认为，这是 1989 年以来世界政治体制的又一次巨大变革；阿盟秘书长、埃及前外长穆萨也认为，埃及发生了巨大变化，他本人对此表示欢迎，并有意竞选总统。事实上，中东剧变打破了长期以来西方学术界的主流观点，即"伊斯兰拒绝民主"论。

（2）对地区和国际关系的影响

围绕着中东剧变，在阿拉伯世界拥有重大利益的西方的立场经历了从观望到介入的重大转变过程。事实上，在运动中倒台的多数阿拉伯统治者及其政府均与西方有着长期、深入、密切的关系：它们帮助美国从事反恐战争，为其提供情报，在境内设立秘密监狱，对美国捕获的恐怖分子进行严刑拷打，或将其转往西方国家，并且对以色列的某些行动给予配合，等等。他们因此得到了西方的高度评价，尽管他们的威权统治也受到西方国家的压力，并且不得不进行某种调整（如埃及将总统选举改为多名候选人

① 2011 年 12 月，沙特再度出现什叶派的抗议运动。

参选）。

因此，在中东剧变开始时，美国和欧洲对这些统治者的境况表示同情，甚至为其谋划。而在情况发生明显转折时，西方开始转变立场，要求他们满足民众的要求，进行改革，甚至对拒绝改革的统治者施加压力，进行制裁，直到进行武力干涉。而且，在对利比亚的干涉中，欧洲国家如法国发挥了带头作用。① 在利比亚，上台的反对派明显表现出亲西方的倾向，而叙利亚的反对派也要求西方进行直接干预。相反，俄罗斯对运动采取了静观其变的政策，尽管它也要求一些阿拉伯国家的政府听取民众的声音，停止暴力行动，进行深入的改革，但坚决反对西方的干涉。

但是，这并不意味着未来阿拉伯国家的新兴政权将采取完全亲西方的政策。首先，如前所述，在经历了变动的阿拉伯国家组建的政府中，伊斯兰政党占据了重要甚至主要的地位，土耳其的正义与发展党的独立的外交政策已经为它们树立了榜样；其次，不论是军方还是政党掌握实权，它们今后都必须更多地倾听民意，而阿拉伯世界的民意普遍是反美的，包括沙特等美国的盟国在内，② 即使利比亚在一段时间内表现出亲美倾向，而伊拉克新政权的独立倾向已经说明了美国的催生婆角色最终能够产生怎样的影响。③ 最后，即使是一些历来亲美的国家如沙特和约旦，美国在此次运动中"出卖"盟友（如穆巴拉克）的做法也使它们心寒，其结果就是加强相互合作，以此作为未来国家安全的主要依靠。从国际形势来看，2008 年以来西方世界遭受了严重的金融危机，尤其是欧盟面临着欧元崩溃的现实前景，美国也自顾不暇，而以"金砖四国"为代表的新兴经济体方兴未艾，因此

---

① 可以说，欧洲国家积极地武力干预利比亚，主要原因之一是出于对石油利益的考虑。根据相关资料，欧洲国家是利比亚石油的最大买家，约占利出口总量的 85%。参见国际能源署《关于利比亚油气的事实》（International Energy Agency, "Facts on Libya: Oil and Gas"），2011 年 2 月 21 日，http://www.iea.org/files/facts_libya.pdf。

② 美国马里兰大学和佐格比调查公司（Zogby International）自 2003 年以来，对 6 个阿拉伯国家（埃及、约旦、黎巴嫩、摩洛哥、沙特阿拉伯、阿联酋）展开民意调查。其中 2009 年有关对奥巴马总统的评价问题，回答正面评价的占 45%，中性的占 28%，负面的占 23%；2010 年的结果为：正面的 20%，中性的 16%，负面的 62%。可见，正面的评价大幅度下降。见《2009 年阿拉伯公共舆论年度概览》（"2009 Annual Arab Public Opinion Survey"），截至 2009 年 5 月 19 日，http://www.sadat.umd.edu/new%20surveys/surveys.htm。

③ 美国在伊拉克撤军谈判中曾希望保留少量部队，但遭到巴格达的断然拒绝。美国媒体对美国大力发动战争，最后却可能制造一个亲伊朗的巴格达政权表示过深切忧虑。

西方世界干涉阿拉伯世界的能力受到严重制约。另外，2011 年底，美国从伊拉克撤出全部军队，预计 2014 年从阿富汗撤出国际安全部队和美军（可能会保留个别基地），美军从上述两大战略根据地的撤出也将影响美国对该地区未来局势的控制能力。

中东剧变已经并将继续对中东地区的国际关系格局产生深远影响，这主要表现在如下方面。

第一，阿拉伯世界的格局和阿盟的政策走向。在这次运动中，沙特的地位明显上升，它作为逊尼派的重要地区大国和形势相对稳定的国家，急于确保本地区君主制政权的稳定，防止什叶派的伊朗火中取栗。2011 年 5 月 10 日，海湾合作委员会邀请约旦和摩洛哥加入该组织，表明了它试图确立新的地区中心和秩序的意图。另外，埃及历来是对阿盟影响最大的国家，但现在沙特、卡塔尔等海湾国家在阿盟中的影响不断扩大，例如在阿盟的叙利亚政策上。

第二，对阿拉伯世界与周边的以色列及美国、欧洲关系的影响。这次卷入动荡的阿拉伯国家多数为与美国、以色列关系较好的温和逊尼派国家，新政权的建立对本地区现有的地缘政治格局产生重大冲击，埃及和突尼斯的外交政策更趋独立，与美国、欧洲的关系变得更加复杂、微妙。①

埃及新政府已经表示反对美国在援助上施加条件。2011 年 4 月 25 日，美国皮尤研究中心发布一份民间调查结果，显示 54%的被调查者主张中止埃以和约。② 28 日，埃及宣布准备永久开放与加沙地带连接的拉法口岸（此前口岸由埃、以共同管理），这将便利包括哈马斯在内的加沙地带的人员出行和物资流通。同时，埃及还积极调解巴解组织与哈马斯的关系，并改善了与伊朗的关系。

以色列进一步受到孤立，其国家安全面临挑战。虽然埃及不大可能中止埃以和约，但如果叙利亚复兴党政权解体，未来不论是穆斯林兄弟会主政还是叙利亚局势动荡，都将对以色列的安全构成重大威胁。

第三，对阿拉伯世界与俄罗斯关系的影响。从目前来看，俄罗斯的地位可能受到削弱，主要是在利比亚和叙利亚。两国尤其是叙利亚与俄一直

---

① 有中国学者认为，未来的阿拉伯世界将可能经历"美国之冬"，即对美国的全面冷漠。
② 〔以色列〕《国土报》网站 2011 年 4 月 27 日报道。

保持着良好关系，并有着大量军火贸易，在叙利亚还有俄罗斯的一个海军基地。俄罗斯战略和技术分析中心副主任康斯坦丁·马基延科说："如果叙利亚政权垮台，这个国家就再也不是我们的盟友了。"[1]至于埃及等国未来与俄罗斯的关系，由于这些国家外交自主性的增强，与俄罗斯的关系可能加强。

第四，地区大国土耳其和伊朗的地区作用。对土耳其而言，它在中东剧变中发挥了积极作用：积极支持西方世界对利比亚的干涉，对叙利亚的复兴党政权施加压力，甚至为叙利亚的反对派在本国境内设立基地，其最终目的是为了扩大未来自身在本地区的影响和利益。其中一个重要方面是在阿拉伯国家政治转轨方面提供引领作用，[2]当然，埃及等传统阿拉伯国家也不愿意完全跟随土耳其起舞，因此，未来的双边关系是复杂的。但无论如何，土耳其地位的提高是可以预期的。

对于伊朗，则情况较为复杂。一方面，阿拉伯国家亲美政权的倒台对它是一件大好事，伊朗政府和媒体对此都欢欣鼓舞，认为正是伊朗的1979年伊斯兰革命激发了"阿拉伯之春"。[3]与此同时，美军从伊拉克撤军对于德黑兰也是期待已久的。但另一方面，如果叙利亚复兴党政权倒台，则对伊朗构成重大损失，后者将失去一个重要的地区盟友，以及与黎巴嫩真主党联系的渠道。而且，美国已经对"什叶派新月带"的兴起表示忧虑，华盛顿和以色列近期发起的外交挑衅（所谓伊朗图谋暗杀沙特驻美大使事件）和战争威胁都是美国为预防德黑兰扩大影响而作出的先手布局。

中东剧变对该地区及国际反恐形势也会产生重大影响。首先，中东各国政权更替和社会动乱为这一地区的极端主义势力乘机表达政治影响和诉

---

[1]　《叙利亚将使俄罗斯没有军事盟友》，〔俄〕《劳动报》2011年4月28日。

[2]　2011年9月12日，土耳其总理埃尔多安率领一个包括部长、高级官员、280多名企业家和记者在内的庞大代表团访问埃及。他在埃及发表的讲话谈及双方今后的合作，而这一访问充分表明了土耳其在这一地区发挥作用的雄心。见《埃及土耳其关系的新阶段》（Passant Mahmoud，"New Era in the Egyptian-Turkish Relations"）。

[3]　伊朗媒体不无得意地宣称，动荡表明由伊朗领导的抵抗阵营已打败了由美国主导的西方势力，并获得了卓越成效，而其他亲西方阿拉伯国家将重蹈突尼斯的覆辙。沙特阿拉伯的"阿拉比亚"电视台负责人拉西德（Abd Al-Rahman Al-Rashed）甚至暗示，是伊朗在反对它的国家内鼓动了骚乱。参见《对阿拉伯世界最近所发生的一系列事件的三种看法》，中东媒体研究所（The Middle East Media Research Institute，MEMRI）系列报道（中文），第3540期，http://www.memri.org/report/en/0/0/0/0/0/0/4952.htm。

求提供了有利时机，这在叙利亚表现得最为明显。其次，美国对这次中东北非剧变整体态度是"促变"，但美国同时要努力防止伊斯兰极端势力乘虚而入。2011年6月29日，美国公布了新版的《国家反恐战略》，这是2006年以来美国首次全面更新反恐战略，也是对"9·11"事件以来十年反恐作战的全面总结，对奥巴马政府上台之初即已放弃的布什政府奉行的"反恐高于一切""以反恐划线"的安全战略的调整加以确认，表明了美国政府反恐战略收缩的基本立场。① 为了减少其反恐收缩对国际安全带来的负面影响，美国大力倡导在反恐问题上加强国际合作，培养和扶植地区性的反恐合作伙伴，以分担美国反恐战略带来的压力。美国此举的隐含之意就在于，一方面向剧变的中东各国表明自己的反恐立场和目标的明确性，以稳定在这次剧变中可能会借机抬头的伊斯兰势力，尽量避免在剧变后的中东各国内树敌；另一方面，希图借机向相关中东国家重申美国的反恐决心。但美国能否在"新中东"建立反恐的联合联动机制，目前还难以定论。

总之，中东剧变为后冷战时期的中东格局变化画上了一个意味深长的惊叹号，或者说提供了一个需要各国学者长期深入思考的课题。阿拉伯世界的现代化是否从此将走上新的道路，即寻求自主的土耳其之路或伊朗之路？美国和欧洲对未来中东的影响是加强还是衰落？中东将何去何从？

中东不但是帝国的坟墓，也永远是学人的课堂。

（作者简介：黄民兴，西北大学中东研究所教授）

---

① 李岩：《解读美国新版"国家反恐战略"》，《世界知识》2011年第15期。

墨西哥新自由主义下的土地政策
实施及效果浅评

刘学东

内容提要：本文主要围绕墨西哥近 20 年来的土地政策进行分析，重点是对自 1992 年新的农业法实施以来，墨西哥的土地政策的变革以及由此所产生的效果做一简单评估。20 世纪 80 年代，墨西哥由于外债负担过重而引起经济困难，从而进入了一个较长的以减少政府干预和鼓励私人投资为主的经济结构调整时期。随着这种新自由主义经济政策在各个领域的实施，以分配土地给无地以及少地农民为主的土地制度也发生了根本的变化。墨西哥政府于 1992 年正式宣布土地分配政策的结束，并在此基础上对宪法第 27 条做出了修改，允许集体所有制下的土地可以转变为私有财产，使农民不再仅仅拥有土地的使用权，并且还可以成为土地的所有者。但是，由于历史遗留的问题较多，土地制度的改革只是从理论上解决了问题，其在实施过程中还存在许多困难。

关键词：墨西哥　印第安人社区　农庄　新自由主义　土地政策

墨西哥现有的土地制度是 1910 年革命所取得的主要成果之一，在经过了接近一个世纪的演变之后，形成了当前一种较为复杂并且在世界上较为独特的结构：国有、私有与集体所有制并存，在整个国土面积中占有的比例分别是 10%、38% 和 52%。而在集体所有制的框架下，又存在着两种不同的形式：

印第安人社区和集体农庄,[①] 并且以后一种方式为主导。

本文主要围绕墨西哥近 20 年来的土地政策进行分析,重点是对自 1992 年新的农业法实施以来,墨西哥的土地政策的变革以及由此所产生的效果做一简单评估。

一　1992 年改革前的土地政策

作为 1910 年革命的主要成果之一,墨西哥当代的土地改革政策正式开始于 1915 年。[②] 截至 1992 年的 70 多年的时间里,该政策以分配土地给无地以及少地的农民为主,并在此基础上形成印第安人社区(comunidad)和集体农庄(ejido)两种形式。根据墨西哥最近一次的农业普查资料,2007 年,全国 32 个州及联邦区共有 31514 个社区和农庄,占地达 1.06 亿公顷,约为整个国土面积的 52%,农民的数量达到 565 万人(其中 421 万人属于社区与农庄的在册正式人员,即土地的法定使用者,144 万人不是社区或农庄在册正式人员,二者区别将在后面有详细介绍)。如果对集体所有土地做一区域性的分析,那么可以发现,75% 以上的社区和农庄集中在墨西哥的中部及

---

① 这两种土地集体所有制方式的运行机制与结构并没有根本的区别,唯一的不同在于,前者是在恢复原有农民居住点的基础上建立起来的,组成成员往往以当地印第安人为主,并且能够证明属于该居民点土地的所有者;而后者也可能属于已经存在的居民点,但是人口往往不是以原土著居民为主。不管是哪种方式,农庄的土地面积以及成员规模在地区间有着很大的差别。在地广人稀的北方各州,譬如南下加利福尼亚州(Baja California Sur),根据 2007 年集体农庄普查的资料,每个农庄的平均人口为 94 人,占地规模 51416 公顷,即每个成员平均拥有 547 公顷的土地。相反,在同一时期里,人口密度大的中部与南部地区,如其恰帕斯州(Chiapas),每个农庄的占地规模仅为 1573 公顷,而人口则达 177 人,这样每个成员只有不到 9 公顷的土地。对于这两种土地集体所有制方式,将会在后面的介绍中有更为详细的分析。资料来源:墨西哥国家统计、地理与信息院编《农业普查 2007,第九次集体农庄普查》(INEGI, Censo Agropecuario 2007, IX Censo Ejidal),2009。

② 墨西哥 1910 年革命尽管是以反对当时的迪亚斯(Porfirio Díaz)总统独裁统治为导火索的,其根本原因却是由于当时的土地严重分配不均,从而导致失地及无地农民的大量存在。1915 年初,旨在归还农民土地从而实现"耕者有其田"的愿望,并且以土地分配制度为主的农业法获得通过并将其中的内容正式写在宪法第 27 条中。详细内容可参阅:米格尔·A.萨马诺:《萨利纳斯的农村政策,批评评估》(Miguel A. Samano Rentería, "La política salinista hacia el campo, un balance crítico"),载戴维·查孔埃尔南德斯等《农业改革的效果与墨西哥印第安人的权利》(David Chacón Hernández, etc., *Efectos de las reformas al agro y los derechos de los pueblos indios en México*),墨西哥大都会自治大学,1995。埃克托尔·阿吉拉尔·卡明和洛伦索·梅耶尔:《墨西哥革命的影子》(Héctor Aguilar Camín y Lorenzo Meyer, *A la sombra de la Revolución Mexicana*),墨西哥卡尔·阿雷纳出版社,2005。

南部地区的 23 个州或联邦区，农民的数量占总数的 86.2%；同时，散布在北方 9 个州的社区和农庄的数量只占总数的不足 1/4，其成员仅为 78 万多人，占全国的 13.8%。与此形成反差的则是，两大地区的集体所有土地面积基本上是相同的。从这里玥显地可以看到，尽管隶属于同一土地所有制，农民使用土地的面积有着很大的区别。中部地区的 9 个州或联邦区，人均土地只有 4.1 公顷，而北部 9 州的人均土地面积均超过 60 公顷（见表 1）。

表 1   2007 年墨西哥集体所有土地概况

地　区	农庄数量（个）	农庄平均土地面积（公顷/个）	农民人均土地面积（公顷/人）	农庄平均农民人口[1]（人/个）
南部与东南部	12760	2524.1	11.5	220.2
中西部	8204	2340.4	17.2	136.3
中部	4511	1193.1	4.1	289.2
东北部	4984	5988.1	60.5	99.0
西北部	4738	8470.6	67.8	125.0
全国[2]	35197	3361.9	18.7	179.4

注：1. 农民人口包括两部分：第一部分是指农庄成立时正式注册的成员，也就是土地的法定使用者；另一部分是非法定使用者，譬如正式成员的后代，或者是临时租用土地的其他农庄的成员。2. 这里农庄的总数大于实际的数字。这是因为五大区域的划分，是根据墨西哥 2001~2006 年国家发展计划做出的，在 32 个州与联邦区中，有 4 个州存在跨区域的情况，因此存在重复计算。普埃布拉州（Puebla）既属于南部与东南部又属于中部；克雷塔罗州（Querétaro）既属于中西部又属于中部；奇瓦瓦（Chihuahua）与杜兰戈（Durango）两州既属于东北部又属于西北部。资料来源：笔者根据 2009 年出版的《墨西哥 2007 年农业普查》数据计算得出。

土地分配政策的落实情况。如果对这一时期的土地政策以及农业经济的发展做个简单的评估，基本上可以概括为如下几点。首先，尽管土地政策以分配土地给无地及少地的农民为主，并在此基础上形成农村社区与农庄两种集体所有制形式，政府实施的其他扶农政策，如农田基础设施的建设、兴修水利、信贷投资等，却是向私人农场明显地倾斜。其次，在 70 多年的时间里，由于受到当时执政总统政治理念的影响，土地分配制度的实施并非直线形式，经常是如同时钟的钟摆一样左右摇动。[1] 在这期间，分配土地最多的是在古斯塔沃·迪亚斯·奥尔达斯（Gustavo Díaz Ordaz）执政的

---

① 这一表述出于 胡安·奥平·伯奇《墨西哥农村的现代化》（Juan Auping Birch, *La Modernización del Campo Mexicano*），墨西哥农业发展基金会，1977。

1964～1970 年，达 2300 万公顷的土地；与此形成鲜明对比的是萨利纳斯（Carlos Salinas De Gortari）执政时期的 1988～1994 年，仅为 80 万公顷。其结果是，一方面造成大量的土地申请者；另一方面，对私人土地所有者以及已经获得土地的农民造成无形的压力，感觉随时都可能失去土地，缺乏法律上的保护与依托。同时还可以看到，由于土地资源的有限性，到 20 世纪 60 年代末，基本上已经是无地可分。但是，为了继续满足无地和少地农民的愿望，墨西哥政府并没有及时停止土地分配政策，结果在新形成的农村社区与集体农庄里，农民人均土地越来越少，并且土地的质量越来越差。最后，在这一时期，尤其是 70 年代之前，工业化与城市化的发展速度很快，农用土地变为城市用地的需求也急速上升。需要指出的是，在这一变更的过程中，由于土地是社区或集体所有，并且在法律上禁止集体所有制框架下的土地买卖，因此，由土地用途变更而产生的利益常常被扭曲，土地使用者的权利无法得到正常与全部的实现。

围绕着土地分配制度的实施，墨西哥宪法第 27 条明确承认土地集体所有制的合法性，即国家通过将土地分配给无地以及少地农民的方式，建立农村社区与集体农庄两种集体所有制形式，与私有的农场同时并存，从而实现社会公平及经济的发展，振兴农村社会，改善农民的生活。具体实施中，存在着三种不同的方式。第一，对曾经拥有并且能够证明拥有过土地的失地或少地农民，归还其曾经拥有过的土地，包括地面上的森林及水资源。需要指出的是，归还土地往往不是以个人为单位，而是以社区部落为单位。这类农民以印第安人为主，他们并不是土地的所有者，所拥有的只是土地的使用权（usufructo）。第二，对于已有村落中的无地或者缺地农民却又无法证明曾拥有过土地，如果他们拥有的数量不足，可以向国家提出申请；政府则根据当地的土地占用情况，对于农民个人占有量多于 100 公顷水浇地或者是换算成相等数量的旱地，其多出部分便成为可分配的土地，从而满足无地或者缺地农民的需求。第三种方式是在人迹罕至或者是人口稀少的地区建立新的居民点。前者形成了农村社区，后两者就形成了现在的农庄。

尽管没有具体的数据和材料对二者做一详细划分，但是一个不争的事实是农庄的数量远远多于社区。2007 年的普查资料显示，在全部 3 万多个农业组织中，只有 5000 多个是由能讲当地语言的负责人管理。也就是说，如果社区是在恢复原来的印第安人村落的基础上建立起来的，而在这些以原居民为主的单位里往往是无法使用西班牙语交流的；同时，如果考虑到存在相当数量无法证明曾拥有过土地的印第安人居住区，尽管其成员是以原居民为主，但是根据规定它们并不是社区。那么，农村社区的数量不应超过 5000，即占总额的 1/6 左右。另外，根据阿图罗·沃尔曼的估计，[①] 在803 个印第安人口比重超过 30% 的城市中，2001 年共有 5632 个农业组织（包括集体土地所有制的两种形式）；如果按 70% 作为标准，城市的数量降低为 556 个，农业组织则只有 3668 个。这里所提到的两种估计都表明，社区的数量都不应超过集体土地所有制农业生产组织的 1/6，其余的 5/6 则属于农庄。

　　不管是社区还是农庄，其成员在 1992 年之前仅仅对土地拥有使用权，而土地的所有权则属于整个社区或者农庄。为了避免土地的进一步分割以及由此可能引起的土地经营规模的减小，墨西哥农业法同时规定了土地的不可分割性。就实际情况来看，随着第一代农民逐渐退出农业生产活动，其所拥有的土地使用权基本上是由最小的儿子继承。需要指出的是，集体所有制下的 1 亿多公顷的土地中，1/3 左右，即 0.336 亿公顷是归农民个人使用，也就是这部分土地属于农业用地并且往往是可以继承的。另外，这部分土地的使用权从某种程度上讲也是永久的，至少在政策层面上是可以如此理解的。这是因为每个农庄的成员是相对固定的，即使遇到特殊的情况，经过农庄委员会批准而增加的成员也不属于农庄的正式组成部分，其所使用的土地并不会涉及其他正式成员的使用部分，往往是从农庄共同使用的部分单独划出土地归其使用，当然这也是保证各个生产单位土地面积不会大幅度减少的一个重要措施（尽管如此，在实际中，农户的实际经营规模还是会有变化的）。其会的 2/3 属于共同使用以及居住使用，基本上是由山林、草地、水域、沙漠等组成。

　　土地政策的实施策略分歧。 对于实施土地分配政策并在此基础上形成土地的集体所有制，作为一种共识是不容置疑的。但是，围绕着农村社区与农庄两种集体所有制形式的功能与发展前途，自土改政策实施之日起，

---

　　① 阿图罗·沃尔曼：《新世纪框架下的墨西哥印第安人》（Arturo Warman, *Los indios mexicanos en el umbral del milenio*），墨西哥经济文化基金出版社，2003。

一直存在着两种截然不同的声音。一种倾向认为，土地分配制度的实施只有一个目的，即安抚参加 1910 年革命中的农民军，满足其对土地的要求，从而达到社会稳定的目的，有利于工业化及经济的快速发展。这样，土地集体所有制的建立是过渡性的，其最终是要使农民逐渐脱离传统的小农经营方式（Minifundismo），逐渐转向产业化与企业化操作；同时，将土地由集体所有转化为私有财产，并在此基础上实现农业的现代化。基于此思路，在分配给农民的土地中，有一部分是专门分割后再具体分配到每个农民手上的，归农民个人永久经营和使用（Parcelada），并允许可以遗传继承。"这是一种必需的法律保护，可以唤醒农民从事农业生产的兴趣并以此提高土地的生产力，同时还能够使农民与土地联系起来，慢慢地变成小农场主。"①

与上述表达相异的另外一种思想认为，土地改革作为社会稳定的工具应长期固定下来，由此而产生的农庄与社区是永久性的农业经营形式。该土改思想首先是在卡德纳斯（Lázaro Cárdenas）竞选总统的施政纲领中，即作为国家革命党（Partido Nacional Revolucionario，PNR，也就是现在的 Partido Revolucionario Institucional，PRI）六年整体计划的一部分提出来的，所以其被命名为卡德纳斯派。可以看到，土地分配政策的实施除了满足农民对土地的要求，还应该使在此基础上建立的农庄逐渐成为贯彻国家经济政策的主体，成为政府在农村和农业中的代表。这样，社区及农庄被赋予了新的内涵，即不仅仅为国家的工业化及经济的快速发展提供充足和价廉的粮食与原材料，并且还要为促进国家统一市场机制的形成做出贡献。为实现这一目的，在卡德纳斯执政期间建立了全国层次的国家农民协会（Confederación Nacional Campesina，CNC），由此直接反映农民在各个方面，尤其是与土地分配有关的要求。与此相配套，还成立了许多相关的政府机构，譬如国家农庄信用银行（Banco Nacional de Crédito Ejidal），其目的则是保证国家对农业生产以及对农产品供应的管理和控制，同时满足农民通过农协反映的要求。

前述第一种思想也被称作温和派，其出发点是为了土地的最终私有化。

---

① 参见阿纳尔多·科尔多瓦《墨西哥革命的思想》（Arnaldo Córdoba, *La Ideología de la Revolución Mexicana*），时代出版社，1973。

在前面提出，为了达到此最终目的，其不仅将分配土地的一部分进行专门分割后再具体分配到每个农民手上，并且在初始阶段还详细规定每个农民应得到的数量不应低于20公顷。其主要的倡导者是参加1910年革命中获胜的北方军人，代表人物是卡列斯（Calles）和奥夫雷贡（Obregón）。而卡德纳斯派，也称作激进派，则强调社区传统的重要性，农庄的一个显著特点就是土地的集体所有性质，即土地的共同使用。正是这两种思想的重叠影响，墨西哥社区与农庄的土地是分为三部分的：专门分割后再具体分配到每个农民手上归个人永久使用的土地、共同使用土地及住宅土地。

正如前面所述，在70多年的时间里，由于受到当时执政总统政治理念的影响，土地分配制度的实施并非直线形式，经常如同钟摆一样左右摇晃。有的时期，得到土地的农民数量多一些；而有的时期，由于土地分配数量有限，大量的申请者无法拥有从事农业生产的必须资源。如果考虑到人口的迅速增长，加上土地资源的有限性，到60年代末基本上已经是无地可分。结果是在新形成的农村社区与集体农庄里，农民人均土地数量越来越少，并且土地的质量也越来越差。这样就在无形中加剧了农民离开其居住地并且进入城市寻找收入来源的趋势。

在这期间内，分配土地最多的是在奥尔达斯（Gustavo Díaz Ordaz）执政的1964~1970年，达2470万公顷的土地；与此形成鲜明对比的是萨利纳斯（Carlos Salinas De Gortari）执政时期的1988~1994年，仅为80万公顷（见表2）。[①]

表2　1914~1992年墨西哥各届总统执政时期的土地分配数量

执政时期	土地分配数量（百万公顷）	受惠农民数量（人）
1915~1934[1]	11.5	866161
1934~1940	18.8	728847
1940~1946	7.3	157816
1946~1952	4.6	80161
1952~1958	6.1	68317
1958~1964	8.9	148238

① 需要指出的是，正是在萨利纳斯执政的第四年，即1992年，实行了对宪法第27条的改革并在此基础上宣布了新的农业法，从而结束了接近80年的土地分配制度。

续表

执政时期	土地分配数量 （百万公顷）	受惠农民数量 （人）
1964~1970	24.7	278214
1970~1976	12.8	205999
1976~1982	6.4	243350
1982~1988	5.1	189966
1988~1994	0.8	42539
总　　计[2]	107.3	3021346
普查数据（2007）	105.9	4210830

注：1. 这一时期里，墨西哥政治处于革命后的不稳定期，在任的总统由于种种原因，都无法完成宪法规定的 6 年任期。在 20 年的时间里，先后有 6 任总统。2. 普查材料显示出，一方面，土地的分配数量少于各届总统任期里分配数量的总和；另一方面，受惠农民的数量却多于各届总统任期里的相加数。其原因是，各届总统任期内所分配的土地数量是来源于联邦政府日报（Diario Oficial de la Federación，DOF），即总统令所公布的数据。但是，在实际中，由于种种原因，其中的一部分还没有得到完全落实。与此同时，随着人口的变化，最早的受惠农民由于自然死亡，其拥有的土地遗传给了其下一代。如果继承人数多于 2 个，其土地就会被分割，受惠农民的人数自然高于当时总统任期里所公布的数据。另外，社区和农庄有时还接收新的成员，也会造成人数的增加。资料来源：墨西哥国家统计、地理与信息院编《墨西哥历史统计》（INEGI，*Estadísticas Históricas de México*），1985；《农业普查 2007，第九次集体农庄普查》（*Censo Agropecuario 2007，IX Censo Ejidal*），2009。

　　土地分配制度实施的左右摇摆不仅仅反映在土地分配数量的变化上，而且在这一政策的结束与否方面也有巨大差异。早在 1970 年，当时执政的奥尔达斯总统曾一度宣布已无更多的土地分配给农民，并信誓旦旦地准备结束土地分配制度。但是，其继任者则持一种截然相反的态度，认为大农场或者大农场名亡实存并以变相形式保留的情况依然存在，土地分配还有很大的实施空间。[①]

　　这样的结果不仅造成政治上的混乱，并且还使大量的土地申请者产生错觉，认为只要等待就可以获得土地，但实际上往往是更大的失望与无奈；更为严重的是，这对私人土地所有者以及已经获得土地的农民造成无形的压力，使其土地缺乏法律上的保护与依托，使其感觉随时都可能失去土地。在这种情况下，不管是集体所有制框架下的农业生产者，还是私人土地所

---

① 胡利奥·莫格尔统编《墨西哥农业发展史，墨西哥农业的黄金期与危机的开始，1950~1970》（Julio Moguel，*Historia de la Cuestión Agraria Mexicana，la época de oro y el principio de la crisis de la agricultura mexicana，1950~1970*），21 世纪出版社，1988。

有者，都会因为土地制度的频繁变化而难以适应，从而影响其对土地的投入与生产的积极性。如果再考虑到国家政策对集体所有制框架下农业生产重要性的认识不足，加剧了大量农民离开土地进入城市的趋势，农业的萎缩现象更为严峻。

农业生产的二元结构。在墨西哥土地分配制度实施的近 80 年时间中，尤其是在 1940～1970 年之间的 30 年里，即工业化与城市化迅速发展的时期，大部分时间往往是温和派的施政主张占了上风。也正是因为如此，农业改革以及农庄制度的建立基本上是作为保证农村稳定的工具而实施的，农庄的生产功能则被严重忽视。[1] 这样做的结果是，得到土地的农民不管是在经营自己拥有永久使用权的那部分土地，还是经营共同使用的那部分土地的实践中，并没有按温和派施政主张愿望的那样，逐渐地获得农业生产经营的经验并最终锻炼成为农场主。

如果考虑到土地分配制度实施的实际情况，集体所有制下的农业生产单位，不仅在土地拥有的数量上，而且在质量上都远远落后于私有土地所有者。土地改革开始时，农业法规定了每个农民私有土地数量的最大面积不能超过水浇地 100 公顷或者相当于 100 公顷水浇地的旱地。多于这一数量的部分，墨西哥政府则归类为"可影响的"（afectable），并按农业法规定将其分配给无地或者缺地的农民。面对这一形势，大农场主一方面尽量掩盖其实际拥有的土地数量，减少"可影响的"土地面积；另一方面，其保留的 100 公顷水浇地或者相当于 100 公顷水浇地的旱地，往往是土壤肥沃、质量最好的部分。与此形成明显反差的则是，集体所有制下的农业生产单位，不管是农庄还是社区里的农民，土地改革开始时所得到的土地面积并没有具体的规定，往往是根据实际拥有的数量分配。一直到 1971 年，农业法规定了最少的土地面积限度，每户不能少于 10 公顷的水浇地，或者是不能少于 20 公顷的旱地。尤其重要的则是，尽管墨西哥的城市化水平在 2010 年达到了 76.8%，农民的相对数量明显地减少，但是绝对数量有增无减。一方面，这无疑造成无地和缺地的农民越来越多，政府面临的压力越来越大。另一方面，在农庄内部不得不进行土地的调整。虽然墨西哥农业法规定了

---

[1]　古斯塔沃·科尔迪略：《墨西哥农业产权革命》（Gustavo Gordillo, La revolución de los derechos de propiedad agraria en México），参加第 23 届国际农业经济研讨会论文，加利福尼亚，1997 年 8 月。

土地的不可分割性，实际操作时农庄成员往往没有其他的选择，特别是当其后代无法找到就业的机会而只能在农庄内部生活的情况下，已经获得农地的生产者只好降低自己已经很小的经营规模，分割出一部分土地使其后代"获得基本的生产资料"。① 根据 2007 年农业普查的数据，在集体所有制下的农业生产单位中，劳动者的人均耕地面积为 7.5 公顷，与 1991 年的同一数据来源相比，经营规模下降了 17.6%。对于那些生活在农庄的非正式成员，他们的平均经营规模则更小，只有 4 公顷左右。②

　　除此之外，在这一时期，墨西哥政府在兴修水利、改善农业生产环境、贷款以及良种培育（绿色革命）等方面对私有农场实行倾斜性政策，而且后者本身就在土地质量和数量等方面占有优势。所以，不管是劳动生产率还是土地的单位产出，私有农场都有飞跃的发展，从而不仅保证了工业化与城市化过程中对粮食以及原材料数量上的需求，而且在价格上也具有竞争优势。与此形成鲜明对比的是，由于受农民自身素质的限制，土地质量相对低下以及获得国家政策支持的力度不够等因素的影响，农庄生产的商品率很低，基本是自给自足，并且越来越呈现出逐步萎缩的趋势，许多农民不得不离开自己的农庄，进入城市就业或者季节性地转移到农业现代化与商品化程度较高的地区受雇于私人农场主。③

---

① 在墨西哥集体所有制框架下的农庄里，除了成立之时正式组成成员（propietarios）之外，同时还生活着一些非正式的成员，被称为"所有人"（posesionarios），他们不是农庄成立之时的成员，有的是正式组成成员的后代，有的是从其他的农庄移民来的，其所经营的土地并不是政府直接分配的。1992 年宪法第 27 条修改以及由此产生的新农业法颁布之前，其获得土地的方式在大多数情况下是非法的。譬如，已经获得农地的生产者降低自己已经很小的经营规模，分割出一部分土地使其后代"获得基本的生产资料"，这一方式是与宪法规定的土地不可分割性相矛盾的。再譬如，从其他的农庄移民来的农户，往往是通过购买的方式获得当地的土地的，这是违反宪法规定的土地不可买卖的。

② 土地的分配不均问题以及由此产生的生产规模过小的现象，并不是集体所有制特有的困境。在总数 占国土 38% 的私人所有土地中，77% 的小私人农场主只占有 10.8% 的耕地，每户经营规模少于 5 公顷；19.6% 的私人农场主拥有 16.1% 的耕地，规模在 5~50 公顷；规模大于 50 公顷的私人农场主尽管只有 4.1%，却占有了 63% 的耕地。胡安·奥平·伯奇：《墨西哥农村的现代化》（Juan Auping Birch, *La Modernización del Campo Mexicano*），墨西哥农业发展基金会，1977。

③ 对于墨西哥政府对私有农场的倾斜性投资以及许多农民不得不离开自己的农庄，进入城市或者季节性地转移到农业现代化与商品化程度较高的地区受雇于私人农场主，这里不做详细介绍，可参阅 胡利奥·莫格尔（Julio Moguel）统编《墨西哥农业发展史，墨西哥农业的黄金期与危机的开始，1950~1970》（*Historia de la Cuestión Agraria Mexicana, la época de oro y el principio de la crisis de la agricultura mexicana, 1950~1970*），21 世纪出版社，1988。

由于这些因素的综合影响，墨西哥农业产生了两个完全不同的群体。一方面，私人农场主不管是在劳动生产率还是在土地的单位产出方面都有飞跃的推移，并且随着时间的推移，这一群体所代表的农业生产现代化水平越来越高，在许多方面甚至可以与美国的水平相媲美。相反，集体所有制下农庄和社区中的大量农民，其生产主要以自给自足的形式存在，在许多情况下，甚至无法维持简单的再生产。根据墨西哥农业普查的资料，2007年在现代化生产水平较高的锡那罗亚州（Sinaloa），每公顷白玉米的产量达到 8.66 吨，而在农庄聚集、农业生产水平落后的普埃布拉州（Puebla）与瓦哈卡州（Oaxaca），同一作物的单位产量则分别只有 1.48 吨和 1.40 吨。①

二 1992 年墨西哥宪法第 27 条改革与土地制度创新

墨西哥 1992 年土地制度改革的目的是促进土地的集中，利用《北美自由贸易协定》的优势吸引对农业的投资，以此振兴落后农村的发展，让农民逐渐脱离贫困并走上富裕之路。根据 1992 年墨西哥宪法第 27 条改革的主要倡导人之一、萨利纳斯总统任期的农业部副部长路易斯（Luis Tellez Kuenzler）的观点，土地改革的目的可以归结为四点：促进资本流入农村；提高农业的商品化水平；消除农村的官僚体制；优化农业生产效率。② 与此形成对应的是，不少人则认为，土地制度的创新，并不会给农业以及农民的生活带来积极的变化。相反，广大的农民会由于土地私有化限制的放松，将比以前以更快更大的规模变成失地者，③ 农村的贫困问题也将更加严峻。

与此同时，另一土地制度改革的倡导人，当时的农业检察院院长、后

---

① 资料来源：墨西哥国家统计、地理与信息院编《2007 年农业普查，第八次农牧林业普查》（INEGI，*Censo Agropecuario 2007*，*VIII Censo Agrícola*，*Ganadero y Forestal*），阿瓜斯卡连特斯，2009。

② 路易斯·特列斯·昆斯勒：《农渔业与林业的现代化，墨西哥现代化视野》（Luis Téllez Kuenzler，*La modernización del sector agropecuario y forestal，un visión de la modernización de México*），墨西哥经济文化基金出版社，1994。

③ 米格尔·A. 萨马诺·伦特里亚：《萨利纳斯的农村政策，批评评估》（Miguel A. Samano Rentería，La política salinista hacia el campo，un balance crítico），载大卫·查孔·埃尔南德斯等编《农业改革的效果与墨西哥印第安人的权利》（David Chacón Hernández，etc.，*Efectos de las reformas al agro y los derechos de los pueblos indios en México*），墨西哥国立自治大学出版社，1995。

来成为农业改革部部长的阿图罗·沃尔曼也是从产权认定的角度解释宪法第27条修改以及农业法改革，其重点也是农业的现代化与农村的振兴。实际上，不管是当时的倡导者还是土地制度改革的出发点，其并没有考虑到对城市化的影响，并没有考虑到对城市土地市场以及土地自由流动等问题的影响，至少他们在这一问题上是模糊的。但是，如果在土地制度改革中忽视上述问题，其实施将很有可能出现偏差，广大的农村及农民也将很有可能会受到因土地用途变更而产生的巨大利益的诱惑，无限制地出卖其使用的土地，进而形成城市化的无序和无控制状态。最后往往会使土地使用的非法与非正规化现象更为严重，甚至超过改革之前的情况。① 正是理论认识上的不足与缺陷，使得集体土地进入城市用地并且在城市土地市场上的自由流动，在一定程度上受到了限制，首先是产生实施时间上的滞后性，当然也使得其在实施中无法完全发挥其应有的效果。

概括地讲，宪法第27条的修改以及在此基础上实行的新农业法可以归纳为五个大的方面。第一，面对依然存在的大量无地和缺地农民，正式宣布结束实行长达接近80年的土地分配政策。第二，进一步放松农场规模的最高限制，允许在农村由多个农户成立农业生产企业，其土地面积最多可以达到2500公顷水浇地或者相当于同等数量水浇地的旱地。第三，同时扩大单个林场的规模至800公顷。第四，放开对农庄的限制，允许土地可以作为担保签订租借条约、参加股份公司并且进入市场买卖交易。第五，承认集体所有土地的私有化，这一过程需经过对农庄土地的划界定权（Procede）、村民委员会（Asamblea Ejidal）协商决定与完全控制（Dominio Pleno）等程序。

经过接近20年的实施，一方面土地尤其是农业用地，并没有出现大规模的私有化进程；另一方面，对农业的投资，尤其是私人资本的投入，也没有大规模的实现。当然，城市用地也没有发生无序和无控制状态的增加。

首先，从私有化的进程看，私有化并没有大规模地出现。早在1998年，也就是墨西哥宪法第27条改革实施之后的第六年，当时的农业改革部部长阿图罗·沃尔曼就指出，对于分块划好归农民个人使用的土地，农民可以

---

① 吉延莫·塞白泽：《农业变革，新宪法体制下的墨西哥农村产权》（Guillermo Zepeda, *Transformación agraria, los derechos de propiedad en el campo mexicano bajo el nuevo marco constitucional*），发展研究中心（CIDAC），墨西哥，2000。

申请对土地的完全控制并实现私有化，从而在城市化过程中可以充分获得土地所产生的经济利益，也可以以入股方式成立农民自己的土地开发组织，以实现城市化并使土地的价格接近真正的市场水平。但是，"农庄的土地仍然没有被农民完全控制，私有化也没有出现"。①

根据农庄普查的资料，截至 2007 年，共有 5914 个农庄获得了对土地完全控制的权利，② 所涉及的土地面积为 466 万公顷，二者分别占到总数的 18.8%与 4.4%。不仅如此，土地的买卖也是停留在一个较低的水平上，同期的交易量不到 310 万公顷，仅为集体所有土地面积的 2.9%，并且土地的买卖大部分是限制在农庄内部进行。在 1997～2007 年的十年内，总数接近 2.1 万个农庄实现过土地的买卖，总交易次数达到 4 万次，其中只有 28.3% 的购买者是与农庄无关的，71.7% 的则是农庄的成员。

需要指出的是，至少在最初的五年中，获得了对土地完全控制权的农庄大多数分布在大都市区的周围。1997 年，共有 193 个农庄的农民实现了对土地的私有化过渡，其中有 124 个农庄属于 55 个大都市区。③ 相反，真正的农业产区，私有化的水平则很低。这也从一个方面反映出，如果土地

---

① 阿图罗·沃曼，《宪法 27 条改革》（La reforma al Artículo 27 constitucional），《农业研究》（Estudios Agrarios）（墨西哥农业检察院杂志），1998 年第 2 期。

② 根据墨西哥宪法第 27 条 1992 年改革及相关的新农业法内容，集体所有的土地要实现私有化，首先是由农庄向农业改革部提出对土地完全控制的申请（dominio pleno），在此基础上，农庄委员会可以召集农庄成员大会并作出对土地实行完全控制的决定，要做到这一点，需要至少三分之二的成员参加会议，并且要得到与会三分之二成员的一致同意。这样，各个农庄成员提出退出国家农业登记处的要求，然后在当地的所有权公共登记处注册其完全控制的土地。当这一程序完成之后，农民使用的土地就从集体所有转变为个人所有。需要指出的是，集体所有土地的三部分中，私有化的政策只适用于分块划好归农民个人使用的土地，占集体所有土地总面积的 31.7%。其他的两部分，即集体使用的土地与居民生活用的土地则另有具体的规定。参见《墨西哥农业法 1992》第六章，"分块土地"。

③ 在墨西哥，大都市区的概念最早正式出现在 1976 年，当时认定了 1960 年 12 个人口超过 10 万的城市。参见路易斯·吾尼凯尔、克雷森西奥·如易斯、古斯塔沃·盖尔萨《墨西哥城市化进程》（Luis Unikel, Crescencio Ruiz y Gustavo Garza, El Desarrollo Urbano de México），墨西哥学院，1978。2004 年，墨西哥社会发展部，国家人口委员会，国家统计、地理与信息院三家政府部门共同制定了统一的大都市区概念，并且根据 2000 年第 12 次人口普查数据确认了 55 个大都市区。2010 年，这一数据上升至 59 个，人口 6384 万，国内生产总值 80782 亿比索（按 2010 年底的汇率合计 6541.3 亿美元），分别占到了墨西哥全国的 56.8%与 73.4%。墨西哥社会发展部，国家人口委员会，国家统计、地理与信息院：《墨西哥大都市区的界定 2000》（Delimitación de las zonas Metropolitanas de México 2000），2004。墨西哥国家统计、地理与信息院：《墨西哥大都市区的界定 2010》（Delimitación de las zonas Metropolitanas de México 2010），2012。

没有进入城市化用地时，土地的增值期望往往还停留在较低水平，农民并没有表现出要求土地私有的热情及积极性，并没有将土地出卖并在此基础上实现农业的集中经营。同时，私人资本也没有显示出投入农业产业的踊跃性，土地市场仍然处于消极状态。

另外，根据农业改革部下属的农业检察院公布的数据，在 1993 年至 2008 年期间，墨西哥全国共有 14285 平方公里的集体所有土地进入了完全控制机制，占分块划好归农民个人使用土地的 5.12%；如果单独考虑 56 个大都市区的情况，这一比例达到 13.33%。也就是说，大都市区的集体所有土地的私有化水平要远远高于全国的平均数据，从集体所有转化为私有的土地总数中，27.8% 集中在 56 个大都市区（见表 3）。

表 3　1993～2008 年墨西哥集体所有土地的私有化程度

明细	全国	结构（%）	56 个大都市区	结构（%）
农民个人使用土地（km^2）	278776.14	100.00	29767.10	100.00
完全控制权利土地（km^2）	14285.48	5.12	3966.50	13.33
受益正式农户（个）	2937801	63.99	383037	50.01
受益的其他人员（人）	1652959	36.01	382835	49.99
受益人员总数（人）	4590760	100.00	765872	100.00

资料来源：墨西哥农业改革部、农业检察院统计数据。

表 3 同时反映出，不同的地区受益于农业改革的人口结构[①]也存在着显著的差异。在总数接近 460 万的受益者中，64% 属于农庄成立时的人员，其他的 36% 则是后来移居者或者是农庄成立时农民的后代，他们并没有使用土地的权利。在 56 个大都市区，二者人口的比例几乎一致，各占 50%。也就是说，居住在大都市区集体农庄的居民，几乎一半（49.99%）并不是集体土地最初的法定使用者，远远高于全国的平均水平。从某种程度上讲，尽管土地所有规范委员会在过去的将近 40 年时间里，使 16% 的城市用地得

---

① 为理顺土地所有关系，1992 年改革的一个重要内容是"农庄权利与城市用地持有人确认计划"（Procede）。通过该项目，旨在具体丈量并确认集体所有制框架下土地所有者与使用者的数量，以此逐渐使土地的使用合法化与正规化。

到了规范，但是其使命却并没有完成。这些非集体土地法定使用者占用的土地在 1992 年土地改革之前，依然属于非规范用地。总之，宪法的修改以及农业法的变革没有达到预期的目的，土地集中数量有限并往往限制在农民之间；尤其重要的是，集体土地还没有完全自由地进入城市土地市场。

同时可以看到，土地制度革新成效不尽如人意，没有达到预期的目的，应该说在很大程度上受到了当时的宏观经济环境的影响。1994 年底，即新的农业法实施不到两年，埃内斯托·塞迪略（Ernesto Zedillo Ponce de Leon）总统上任不到一个月的时间，便爆发了墨西哥历史上极为严重的金融危机，1995 年其货币贬值超过 100%，通货膨胀率为 51.97%，经济增长速度为 -6.2%。在这种形势下，无论是政府还是私人，投资与信贷都处在非常困难的处境之中，总需求呈直线下降趋势，作为固定资产投资的住房需求，以及与此相关联的房地产市场受到的冲击更是严重。无疑，不利的宏观经济环境大大延缓了土地制度革新成效的及时发挥。

毋庸置疑，土地私有化数量有限，尤其是买卖数量维持在一个较低的水平上，并且往往发生在大城市郊区的农村以及属于农庄内部成员之间的调整。这样的评估只是建立在农庄普查与农业改革部的统计数据上，实际上可能存在大量的变化而无法简单地从统计数据里获得，譬如那些整块的小面积土地（这部分土地被称为 agostaderos，翻译为"牧地"或"草地"），在大多数情况下由于交易成本过高而不进行正式公证，只是在村民委员会以及其负责人面前立一字据作为买卖交易的凭证。但是，不可否认的是，土地的私有化以及在此基础上的土地买卖一直是在有限的范围内进行的，这从一个方面说明农民对土地的私有化过程与土地的买卖是小心谨慎的；另一方面，正是这种小心谨慎的态度，至少到目前为止，避免了大量失地和无地农民的出现，避免了土地的集中和贫富两极分化。通过对实际已经发生的土地调整案例分析发现，新农业法的实行，首先使农民对土地的使用权以及所有权获得了正式的承认，而更为重要的是让农用土地的分块经营以及租让经营获得了合法性，无疑对稳定农民，尤其是稳定非正式成员即"所有人"在农庄中的地位，起到了积极的推动作用。

与此同时，通过分析还可以看到，第一代农民，即土地分配政策实行过程中的直接受益人，从获得土地之日起，往往将土地的使用权牢牢地掌握在手中，即使在土地实行了私有化而成为土地所有者之后，也没有大规模地将土地推向市场进行交易并进而变成无地者。不仅如此，而且当这部分农民失去生产能力或者由于其他种种原因不得不将土地的使用权转让出去时，在一般情况下则保证了土地的整体性，即遗传给了家庭里最小的男性。

对于这一现象，究其原因，首先是经济因素所致。由于农业生产自身的特点而引起的收益不确定程度较高以及风险较大，农业生产的投资收益率往往也低于其他的行业，从而很难吸引大量的私人资本完全为了单纯的农业生产而购买土地。实际上，投资者收购土地的目的往往受到其实际上的或者是潜在的增值效益的影响，譬如，城市建设用地的需要，旅游发展的趋势，特殊资源以及由此而生产的特殊商品，等等。在这种情况下，则会有可能出现大量的投资者并由此推动地价的上涨；也正是在这种情况下，农民才有可能选择出卖土地，才有可能提出土地私有化的申请。其次，还可以看到，在土地分配的漫长过程中，大量的农民可能是花了毕生的精力、物力和财力，才获得了国家对其农庄正式成员身份的承认，在此基础上得到了政府分配的土地使用权，并且拥有集体共同使用部分土地的权利。从很大程度上来说，农庄的建立和存在、农庄正式成员资格与部分土地长期使用权是连在一起的，是否拥有土地的所有权并成为土地的正式主人对农民来讲，可能并没有实际的意义。需要指出的是，新农业法允许的私有化只限于农民具有个人专门永久使用权的土地，而对占集体所有土地面积2/3的集体共同使用土地，则依然设有限制。如果农民获得了其专门使用土地的所有权并成为土地的正式主人，则往往会斩断自1915年土地改革政策实施以来形成的农庄－集体土地－土地使用权这样一种联系，农民与农庄之间的相互依附关系也会变得越来越模糊甚至完全消失。在这种情况下，部分土地使用权与所有权的统一很有可能使农民产生一种错觉和担心，即作为土地的私有者，其权利仅仅局限于属于自己名下的那部分土地，从而可能会失去对集体共同使用的那部分土地的权利。

但是，当第二代农民获得继承权并成为土地使用权或者土地所有权的持有者之后，其对土地的小心谨慎态度则会较第一代低，其在获得了土地的所有权之后，往往容易将土地卖出，变为无地者。譬如，维拉克鲁斯州的彼德拉·拉夫拉达村庄（Piedra Labrada），尽管其农民的数量到目前为止没有发生变化，保持在39户，每户的土地数量维持在该农庄成立之初的水平，但其中有 20 户已经属于第二代农民。自 1993 年以来，随着新农业法的实行以及土地界定确认权利工作的完成，已经有 16 户农民出卖了土地，全部属于第二代农民继承的土地，只有 4 户仍然保留着土地的所有权。[①]

　　尽管到目前为止，大规模的土地私有化以及在此基础上发生的土地买卖并没有出现，但是，上述具体案例反映出的两代农民与土地关联程度的区别确实需要进行认真的反思。如果第一代农民还能够面对各种不利的经济社会条件，并努力克服农业生产中所遇到的挑战，保证了土地的使用权以及 1992 年之后的所有权，那么，第二代农民则很有可能对土地的感情有所下降，不再继续其前辈所从事的农业生产活动，当遇到困难与挫折时，尤其是在宏观经济政策使得农业无以为继之时，农业劳动者往往会放弃农业生产，甚至会放弃维持其自给自足的简单再生产，从而中断与土地的联系成为无地者。根据阿图罗·沃尔曼提供的数据，到 20 世纪末，墨西哥集体农庄主的平均年龄为 46.5 岁，其中有 41.4% 已经超过 50 岁。可以预测的是，在将来的 10 年时间里，也就是说在 2020 年左右，土地分配政策的第一代受益人将逐渐失去劳动能力，慢慢地把土地的使用权或者是土地的所有权传给他们的下一代。虽然在目前情况下很难对土地的私有化趋势做一个精确的预测，但是，可以有理由认为，10 年之后随着第二代农民越来越多地掌握土地的使用权或者所有权，将会有越来越多的土地被农民转入"完全控制"程序，并在此基础上实现由集体所有制向私有制的转变。当然更为重要的则是，土地的买卖可能会比从 1992 年新农业法实行以来发生的频率更高。

三　结论

　　通过上述分析，可以看到，墨西哥 1992 年之前的土地分配制度，尽管一方面使大量无地以及缺地的农民获得了基本的生产资料，从而达到了稳定农民、稳定社会、稳定政治环境的目的，为当时的快速工业化和快速经

[①] 何塞·曼努埃尔·弗洛雷斯·洛佩斯：《集体所有土地市场与社会文化变革：维拉克鲁斯州圣玛塔山区调查》（José Manuel Flores López，"Mercado de tierras ejidales y cambio sociocul-tural en la Sierra de Santa Ma=tha，Veracruz"），《农业研究》（Estudios Agrarios）（墨西哥农业检察院杂志），1998 年第 2 期。

济发展创造了理想的条件；与此同时，也造成了大量的农民从土地上分离出来，无控制无秩序地涌入城市，从一定程度上保证了工业化与城市化过程中对劳动力的需求。但是，另一方面则形成了土地使用，尤其是集体所有制框架下的土地使用的非法化及不规范化。面对这些问题，墨西哥政府自1973年以来，采取了许多措施纠正偏差，其中最为重要的则是1992年修改宪法第27条并在此基础上实行的新农业法。

第一，宪法第27条的修改以及在此基础上实行的新农业法，不仅宣布了土地改革政策温和派的最终获胜，而且也是墨西哥自20世纪80年代初以来在新的国内国际形势下所作出的系列改革措施之一。面对外债危机和政府财政赤字的巨大压力，墨西哥政府自德拉马德里（Miguel de la Madrid）总统开始，尤其是在萨利纳斯执政期间，积极推行自由贸易和促进私人投资的政策，与此同时，逐渐减少政府干预，以扩大市场自由调控经济的作用。在农业方面，具体采取了以下几个措施：完全放弃了粮食发展计划（Sistema Alimentario Mexicano，SAM）；慢慢地将国家人民援助公司（Compañía Nacional de Subsistencias Populares，CONASUPO）转型直至最后裁撤；取消粮食的政府保护价，等等。不管是新的农业法，还是放弃对农业的直接干预等一系列措施，是与其他的新自由主义经济政策一致的。

第二，尽管宪法第27条的修改以及新的农业法的实施完全放开了对集体所有制框架下的土地所有权及其使用权转变的限制，农民可以通过"完全控制"的程序，自由决定属于自己单独使用部分土地的归属，从而达到实现土地私有化的目的。但是，经过接近20年的实践，新的土地政策并没有在这方面产生大的效果。如果说取消对土地私有制的限制为农业的现代化发展创造了前提条件，但是这并不是使农民脱离贫困以及农庄走上振兴之路的唯一条件，要达到此目的，还需要其他的配套措施。

第三，出于保证社会稳定尤其是政治稳定的需要，墨西哥政府没有及时地停止土地分配政策的实施，而且在实施过程中时断时续，这不仅使得私人农场主的利益得不到合理的保障，并且分配给农庄正式成员的土地的数量和质量越来越低，极大地影响了私人农场主和农庄成员的生产积极性。所以，土地分配政策的左右摇摆在很大程度上导致了农业生产，尤其是粮食生产自 20 世纪 70 年代出现徘徊不前甚至萎缩的趋势，最终由农产品净出口国变为农产品进口国，并且进口量在很长时间里呈上升趋势。

（作者简介：刘学东，经济学博士，墨西哥国立自治大学终身教授。目前主要研究方向为墨西哥农业经济及货币汇率政策）

博士生论坛

南北战争后至 20 世纪初美国
食品药品掺假述论

吴　强

内容提要：南北战争后的美国面临着极为严峻的食品药品掺假问题，尤其是化学防腐剂在食品生产中的使用和诸多专利药骗局，这既影响了美国食品药品的海外声誉，同时也严重危及民众生命健康，乃至损害政府在民众心目中的形象和公共权威。究其原因，除了部分商人一味追求利润而不顾商业道德外，也与新科技应用后民众无力甄别，以及社会转型时期美国联邦政府的食品药品监管不力有着密不可分的联系。美国历史上的这一历史经验或将有助于我们思考当下中国的食品药品问题。

关键词：美国　社会转型　食品掺假　专利药　政府监管

早在 1820 年，德裔英国化学家弗雷德里克·阿库姆（Frederick Accum）在其所著的《论食品掺假和厨房毒物》一书中就集中曝光了当时英国食品生产中存在的诸多掺假问题。[①] 若将视界放宽，把食品药品问题置诸全球史的总体演进框架下进行考察便可发现：欧美发达国家在其现代化过程中都不同程度地遭遇到食品药品掺假问题。单就美国而论，食品药品质量在整个 19 世纪呈现出明显的下滑之势，尤其在南北战争以后，这种趋势体现得更为明显。特别是到了 19 世纪末 20 世纪初的世纪之交，食品药品质量已跌

[①]　比·威尔逊：《美味欺诈：食品造假与打假的历史》，周继岚译，三联书店，2010，第 3 页。

至谷底，到了几近无一不假的地步。本文拟在前人研究的基础上试对南北战争后至 20 世纪初的美国食品药品掺假问题作一分析，以期抛砖引玉。①

一　食品掺假的表现形式

食品掺假自古有之。曾任美国波士顿食品药品管理局局长的莱斯利·哈特就曾在一篇文章中调侃道："食品掺假与商业本身一样古老。"② 就美国而言，食品掺假在北美殖民地时期就已非鲜见。进入 19 世纪，特别是南北战争后直至 19 世纪末的数十年时间内，工业化和城市化这两股大潮推动着美国经济迅猛向前。面对工业化浪潮的冲击，食品工业亦不能幸免。南北内战后"创造性破坏这股贯穿美国经济的巨流也深刻影响了美国的食品工业"。③ 新科技革命中涌现的各种新发明和新材料也被应用于食品生产中，导致 19 世纪中后叶美国食品掺假泛滥成灾。那么，应如何理解作为本文关键概念之一的"掺假"（Adulteration）？这一时期的食品掺假有哪些类别和具体表现形式呢？

根据权威的《大英百科全书》中的词条解释，英文中的"Adulteration"一词来自拉丁文"Adulterare"，它指的是这样一种行为："为非法营利而加

---

① 就笔者所见，国外学者中，以下几部著作最具代表性：克莱顿·科尔平、杰克·海：《纯净政治：哈维·华盛顿·维利和联邦食品政策的起源》（Clayton Coppin and Jack High, *The Politics of Purity：Harvey W. Wiley and the Origins of Federal Food Policy*），安亚堡，1999；詹姆斯·哈维·杨：《纯净食品》（James Harvey Young, *Pure Food*），普林斯顿，1989；保罗·斯达：《美国药品的社会改革》（Paul Starr, *The Social Transformation of American Medicine*），纽约，1982；奥斯卡·安德森：《一个民族的健康：哈维·维利与纯净食品之战》（Oscar E. Anderson：*The health of a nation：Harvey W. Wiley and the fight for pure food*），芝加哥，1958；彼得·泰明：《自作自受：美国药品监管》（Peter Temin, *Taking Your Medicine：Drug Regulation in the United Stats*），剑桥，1980。国内美国史学界中，李剑鸣教授于《大转折年代——美国进步主义运动研究》（天津教育出版社，1992）一书中曾涉及 1906 年美国国会颁布的《纯净食品与药物法》和《联邦肉类检查法》这两部法律，但对食品药品行业的混乱状况及其原因则未有深入分析。此外，兰教材发表于《史学月刊》2011 年第 2 期的《美国 1906 年纯净食品药品法之由来》一文则主要侧重于《联邦食品与药品法》具体立法进程中的各方博弈，对于食品药品混乱的各种表象及其原因也同样未有进一步深究。

② F. 莱斯利·哈特：《1906 年之前的食品掺假史》（F. Leslie Hart, "A History of The Adulteration of Food Before 1906"），《食品、药品、化妆品法期刊》（*Food Drug Comestic Law Journal*）第 7 卷，1952 年第 1 期，第 5 页。

③ 克莱顿·科尔平、杰克·海：《纯净政治：哈维·华盛顿·维利和联邦食品政策的起源》，安亚堡，1999，第 32 页。

入某种有害于人体健康的物质，或者以次充好，坑蒙拐骗购买者。"① 在现有能够找到的相关文献中，反映南北战争后美国食品掺假的例子比比皆是、不一而足，主要有两类掺假形式。

一是"传统掺假"，或可称之为"物理掺假"。这种形式的掺假大多发生在食品交易和买卖过程中。食品生产者和销售商以各种手段和方式降低食品中本应具有满足人类所需的营养成分，或者将某些色、香、味相近但成本低廉，较易获得的物质混入正品中，从而尽可能降低成本，提高利润。若以现代"商事契约"来衡量，"物理掺假"类同于今天市场经济条件下经常能够碰到的商业欺诈行为。消费者在此过程中蒙受经济损失，是不折不扣的受害者。相对而言，"物理掺假"虽然对人体的生命健康并不构成直接危害，但对普通消费者来说，"他们很难在购买之前知悉生产者和商家使用了哪种方式进行掺假"。②

具体来说，"物理掺假"的形式多种多样。从最为普通的将水兑入酒和牛奶中，以木炭粉混入日常食用的胡椒粉内，咖啡中则掺入了菊苣、橡树子等物质，罐装鸡肉中其实并不含有真正的鸡肉，棉籽油则被当作橄榄油出售，等等。③ 事实上，纯净咖啡在当时的美国几乎很难找到。作为百姓日常饮品，咖啡之于美国人的生活来说意义重大，但根据巴特夏尔 1887 年在一份报告中的统计汇总，在对市面上销售的 151 份咖啡粉样本的随机抽查中，就有 69 份，即达到总额的 41% 都系掺假咖啡。④ 再比如，巧克力生产者经常在巧克力中混入面粉、马铃薯、豌豆、蛋黄和杏仁等物质；用来制作面包的面粉则以添加马铃薯淀粉、豌豆粉、荞麦粉和大米的方式来欺骗消费者。⑤ 总之，消费者所买到的食品名不副实。

与"物理掺假"相比，"化学掺假"是在新的时代条件下，依托于此时迅速发展的化学工业，将部分化工产品运用于食品的生产、运输和销售中。

---

① 《掺假》（"Adulteration"），http：//www. 1911encyclopedia. org/Adulteration。

② 马可·罗尔：《食品药品监管的交易成本起源》（Marc T. Law，"The Transaction Cost Origins of Food and Drug Regulation"），http：//www. google. com. hk/。

③ I. D. 巴坎：《业界延请监管：1906 年纯净食品与药品法的通过》（I. D. Barkan，"Industry Invites Regulation：The Passage of the Pure Food and Drug Act of 1906"），《美国公共卫生期刊》（American Journal of Public Health）第 75 卷，1985 年第 1 期，第 22 页。

④ F. 莱斯利·哈特：《1906 年之前的食品掺假史》，第 17 页。

⑤ 詹姆斯·哈维·杨：《纯净食品》，第 31 ~ 32 页。

由于"化学掺假"的高科技特性，消费者因此也极难察觉，但它对消费者的生命健康却能造成直接甚至是致命危害。如果以南北战争为分界点，内战前的食品掺假受制于技术条件，多为"物理掺假"，而内战后的食品掺假则多是"化学掺假"，且呈现愈演愈烈之势。这也是食品掺假之所以在19世纪末成为众矢之的，引起美国民众强烈愤慨并呼吁政府立法监管的一个重要原因。

从表现形式来看，"化学掺假"突出表现为各种食品添加剂的应用。根据美国《食品化学》一书的解释，食品添加剂本身并不构成食物或食品的必要组成部分，而只是"为了某些功能目的"，如"改善贮藏质量、强化营养价值，改进和补充功能性质、方便加工和增强消费者的可接受性"，但"特别禁止使用添加剂来掩藏食品的败坏和损伤或欺骗消费者"。[①] 这方面的例子也很多。比如茶叶，生产者掺入碳酸铜（Copper Carbonate）、铬酸铅（Lead Chromate）或靛蓝（Indigo），以此作为茶叶染色之用，从而使茶叶色泽出众，提高销量。美国人每天都要食用的面包也是如此。为了使面包增白，使其表面白净光滑，面包烘焙师往往会加入白垩（Chalk）作为增白剂，另外也会使用明矾（Alum，其中含有铝）、硫酸铜（Copper Sulphate）、碱性碳酸盐（Alkaline Carbonate）和熟石膏（Plaster of Paris）等化学物质，使面包不至于发酸变黏，从而烤出口感上佳的面包。

除了茶叶和面包外，"化学掺假"的另一重灾区是罐头食品，主要涉及各类化学防腐剂的使用。虽然罐头食品的发明极大地方便了人们的日常生活，特别是对于那些低收入者而言。但却也存在着如何保证这些罐头食品经过长途运输到达消费者手上时，仍然能够新鲜如初的问题。

回顾历史，在化学合成防腐剂出现之前，西方人很早就已经找到食品保鲜的诸多方法，最常见的如用盐腌制、烟熏、存放于地下和水中等。近代早期英格兰人则通过"封装"（Potting）、"腌制"（Pickling）和"烟熏"（Smoke）这三种主要方法来储藏肉食。[②] 但随着人类生活水平的提升，对防腐的要求也越来越高，尤其是对食品的保质期。与传统防腐相比，化学合成防腐剂的效果更加明显，时间也更长，辅以内战后美国铁路网的形成，

①　欧文·芬内玛：《食品化学》，王璋等译，中国轻工业出版社，2003，第318页。

②　琼·瑟斯克：《近代早期英格兰的食品》（Joan Thirsk, *Food in Early Modern England: Phases, Fads, Fashions 1500 ~ 1760*），伦敦，2007，第244 ~ 246页。

罐头食品的长距离运输因此也成为可能。当时使用较多的防腐剂主要有苯甲酸（Benzoic Acid，又名安息香酸）、苯酚酸（Carbolic Acid）、硼酸（Boric Acid）、甲醛（Formaldehyde）、水杨酸（Salicylic Acid）、亚硫酸钠（Sodium Sulfite）等化学物质。[①] 但问题也随之而来，大量化学合成防腐剂的使用，虽然在一定程度上有助于延长食品寿命，但同时其本身的化学特性对人体亦是一大危害。在此情况下，如果罐头食品的材质来源本就不佳，再经过防腐加工后的罐头产品其卫生状况也就可想而知了。

二　专利药的骗局

美国 19 世纪的食品卫生状况无法令人满意。同样，这一时期的药品行业也是乱象丛生，毫无章法，其核心问题是各种所谓"专利药"（Patent Medicines）的泛滥。

展开论述之前，有必要对美国药品发展的早期历史做一说明，以明了产生"专利药"的社会背景和现实土壤。

与今天医生在美国普遍享有较为尊崇的社会威望和高收入相比，20 世纪之前的美国医生在个人威望、影响力以及收入等方面都无法与之相提并论。由于深受母国英国的影响，18 世纪北美殖民地内的行医人员也类似于同一时期的英国，分为三个等级：医师（Physician，特指内科）最高，其次为外科医师（Surgeon），最末为药剂师（Apothecary），[②] 各等级在社会地位和行医领域方面都存在严格界定。但总的来说，整个社会对医学和医生的看法尚未有太大改观。医生与病患之间则主要通过前者为后者开药这一行为建立起有机联系，每个国家一般也都会以《药典》（*Pharmacopoeia*）或《国家处方集》（*National Formulary*）的形式来对药物配制进行标准规定。换言之，药物一旦被列入其中即可被视为得到官方许可和认证。美国直到 1820 年才颁布第一部官方性质的《国家处方集》作为药物配制的权

---

① 哈维·华盛顿·维利：《食品中的防腐剂和其他添加物质对健康和新陈代谢的影响》（Harvey W. Wiley，"Influence of Preservatives and Other Substances Added to Foods upon Health and Metabolism"），《美国哲学学会会刊》（*Proceedings of the American Philosophical Society*）第 47 卷，1908 年第 189 期，第 309 ~ 324 页。

② 保罗·斯达：《美国药品的社会改革》，第 37 页。

威标准。也就是说，在此之前的很长一段时间内，美国医生给病人开药并没有一个统一的执行标准。可以想象，标准的付之阙如为专利药的出现提供了可能。

除此之外，亦不可忽视美国独立革命与专利药这两者之间的微妙关系。如同美国著名食品药品史专家詹姆斯·杨所言："美国专利药的历史开始于英国。"① 事实也确是如此，这些专利药生产于英国，包装于瓶罐之中，并被贴上各种新奇独特的商标名称，如特林顿氏香脂（Turlington's Balsam of Life，亦称复方安息香酊）、霍伯氏女性药丸（Hooper's Female Pills）等。运往美国后则通过邮局、印刷商等途径分销，特别是药剂师亲自向医生和有需要的患者出售。连当时美国著名的医生札布迪尔·博伊斯通（Zabdiel Boylston）和《独立宣言》起草人之一的巴顿·格威纳特（Button Gwinnett）也都分别在各自所在的马萨诸塞州和佐治亚州销售从英国进口的各类专利药。但美国革命却打断了这一横跨大西洋的药品贸易，也导致对于这些传统英国商标的大量仿冒。由于革命后激起的强烈民族主义情绪，英国药品无法进口，美国本土商人便开始自主模仿原有的英国药品。他们的办法是保持那些虽新奇独特却已被患者所熟知的商标名称和药品包装不变，而将一些类似于药品的物质放入瓶中。待到药瓶告罄，则重新制造类似药瓶继续使用。虽仍被称作"专利药"，但"专利"所指主要是药品配方的秘密性，而并非真正意义上的产品专利。连使用这些药品的医生或病人都不知其配方成分，只有那些专利药生产商清楚药瓶中到底装的是什么。即便如此，专利药商却仍能保持其销售额并获取巨额利润，其关键并不在于药品质量，而是完全取决于药瓶包装效果的好坏及其是否吸引消费者。因此，"专利药行业差不多从其一开始就是一个骗局"，而那些专利药公司则根本就是"寻物托拉斯"。② 专利药根本就不具备对于疾病的任何疗效。

明了专利药产生的时代背景后，也就能够为专利药下一个较为符合其实际的定义。"专利药的广泛使用名不副实，专利药生产商垄断了药品的秘密配方。更为准确的说法应该是专有药（Proprietary Medicine）或秘制药

---

① 詹姆斯·哈维·杨：《联邦监管之前的美国专利药社会史》（James Harvey Young, A Social History of Patent Medicines in America before Federal Regulation），普林斯顿，1961，第3页。

② 路易斯·费勒：《扒粪者》（Louis Filler, The Muckrakers），斯坦福，1993，第142～144页。

（Nostrum），在此语境下的专有药指的是那些以已经存在的药品招牌为名而生产和销售的药品。"[1] 用彼得·泰明的话来说，19 世纪末的美国药品市场上存在两类药品，一类就是之前提及的符合《药典》或《国家处方集》的官方认证药品，另一类就是这些专利药。[2] 若以美国独立和南北内战为节点，专利药在美国的发展也历经了三个主要阶段，分别是北美殖民地时期、独立后至南北内战前（19 世纪初尤为专利药生产和销售的急剧扩张期）、内战后直至 19 世纪末这一专利药历史上的黄金期。

　　一种产品的市场化程度有赖于高效的销售手段，在广播、电视和网络尚未出现之前，能够使消费者在第一时间接触到新产品信息的便只有通过各类广告。在形式上，专利药广告也从殖民地时期的小册子（Pamphlet）发展至独立后利用分发招贴（Handbill）以及在岩石、墙壁等处书写专利药名称的形式提高知名度和影响力。得益于美国报纸数量的激增（由 1800 年的200 份报纸增至 1860 年的 4000 份[3]）和通俗杂志的流行，专利药商人便利用这些有利条件大打广告，以促进专利药的销售。在疗效宣传方面，专利药商人也从最初的较为隐晦日益夸大其词，将专利药塑造成包治百病的"神药"。但令人失望的是，这些专利药的实际药效却并非如广告中所宣传的那样，究其原因，主要是和构成这些专利药的成分有关。比如佩鲁纳（Peiluna）和利库宗（Liquozone）这两种当时非常畅销的专利药都声称能够包治百病，前者涵盖了包括感冒、黏膜炎、结核、盲肠炎、流行性腮腺炎和各种女性疾病在内的多种疾病，后者也不示弱，宣称从头皮屑到痢疾样样都可以治疗。但佩鲁纳的成分并没有什么灵丹仙方，只是酒精和水的混合物，其中酒精占 28%，利库宗也仅仅是 99% 的水和 1% 的硫黄酸的混合物罢了。更为致命的是，有部分专利药中还含有吗啡、鸦片、可卡因和退热冰（Acetanilide）等高度致瘾物质，虽然这些物质确实有暂时止痛的作用，但服用后也将会对心脏造成损害。

---

① 罗瑞恩·古德温：《纯净食品、饮品和药品运动 1879～1914》（Lorine Goodwin, *The Pure Food, Drink, and Drug Crusaders, 1879～1914*），北卡罗来纳，1999，第 12 页。

② 彼得·泰明：《自作自受：美国药品监管》，第 24～25 页。

③ 詹姆斯·哈维·杨：《专利药》（James Harvey Young, "Patent Medicines"），《经济史杂志》（*The Journal of Economic History*）第 20 卷，1960 年第 4 期，第 653 页。

三　食品药品掺假的原因

细加分析，南北内战后至 20 世纪初的美国食品药品掺假并非仅是某一单方面因素所致，而是多方原因的综合产物，笔者认为主要有以下几个方面。

1. 市场一体化和食品生产专业化

根据亚当·斯密的古典经济学理论，分工有助于提高生产者的专业化程度，进而整体提升劳动工艺和生产效率。但若从生产者和消费者这两者关系的角度来思考斯密的分工和专业化理论则可发现：一方面，分工和专业化确实极有助于生产力的提高；但另一方面，它也造成生产者与消费者在产品信息共享上的极度不对称。分工越精细、生产愈专业化，消费者对于生产细节的认知就越少，也就更有可能产生如著名经济学家、2001 年诺贝尔经济学奖得主乔治·阿克劳夫（George A. Akerlof）所说的"柠檬"（Lemons）[1] 困境。也就是说，卖方能向买方推销低质量商品是因为市场双方各自所掌握的信息不对称，这种现象将导致市场上对于某种产品的"逆向选择"。质量上乘的产品纷纷退出市场，市场上所充斥的全是一些质量低劣的产品，其最坏结果则是整个市场运转的瘫痪，生产者和消费者都无法从中受益。[2]

这种现象的产生可从两个方面做进一步解释。第一，食品生产的专业化和城市化进程使民众，尤其是城市居民更加依赖于市场供给日用食品。第二，食品生产、储藏和运输技术的进步以及此时分析化学的发展促进了食品生产成本的降低，但也增加了消费者个人甄别食品品质的难度。易言之，现代化食品大工业生产取代了之前的家庭式小作坊后，消费者对于食

---

① 乔治·阿克劳夫：《柠檬市场：质量不确定性和市场机制》（George A. Akerlof, "The Market for 'Lemons': Quality Uncertainty and the Market Mechanism"），《经济学季刊》（*The Quarterly Journal of Economics*）第 84 卷，1970 年第 3 期，第 490 页。在美国俚语中，"柠檬"有次品之意。

② 马可·罗尔、素科·金：《专业化和监管：专业人士的崛起和职业证照监管的兴起》（Marc T. Law and Sukkoo Kim, "Specialization and Regulation: The Rise of Professionals and the Emergence of Occupational Licensing Regulation"），《经济史杂志》（*The Journal of Economic History*）第 65 卷，2005 年第 3 期，第 725 页。

品生产流程可谓全然不知，而之前的食品生产则可以说是"在所有人的眼皮底下"进行。① 在一个自由竞争的市场环境下，消费者与生产者相比，前者无疑处于弱势境地。

2. 虚假广告的推波助澜

在美国工业化带动下，报纸、杂志等媒体行业同样也于19世纪下半叶经历了一个重要转型，突出体现为发行量的上升、价格下降、受众范围的扩大，内容则日益通俗化乃至"黄色化"（争相以色情、暴力和犯罪等内容来吸引读者眼球）。作为自负盈亏的主体，一家报纸或杂志需要在激烈的竞争环境下生存，除了必须捕捉社会热点新闻以提升销量外，很大程度上依赖于广告收入。下面一组数据也能很好说明广告和报纸、杂志之间的密切关系。广告收入在整个报纸行业收入中所占比重从1880年的44%径直蹿升至1900年的55%。② 相比于其他行业，专利药商人捷足先登，最早以商业广告的形式来推销专利药，他们也成为报纸、杂志广告征订的主要客户。

对于报纸和杂志而言，与专利药商的合作既然有利可图，因此也就不会揭露它们的骗局，而那些专利药商则摇身一变竟成为社会名流，"并牢牢控制了媒体"。③ 不仅如此，专利药商为了能够巩固这种联盟关系，还制订所谓"红色条款"：如果在广告刊登之州通过了若干对专利药不利的法规，那么，该合同即时无效。这在某种程度上相当于起到了一个"警戒线"的作用，媒体不但不会轻易揭露专利药骗局，反而会通过刊发文章或通过游说议员的方式来为专利药商说话。

3. 传统价值观和政府监管缺位

美国传统价值观中的反智主义和有限政府理念也是其中的重要原因。

19世纪20年代末至40年代中期这一历史时期在美国历史上被称作"杰克逊时代"，此一时期美国政治经济的总体特点可用"杰克逊民主"一词来简洁概括之。从内容来看，"杰克逊民主"涵盖三个方面的内容，其中与本文有关的是第三方面，即杰克逊领导下的民主党政府"主张严格解释

---

① 马克·萨利文：《我们的时代》（Mark Sullivan, *Our Time: The United States, 1900～1925 Ⅱ: America Finding Herself*），纽约，1927，第484页。

② 乔治·于恩格斯：《西奥多·罗斯福与媒体》（George Juergens, "Theodore Roosevelt and the Press"），《代达罗斯》（*Daedalus*）第111卷，1982年第4期，第116页。

③ 路易斯·费勒：《扒粪者》，第145页。

联邦宪法，限制中央政府的集权倾向，维护州权，反对经济垄断和政府干预经济，主张自由放任"。① 进一步言之，19 世纪上半叶的美国联邦政府在处理政府—经济之间关系时恪守有限政府理念——这并非表明政府清静无为，而是力求创造一个有利于经济发展的政治和法律环境，其政府呈现出"强而有限"② 的格局。同时，也不可忽视杰克逊当选总统这一事件所具有的标志性意义：普通人也能通过自身努力实现所谓"美国梦"。在这种思潮的影响下，每遇病痛，美国普通民众也都更加相信自己的判断能力，反倒对受过专业医学训练的医生持怀疑态度，体现出较强的反智主义倾向，这在一定程度上也给专利药提供了生存契机。

内战以后，这种有限政府理念仍然主导着美国政府的对内政策，但此时的美国社会却正在经历着一场由农业社会向工业社会的转型。简言之，一方面是美国经济的高速发展和社会变革，另一方面却是美国政府治理理念的陈旧和迟滞不前，尤其是对经济领域内的各类经济利益之争缺乏有效的法律和行政监管措施，依然是"以地方和普通法为主的自我管理式政府，而非现代意义上的行政管理国家"，③ 这既是 19 世纪中后叶美国食品药品掺假日益严峻的主要原因之一，同时也反过来加重了美国食品药品生产中的混乱和无序状态。

四　食品药品掺假的危害

内战后美国食品药品掺假的危害主要表现在以下三个方面。

1. 危及人体生命健康，损害人体机能的正常运转和生理功能

这一点比较好理解。"人是一种社会性动物，从人类历史的最早期开始，食品便在人类社会生活中扮演着最为重要的角色。"④ 因此，摄取符合

---

① 张友伦主编《美国的独立和初步繁荣 1775～1860》，人民出版社，2002，第 182 页。
② 罗伯特·希格斯：《危机和利维坦：美国政府演变的关键阶段》（Robert Higgs, *Crisis and leviathan: critical episodes in the growth of American government*），牛津，1987，第 3 页。
③ W. J. 诺瓦克：《法律和美国资本主义的社会控制》（W. J. Novok, "Law and the social control of American capitalism"），《埃默里法学期刊》（*Emory Law Journal*）第 60 卷，2010 年第 2 期，第 377 页。
④ 哈维·华盛顿·维利：《食品及其掺假》（Harvey W. Wiley, *Foods and Their Adulteration*），费城，1917，第 5 页。

卫生要求和质量标准的食品是人体补充能量的重要来源，这也就不难理解俗语"病从口入"所反映的深意——食品质量与消费者身体健康之间有着重要关联。然而，掺假食品所使用的各类化学物质虽然能够在一定时期内有效保持食品的新鲜度，但这些物质在被人体吸收后则会对人体生命健康造成潜在的且有时是致命的危害。美国联邦食品药品管理局首任局长哈维·维利博士（Harvey W. Wiley）对防腐剂的使用持以严厉的批评态度："使用任何一种化学防腐剂都是最受人指摘的，不论其使用后会发生什么。"① 就以维利所提到的应用范围最为广泛的三种防腐剂——硼砂（Borax）、硼酸和亚硫酸钠为例，三者轻则能引起食欲减退、消化不良、抑制营养素之吸收、促进脂肪分解、使体重减轻，重则导致呕吐、腹泻、红斑、循环系统障碍、休克、昏迷等症状。

相比于掺假食品，专利药对人体危害更大。中国人常言"是药三分毒"，尤其是以现代化学和生物学为基础的制药工业所生产的药品虽然一方面能够缓解人类病痛，但另一方面也对人体有着不可忽视的副作用。正规途径下生产的药品尚且如此，更何况没有任何生产资质、纯粹以赚取利润为目标的专利药了。根据前述，专利药中普遍掺有大量酒精、吗啡等物质，而这些物质的摄入不仅对人体无益，反而会导致患者上瘾，进而破坏心血管系统、肠道系统、泌尿系统、神经系统和内分泌系统，可谓危害极大！

2. 严重扰乱食品药品市场的正常交易秩序，尤其损害美国出口产品的海外声誉，进而造成美国食品药品出口受阻

食品药品掺假横行扰乱了食品药品市场的正常交易秩序。从小处来说，市场秩序的紊乱既不利于行业本身的自律规范，也更加促使各州之间高筑贸易壁垒，以防本州在竞争中处于劣势。由此之故，原有各州旨在为打击食品药品掺假而颁布的监管法律很有可能就成为地方保护主义的"上方宝剑"，其最终结果不外于加剧各州之间的贸易摩擦，而恶性竞争必然导致从整体上降低美国食品药品的质量和在国际市场上的竞争能力。

国内市场尚且如此，国外市场亦不容乐观。相比之下，以英、法、德为代表的欧洲诸国在食品药品立法监管方面远远走在美国前面。法国于1851 年颁布全国性综合食品法律；德国则于完成统一后的 1879 年颁布相关

---

① 哈维·华盛顿·维利：《食品及其掺假》，第 37 页。

立法；英国的立法步骤则更为频密和细化，分别于 1860 年、1872 年和 1875 年制定了《食品与饮料掺假法》《食品与药品掺假法》和《食品与药品销售法》三部重要法律；更遑论荷兰早于 1829 年就已颁布法律，虽然该法仅是针对有毒添加物的限定。① 上述各国一方面将其法律应用于国内食品药品生产，保障民众健康和维护国内市场秩序，同时也将其使用范围延伸至国外贸易，由此而对美国食品药品出口构成极大威胁。最具典型性的当属 19 世纪末美德之间由于德国对进口美国肉制品采取严格检验措施而爆发的严重外交事件。

3. 食品药品掺假也在一定程度上削弱了美国政府的公共权威和在民众心目中的公信力

近代意义上的公共权威（Public Authority）是指公共机构处理公共事务的权力。国家拥有代表权威的政府，并以政府的形式代表公共利益行事。② 正如有学者指出："国家正是以社会公共权威为基础进行维持和运作，其公共权威具有公共性和强制性的双重特征。"③ 以此为理据，也就是说，保障食品药品质量是政府应尽的责任和不可推卸的义务，作为选民，同时也是作为消费者的民众将在一定程度上把是否能够保障食品药品质量视作政府治理能力高低的风向标，而民众观感的好坏——也就是一个政府所具有的公信力大小将直接通过选票反映出来。可以这么说，19 世纪后期美国食品药品的大规模掺假不仅反映了美国联邦政府执政能力的羸弱，同时也严重损害了联邦政府在民众心目中的公共权威。

五　余论

本文虽以回顾和评述南北内战后至 20 世纪初美国食品药品的掺假为主，但走笔至此，以下几个方面需要着重指出。

首先，应从战略高度全盘考量食品药品生产、运输和销售的整个过程，将其纳入政府和质监部门的有效监管体系中。如前文所述，食品药品本身的特性决定了它作为一种消费品与其他物品之间有着显著区别，即两者质

---

① F. 莱斯利·哈特：《1906 年之前的食品掺假史》，第 19～20 页。
② 赵丽江主编《政治学》，武汉大学出版社，2008，第 38 页。
③ 余永和：《英国安茹王朝议会研究》，中国社会科学出版社，2011，第 48 页。

量的好坏无法通过大量试错来证明，因为它们直接作用于人体，一次差错将会留下终生烙印。"食物好比燃料，人体若要正常运转，食物结构需大体平衡，摄入量亦应充足。"① 因此，政府和质监部门应担负起甄别食品药品质量的重任，重点把好食品药品新产品的准入关，避免一切劣质食品药品流入市场，从而贻害广大消费者。同时，也应切实加强食品药品生产者自身的质量意识，强化标准观念，注重在业界利益与公众福利之间求得某种"策略性平衡"（Strategic Balance）。

其次，应重视科技成果与现实转化两者之间的伦理维度。通过对美国食品掺假的分析可知，新型化学防腐剂的使用是这一时期食品掺假十分猖獗的重要原因。深入分析下去便可发现，科技创新和成果转化本身是中性的，它们并不具备对使用后果的先天预见性。易言之，人的因素是最为关键的。这也就要求在政府、科学家、企业家和商人之间建立起某种合作预防机制，谨慎对待每一种运用于食品生产、运输和销售过程中的新型科技发明。虽然全社会日益趋新、追求时髦，但食品药品行业某种程度上的"保守"对确保产品质量和民众生命健康或许更为有利。

最后，应强化对药品广告的监管力度。广告具有的形式多样性和内容鲜活性往往使消费者对产品质量深信不疑，从而容易被广告所"俘获"（Capture）。专利药生产商便利用了广告业自身的逐利动机及其行业规范的不健全而大肆发布虚假药品信息，使得本就处于弱势地位的普通民众常常因为病急乱投医而误用专利药，从而导致严重后果。因此，鉴于美国广告业在这一问题上曾经发挥过的"助纣为虐"效应，政府应加强对当前各类药品广告的监管，尤其是部分公众人物的药品代言广告，以确保消费者能够理性地做出选择。此外，作为广告从业者的媒体人员也应提高自身职业素养和道德水准，切记广告除了具有盈利目的外，仍担负一定的社会宣教功能。

（作者简介：吴强，武汉大学历史学院世界史专业博士研究生）

---

① 哈维·华盛顿·维利：《食物和效能》（Harvey W. Wiley, "Food and Efficiency"），《哥伦比亚历史学会记录》（*Records of the Columbia Historical Society*）1917 年第 20 卷，第 2 页。

阿根廷民族主义的演变与特点[*]

王慧芝

内容提要：阿根廷民族主义起源于殖民地时期的克里奥尔民族主义；1916 年伊里戈延上台标志着中产阶层及劳工被纳入民族国家，阿根廷现代民族主义大致形成；在 20 世纪 30 年代大萧条的冲击下，阿根廷陷入了出口寡头集团与中产阶层两大集团的对抗和冲突之中，阿根廷民族主义随之分化并转变为一种政治运动，形形色色的民族主义派别为庇隆的崛起提供了思想理论源泉。1946 年庇隆上台后实行了具有强烈民族主义色彩的政治、经济和外交政策，阿根廷民族主义高涨，但却走向了极端；1955 年庇隆下台后，阿根廷民族主义再次分化，沦为各利益集团夺取政治权力的工具；1983 年民主政府成立后，阿根廷民族主义有了新的发展。民主成为阿根廷社会的新共识，在梅内姆全面转向新自由主义失败后，基什内尔重拾庇隆主义的若干原则，阿根廷民族主义回归理性。在分析阿根廷民族主义进程的基础上，本文还归纳了阿根廷民族主义的若干特点。

关键词：阿根廷　民族主义　庇隆主义

民族主义是与民族国家的建立相伴而生的一个近代现象。自 18 世纪诞生以来，民族主义从欧洲扩散到全球，已经成为影响世界历史变革的一支重要力量。虽然至今学术界关于民族主义的定义仍存分歧，但是总体而言，

---

* 本文在写作过程中得到南开大学拉丁美洲研究中心韩琦教授的悉心指导，在此表示诚挚谢意。

民族主义是一种具有统领、涵盖其他思潮特点的综合性的社会思潮，具体表现为对外求独立、对内求发展的政治理念及行动。阿根廷民族主义起源于西班牙殖民时期，但直到 20 世纪二三十年代，现代意义上的阿根廷民族主义才得以初步奠定。通过对阿根廷民族主义发展的梳理可以看出，作为发展中国家的阿根廷，其民族主义的发展既有一致性，也有特殊性，而正是这些特殊性在一定程度上造成了 20 世纪 30 年代以后阿根廷国家发展的失败。

目前，国内学术界对阿根廷民族主义的研究尚显不足。罗平峰的硕士论文《现代阿根廷民族主义思潮及运动的演变与主要特点》是仅有的一篇以阿根廷民族主义为研究对象的成果。[①] 其在对阿根廷民族主义思潮及运动进行分析的基础上，分别从政治、经济、外交等方面对阿根廷民族主义特点及历史作用进行了归纳，具有一定的参考价值，不过该文并未涉及庇隆之后阿根廷民族主义的发展，且对阿根廷民族主义发展阶段划分不清，同时也缺乏对民族主义与国家发展之间相互关系的探讨，而这些正是本文的论述重点。此外，在仅有的两篇就拉美民族主义进行研究的论文中对阿根廷民族主义也有所涉及，[②] 还有一些相关内容散见于研究拉美文化及政治社会思潮的专著和论文中。[③] 国外学者对阿根廷民族主义的研究则已进入系统化阶段，出现了一批成果，在此仅就代表性较强的研究成果进行介绍。以阿瑟·P. 惠特克（Arthur P. Whitaker）为代表的国外学者于 20 世纪 60 年代出版了三本有关拉美民族主义的专著，其中有章节专门就阿根廷民族主义的相关问题进行了分析，一定程度上为阿根廷民族主义的研究奠定了基础；[④] 戴维·罗克（David Rock）的《威权主义的阿根廷：民族主义运动，

---

① 罗平峰：《现代阿根廷民族主义思潮及运动的演变与主要特点》，复旦大学硕士学位论文，2001 年。

② 江时学：《论拉美民族主义的兴衰》，《战略与管理》1996 年第 3 期；孙若彦：《拉美民族主义的历史演进和发展趋势》，《山东师范大学学报》（人文社会科学版）2010 年第 1 期。

③ 索萨：《拉丁美洲思想史述略》，云南人民出版社，2003；徐世澄主编《拉丁美洲现代思潮》，当代世界出版社，2010；霜叶：《庇隆与庇隆主义》，《世界历史》1980 年第 3 期；夏立安：《拉丁美洲的第三条道路——庇隆主义》，《拉丁美洲研究》2000 年第 4 期，等等。

④ 阿瑟·P. 惠特克：《拉丁美洲的民族主义：过去与现在》（Arthur P. Whitaker，*Nationalism in Latin America：Past and Present*），佛罗里达大学出版社，1962；格哈德·马祖尔：《拉丁美洲的民族主义：多样性与一致性》（Gerhard Masur，*Nationalism in Latin America，Diversity and Unity*），纽约麦克米伦公司，1966；阿瑟·P. 惠特克、戴维·C. 约旦：《拉丁美洲当代民族主义》（Arthur P. Whitaker and David C. Jordan，*Nationalism in contemporary Latin America*），纽约自由出版社，1966。

它的历史及影响》是一本专门以阿根廷民族主义为研究对象的著作，其探讨了民族主义在阿根廷现代化进程中的作用以及决定阿民族主义影响大小的环境，并就阿根廷民族主义的起源、主要思想等问题进行了研讨；① 此外，还有大量著作就阿根廷民族主义的起源及民族主义与工人、石油、军队、民主等其他相关因素的关系进行了深入探讨；② 还有一些专题论文就阿根廷民族主义的起源、文化民族主义、庇隆主义及阿根廷青年激进倾向力量、民族解放联盟等民族主义团体进行了深入分析。③ 本文将利用以上资料，就阿根廷民族主义的起源、演变与特点作一探讨。

一 克里奥尔民族主义及其分化（1810 年 ~ 19 世纪末）

阿根廷民族主义起源于殖民地末期逐渐形成的克里奥尔分离主义意识。其虽然在一定程度上促进了阿根廷独立运动的开展，但是独立运动的胜利只是标志着一个法律意义上的国家的诞生，而具有广泛意义的真正的民族认同并未形成。随着独立后阿根廷注意力转向国家内部建设，克里奥尔民族主义这一曾经起到凝聚作用的民族意识开始转变为两种相互冲突的思想：

① 戴维·罗克：《威权主义的阿根廷：民族主义运动，它的历史及影响》（David Rock, *Authoritarian Argentina：The Nationalist Movement, Its History and Its Impact*），加利福尼亚大学出版社，1995。
② 尼古拉斯·沙姆韦：《创造阿根廷》（Nicolas Shumway, *The Invention of Argentina*），伯克利、洛杉矶和伦敦：加利福尼亚大学出版社，1993；塞缪尔·贝利：《阿根廷的工人、民族主义和政治》（Samuel L. Baily, *Labor, Nationalism, and Politics in Argentina*），新泽西州罗格斯大学，1967；卡尔·E. 索尔伯格：《石油与阿根廷民族主义：一段历史》（Carl E. Solberg, *Oil and nationalism in Argentina: a history*），加利福尼亚斯坦福大学出版社，1979。
③ 科林·M. 温斯顿：《罗萨斯和萨米恩托之间：庇隆主义中的民族主义》（Colin M. Winston, "Between Rosas and Sarmiento: Notes on Nationalism in Perónist Thought"），《美洲》（*The Americas*）1983 年第 3 期；厄尔·T. 格劳特：《里卡多·罗哈斯与阿根廷文化民族主义的出现》（Earl T. Glauert, "Ricardo Rojas and the Emergence of Argentine Cultural Nationalism"），《西属美洲历史评论》（*The Hispanic American Historical Review*）1963 年第 1 期；马科斯·克莱因：《庇隆之前的阿根廷民族主义：阿根廷青年激进倾向力量 1937 ~ 1943》（Marcus Klein, "Argentine Nacionalismo before Perón: the Case of the Alianza de la Juventud Nacionalista, 1937 ~ 1943"），《拉丁美洲研究公报》（*Bulletin of Latin American Research*）2001 年第 1 期；迈克尔·戈贝尔：《阿根廷民族主义是从右到左的运动？争斗中的民族解放联盟和塔库拉》（Michael Goebel, "A Movement from Right to Left in Argentine Nationalism? The Alianza Liberadora Nacionalista and Tacuara as Stages of Militancy"），《拉丁美洲研究公报》（*Bulletin of Latin American Research*）2007 年第 3 期，等等。

自由主义与保守主义。这两种对立思想的较量在一定程度上导致了独立后阿根廷长达 60 年的政治动荡。其中，自由主义在 19 世纪大多数时期占上风，并直接为 19 世纪末 20 世纪初现代自由阿根廷民族国家的形成奠定了基础，而保守主义也通过罗萨斯统治时期扎根于阿根廷社会，成为阿根廷民族主义发展进程中的重要组成部分之一。

克里奥尔民族主义应该说是在一系列有利的社会条件下逐渐形成的。波旁改革及之后克里奥尔人经济的复兴促进了其分离主义意识的增长，1806 年和 1807 年克里奥尔人在没有西班牙的帮助下成功击退英国入侵，这不仅使其意识到了自身的力量，而且产生了一种民族自豪感，这次反击被称为"阿根廷的胜利"；① 天赋人权、自由平等等欧洲启蒙思想的传入又大大开阔了以克里奥尔人为主的美洲知识精英的视野；这种处于自然缓慢发展中的克里奥尔民族主义一经拿破仑侵略伊比利亚半岛的点燃，瞬间爆发成由克里奥尔人领导的、以独立和统一为核心的阿根廷独立运动。拉普拉塔独立运动的领导人如曼努埃尔·贝尔格拉诺（Manuel Belgrano）、胡安·何塞·卡斯泰利（Juan José Castelli）和何塞·德·圣马丁（José de San Martín）等均在不同程度上受到了启蒙思想的影响，而 1810 年五月革命所体现的"源于法国大革命的主权在民、自由、平等、友爱、普及教育、言论自由及权力分散的思想被称为五月学说（Doctrina de Mayo）"，② 是当时克里奥尔民族主义的集中体现。独立战争结束后，阿根廷官方和民间出现了一批赞扬独立战争英雄、宣传"五月学说"的爱国主义诗歌作品，在一定程度上奠定了阿根廷民族主义的自由主义色彩。③

独立战争虽然暂时掩盖了阿根廷港口人与内地人之间的分裂和矛盾，但是随着独立后阿根廷注意力转向国家内部建设，二者在阿根廷未来发展方向的问题上分裂成截然对立的两派。布宜诺斯艾利斯的自由派谋求其与生俱来的革命和经济权力，主张走自由主义的道路，经济上实行自由贸易

---

① 阿瑟·P. 惠特克：《拉丁美洲的民族主义：过去与现在》（Arthur P. Whitaker，*Nationalism in Latin America: Past and Present*），佛罗里达大学出版社，1962，第 27 页。

② 阿瑟·P. 惠特克：《拉丁美洲的民族主义：过去与现在》，第 40 页。

③ 阿根廷官方为促进爱国主义和统一，将独立运动期间出现的一些爱国主义诗歌结集出版，名为《阿根廷的七弦琴》（*La Lira Argentina*）；此外，还有 19 世纪阿根廷最有影响力的作家埃斯特万·埃切维里亚于 1834 年出版的诗集《安慰》（*Consuelos*）及 1846 年出版的《社会主义原理》（*Dogma Socialista*）等。

政策，政治上实行中央集权制，将阿根廷的现代化寄托于欧化；保守派则主要是内地各省份的考迪罗们，他们主张保持传统的西属美洲殖民地的社会和经济结构，反对外国势力，政治上主张联邦制。自由派与保守派的对抗和冲突导致了独立后 60 年阿根廷的政治动荡。与此相对应，曾经起到凝聚作用的克里奥尔民族主义也分裂成自由主义与保守主义两个分支，这二者本质上是关于阿根廷国家发展道路的两种不同主张。

　　自由主义在阿根廷集中体现为开放的世界主义，其以源于法国大革命的平等、自由、民主等欧美舶来思想为理论基础，在几乎整个 19 世纪都影响深远。1826 年就任拉普拉塔联合省主席的贝尔纳迪诺·里瓦达维亚（Bernardino Rivadavia）曾游历欧洲，深受英国哲学家杰里米·边沁（Jeremy Bentham）思想的影响，是个十足的自由派。他在位期间实行自由贸易政策，并将学校与教会分离，他的梦想是在阿根廷重建欧洲，[1] 不过他雄心勃勃制定的许多"改革"方案完全脱离了阿根廷的政治节奏，惹恼了内陆地区考迪罗们，在位不到两年便被迫辞去了总统职位。19 世纪 50 年代，成长于里瓦达维亚自由主义时期，在罗萨斯时期被迫流亡在外的团体"青年阿根廷"（La Joven Argentina[2]）的出现标志着自由主义的复兴，他们的思想和实践为自由阿根廷民族国家的最终形成奠定了基础。"青年阿根廷"成员以五月革命的继承和发扬者自居，他们大多都曾留学欧洲，深受启蒙思想的影响，推崇实证主义，反对西班牙殖民文化和印第安文化，将阿根廷的现代化寄托于欧美化。其主要代表人物有埃斯特万·埃切维里亚（Esteban Echeverria）、萨米恩托（Domingo Faustino Sarmiento）和胡安·包斯蒂斯塔·阿尔维迪（Juan Bautista Alberdi）等。萨米恩托在其著名的文明野蛮二元论中将欧洲化看作是文明，是阿根廷未来的发展方向，而将罗萨斯所代表的广阔的土地、西班牙传统及高乔人等混血人种看作需要加以文明化的野蛮，是阿根廷落后的根源。埃切维里亚和阿尔维迪虽然并不完全认同萨米恩托的文明野蛮二元论，但是却同意了萨米恩托据此提出的改革良方，即通过修建铁路、改善水路、建设新的海港、实行土地私有制及引进外国投资来改变阿根廷的落后状态，这其实是在效仿欧洲司空见惯的经济自由

---

[1]　尼古拉斯·沙姆韦：《创造阿根廷》（Nicolas Shumway, *The Invention of Argentina*），加利福尼亚大学出版社，1993，第 20 页。

[2]　该团体名字众多，如 La Joven Generación Argentina 及 La Asociación de Mayo 等。

主义。在对西班牙传统的批判上，"1837 年一代"意见一致，埃切维里亚认为西班牙留给阿根廷一个没有分析和选择的传统，而萨米恩托更是提到"如果阿根廷被一个更加文明的国家殖民，一定会留下比西班牙'宗教法庭和绝对主义'更好的遗产"。① 此外，作为实证主义的忠实信徒，萨米恩托等阿根廷知识分子认为白种人优秀，而黑人、印第安人及梅斯蒂索人等混血种族则是低劣的种族，需要加以根除。基于此，他们提出了解决阿根廷问题的方法——移民，以此来驯服广阔的潘帕斯草原，利用先进的欧洲文化改造阿根廷及改善阿根廷人种。"青年阿根廷"的两位代表人物巴托洛梅·米特雷（Bartolomé Mitre）和萨米恩托在 1853 年后曾先后担任阿根廷总统，并将其自由主义思想付诸实践。19 世纪中期以后，外国思想和移民大量涌入阿根廷，预示着 19 世纪末 20 世纪初自由阿根廷民族国家的形成。由此可见，"青年阿根廷"成员将阿根廷的现代化寄托于欧洲化与里瓦达维亚"在阿根廷重建欧洲"的自由主义思想一脉相承。

　　保守主义是以天主教教育、希腊哲学和罗马秩序为基础的维护传统西班牙文化的所谓"正统"阿根廷运动，源于欧洲的反革命传统。② 保守主义在阿根廷最终形成于 1829～1853 年胡安·曼努埃尔·德·罗萨斯（Juan Manuel de Rosas）独裁统治时期。罗萨斯是来自阿根廷内陆的考迪罗，他迷恋秩序，维护的是传统的西班牙文化，他之所以憎恨中央集权派，并不是因为他想建立一个统一的阿根廷，而是因为他是相信人道主义和进步的世俗价值的自由派。他认为中央集权派、共济会成员和知识分子一样，是破坏秩序和传统的颠覆分子。③ 这才是联邦派与中央集权派的根本分歧所在。罗萨斯的执政基础是高乔人及牧场主，而其执政目的是保护教会和大土地所有者的利益，保持传统的西属美洲殖民地的社会和经济结构。④ 虽然在罗

① 尼古拉斯·沙姆韦：《创造阿根廷》，第 137 页。
② 戴维·罗克：《威权主义的阿根廷：民族主义运动，它的历史及影响》（David Rock, *Authoritarian Argentina: The Nationalist Movement, Its History and Its Impact*），加利福尼亚大学出版社，1995，"前言"，第 19 页。
③ 约翰·林奇：《自独立到巴拉圭战争时的拉普拉塔河地区各共和国》，莱斯利·贝瑟尔主编《剑桥拉丁美洲史》（第 3 卷），徐守源等译，社会科学文献出版社，1994，第 654 页。
④ 科林·M. 温斯顿：《萨米恩托和罗萨斯之间：庇隆主义中的民族主义》（Colin M. Winston, *Between Rosas and Sarmiento: Notes on Nationalism in Perónist Thought*），《美洲》（*The Americas*）1983 年第 3 期。

萨斯时期，阿根廷与英国之间的贸易往来增多，但是在对外政策上，罗萨斯反对英法对阿根廷的干涉和影响，表现出强烈的排外主义色彩。此外，他公然迎合平民阶层，吸纳农村高乔人和城市黑人作为他的选民，[①] 并成功地领导他的高乔人军队进行了平息印第安人的战役，所有这些都是对里瓦达维亚所代表的世界主义的对抗。此外，罗萨斯还利用一群工人阶级出身的政治暴徒组成名为马扎卡（Mazorca）的秘密警察部队，以威胁并惩罚可能挑战他统治的人，实行专制独裁统治，其客观后果则是为阿根廷带来了独立以来的首次政治安定。对于罗萨斯历史作用的评价一直都有争议，批评者大多认为罗萨斯是一个压迫愚弄人民、残酷镇压进步力量的暴君；肯定罗萨斯的人则强调其对于阿根廷统一的重大贡献及反对外来侵略所表现出的爱国者形象。20 世纪 30 年代盛行的历史修正主义的主要目的之一即是要恢复罗萨斯的形象，以作为他们所景仰的政治领导的伟大典范。[②] 实际上，导致这两种截然不同评价的根源正是自由主义与保守主义所主张的两条道路之间的分歧。不过，不可否认的是，正是在罗萨斯时代，保守主义这一源于欧洲反革命传统的思想潮流在阿根廷得以初步奠定，以致在罗萨斯下台后自由主义盛行的时代，传统保守的本土主义者仍然在社会中占据一席之地。他们反对以萨米恩托为代表的自由主义者们所崇尚的实证主义的社会进化论和所谓的拉美"种族悲观论"，其杰出代表即为阿根廷政治活动家、诗人何塞·埃尔南德斯（José Hernández），他在其反映阿根廷高乔人生活和遭遇的历史长诗《马丁·菲耶罗》（*Martín Fierro*）中塑造的高乔人形象是对代表官方欧化思想的萨米恩托所推崇的所谓文明的欧洲人形象的背离。

　　概而言之，阿根廷民族主义起源于独立战争前后萌芽的克里奥尔民族主义；独立运动结束后，围绕阿根廷国家发展道路问题，曾经起过凝聚作用的克里奥尔民族主义分裂为自由主义和保守主义两个分支，这两种思想潮流的冲突在政治上则表现为联邦派与中央集权派的斗争。整个 19 世纪除了罗萨斯执政的二十余年外，自由主义一直占据上风，特别是罗萨斯之后崛起的以萨米恩托为代表的一代阿根廷知识分子将阿根廷的现代化寄托于

---

① J. C. 布朗：《阿根廷史》，左晓园译，东方出版社，2010，第 121 页。

② 戴维·罗克：《1930~1946 年的阿根廷》，莱斯利·贝瑟尔主编《剑桥拉丁美洲史》（第 8 卷），徐壮飞等译，当代世界出版社，1998，第 36 页。

欧化并加以实践，为 19 世纪末自由阿根廷国家的形成奠定了基础。

二　阿根廷现代民族主义的形成（1880～1930 年）

19 世纪中后期阿根廷经济活动的增多带动了铁路的建设和电报等新技术的发明，同时也使得阿根廷政治统一成为可能。1879～1880 年，胡里奥·A. 罗加（Julio A. Roca）将军进行了讨伐印第安人的远征，不仅解决了困扰已久的边界问题，其所兼并的大量土地也为阿根廷农牧业出口经济的繁荣奠定了基础。1880 年罗加将军就任阿根廷总统后，通过了一系列向中央政府大规模转移权力的法律，巩固了中央政府的权威，使控制权牢牢掌握在全国行政首脑手中。此外，罗加将军还解散各省军团，国民军成为唯一的武装力量；首次采用全国统一的货币单位；过去由天主教会掌握的初等教育和公民登记划归中央管辖。① 稳定的政治环境又反过来促进了阿根廷经济的飞速发展。在欧美等国对阿根廷农牧产品需求不断增加的国际大背景下，阿根廷进入了出口经济发展繁荣期（1880～1916 年），与之相对应的是一个罕见的、强大的农牧业出口集团的出现。这一农牧业集团的主要成员即为 19 世纪的港口人转化而来，他们在独立后通过将资本转移到土地成为大庄园主，并进而导致了阿根廷特有的大地产制的形成，即少数人控制了土地这一主要的生产资料。农牧业出口集团在人数上并不占优势，但是在经济和政治上都占支配地位，政府本身即是作为农牧业出口集团与世界市场的一个汇聚点而出现。而内陆地区则与世界市场没有直接联系，经济落后，在政治上也没有地位。这表明自由派寡头在 19 世纪与内地精英的斗争中大获全胜。技术的进步、政治的统一及其寡头执政实践带来的经济实力的迅速提升在一定程度上增强了阿根廷人民的民族自豪感和对阿根廷国际地位的关注。但是，这一时期自由阿根廷国家（1880～1916 年）形成的主要推动力是寡头集团，因而也自然成为人数上并不占优势的寡头集团利益的代表，而一个包含多数国民的现代民族主义尚未形成。

----

① 埃塞基耶尔·加略：《阿根廷社会与政治（1912～1916 年）》，莱斯利·贝瑟尔主编《剑桥拉丁美洲史》（第 5 卷），胡毓鼎等译，社会科学文献出版社，1992，第 373 页。

不过，在寡头统治时期的出口经济带动下，大量海外移民到来，[①] 他们弥补了阿根廷劳动力不足的缺陷，为这一时期阿根廷出口经济繁荣及食品加工业、纺织业、建筑业及家具制造业等早期工业的兴起提供了保证。在这种背景下，阿根廷出现了主要由这些移民及其后代组成的中产阶级及劳工，他们的人数在除谷物种植与牛肉生产外的任何行业都遥遥领先。他们甚至进入农业，不是作为大地产的持有者，而是作为小佃农种植谷物和果树。[②] 随着经济条件的改善及对阿根廷国家发展重要性的提升，这些移民参与国家政治生活的愿望越来越强烈，1912 年《改革选举法》的提出就是中产阶级及劳工向寡头政府施压的重要成果之一，并直接为 1916 年激进党候选人伊波利托·伊里戈延当选总统提供了可能。虽然 1916 年激进党执政的前提是不损害农牧业集团的利益，但是这毕竟标志着中产阶级和劳工要求政治参与愿望的实现，且伊里戈延当选后，通过支持大学改革等政策来维持并发展与中产阶级的联系。这表明自 1916 年伊里戈延上台后，阿根廷中产阶级及劳工已经开始以主人翁的姿态参与到阿根廷国家生活中，成为与寡头集团相对抗的一支重要力量。中产阶级政党打破寡头集团一统天下的局面，夺取政治优势，标志着阿根廷现代民族主义的形成。

阿根廷现代民族主义形成的核心即是解决移民的融入问题，这与 19 世纪狭隘的克里奥尔民族主义观念完全不同，因而需要在新的时代背景下对阿根廷民族主义相关概念进行重新定义。阿根廷多产诗人、哲学家、历史学家及剧作家里卡多·罗哈斯（Ricardo Rojas，1882～1957 年）为这一时期阿根廷民族意识的培养及民族主义的形成做出了卓越的贡献。他首次明确提出了阿根廷民族、民族主义及民族精神的概念并加以分析。他认为自 1810 年独立后，阿根廷不仅仍处于殖民地地位，而且在文化和经济方面变得更加殖民地化。为了抵抗外来思想的影响，罗哈斯认为有必要在学校中开设历史课，以利于形成以阿根廷传统为基础的共同意识。他还认为学校中也应该教授阿根廷地理、语言、习俗等以助于唤醒阿根廷人的民族意识

---

① 1880～1916 年，大约有 290 万移民永久定居在阿根廷，当时至少 30% 的人口是在外国出生的。另外 100 万移民在 20 世纪 20 年代到达阿根廷。欧洲战争爆发时，阿根廷人口已经增长到大约 800 万，在 1930 年人口超过 1000 万。见〔美〕J. C. 布朗著《阿根廷史》，第 146 页。

② 伊莎贝尔·蕾妮：《阿根廷共和国》（Ysabel Rennie, The Argentine Republic），纽约麦克米伦公司，1954，第 166 页。

和民族主义精神。在 1910 年阿根廷独立 100 周年之际，罗哈斯出版了《拉普拉塔的荣耀》（*Blasón de Plata*）一书，其中他反对将阿根廷人看作纯粹的欧洲人种，尤其强调了阿根廷土壤、印第安传统和西班牙遗产在阿根廷民族形成中的重要作用，并认为正是以上因素的融合构成了阿根廷民族的基础。但是与 19 世纪的保守主义者不同，罗哈斯崇尚民主，他并不反对外来移民，也不反对自由主义，而是将其看作阿根廷自身传统的一部分。在他 1916 年出版的《阿根廷的特性》（*La argentinidad*）一书中，罗哈斯拒绝将独立运动看作是在欧洲自由主义影响下的由布宜诺斯艾利斯领导的革命，而认为自由主义、保守主义和民主是阿根廷本土的产物，独立运动的领导人来自内地。① 罗哈斯的民族主义思想是对变化了的政治、经济及社会环境的回应，不仅为广大移民融入阿根廷提供了理论依据，更为阿根廷现代民族主义的形成奠定了思想基础。

　　此外，这一时期移民融入的有利条件还有以下几个。首先，这一时期的外国移民从来不是一个少数民族集团，有时候人数要超过本地居民；其次，多数移民来自意大利和西班牙这样的国家，他们具有类似的文化、语言和宗教特点；最后，阿根廷国内的民事法规和日常习惯对新来移民非常宽容，有人甚至抱怨本地人受歧视，不过具有根本意义的是初等教育制度所起的作用，根据 1420 号法律建立的公立学校没有种族和宗教歧视，使教育具有明显的融合作用。② 此外，共同参加各种活动也加速了融合过程。到第一次世界大战前，阿根廷已经成为一个名副其实的移民国家，欧洲习惯与风尚随着移民的到来迅速在拉普拉塔河地区扩散。更值得关注的是，印第安传统及西班牙遗产等保守民族主义的成分也被融入了新的阿根廷民族国家中，移民后代何塞·拉萨诺（Jose Lassano）和卡洛斯·加德尔（Carlos Gardel）于 1917 年成为复兴传统"克里奥尔"或"高乔"音乐的主要创新者，关于高乔人的戏剧《胡安·莫雷拉》（*Juan Moreira*）在 1886 年到 1920年间成功地连续上演。上流社会阿根廷人已不再把高乔人看作粗俗、无知、

---

① 厄尔·T. 格劳特：《里卡多·罗哈斯与阿根廷文化民族主义的出现》（Earl T. Glauert, Ricardo Rojas and the Emergence of Argentine Cultural Nationalism），《西属美洲历史评论》（*Hispamic American History Review*）1963 年第 1 期。

② 埃塞基耶尔·加略：《阿根廷社会与政治（1912～1916）》，莱斯利·贝瑟尔主编《剑桥拉丁美洲史》（第 5 卷），第 382 页。

傲慢、暴力和懒惰的，现在，高乔人是阿根廷民族基本性格的来源：富有同情心、典雅、重视荣誉、忠诚和慷慨。[①] 这标志着一个几乎包含所有社会阶层的新的阿根廷民族认同的形成。不过严格来讲，直到 1916 年后中产阶级开始参与国家政治进程以后，现代意义上的阿根廷民族主义才算完全形成。

一战的爆发打断了阿根廷经济长达 35 年的快速发展，暴露了阿根廷经济依附性过强的弱点，经济民族主义开始兴起。美国学者肖夏娜·B. 坦塞（Shoshana B. Tancer）认为："那些尚未取得'现代化'或'发达'地位的国家，对于控制本国自然资源和经济命运越来越警觉，并认识到这种必要性。这种现象的特点就是'经济民族主义'。"[②] 经济民族主义主要表现为两个方面：首先，它是一国经济政策的外在表现，体现在税率、关税及保护主义政策上，旨在保证国家的自给自足及安全；[③] 其次，作为一支国内的政治、社会力量，经济民族主义也有内在的表现，不过，这仅仅是为了国家内部斗争，因而常常是负面的并大多表现为排外主义。[④] 阿根廷著名经济学家亚历杭德罗·本赫（Alejandro E. Bunge）从对发达国家结构依赖的角度系统研究了阿根廷经济的不发达状况，他在 1917 年写道："一战显示了出口导向经济通过将本国经济命运与外国资本和市场过于紧密的连接所带来的灾难，阿根廷已经成了工业化国家的'卫星国'。"他在此基础上提出通过实行保护性关税促进工业发展的政策建议，虽然本赫的建议直到大萧条后才被政府加以实践，但是他的经济民族主义思想对阿根廷及其他拉美国家转向工业化及自给自足的进口替代经济发展模式影响很大。[⑤] 更为重要的是，虽然这一时期的官方指导思想大部分时期仍是自由主义的，但是自一战后阿根廷政治家们迫于民族主义的压力也已经开始限制外资活动。早在

① J. C. 布朗：《阿根廷史》，第 152 页。

② 肖夏娜·B. 坦塞：《拉丁美洲的经济民族主义》，涂光楠等译，商务印书馆，1980，第 8 页。

③ 路易斯·B. 斯奈德：《民族主义的含义》（Louis B. Snyder, The Meaning of Nationalism），新泽西州新不伦瑞克，1954，第 134 页。

④ 温斯顿·R. 怀特：《阿根廷的外资铁路：经济民族主义案例研究》（Winthrop R. Wright, Foreign-Owned Railways in Argentina：A Case Study of Economic Nationalism），《商业历史评论》（The Business History Review）1967 年第 1 期。

⑤ 卡尔·E. 索尔伯格：《石油与阿根廷民族主义：一段历史》（Carl E. Solberg, Oil and nationalism in Argentina：a history），加利福尼亚斯坦福大学出版社，1979，第 30 页。

20 世纪 20 年代阿根廷就有国家参与石油工业的传统，伊里戈延在 1922 年建立了一个负责对国家石油进行监督和经营的财政部石油矿藏管理总局（Yacimientos Petrolíferos Fiscales），1928 年他再次当选总统后又积极推动阿根廷石油业国有化的实现，这些行为的基础正是经济民族主义思想。同时，由于阿根廷石油国有化运动的矛头直接指向了外国私人石油公司（主要是美国石油公司），反美主义兴起。此外，阿根廷的排外主义还表现为反英、反犹太人。1909 年 11 月，一个俄国犹太人刺杀了布宜诺斯艾利斯的警察局局长，随后在布宜诺斯艾利斯掀起了一股强烈的反犹太风潮，罗哈斯指责用意第绪语（属于日耳曼语种，大部分使用者是犹太人）和希伯来语教学的犹太人学校是抵制同化的移民机构，加尔韦斯也对犹太人有所抱怨，认为犹太人进入城市就业，减少了本地人的就业机会。[①]

由上可知，19 世纪末阿根廷政治认同的完成及出口经济的繁荣发展催生了两个重要的社会团体：一个强有力的农牧业出口集团和人数上占优势的、日渐强大的以移民为主体的中产阶层及劳工。1916 年激进党候选人伊里戈延上台标志着中产阶级及劳工被纳入国家范畴，阿根廷现代民族主义形成。这是一个自由主义与传统保守主义相融合的，与变化了的阿根廷政治、经济及社会背景相符的民族主义。不过，激进党掌权的前提是不损害出口寡头集团的利益，这预示了初生的现代民族主义的脆弱性。1929 年开始的经济大萧条为出口寡头集团推翻激进党代议制政府提供了机会。1930 年政变后的阿根廷成为各派政治势力的竞技场，阿根廷民族主义在经历短暂分化后统一为庇隆主义，这是阿根廷民族主义历史上影响最为深远的时期。

三　庇隆时代与阿根廷民族主义的高涨（1930～1955 年）

1929 年开始的大萧条对阿根廷经济产生了非常严重的影响，代表集团利益的保守派虽然重夺政权，但无法像 1912 年前那样利用经济的繁荣来维持政治稳定，来自中产阶级、劳工等社会群体的反对凸显了阿根廷社会分

---

① 戴维·罗克：《威权主义的阿根廷：民族主义运动，它的历史及影响》（David Rock, *Authoritarian Argentina: The Nationalist Movement, Its History and Its Impact*），第 59 页。

裂的现实。与之相对应，阿根廷民族主义内部也出现了分裂，开始演变为一种政治运动，形成种类繁多的民族主义派别，成为政治斗争的牺牲品。1930 年发动军事政变的领导人何塞·F. 乌里乌鲁（Jose F. Uriburu）将军深受天主教经院哲学影响，曾在德国待过一段时间，在位期间某些措施附和了 19 世纪的联邦主义，其追随者厌恶布宜诺斯艾利斯，因为它是国内支配各省的代理，是"腐朽的物质主义"的象征，同时却把各省、农村地区和农村人口理想化，当作他们认为的典型西班牙与阿根廷美德的化身。[①] 1932 年，乌里乌鲁下台后其支持者们组成了种类众多的民族主义团体，阿根廷公民军团（the Legión Cívica Argentina）就是其中之一，其成员穿法西斯制服，采取法西斯的敬礼姿势，[②] 因此被敌人攻击为克里奥尔法西斯分子，不过乌里乌鲁派与法西斯有着本质的区别，因为他从未像真正的法西斯那样将公民军团当作发动群众运动的工具来使用；20 世纪 30 年代阿根廷还经历了一次天主教复兴运动，标志着天主教民族主义的兴起；30 年代末兴起的修正主义运动也是上述右翼民族主义派别的一支，他们要求重新编写阿根廷历史，尤其要恢复罗萨斯的形象。马塞洛·桑切斯·索龙多（Marcelo Sánchez Sorondo）宣称："说我们的历史存在应该归功于自由主义，这是彻头彻尾的谎言。应该归功于自由主义的，只是把我们的边境土地拱手送给了他人，是听命于外国人。""而罗萨斯政府却是社会各组成分子即领袖、少数开明人士和人民大众相互合作的典范。"[③] 此外，1937 年 9 月成立的阿根廷青年激进倾向力量（FORJA）是这一时期最重要的民众民族主义派别，他们反对自由主义、议会民主和共产主义，强调民众的民主和反对帝国主义（主要是英美）。[④] 1940 年该派的一个外围成员劳尔·斯卡拉布里尼·奥尔蒂斯（Raul Scalabrini Ortiz）出版了一本名为《阿根廷的铁路公司》的

---

① 戴维·罗克：《1930～1946 年的阿根廷》，莱斯利·贝瑟尔主编《剑桥拉丁美洲史》（第 8 卷），第 34 页。

② 戴维·罗克：《1930～1946 年的阿根廷》，莱斯利·贝瑟尔主编《剑桥拉丁美洲史》（第 8 卷），第 33 页。

③ 马塞洛·桑切斯·索龙多：《我们宣布的革命》，布宜诺斯艾利斯，1945，第 35 页。转引自莱斯利·贝瑟尔主编《剑桥拉丁美洲史》（第 8 卷），第 37 页。

④ 马科斯·克莱因：《庇隆之前的阿根廷民族主义：阿根廷青年激进倾向力量 1937～1943》（Marcus Klein, Argentine Nacionalismo before Perón: the Case of the Alianza de la Juventud Nacionalista, 1937～1943），《拉丁美洲研究简报》2001 年第 1 期。

书，书中把铁路公司描写成腐败的剥削者和英国殖民统治的代理人。① 激进
力量的两个思想被庇隆政府沿用：一是应与军队合作构建新的民族主义，
二是阿根廷的外交政策应该是在大国冲突中保持中立。②

　　1943 年的军事政变是 13 年来阿根廷社会缺乏共识、日益分裂的客观结
果。政变的发生一方面引发了工人阶级对于社会变革的期待，但也引发了
对军人内部一些领导人法西斯主义倾向的担忧。③ 庇隆（Juan Domingo Per-
on）正是抓住了这两大群体的心理期望，并利用其过人的才干和精明的政
治手腕赢得了工人、军队和教会的支持，于 1946 年成功当选阿根廷总统。
庇隆执政十年期间，他有时表现为军人精英主义，有时又表现为蔑视黩武
主义，一时是社会天主教主义，另一时又是反教权主义。所有这些都使得
庇隆主义变得模棱两可，不过在庇隆的政治经历中，唯一的思想主线似乎
是他的阿根廷民族主义。④ 源于 20 世纪 30 年代的民众民族主义与右翼民族
主义合而为一，成为庇隆主义的核心思想。因此，庇隆时期阿根廷民族主
义发展到了一个新的高峰。

　　庇隆政权的民族主义有多种表现，首先，最明显的则是实现阿根廷的
"经济独立"。这一目标直接促进了阿根廷经济民族主义的高涨，具体表现
为国有化和工业化政策的实行。1947 年 7 月，庇隆发表《阿根廷经济独立
宣言》，其中指出："如果我们不能支配我们自己的财富，宣布和实行我们
国家的经济独立就是毫无意义的。"因此，"实行经济独立，就意味着打破
资本帝国主义和国际资本主义的枷锁"。⑤ 在此思想指导下，庇隆将中央银
行收归国有，用价值 25 亿金比索的阿根廷牛肉和黄金储备交换了英国公司
所有的 16000 英里的铁路。无论人们是否知道铁路破旧不堪，公众都对庇隆

①　戴维·罗克：《1930～1946 年的阿根廷》，莱斯利·贝瑟尔主编《剑桥拉丁美洲史》（第 8
　　卷），第 33 页。
②　阿瑟·P. 惠特克、戴维·C. 约旦：《拉丁美洲当代民族主义》（Arthur P. Whitaker and Da-
　　vid C. Jordan, *Nationalism in contemporary Latin America*），纽约自由出版社，1966，第 65 页。
③　J. C. 布朗：《阿根廷史》，第 194 页。
④　罗伯特·J. 亚历山大：《胡安·多明戈·庇隆：一段历史》（Robert J. Alexander, *Juan Do-
　　mingo Peron: A History*），纽约西景出版社，1979，第 62 页。
⑤　胡安·庇隆：《阿根廷经济独立宣言》（Juan Peron, "Act of the Declaration of Economic Inde-
　　pendence"），《庇隆主义学说》附录 1，第 243～245 页。转引自韩琦主编《世界现代化历
　　程》（拉美卷），江苏人民出版社，2010，第 245 页。

的民族主义行为欢呼叫好。[①] 此外，为了实现经济独立的目标，同时也是在拉美经委会所倡导的结构主义的影响下，庇隆大力发展民族工业，在 1946 年开始的"一五"计划期间，阿根廷共进口近 2 万套机械设备，用于替代进口工业部门和其他工业部门的发展。庇隆政府制定了《钢铁工业计划》；同时，为了有效保护本国的工业企业，庇隆政府还成立了阿根廷贸易促进委员会，并实行严格的关税保护制度。[②] 阿根廷的工业生产能力在庇隆时期得到了很大的提高。

其次，庇隆坚持国家政治主权，这就要求阿根廷国家拥有最高的权威。依据这种思想，庇隆政府加大了国家对政治活动、经济领域和社会事务的干预和调节，大力发展国家资本主义；正义主义还要求通过各种有效方式，确保阿根廷在国家领土、大陆架、南极洲、马尔维纳斯群岛及其他南太平洋群岛的主权；1949 年宪法还要求在大学中，为所有学科的学生设置政治教育的必修课和公共课，让每一个学生认识到阿根廷的精神实质，她的政治、社会和经济的现实以及阿根廷共和国的发展和历史使命。[③] 政治主权不仅确保了国家在阿根廷发展中的核心作用，同时将阿根廷民族主义提升到了国家民族主义的高度，首次实现了民族国家范围内阿根廷民族主义的统一。

再次，庇隆主义的"第三立场"学说成为阿根廷实行独立外交政策的基石。庇隆对"第三立场"的解释如下："它不是一种中间立场，根据不同的环境，它可以是中间的，也可以是左的或者右的思想观点，我们遵循客观环境。"[④] 这就使得庇隆的外交政策灵活多变。庇隆在对外政策上也表现出了强烈的仇外情绪，具体表现为庇隆坚定的反美立场。在 1945～1946 年的总统选举中，庇隆发起了"要布雷登还是庇隆"的运动，动员了民众的反美主义情绪并顺利当选。在之后长达八年的时间里，庇隆针对美国以及一切北美事务，进行了长期的宣传战。庇隆派的报纸和总统本人把美国描绘成一个贪婪的帝国主义国家，它正在千方百计图谋征服拉美各国。庇隆派的宣传中经常出现的几个主题是：美国的"物质主义"，美国种族关系中

①　J. C. 布朗：《阿根廷史》，第 201 页。
②　韩琦主编《世界现代化历程》（拉美卷），江苏人民出版社，2010，第 245 页。
③　夏立安：《论庇隆主义》，北京大学博士学位论文，2001 年，第 102 页。
④　夏立安：《论庇隆主义》，第 100 页。

不太愉快的方面，以及美国对拉美各国内政的干涉。^① 不过，庇隆对美国的敌视受制于阿根廷国内的经济状况，当 1950 年后期阿根廷经济开始陷入衰退后，庇隆意识到阿根廷的经济状况已经非常糟糕，必须从美国得到援助才能获得解救之时，反美主义有所衰退。

　　最后，庇隆的阿根廷民族主义还体现在其企图领导其他拉美国家，谋求地区霸权。在 1948 年 4 月于波哥大举行的第九届泛美会议上，当美国拒绝帮助拉美国家建立泛美开发银行这一提议后，参加会议的庇隆的代表表示，不管美国同意与否，阿根廷愿意担当领导来建立这个银行。不管结果如何，这不失为阿根廷谋求地区领导权的一种象征。

　　庇隆时代阿根廷民族主义的高涨固然有积极意义，但是无意间却走向了另一个极端，从而阻碍了阿根廷历史进程的健康发展。工业化成为庇隆时代阿根廷民族主义高扬的一面旗帜，不过工业化的实行是以牺牲农业为代价的，庇隆执政期间压低农产品价格，限制农业生产者的收入，并严格管理土地租金，控制物价，最终造成了工业和农业的发展失衡，而农业出口下降导致外汇收入急剧下降，又破坏了阿根廷进口替代工业发展获取资本货物和原材料的能力，反过来影响了工业化进程的深入发展。另一方面，庇隆时代阿根廷民族主义的高涨也依赖于广大劳工阶级的支持。作为一个聪明的政客，庇隆懂得控制工人运动对自己的意义。庇隆反复提到国家的利益应该与工人的利益一致，因此他承诺给所有工人新的地位、尊严和在阿根廷社会的影响力。^② 庇隆执政时期，阿根廷工人的工资持续增长，政府增加了带薪休假天数并为大多数工人提供了意外险和疾病险，还特别在 1949 年的宪法中对工人的权利给予了保证。庇隆的妻子艾薇塔（Evita Per-on）在保持工人的忠诚方面也发挥了重大的作用。艾薇塔卑微的出身使其与工人阶级有着天然的亲密感，庇隆上台后，她负责处理所有与工人相关的事务，还建立了一个私人基金会，并将募捐的钱用来建造学校、医院和操场，购买药品、食物和衣服分给需要的人。庇隆的福利政策虽然暂时赢得了工人的忠诚，但是这本质上是一种过度消费，工人工资增长超过了经济发展限度，最终造成了严重的通货膨胀，为庇隆的下台及之

---

① 复旦大学拉丁美洲研究室：《庇隆和阿根廷》，上海人民出版社，1974，第 180 页。

② 塞缪尔·L. 贝利：《阿根廷的工人、民族主义和政治》（Samuel L. Baily, *Labor, Nationalism, and Politics in Argentina*），新泽西州罗格斯大学，1967，第 77 页。

后的政治动荡埋下了伏笔。庇隆的成功得益于其自身魅力与有利的国内外形势，[①] 但是随着 1949 年后有利条件的消失，阿根廷经济进入衰退阶段。在此背景下，庇隆无法继续满足工人阶级对政治地位、经济利益的期望，他开始抛弃工人阶级，转而实行经济调整和紧缩政策。在外资方面，庇隆冒着民族主义者的反对，将石油开采对外资开放；而其经济紧缩政策降低了工人生活水平，导致了工人的不满，庇隆与工人的紧密联盟开始松动，工人们虽然从未公开指责庇隆，但他们确实在劳工运动中攻击了庇隆，且在庇隆需要他们的全力支持时变得不那么积极、有效。[②] 这表明庇隆政府无力在推动工人阶级利益的同时长期保持工业增长，而与工人联盟的松动也对 1955 年庇隆的失败起到了推波助澜的作用。

　　总之，在 20 世纪 30 年代经济大萧条的影响下，阿根廷社会分裂的问题开始凸显。与之相对应，阿根廷民族主义也分裂为形形色色的民族主义派别。各民族主义派别的对抗和发展为庇隆主义的形成奠定了思想基础。1943 年爆发的军人政变标志着庇隆的崛起，庇隆主义的核心——经济独立、政治主权、社会正义及"第三立场"学说有着强烈的民族主义色彩，具体表现为阿根廷经济民族主义的高涨、反美主义的发展及谋求地区领导权的企图。不过，庇隆时期阿根廷民族主义的发展过度，陷入非理性的境地，其工人福利政策造成了严重的通货膨胀，而牺牲农业进行的片面工业化在造成工农业发展失衡的同时，也为之后的社会分裂和政治动荡埋下了伏笔。1955 年庇隆下台后，阿根廷分裂为庇隆派和反庇隆派两大对立冲突的集团，阿根廷民族主义再次陷入了分裂的边缘。

四　社会分裂与阿根廷民族主义的分化（1955～1982 年）

　　推翻庇隆政权不难，然而去除庇隆十年执政的政治遗产则证明是非常困难的。庇隆执政时期劳工福利的增长是以农牧业出口集团、大资本家的付出为代价的，与劳工经济、社会地位上升同时发生的是农牧业出口集团

[①]　有利的国内外条件包括：二战后国际市场的发展异乎寻常；阿根廷财政收入增加及向民众开放了有组织的储蓄。见莱斯利·L. 贝瑟尔主编《剑桥拉丁美洲史》（第 8 卷），第 84 页。

[②]　塞缪尔·L. 贝利：《阿根廷的工人、民族主义和政治》（Samuel L. Baily, *Labor, Nationalism, and Politics in Argentina*），新泽西州罗格斯大学，1967，第 138 页。

与跨国资本家的怨恨与失落。因此，庇隆十年执政永久地改变了阿根廷的历史发展进程，他将阿根廷社会分裂为庇隆派与反庇隆派两大极端对立的集团，其中前者主要由劳工、新兴民族资本家及一部分中产阶层组成，他们支持"民众主义"，主张关税保护、经济平等和大众的政治参与；后者则主要由农牧业出口集团、外国企业、国内大企业和一部分中产阶层组成，他们支持"自由主义"，赞成自由贸易，反对广泛的政治参与，主张精英主义。① 按吉列尔莫·奥唐纳（Guillermo O'Donnell）的话来说，这不是有两个派别，而是有"两个国家"：其中一个的居民只能想象有庇隆的阿根廷，而另一个只能接受没有庇隆——从权力角度来说即没有庇隆主义——的阿根廷。② 因此，后庇隆时期的阿根廷，两大集团或称两个"国家"之间的全面对立和冲突成为阿根廷政治社会生活的核心，其所导致的政权频繁更迭和政策缺乏连贯性又一定程度上造成了阿根廷经济发展的衰退。在此背景下，一个统一的民族国家认同无法形成，与20世纪30年代相似，阿根廷民族主义再次分化，沦为各利益集团争夺政治权力的工具。

1955年推翻庇隆政权的将军们上台执政，但他们在是否应该镇压庇隆派、如何对待劳工、应该与协助他们的文人官员分享多大的权力等诸多问题上存在争执。军队内部分裂为红派（Colorados）和蓝派（Azuels）。两派成员均主张对庇隆主义者进行全面战争，其主要区别在于对军队与政府的关系看法不同。红派主张实行军事独裁，而蓝派则坚持回归文人政府，军队应该退回维护国防和安全的专业职责。阿根廷国内第二大政治团体激进党也因对庇隆主义的不同看法分裂成以阿图罗·弗朗迪西（Arturo Frondizi）为首的"激进公民联盟不妥协派"和以反庇隆主义的里卡多·巴尔文（Ricardo Balwen）为首的"激进公民联盟人民派"。民族主义者曾经试图通过支持弗朗迪西来实现社会正义、国家主权及回归传统的愿望，但是弗朗迪西在成功当选总统后不久便彻底抛弃了民族主义者。此外，阿根廷民族主义者则希望接管庇隆主义运动并借此成为一支独立的政治力量，1955年上台的爱德华多·罗纳尔迪（Eduardo Ronaldi）将军喊出"既无赢家也无输家"的口号，希望在惩罚庇隆主义者中的罪犯的基础上保留自1943年以来

---

① 吕芳：《制度选择与国家的衰落》，中国政法大学出版社，2007，第72～73页。
② 吉列尔莫·奥唐奈：《现代化与官僚威权主义：南美政治研究》，王欢、申明民译，北京大学出版社，2008，第104页。

形成的一系列机构和制度。同时在经济上继续强调发展进口替代工业化的重要性，但罗纳尔迪的政策引起了军队内部其他利益集团的不满，在执政两个月后，罗纳尔迪被迫辞职。另外，农牧业出口集团及跨国资本家对庇隆劳工集团怀有明显的敌意，1955～1966 年，军人不允许庇隆党重获行政权并多次发动政变取消选举结果，同时也是在古巴革命胜利的鼓舞下，丧失选举渠道的部分庇隆党劳工开始通过游行示威、公共讲演、总罢工甚至致力于武装斗争等方式来表达利益诉求，庇隆主义者内部也出现了分裂。庇隆下台后的阿根廷再次陷入分裂，庇隆主义与反庇隆主义之间的争斗及其各自内部的分裂构成了之言 30 年中阿根廷政治生活的核心。其中，出口寡头集团支持下的军队成为 30 年中阿根廷的实际掌权者，激进党和庇隆主义都未能将阿根廷带向稳定和进步。随着社会分裂的加剧，民族主义也开始迅速分化，基本丧失凝聚力量、促进团结的作用，而是分化为形形色色的带有鲜明时代特征的民族主义思潮，如军人右翼民族主义、民众民族主义及以游击队为代表的左翼民族主义等，进一步加剧了阿根廷的政治动荡、社会分裂和国家失败。

奥斯卡·A. 特龙科索（Oscar A. Troncoso）在其 1957 年出版的研究阿根廷民族主义运动的书中将阿根廷民族主义定义为一个多色的运动，其立场随着环境的变化而变化。他进一步写到，在之后的年代里，民族主义者们先后崇尚联邦主义、意大利法西斯主义、德国纳粹主义及西班牙的弗朗哥主义。[①] 这些民族主义思想逐渐被军队、政党等机构吸收，成为其实现政治理想的工具。1955 年庇隆下台后，庇隆主义的工人和领袖们发动了长期的抵抗运动，民选政府为缓和国内矛盾，与庇隆主义者联盟，实行了一些具有民众主义色彩的政策。如激进党成员弗朗迪西在担任总统期间，从发展主义的观点出发，认为阿根廷经济发展的 "核心就是引进外资和促进工业发展"，[②] 因此他建立了阿根廷国家工业促进委员会，以进一步深化进口替代工业化进程。同时，庇隆主义内部不仅

---

① 奥斯卡·A. 特龙科索：《阿根廷的民族主义者：起因及发展轨迹》（Oscar A. Troncoso, *Los Nacionalistas Argentines: Antecedentes y Trayectoria*），布宜诺斯艾利斯 S. A. G. A. 出版社，1975，第 78 页。

② 路易斯·阿尔贝托·罗梅罗：《20 世纪阿根廷史》（Luis Alberto Romero, *A History of Argentina in the Twentieth Century*），宾夕法尼亚州立大学出版社，2002，第 141 页。

因为其对政府态度的不同发生了分裂，而且在古巴革命的影响下在意识形态层面分裂成了左右两翼，新出现的庇隆主义左翼是当时阿根廷游击队中的一支，[①] 名为"蒙托内罗斯"（Montoneros），其与庇隆主义右翼之间的矛盾无法调和。1973 年庇隆再次执政时曾经试图扭转他在当反对派期间所鼓吹的分裂政策，他用新口号"对于阿根廷人来说，阿根廷同胞胜于一切"，代替了"对于庇隆主义者来说，庇隆主义同志胜于一切"这个在他的前两任总统期内分裂了国家的口号。[②] 不过庇隆的政治和解和社会合作的目标随着他的突然离世被人遗忘，庇隆没能将阿根廷带上秩序和稳定的轨道。

没有次序这一时期尤其值得注意的是军人内部民族主义的发展。在阿根廷，传统的出口寡头集团借助军人的力量推翻具有民众主义色彩的政权，建立有利于其自身的"官僚－威权主义"军政权是很常见的。1955 年后，为了防止庇隆重新获得力量及抵抗外来颠覆，军队采取了国家安全学说（doctrine of national security），认为国家安全与经济发展是相连的，只有在实现经济发展的前提下军队才能保证国家安全，并规定军队有权对文人政府进行评估和测验，如果不符合标准，军队能够推翻该文人政府。这意味着文人政府必须在保证经济增长与巩固民主的同时让军队决定各项政策的目标，这就为军人干政及 70 年代的军人执政埋下了伏笔。1966 年，阿图罗·伊利亚（Arturo Ilia）总统就被以"治理无效及不能保证自由"为借口赶下台，新上任的胡安·卡洛斯·翁加尼亚（Juan Carlos Ongania）将军决定通过实行军事独裁来结束长期以来的政治动荡，所有政党活动都被禁止。与 30 年代的乌里乌鲁将军一样，翁加尼亚将军有着强烈的保守民族主义色彩，其在《革命政府告阿根廷人民书》中说：军队的作用是代表阿根廷最

---

① 除蒙托内罗斯外，这一时期阿根廷影响比较大的另一个游击组织为有托洛茨基倾向的人民革命军，该组织成员是马克思主义者，受到了冷战美苏争霸大背景及古巴革命胜利的影响。而蒙托内罗斯是庇隆主义的一支，其成员大多是天主教徒，他们虽然自称为社会党人，但是反对共产主义，认为共产主义是邪恶的、反国家的。他们还仿照修正主义，试图通过挖掘历史来为政治服务。见戴维·罗克《威权主义的阿根廷：民族主义运动，它的历史及影响》（David Rock, *Authoritarian Argentina: The Nationalist Movement, Its History and Its Impact*），第 220 页。

② 胡安·卡洛斯·托雷：《1946 年后的阿根廷》，莱斯利·贝瑟尔主编《剑桥拉丁美洲史》（第 8 卷），第 148 页。

高的共同利益，保护和恢复民族团结；它的使命是保卫西方天主教传统；它将促进大众福利，同时提高国家地位。① 由此可知，民族主义成为翁加尼亚独裁政权获得合法性的借口。不过翁加尼亚的稳定化计划以失败告终，他的所谓阿根廷革命带来的是经济衰退、社会矛盾日增及接连不断的游击队运动、政治示威运动及右翼恐怖运动。1973 年，亚历杭德罗·奥古斯丁·拉努赛（Alejandro Agustin Lanusse）将军为换取国内力量的统一，形成新的社会凝聚，允许庇隆回国，但是，新的社会凝聚未能形成。1976 年军人再次发动政变，他们根据其"国家重组进程"（Proceso de Reorganización Nacional），在全国范围内展开了以镇压、折磨、暗杀和恐吓为主要内容的军事行动。② 民族主义思想在其中充当了帮凶的角色。军政府时期，在阿根廷最高法院、司法部、中央银行以及大学都有民族主义者任职，同时教会也为民族主义者发挥影响提供了途径。军政府成员利用民族主义者的末世论将自己描绘为带领天主教徒消灭异教徒、归化不信教者的指挥官。豪尔赫·拉斐尔·魏地拉（Jorge Rafaél Videla）本人说过："恐怖分子并不只是拿着炸弹或者手枪的人，还有宣扬与西方基督教文明相抵触的思想的人。"③ 据此，军政府致力于摧毁游击队、禁止政治活动、实行新闻审查等，恐怖气氛笼罩着阿根廷。在经济方面，军政府实行倾向于农牧业出口集团和大资本家的新自由主义经济政策，虽然该政策在短时间内取得了一定的成效，但是其自身的缺陷将阿根廷带入了 80 年代的经济危机。严峻的政治经济形势大大削弱了军政府的统治基础，为了挽救统治危机，军政府再次诉诸民族主义。领土归属问题本身即是民族的符号和象征，民族主义一旦被激发，就会产生狂热的情感。阿根廷军政府正是意识到了这点，打算利用马岛的领土争端来转移国内民众的视线，使他们忘记国内的危机，引发他们的爱国热情和民族主义感情。1982 年，加尔铁里

---

① 　比列加斯：《发展和国家安全的政策和战略》（Villegas, *Políticas y estrategias para el desarrollo y la seguridad nacionali*），布宜诺斯艾利斯，1969，第 257 ~ 260 页。转引自戴维·罗克《威权主义的阿根廷：民族主义运动，它的历史及影响》（David Rock, *Authoritarian Argentina: The Nationalist Movement, Its History and Its Impact*），第 201 页。

② 　丹尼尔·K. 刘易斯：《阿根廷史》（Daniel K. Lewis, *The History of Argentina*），帕尔格雷夫麦克米伦出版社，2003，第 134 页。

③ 　胡安·卡洛斯·托雷：《1945 年后的阿根廷》，莱斯利·贝瑟尔主编《剑桥拉丁美洲史》（第 8 卷），第 160 页。

（Leopoldo Fortunato Galtieri Castelli）将军宣布开始占领马尔维纳斯群岛的计划，试图以此来达到增强阿根廷国家凝聚力，同时打击政治反对派的目的。[①] 毫无疑问，阿根廷民族主义情绪高涨，战争初期的胜利使人们忘记了曾经和政府的冲突，战争将他们紧紧地捆绑在一起，加尔铁里及其领导的军政府成为民族英雄，享受着民众的爱戴和欢呼。但是随着争岛的失败，高涨的民族主义情绪受到了沉重的打击，而其政治后果就是阿根廷军人政权的瓦解。因此，虽然民族主义曾经为阿根廷的军人政府提供了合法性，但是其最终也成为军人政权瓦解的推动剂。

由上可知，庇隆十年统治后阿根廷社会再次陷入分裂的境地，1973年庇隆重新执政试图改正他十年执政期间分裂国家的政策，但未能成功。庇隆主义与反庇隆主义及其各自内部的分裂和对抗构成了之后30年阿根廷社会分裂、政治动荡的图景。在此背景下，阿根廷民族主义发生了分化，其与军队、政党等组织机构融合，弱化为各利益集团政治斗争的工具，代表出口寡头集团和大资本家利益的军队基本主导了这一时期阿根廷的历史发展进程。右翼民族主义为军人干政及直接执政提供了合法性，不过军政府并未处理好政治经济发展问题，反而进一步加剧了阿根廷的社会分裂。危急时刻军政府再次诉诸民族主义，发动马岛战争，试图借此挽救统治危机，却遭遇了失败。阿根廷再一次走到了发展的十字路口，在全球化进程深入的背景下，阿根廷面临着重建民族认同的艰巨任务。庆幸的是，30多年的政治动荡及社会分裂在一定程度上警醒了阿根廷人，使他们意识到妥协与合作的重要性，这在一定程度上有利于阿根廷未来的发展。

五　全球化趋势下阿根廷民族主义的新发展（1983年至今）

1983年，激进党候选人劳尔·里卡多·阿方辛（Raúl Ricardo Alfonsín）成功当选阿根廷总统，标志着阿根廷重回民主轨道。阿方辛强调自由民主主义理念和制度，并将民主看作是阿根廷最好的选择，他告诉阿根廷民众：

---

① 罗纳尔多·芒克：《民主时代：马尔维纳斯之战后的阿根廷》（Ronaldo Munck，"The Democratic Decade：Argentina since Malvinas"），《拉丁美洲研究公报》1992年第2期。

"民主能够治愈、教育并包容每一个人。"① 阿根廷民主化道路的共识很大程度上是在阿方辛执政时期达成的。1983 年阿方辛就任阿根廷总统后，部分军人和教会人员仍然不思悔改，发动针对民主政府的反抗活动，对新生的民主政权形成了一定的威胁。部分军人坚持认为其所进行的是反恐战争，是一场正义的战争。他们把激进党看作一群共产党，并在布宜诺斯艾利斯街上散布"英国与共产党是一伙的，他们一定会将阿根廷毁灭"② 的谣言。1987～1988 年，阿根廷下级军官发动了三次起义反对阿方辛总统，这些下级军官因在脸上涂抹颜色便于伪装而被称为"涂面人"。在此背景下，阿方辛政府通过改革武装部队体制，促进军队的职业化，一定程度上消除了军人政变的威胁；同时，在"全国团结"和"全国和解"的口号指导下，阿方辛于 1984 年初同 21 个政党开展对话，并于同年 6 月初签订了《全国团结协议》，从而奠定了执政党同反对党之间相互照应和相互支援的政治基础。③此外，无论是面对因对国家经济不满而发生的此起彼伏的罢工，还是其他的各种冲突，阿方辛都能尽量采取克制态度，在可能的情况下作出适当让步，而不轻易动用武力和警察，以维护民主局面。在 1985 年 11 月举行的阿根廷二十年来首次议会中期选举中，全国所有政治力量都重申要为巩固民主而奋斗的意愿，这是对阿方辛执政的极大肯定，同时也表明阿根廷的民主化进程得到初步稳定。而在经济方面，阿方辛已经开始转向新自由主义，他大胆放弃进口替代工业化政策，减少国家干预，实行国企私有化，对阿根廷经济进行了必要的战略调整，以适应变化了的国内外形势，不过他未能扭转阿根廷经济衰败的趋势，被迫提前辞职。与之相应，阿方辛时期阿根廷民族主义有着明显的自由民主色彩，具体表现为经济上的自由主义和政治上民主共识的达成。

---

① 《阿根廷：学习一支新舞蹈》（"Argentina: Learning a New Dance"），《经济学人》（The Economics）1994 年 11 月 26 日。转引自戴维·E. 利曼《作为主导意识形态的民众自由主义：后威权时代阿根廷的思想和民主之争 1989～1995》（David E. Leaman, "Populist Liberalism as Domiant Ideology: Competing Ideas and Democracy in Post-Authoritarian Argentina, 1989 – 1995"），《国际发展比较研究》（Studies in Comparative International Development）1999 年第 3 期。

② 戴维·罗克：《威权主义的阿根廷：民族主义运动，它的历史及影响》（David Rock, Authoritarian Argentina: The Nationalist Movement, Its History and Its Impact），第 232 页。

③ 石青：《阿方辛内外政策评析》，《拉丁美洲研究》1986 年第 4 期。

　　1989 年庇隆主义党候选人卡洛斯·萨乌尔·梅内姆（Carlos Saúl Men-em）顺利就任总统，梅内姆虽然在竞选中承诺回归福利国家，但是在其上台后，面临着来自国际社会的压力及国内通货膨胀涨至 3000% 的严峻的经济形势，梅内姆放弃庇隆党传统的具有民族主义的立场和方针，全面转向新自由主义改革。在经济上，梅内姆放弃了正义主义主张的发展本国工业、实行国家干预的模式，转而实行彻底的市场化，即企业私有化、贸易自由化和金融开放化。在外交上，梅内姆实行以经济发展为首要目标的"外围现实主义"的外交政策，这是在阿根廷历史上外交政策的失败和现实国家危机形势下的必然选择，也是与 80 年代盛行的新自由主义理论相符的外交政策选择。阿根廷历史上的外交政策是以其拉美大国情结及对美国霸权政策的抵制为出发点的。但是，对于外围国家阿根廷来说，这一外交政策恶化了其与美国等国家的关系，进而招致了发达国家的商业和经济制裁，动摇了阿根廷的政治经济稳定，这正是外围现实主义提出的背景及原因。与依附论不同，外围现实主义强调不发达国家应顺应现存国家体系，遵守大国制定的游戏规则，专注于本国本地区经济发展。① 具体到阿根廷，则体现为与美国结盟的亲西方外交政策，不过在实践中却成为阿根廷放弃国家在外交问题上的独立立场，转而听命于美国的摆布。无论是经济上的新自由主义改革还是外交上的外围现实主义政策，实际上都是顺应全球化潮流的表现，正如一位梅内姆的追随者所说："当今世界的趋向是在商业活动中实现效率。老板是阿根廷人或是韩国人不重要，重要的是它真正起作用。"② 表面上看，梅内姆似乎背弃了庇隆主义的基本原则，但实际上并非如此。民众主义的追随者们是一个变幻莫测的人群的集合体。三届庇隆主义者总统（胡安·庇隆、伊莎贝尔·庇隆及梅内姆）最大的共同点在于他们都坚信，他们是以人民的名义在行动，且这样的信念使得他们在修改其政策方向时形成了一种毫无顾忌的大胆的作风。③ 梅内姆正是在该信念的指引下将

① 孙若彦：《评卡洛斯·埃斯库德的外围现实主义理论》，《世界经济与政治》2005 年第 8 期。

② 戴维·E. 利曼：《作为主导意识形态的民众自由主义：后威权时代阿根廷的思想和民主之争 1989 ~ 1995》（David E. Leaman, "Populist Liberalism as Domiant Ideology: Competing Ideas and Democracy in Post-Authoritarian Argentina, 1989 - 1995"），《国际发展比较研究》1999 年第 3 期。

③ 里卡多·西第伽罗：《都兰在布宜诺斯艾利斯》（Ricardo Sidicaro, "Touraine en Buenos Aires"），《观点》（Punto de Vista）1992 年 11 月，第 39 页。

新自由主义经济政策与传统的民众主义结合起来，形成所谓的民众自由主义。① 这是梅内姆对传统庇隆党进行调整以适应新的时代背景的体现，但不幸的是，其对传统庇隆主义矫枉过正，造成了严重的后果。

2001 年阿根廷爆发了严重的政治、经济和社会危机，标志着新自由主义的失败，外围现实主义的外交政策也备受质疑。在此背景下，新上任的庇隆党候选人内斯托尔·基什内尔（Nestor Kirchner）上台后对梅内姆的政策进行了修正，在经济、外交、社会政策等方面重新恢复了庇隆主义的若干原则，强调国家的作用。在外交方面，他坚持庇隆主义所奉行的维护国家利益、反对美国霸权和干涉、坚持独立自主的外交立场。在经济方面，他奉行独立自主发展本国经济、重视发展生产和国家要对经济进行干预的主张。不过，基什内尔政府在具体政策上仍延续了 20 世纪 90 年代末经济改革的开放式发展方向，寻求在开放和竞争的市场环境下重申国家的社会控制和在经济发展中的主导作用，这种市场与国家控制并重的政策将阿根廷慢慢拉上正轨。2007 年其妻子克里斯蒂娜·费尔南德斯·基什内尔（Christina Fernandez Kirchner）成功当选总统，基本延续基什内尔时期的政策和主张。

可见，无论是政治上民主的回归，还是梅内姆经济上的新自由主义改革和外围现实主义的外交政策，都是阿根廷在全球化浪潮冲击下的选择。不过，2001 年爆发的政治、经济和社会危机表明阿根廷应对全球化浪潮的失败，这归根到底还是发展中国家在全球化形势下应如何把握政治自主和经济开放之间的度这个问题，梅内姆执政期间错误地只讲开放，不要自主，最终导致了灾难性的后果。基什内尔上台后对梅内姆政策进行调整，再次强调国家的作用，在自主与开放之间找到了新的平衡，阿根廷民族主义得以重塑，而其发展进程也渐入正轨。这不仅表明民族主义在全球化盛行的今天仍有很强的现实意义，更表明发展中国家要想在全球化浪潮中继续保持国家健康发展，就必须在保持国家发展主权的前提下适度融入全球化进

---

① 民众自由主义（Populist Liberalism）强调的四点分别是：领导重于机构；全面改革；经济效益重于政治代表和参与权；自由（尤其是经济自由）重于平等。转引自戴维·E. 利曼《作为主导意识形态的民众自由主义：后威权时代阿根廷的思想和民主之争 1989～1995》（David E. Leaman, "Populist Liberalism as Domiant Ideology: Competing Ideas and Democracy in Post - Authoritarian Argentina, 1989～1995"），《国际发展比较研究》1999 年第 3 期。

程，才能正确应对全球化挑战，同时充分抓住全球化机遇促进自身发展。

六　结语

　　阿根廷民族主义源于殖民地时期的克里奥尔民族主义，这一曾经在独立运动中起到凝聚作用的思想意识在独立后分裂为自由主义和保守主义两种不同的思想潮流。19 世纪末 20 世纪初，出口经济的繁荣催生了两大群体：一个力量强大的寡头集团和一个人数上占优势的中产阶层和劳工的联合。1916 年激进党候选人伊里戈延上台标志着代表少数人的寡头集团利益的阿根廷开始转变为一个基本涵盖寡头集团、中产阶层及劳工的代表多数人利益的国家，阿根廷现代民族主义形成。1930～1943 年为阿根廷历史发展进程中的分水岭，在此期间劳工力量的上升为庇隆时代的到来奠定了基础。1943～1955 年为庇隆时代，庇隆主义的核心——经济独立、政治主权、社会正义及"第三立场"学说有着强烈的民族主义色彩，阿根廷民族主义发展到了一个新的高峰，但同时也陷入了非理性的境地，为之后阿根廷的社会分裂埋下了伏笔。1955 年政变后的 30 年中，阿根廷陷入了庇隆主义与反庇隆主义及其各自内部的分裂和对抗中。在此背景下，阿根廷民族主义再次分裂，弱化为各利益集团政治斗争的工具，右翼民族主义为军人干政及直接执政提供了合法性，不过军人政府并未处理好政治经济发展问题，反而进一步加剧了阿根廷的社会分裂。危急时刻军政府再次诉诸民族主义，发动马岛战争，试图借此挽救统治危机，却遭遇了失败，军政府瓦解。1983 年以来，阿根廷民主与威权的轮回基本停止，民主理念已经成为阿根廷人民新的共识。同时，在全球化浪潮的冲击下，梅内姆上台后全面转向新自由主义，2001 年爆发的政治、经济和社会危机标志着梅内姆只讲开放，不讲自主发展战略的失败。危机后上台的庇隆党人基什内尔对梅内姆政策进行了修正，重新恢复了庇隆主义的一些原则，其采取的市场与国家控制并重的政策将阿根廷慢慢拉上正轨。2007 年其妻子克里斯蒂娜·费尔南德斯·基什内尔成功当选总统，基本延续基什内尔时期的政策和主张。基什内尔任内对阿根廷民族主义进行了重塑，在开放与自主之间找到了新的平衡点，阿根廷民族主义回归理性。通过对阿根廷民族主义发展脉络的梳理，可以归纳出阿根廷民族主义的以下特点。

第一，阿根廷民族意识萌芽较早，但是发展缓慢。在欧洲启蒙思想和美法大革命的影响下，阿根廷民族主义意识以克里奥尔民族主义的形式早在 19 世纪初就已经萌芽，比亚非等其他第三世界国家民族主义的发端早了将近一个世纪。但是直到 19 世纪末 20 世纪初随着阿根廷民族国家建构的完成和现代化的起步，具有阿根廷特性的民族主义才得以形成并迅速发展。

第二，与其他国家民族主义主要是一种凝聚力不同，阿根廷民族主义所起的分裂力量远大于凝聚力。除独立战争期间、19 世纪末 20 世纪初自由阿根廷国家奠定时期、庇隆主义一枝独秀时期及 1983 年至今的民主化时代之外，阿根廷民族主义在其他历史时期一直表现为一支分裂的力量，这主要源于阿根廷固有的社会分裂现实。布宜诺斯艾利斯与阿根廷内地各省的分裂促成了自由主义与保守主义这两种对立潮流的形成；而 20 世纪后崛起的出口寡头集团与劳工阶层的强烈对立和冲突不仅阻碍了阿根廷民族主义的统一，更是使其弱化为各利益集团争夺政治权利的工具。在此背景下，形形色色的民族主义潮流又作用于阿根廷政治、经济、社会等各方面，进一步加深了阿根廷的社会分裂，在一定程度上导致了 20 世纪 30 年代后阿根廷此起彼伏的军事政变和社会动荡。

第三，第三世界民族主义自其产生之初就与政治、经济、文化和意识形态、宗教、地域等因素相结合，从而使其内容非纯粹化，成为复合的民族主义，如政治民族主义、经济民族主义、文化民族主义、宗教民族主义、地区民族主义等。[①] 阿根廷民族主义亦然，其中，阿根廷民族主义与军队和教会的关系尤为密切，如翁加尼亚将军深受天主教民族主义思想的影响，而民族主义思想也为魏地拉军政府所利用，成为其专制统治的理论依据和思想工具。更为明显的是自 1930 年以来的 11 次军人政变中都有民族主义者参与。

第四，虽然阿根廷民族主义自身的复杂性使得其最终未能发展成为一支独立的政治力量，但是通过对阿根廷民族主义发展脉络的梳理可以看到，民族主义力量的大小与政府的强弱有着此消彼长的关系。民族主义力量一般在阿根廷政府遭遇政治危机时力量最为强大，如 1943 年和 1955 年的军人政变时期；而当政府比较强大时，民族主义运动一般处于低潮，如庇隆执

---

① 程人乾：《当代世界民族主义纵横谈》，《当代世界与社会主义》1998 年第 3 期。

政初期（1945～1948 年）。① 此外，1950 年以后阿根廷民族主义的复兴在一定程度上预示着长期的经济低迷和之后的政治危机，这又进一步证明了以上的推断。

第五，通过对阿根廷民族主义发展脉络的梳理可以看出，民族主义力量的强弱与国家的发展状况大体呈现正相关性，但民族主义一旦过度，这种正相关性即被打破。总体而言，阿根廷民族主义在伊里戈延、庇隆和基什内尔执政期间相对统一，力量也较强，尤其是在庇隆时期，阿根廷民族主义达到了前所未有的高峰。同时，在这三任总统执政期间，阿根廷总体发展相对较好。而在其他历史时期，阿根廷民族主义出现分化，甚至弱化为利益集团争夺政治权力的工具，与之相应，阿根廷发展状况则表现为社会分裂、政治动荡和经济衰败。不过特别值得注意的是，庇隆时期阿根廷民族主义高涨过度，在一定程度上导致了庇隆的下台及之后的政治动荡和社会分裂。因此，从民族主义的角度来看，可以将 1930 年后阿根廷国家发展的衰败归咎于民族主义的弱化，但同时要注意，民族主义并非力量越强越好，其只有在理性限度内才能发挥积极作用。

（作者简介：王慧芝，南开大学世界近现代史研究中心和拉丁美洲研究中心博士生）

---

① 戴维·罗克：《威权主义的阿根廷：民族主义运动，它的历史及影响》（David Rock, *Authoritarian Argentina*: *The Nationalist Movement*, *Its History and Its Impact*），第 224 页。

秘鲁民族主义的演变及其特点[*]

宋欣欣

内容提要：18 世纪波旁改革以来，秘鲁民族主义大致经历了六个阶段的发展演变：独立前秘鲁社会出现了两种民族意识，即印第安人和克里奥尔人的民族意识；独立后至 1879～1883 年太平洋战争前，秘鲁民族主义是一种克里奥尔民族主义，其内部划分为自由主义和保守主义两种倾向，但它们还不是现代民族主义；太平洋战争结束后，秘鲁现代民族主义的萌芽出现；从 20 世纪 30 年代到 1968 年，秘鲁现代民族主义真正形成；1968 年 10 月以阿尔瓦拉多·贝拉斯科为首的军人发动政变，以国家资本主义的方式探索秘鲁独特的民族发展道路；20 世纪 80 年代以来，经过全球化和新自由主义改革的洗礼，秘鲁民族主义已经重归理性。从秘鲁民族主义的发展进程中，可归纳出若干与其他拉美国家不同的特点。

关键词：秘鲁　印加民族主义　克里奥尔民族主义　文化民族主义　军人民族主义

近代以来民族主义自诞生伊始，很快传入拉丁美洲地区，成为拉美独立运动的一面旗帜。此后拉美地区不断吸收新的社会思潮，充实并完善民族主义理论，不断地推动该地区探索独立和发展的道路。作为拉美民族主义的一支，秘鲁民族主义大致经历了相似的历史阶段，但是它也丰富了拉

---

* 本文在写作过程中得到南开大学拉丁美洲研究中心韩琦教授的悉心指导，在此深表谢意。

美民族主义的类型，展现出自己的独特性。总体来说，在秘鲁民族主义的发展过程中，印第安人问题和民族分裂的矛盾始终是其发展的制约因素。

关于秘鲁民族主义的研究情况，弗雷德里克·B. 派克的《秘鲁近代史》① 初步探讨了秘鲁民族形成的障碍因素，提供了大量知识分子讨论秘鲁民族问题的材料，也简要介绍了不同社会思潮对秘鲁民族主义的影响。但是作为一本通史性著作，该书缺乏对秘鲁民族主义的系统研究和论述。阿瑟·P. 惠特克（Arthur P. Whitaker）和格哈德·马苏尔（Gerhard Masur）于 20 世纪 60 年代出版的拉美民族主义专题著作，② 有专门章节涉及秘鲁民族主义的相关研究。但是由于研究主题的局限性，并未完整论述秘鲁民族主义的发展情况，特别是缺乏对太平洋战争前以及军政府改革以后的情况的研究，而且也没有进行明确的阶段划分和特点归纳。较多学者比较集中于研究特定历史时期的秘鲁民族主义问题，比如殖民地秘鲁民族主义的发展情况，③ 这有助于我们理解独立前印第安人和克里奥尔人的民族意识的发展程度和状况。埃拉克利奥·博尼亚（Heraclio Bonilla）、赫苏斯·查瓦里亚（Jesús Chavarría）和弗洛伦西亚·E. 马隆（Florencia E. Mallon）分别对

① 弗雷德里克·B. 派克：《秘鲁近代史》（上、下），辽宁大学历史系翻译组译，辽宁人民出版社，1975。

② 阿瑟·P. 惠特克：《拉丁美洲民族主义：过去与现在》（Arthur P. Whitaker, *Nationalism in Latin America: Past and Present*），佛罗里达大学出版社，1962。格哈德·马苏尔：《拉丁美洲民族主义：多样性与一致性》（Gerhard Masur, *Nationalism in Latin America, Diversity and Unity*），纽约：麦克米伦公司，1966。

③ 约翰·费希尔：《1805～1815 年殖民地秘鲁的保皇主义、地区主义和起义》（John Fisher, "Royalism, Regionalism, and Rebellion in Colonial Peru, 1805～1815"），《西属美洲历史评论》（*The Hispanic American Historical Review*）1979 年第 2 期。戴维·卡希尔，斯嘉丽·欧菲伦·戈多伊：《塑造他们自己的历史：1815 年南部秘鲁山地的印第安人叛乱》（David Cahill and Scarlett O' Phelan Godoy, "Forging Their Own History: Indian Insurgency in the Southern Peruvian Sierra, 1815"），《拉丁美洲研究公报》（*Bulletin of Latin American Research*）1992 年第 2 期。利昂·G. 坎贝尔：《关于 1750～1820 年安第斯农民起义的最新研究》（"Recent Research on Andean Peasant Revolts, 1750～1820"），《拉丁美洲研究评论》（*Latin American Research Review*）1979 年第 1 期。利昂·G. 坎贝尔的《1780～1782 年大起义的意识形态与党派主义》（Leon G. Campell, "Ideology and Factionalism during the Great Rebellion, 1780～1782"）与埃拉克利奥·博尼亚的《与智利战争期间的印第安农民与"秘鲁"》（Heraclio Bonilla, "The Indian Peasantry and 'Peru' during the War with Chile"），引自史蒂夫·J. 斯特恩《安第斯农民世界的反抗、起义与意识：从 18 世纪到 20 世纪》（Steve J. Stern, *Resistance, Rebellion, and Consciousness in the Andean Peasant World: 18th to 20th Centuries*），威斯康星大学出版社，1987。张铠：《图帕克·阿马鲁起义的历史贡献》，《世界历史》1980 年第 4 期。

太平洋战争暴露出来的民族问题以及战后秘鲁知识分子对秘鲁国民性的反
思和讨论进行了研究。① 至于军政府时期民族主义的具体情况，更是秘鲁民
族主义研究的重要方面。② 另外，国内学者肖楠等的《当代拉丁美洲政治思
潮》和徐世澄的《拉丁美洲现代思潮》有助于我们了解马里亚特吉和阿亚·
德拉托雷等民族主义者的思想和主张，当然也有部分专题性论文。③ 但是，就
目前笔者搜集的研究资料来看，尚缺乏对秘鲁民族主义的系统性研究和著述，
本文试图利用上述资料和成果，对系统梳理秘鲁民族主义的演变及其特点做
一尝试。

一　两种民族意识与秘鲁独立（18 世纪中期～1824 年）

在 18 世纪中后期，秘鲁总督区内部涌动着两股民族意识的潜流，分别

① 埃拉克利奥·博尼亚：《太平洋战争与秘鲁的民族和殖民问题》（Heraclio Bonilla, "The War of the Pacific and National and Colonial Problem in Peru"），《过去与现在》（*Past and Present*）1978 年第 81 期。赫苏斯·查瓦里亚：《1870～1919 年知识分子与现代秘鲁民族主义的危机》（Jesús Chavarría, "The Intellectuals and the Crisis of Modern Peruvian Nationalism 1870～1919"），《西属美洲历史评论》（*The Hispanic American Historical Review*）1970 年第 2 期。弗洛伦西亚·E. 马隆：《太平洋战争中的民族主义者与反政府联盟》（Florencia E. Mallon, "Nationalist and Antistate Coalitions in the War of the Pacific"），引自史蒂夫·J. 斯特恩《安第斯农民世界的反抗、起义与意识：从 18 世纪到 20 世纪》（Steve J. Stern, *Resistance, Rebellion, and Consciousness in the Andean Peasant World: 18th to 20th Centuries*），威斯康星大学出版社，1987。

② 戴维·卓别林主编《秘鲁民族主义：一种职团主义的革命》（David Chaplin (ed.), *Peruvian nationalism: a corporatist revolution*），新不伦瑞克：交易书局，1966。马塞尔·尼德刚：《秘鲁的革命民族主义》（Marcel Niedergang, "Revolutionary nationalism in Peru"），《外交评论》（*Foreign Affairs*）1971 年第 3 期。詹姆士·M. 马洛伊：《秘鲁的威权主义、职权主义与动员》（James M. Malloy, "Authoritarianism, Corporatism and Mobilization in Peru"），《政治评论》（*The Review of Politics*）1974 年第 1 期。阿尼瓦尔·基哈诺：《秘鲁的民族主义和资本主义》，复旦大学历史系拉丁美洲研究室译，上海人民出版社，1972。乔治·菲利普：《民族主义与秘鲁贝拉斯科将军的崛起》（George Philip, "Nationalism and the Rise of Peru's General Velasco"），《拉丁美洲研究公报》（*Bulletin of Latin American Research*）2013 年第 3 期。

③ 肖楠等编《当代拉丁美洲政治思潮》，东方出版社，1988。徐世澄主编《拉丁美洲现代思潮》，当代世界出版社，2010。肖枫：《拉丁美洲的民众主义与阿亚·德拉托雷》，《拉丁美洲丛刊》1982 年第 3 期。周子勤：《阿亚·德拉托雷的外资观》，《拉丁美洲研究》1988 年第 2 期。张文焕：《秘鲁杰出的马克思主义者何塞·卡洛斯·马里亚特吉》，《当代世界与社会主义》1988 年第 1 期。白凤森：《秘鲁早期马克思主义者马里亚特吉》，《拉丁美洲研究》1983 年第 2 期。肖枫：《贝朗德及其"秘鲁即学说"》，《拉丁美洲研究》1982 年第 2 期。

为以图帕克·阿马鲁（Túpac Amaru）为代表的印第安人民族意识和克里奥尔人的民族意识。尽管它们各自发展出不同的思想体系和行动表现，但是在反对殖民主义的旗帜下曾经合作过。然而由于殖民地社会根深蒂固的种族隔阂，克里奥尔人同殖民政府共同镇压了印第安人的起义活动。而饱受创伤的印第安人民族意识自此归于沉寂，克里奥尔人民族意识则更加薄弱，秘鲁最终只能借助外部势力摆脱宗主国的殖民枷锁。

在整个殖民地时期，秘鲁内部叛乱时有发生，大多数是为了缓解殖民压迫的生存斗争，但是波旁改革却催生了秘鲁民众的民族意识。根据卡洛斯·M. 拉马（Carlos M. Rama）的调查统计，在西属美洲地区有超过62%的叛乱发生于1700～1810年间，其中32%是在1750年波旁改革达到高潮后出现。[①] 在波旁改革的背景下，秘鲁印第安人首先出现了约翰·罗（John Rowe）称为"印加民族主义"或安第斯复兴的文化现象。这场复兴运动席卷了整个安第斯地区，它是由印加贵族发起的，不仅重新发扬了各种印加传统，还通过喜剧、绘画、服饰和舞蹈等艺术形式表现出来。[②] 而图帕克·阿马鲁二世起义（1780～1781年）则将"印加民族主义"推向高潮，图帕克·阿马鲁二世（Túpac Amaru II）克服了印第安人的局限性，号召克里奥尔人、梅斯蒂索人和印第安人共同推翻宗主国的统治，在起义初期也曾得到克里奥尔人和梅斯蒂索人的响应。尽管宣言中所表达的，是克里奥尔人的而不是印第安人的观念，是一位早熟领袖的思想而不是典型的印第安人思想。[③] 但是图帕克·阿马鲁二世起义代表了先于墨西哥、委内瑞拉和阿根廷等国的秘鲁民族意识的强烈表达，它的失败也对秘鲁民族主义的发展产生了深远的影响：图帕克·阿马鲁二世起义扼杀了印第安人和克里奥尔人共同争取民族独立运动的希望，"重新创造和加深了白人与印第安人在文化

---

① 莱昂·G. 坎贝尔：《关于1750～1820年安第斯农民起义的研究现状》（Leon G. Campbell, "Recent Research on Andean Peasant Revolts, 1750～1820"），《拉丁美洲研究评论》（Latin American Research Review）1979年第1期，第4页。

② 塞西莉亚·门德斯·G.：《是印加人，不是印第安人：关于秘鲁克里奥尔人民族主义及其当代危机的注释》（Cecilia Mendez G., "Incas Si, Indios No: Notes on Peruvian Creole Nationalism and Its Contemporary Crisis"），《拉丁美洲研究杂志》（Journal of Latin American Studies），1966年第1期，第221～222页。

③ 莱斯利·贝瑟尔主编《剑桥拉丁美洲史》（第3卷），社会科学文献出版社，1994，第41页。

和空间方面的距离，赋予了独立运动一种更加等级化和排他性的特点，致使印第安人很少参与这一过程"。① 至 1814 年库斯科起义的失败，印第安人民族意识彻底归于沉寂。

较之印第安人的民族意识，克里奥尔人的民族意识更加温和。在 1820 年何塞·德·圣马丁（José de San Martín）的大陆军进入秘鲁前，克里奥尔人的民族意识侧重于宣传自由主义思想并在殖民地框架内谋求自治。何塞·巴基哈诺－卡里略（José Baquíjano y Carrillo）从西班牙带回了伏尔泰、孟德斯鸠、卢梭等启蒙思想家的经典著作，在知识界朋友间广为传播和讨论。在图帕克·阿马鲁二世起义失败后，他更是借此发出对专制王权的挑战："军事的胜利不会使人畏服。它却鼓舞一种革命精神，这种革命一碰到合适的情况就要爆发。"② 托里维奥·罗德里格斯·德·门多萨（Toribio Rodríguez de Mendoza）在担任圣卡洛斯学校校长时，主持修改学校课程，进行人民主权、自然权利和宗教自由等思想的宣传教育。《秘鲁水星报》（Mercurio Peruno）更是聚集了大批像伊波利托·乌纳努埃（Hípolito Unánue）这样的自由主义知识分子，发表了大量有关思想自由、理性主义、天赋人权和自由平等的文章。在 1808 年法国入侵西班牙后，秘鲁克里奥尔人民族意识继续发酵。1810 年曼努埃尔·洛伦索·比道雷（Manuel Lorenzo de Vidaurre）向加的斯议会提交了《秘鲁计划》（Plan de Perú），其中明确提出了秘鲁自治的要求。同年，何塞·德·拉·里瓦·阿圭罗（José de la Riva Agüero）甚至发起了独立活动，但是这种少数派的激进事业最终失败了。总体而言，"从 1812 年起甚至到 1820 年，对于秘鲁自由主义知识分子来说，改革并不含有独立的意思，而只是说服西班牙在殖民地体制内作出让步"。③

在 1820 年圣马丁率领大陆军登陆皮斯科后，克里奥尔人的民族意识则发生了重要转变，推翻殖民统治和实现独立已成为共识。1823 年比道雷在《秘鲁计划》再版时，完整地提出了独立的看法。但是克里奥尔人民族意识内部出现了保守主义和自由主义的两种倾向，主要围绕君主立宪制抑或民

---

① 韩琦：《墨西哥和秘鲁民族整合的差异及其形成原因》，《拉丁美洲研究》1995 年第 4 期。

② 弗雷德里克·B. 派克：《秘鲁近代史》（上），辽宁大学历史系翻译组译，辽宁人民出版社，1975，第 77 页。

③ 弗雷德里克·B. 派克：《秘鲁近代史》（上），第 93 页。

主共和制的国家建构展开争论，但是他们的行动仍然是比较温和的。同时各种地方主义的利益同爱国主义和民族主义的情感交错在一起，秘鲁地方政权同圣马丁和西蒙·玻利瓦尔（Simón Bolívar）的大陆解放军的矛盾进一步激发了秘鲁克里奥尔人的民族意识。"今天把你当做解放者，明天又把你当作征服者"①即是秘鲁克里奥尔人对待大陆军的复杂心理的真实写照。尽管存在着诸多矛盾，克里奥尔人的民族意识也比较薄弱，但圣马丁和玻利瓦尔领导的大陆军还是争取了秘鲁克里奥尔人爱国力量的辅助，最终实现了秘鲁的独立。

　　总之，18 世纪的波旁改革催生了秘鲁社会的两种民族意识，即印第安人民族意识和克里奥尔人民族意识。这两种民族意识在图帕克·阿马鲁二世起义中实现过短暂的结合，但起义的结果冲断了秘鲁实行多种族联合进行民族独立运动的历史进程。因此秘鲁的独立是在缺少大众参与的情况下，由少数克里奥尔人左翼配合圣马丁和玻利瓦尔领导的大陆军实现的。

二　克里奥尔民族主义（1824 ~ 1879 年）

　　独立后的秘鲁除了克里奥尔人成为统治阶级外，新国家基本延续了传统的社会经济结构，因此尚不具备构建现代民族主义的物质基础和阶级力量。但是克里奥尔人内部就如何发展的问题，延续了独立前保守主义和自由主义的意见分歧，发展成为克里奥尔人民族主义的两种倾向。应该说到太平洋战争爆发前，克里奥尔人自由主义和保守主义的冲突都是秘鲁民族主义思想的重要来源。②

　　克里奥尔人保守主义是西班牙主义的坚定拥护者，他们普遍怀念往日宗主国的温情统治，颂扬西班牙文化的优越性，注重天主教传统的精神价值，歧视印第安人和其他有色人种，实行贸易保护主义，等等。巴托洛梅·埃雷拉（Bartolomé Herrera）是 19 世纪秘鲁最顽固的反自由主义的保守派教士，他在担任圣卡洛斯学校校长时，将其变成了培植保守主义力量的

---

① 莱斯利·贝瑟尔主编《剑桥拉丁美洲史》（第 3 卷），第 150 页。

② 赫苏斯·查瓦里亚：《1870 ~ 1919 年知识分子与现代秘鲁民族主义的危机》（Jesús Chavarría, "The Intellectuals and the Crisis of Modern Peruvian Nationalism 1870 ~ 1919"），《西属美洲历史评论》（*The Hispanic American Historical Review*）1970 年第 2 期，第 260 页。

温床。他热情赞美西班牙殖民征服的伟大业绩，说："西班牙人所完成的工作，乃是全能的上帝通过人们的手所完成的最伟大的工作"；[1]强调维护传统权威和秩序的重要性，声称："那些反抗传统权威、违背神意的人……他们起初是不尊重政治权力，后来就不尊重宗教，即人类安逸和国家安定的必要资源"，因此他把独立后秘鲁存在的混乱现象归咎于"上帝对法国大革命所传播的不虔诚和反社会错误的惩罚"；[2] 他非常重视"知识贵族"的作用，主张建立神权政治，强调专制主义要按照神的意志行事，而普通民众没有反抗和异议的权利。何塞·马里亚·德·潘多（José María de Pando）提出群众的愚昧决不会因为教育而消除的看法，因而鼓吹实行由少数贤人组成的永久的贵族政治。他还断言，自由没有武力就不能存在，因此理想的国家必须有一支强大的军队实施由贤人贵族通过的法律。他还经常在家中举办沙龙，聚集了许多著名的保守主义者，他们共同探讨理想的国家建构等问题。总之，克里奥尔人保守主义把国家建设的美好希望寄托于殖民地时期的传统因素，否认底层民众拥有建设现代秘鲁的巨大潜力，拒绝用欧美资产阶级所宣传的那一套自由主义的理念体系来解决秘鲁的国家建设和民族发展问题。

但是克里奥尔人自由主义却从殖民地遗产中发现了秘鲁落后的历史根源，他们严厉批判西班牙的政治和精神文化，强烈质疑秘鲁自身拥有现代发展的潜力，更加崇尚欧美文化，主张实行民主政治，发扬共和原则，鼓吹自由竞争和贸易开放的自由主义经济政策等。弗朗西斯科·德·保拉·比希尔（Francisco de Paula González vigil）是19世纪秘鲁自由主义的杰出代表，他坚持政治自由主义和反教权主义的信条。比希尔坚信共和制度是现代国家实现进步的基础；呼吁彻底改革教会组织，废除教会特权和豁免权，实现宗教本土化和民主化。他谴责罗马教廷灌输给美洲神父的错误思想，他认为这种做法让神父们成为了自己祖国的外国人。比希尔宣称："我是美洲人也是神父，……我建议将教会与神职事务从世俗的、公民事务中剥离

---

① 弗雷德里克·B. 派克：《秘鲁近代史》（上），第 38 页。

② 弗雷德里克·B. 派克：《秘鲁的异端、真实与宣称：1830～1875 年保守主义与自由主义斗争的一个方面》（Fredrick B. Pike, " Heresy, Real and Alleged, in Peru: An Aspect of the Conservation – Liberal Struggle, 1830 – 1875"），《西属美洲历史评论》（The Hispanic American Historical Review）1967 年第 1 期，第 55 页。

出来"，这集中反映出自由主义对克里奥尔人民族主义的渗透；他提倡进行"新教伦理"价值观（灌输实用性知识以及勤劳和节约的习惯等）的教育，推广大众教育；相信通过传授实用性知识和中间组织①的帮助，普通民众能够"参与到民族发展的事业，同时抵制寡头政府的成立"；为实现世界永久和平，他还设想美洲各共和国形成统一联盟，以作为世界和平组织的基础。② 针对埃雷拉在圣卡洛斯学校开展的保守主义教育，1841 年杜明戈·埃利亚斯在利马创办了"瓜达卢佩夫人学校"，主要致力于反教权主义、民主平等、人民主权等自由主义的教育。此外，何塞·西梅翁·特赫达信奉古典经济自由主义，宣称自由主义乃是实现平等的理想国的手段。③

在 19 世纪 40 年代"鸟粪繁荣"出现前，秘鲁进入了政治混乱和经济停滞的"考迪罗时代"。当时"秘鲁贵族中的保守分子和自由派分子都试图给这个国家建立一种体制和政治结构——这反映在 1836 年以前通过了 6 个宪法——但是他们的努力未能聚集足够的社会支持，政治权力牢牢掌握在地区考迪罗手中"。④ 为了实现各自的政治理念，他们支持了各种考迪罗势力，更加剧了双方的矛盾和国内局势的混乱。从"鸟粪繁荣"（约 1840 ~ 1880 年）开始，秘鲁恢复了初级产品出口模式，初步启动了现代化建设，也实现了国内的稳定。但是整个 19 世纪秘鲁与哥伦比亚（1829 年）、玻利维亚（1829 ~ 1834 年）、智利（1835 ~ 1842 年、1879 ~ 1883 年）和西班牙（1864 ~ 1865 年）等国发生了军事冲突。如伯恩斯所言，"在整个 19 世纪，战争、边界争端以及外国威胁有助于保持或强化那种政治民族主义"。⑤ 基于国内外环境以及现实发展的需要，拉蒙·卡斯蒂利亚（Ramón Castilla）积极推动秘鲁民族主义的发展：在国际关系方面，他致力于恢复玻利瓦尔的西属美洲联合思想。按照他的说法，"秘鲁认为任何对美洲大陆人民的威胁，就

---

① 为防止政治独裁主义，比希尔希望在国家与个人间成立协会，以作为协调机构，同时还可以支持民族建设事业。

② 弗雷德里克·B. 派克：《秘鲁的异端、真实与宣称：1830 ~ 1875 年保守主义与自由主义斗争的一个方面》（Fredrick B. Pike, "Heresy, Real and Alleged, in Peru：An Aspect of the Conservation – Liberal Struggle, 1830 – 1875"），《西属美洲历史评论》（*The Hispanic American Historical Review*）1967 年第 1 期，第 58 ~ 73 页。

③ 弗雷德里克·B. 派克：《秘鲁近代史》（上），第 218 页。

④ 莱斯利·贝瑟尔主编《剑桥拉丁美洲史》（第 3 卷），第 584 页。

⑤ E. 布拉德福德·伯恩斯：《简明拉丁美洲史》，王宁坤译，湖南教育出版社，1989，第 251 页。

是对自己的威胁"①；在国内方面，他主持制定了 1860 年宪法，暂时缓和了自由主义和保守主义的意识形态的分歧。随着初级产品出口经济的繁荣，秘鲁国内出现了以沿海出口寡头和种植园主等土地寡头为基础的民族精英集团。新兴民族精英集团与外国资本的联系更为紧密，他们的民族主义思想补充了新的内容。彼罗拉的思想体系兼具政治保守主义和经济自由主义的特点。他相信天主教信条是协调与凝聚种族异质性的秘鲁社会的唯一手段。帕尔多的思想体系更偏重于自由主义。他倡导沿海与山区实现合作，因此他的民族主义的基础更加广阔。为了实现同化印第安人的目的，他曾下令所有印第安人必须学习何塞·德·安乔雷纳（José de Anchorena）所著的西班牙 – 克丘亚语法与词典，并由政府出钱在山区土著居民中间推广。②而在对外关系上，他更希望通过与邻国结成同盟来保卫国家安全，作为文官主义制衡军事力量的替代方案。此外，他比较注意外国投资和贷款问题，阐述了模糊的经济民族主义思想。当然，秘鲁多届政府都鼓励外国移民开发中部亚马逊盆地，吸引了意大利、西班牙、法国、德国和中国移民，这也有助于强化领土主权的观念。

但是，一场太平洋战争（1879～1883 年）打破了克里奥尔人民族主义的美好憧憬。太平洋战争期间，克里奥尔人统治精英内部以及克里奥尔人与其他种族群体间（主要是印第安人）的冲突与分裂，无疑暴露出克里奥尔人民族主义的狭隘性和局限性。秘鲁先后两次败于智利的惨痛教训，尤其凸显了印第安人对沿海精英所代表的"秘鲁"认同的缺失，更激发了秘鲁有识之士深刻地反思国民性问题。"如同其他地区的民族主义，现代秘鲁民族主义诞生于混乱和变动的年代。"③ 曼努埃尔·冈萨雷斯·普拉达（Manuel Gónzalez Prade）的"觉醒"强烈激发了知识分子和普通民众对印第安人问题的反思和重视，这奠定了现代民族主义的历史基调。而成长于战乱年代的新兴知识分子们主要是从实证主义的社会思潮中探寻民族复兴的道路，希望通过工业化、有限的代议制民主以及现代科学技术教育实现

①　马丁内斯：《大元帅唐·拉蒙·卡斯蒂利亚英雄的一生》，第 138 页。转引自弗雷德里克·B. 派克著《秘鲁近代史》（上），第 199 页。

②　弗雷德里克·B. 派克：《秘鲁近代史》（上），第 278 页。

③　赫苏斯·查瓦里亚：《1870～1919 年知识分子与现代秘鲁民族主义的危机》（Jesús Chavarría, " The Intellectuals and the Crisis of Modern Peruvian Nationalism 1870 – 1919"），《西属美洲历史评论》（*The Hispanic American Historical Review*）1970 年第 2 期，第 257 页。

民族重建和国家进步。

总之，到太平洋战争爆发前，秘鲁尚未形成现代意义的民族主义，而是克里奥尔人民族主义。这种民族主义具有内在的排他性和垄断性的特点，即它所涵盖的"秘鲁人"是指以沿海种植园主和山区大庄园主为代表的克里奥尔人寡头精英，至于印第安人等其他种族群体均无法引起其情感的共鸣和归属感。但是，他们的思想也为20世纪的民族主义在探讨社会改革、政治发展和经济现代化等方面提供了诸多灵感。

三　现代民族主义的萌发（1883～1929 年）

随着"贵族共和国"时期（1895～1919 年）的到来，秘鲁建立了寡头体制和有限的代议制民主制度，逐渐实现了政治稳定，还出现了快速增长的出口繁荣（1890～1929 年）。在此背景下秘鲁经历了迅速的城市化、工矿业和沿海种植园的发展，引发了社会结构的变动，中间阶层和工人阶级的力量不断壮大，劳工运动开始兴起。在思想层面上，秘鲁的民族主义者实现了自由主义与保守主义的融合，集中关注国民建设和现实问题的解决，先后出现了实证主义和文化民族主义两种思潮，这两种思潮均与现实的政策制定紧密结合起来。

太平洋战争之后亟须经济发展和社会重建，宣扬"科学""理性""秩序"和"进步"的实证主义，迎合了秘鲁民族主义者所担负的民族复兴的实际需要。这批新兴知识分子大多数是在圣马科斯大学任教，后来在文官主义党的政府中任职，他们是秘鲁国家重建和现代化的设计师。实证主义者通常比较温和地批评西班牙殖民传统，主张实现国家现代化，即发展工业化、建立资本主义的现代企业制度、实行有限的代议制民主和科学技术教育等，至于天主教并非要承担民族复兴的领导地位。当时哈维尔·普拉多（Javier Prado）和曼努埃尔·维森特·比利亚兰（Manuel Vicente Villarán）认为，美国是政治民主和物质发展的最佳典范，是秘鲁努力追赶和超越的榜样。比利亚兰谈到，经济进步是国家知识力量和文化力量发展的首要条件；[①] 教育改革则是挽救秘鲁沦为外国的经济殖民地的有效途径。

---

① 弗雷德里克·B. 派克：《秘鲁近代史》（上），第336 页。

他主张大学采用功利主义课程，培养出更多的工程师而非律师，从而更好地为新兴的资本主义共和国服务；[1] 他还强调对本国人力资源的开发，鼓励将印第安人整合到国民社会。[2] 出于对外国投资和贷款问题的警惕，卡洛斯·利松（Carlos Lisson）强调政府要承担起民族复兴的领导作用，具有早期经济民族主义的色彩。[3] 华金·卡佩罗（Joaquín Capelo）则认真探讨了秘鲁现代化的道路。他谈到 1789 年的法国大革命是通过人民自下而上地加以推动的，而 19 世纪末的日本则依靠强大的中央政府自上而下地实行改革，到底哪一条道路更适合秘鲁呢？他认为应该走一条两者取其长的道路。[4]

被奉为"秘鲁现代民族主义之父"的曼努埃尔·冈萨雷斯·普拉达（Manuel Gónzalez Prade），游离于本阶级的文化主流之外。他对太平洋战败深感屈辱，猛烈抨击秘鲁现存的统治秩序，批判统治精英过于追求狭隘利益、依附于外国利益，在战争中缺乏国民凝聚力，对于教会和军队的腐朽深恶痛绝。尽管普拉达的思想被排斥于国家建设的边缘，但是他的"觉醒"却对秘鲁现代民族主义（尤其是对阿亚·德拉托雷和马里亚特吉等后来的民族主义者）产生了深远的影响。他首次谈到土著问题不仅是教育问题，而且是政治、经济和社会问题。"被压迫的印第安农民群众是形成新生秘鲁民族的真正核心，如果以为不进行一场社会革命使他们最终获得解放就能实现民族一体化，这纯属妄想。"[5] 他认为，解决土著问题的出路不仅在于印第安人的人类尊严的自我觉醒和他们赢得以及保卫自己土地的能力，而且也在于作为一种改革条件的整个社会的激烈地转变。[6] 为了推

---

[1] 莱斯利·贝瑟尔主编《剑桥拉丁美洲史》（第 5 卷），社会科学文献出版社，1994，第 604 ~ 605 页。

[2] 阿瑟·P. 惠特克、戴维·C. 乔丹：《当代拉丁美洲的民族主义》（Arthur P. Whitaker and David C. Jordan: *Nationalism in Contemporary Latin America*），纽约：自由出版社，1966，第 105 页。

[3] 弗雷德里克·B. 派克：《秘鲁近代史》（上），第 325 ~ 337 页。

[4] 弗雷德里克·B. 派克：《秘鲁近代史》（上），第 333 页。

[5] 莱斯利·贝瑟尔主编《剑桥拉丁美洲史》（第 5 卷），第 603 页。

[6] 劳尔·P. 沙瓦：《秘鲁的政治发展与民主》（Rual P. Saba, *Political Development and Democracy in Peru*），美国西方观察出版社，1987，第 15 ~ 16 页。转引自韩琦主编《世界现代化进程》（拉美卷），江苏人民出版社，2010，第 164 页。

翻现存的制度，他特别强调"知识分子和手工业工人应该团结起来共同斗争"。①

在此情况下，文官主义党的政府政策实施主要受实证主义的持续影响。当时很多实证主义知识分子担任国家要职，他们引领了秘鲁的民族复兴和现代化潮流。彼罗拉政府时期（1895～1899年）按照国家干预经济和社会事务的理念，先后成立了发展部、国民工业协会等，大力发展国民教育事业，真正开始了秘鲁的资本主义发展。1895～1907年秘鲁实现了短暂的自主发展阶段，② 许多日常产品得到了进口替代，也建立了不少制造业企业。随着中产阶级和工人力量的壮大，政府更加关注社会问题的解决。1899～1919年，秘鲁第一次出版了大量著作，这些著作不仅研究国家的一般经济和社会问题，而且研究像公共卫生、娼妓、婴儿死亡、工人住房，甚至土地改革等专门问题。③ 总体而言，在实证主义的影响下，秘鲁各届政府大力推动工业化、现代科学技术教育、社会劳工立法等的发展，实行有限的代议制民主，尝试进行国家干预和自主性发展。

随着19世纪末20世纪初美国资本的大量注入，秘鲁对国际市场的依附性日益加深，特别是一战和大萧条造成普通民众的生活条件的恶化，秘鲁国内重新反思过去的民族复兴道路，在此情形下文化民族主义兴起。文化民族主义者集中以"1900年一代"和"1919年一代"为代表。"1900年一代"吸收了乌拉圭文化民族主义者何塞·恩里克·罗多的思想，他们批判盲目仿效欧美文化和过分的物质主义文化，想要肃清外来的自由主义和实证主义的有害影响，强调本土文化遗产与传统的精神价值。维克托·安德里斯·贝朗德（Víctor Andrés Belaúnde）比较典型地反映了这一批人的思想意

---

① 赫苏斯·查瓦里亚：《1870～1919年知识分子与现代秘鲁民族主义的危机》（Jesús Chavarría，"The Intellectuals and the Crisis of Modern Peruvian Nationalism 1870～1919"），《西属美洲历史评论》（The Hispanic American Historical Review）1970年第2期，第260～266页。

② 罗斯玛丽·索普、杰弗里·伯伦特：《1890～1977年的秘鲁：一种开放经济的增长和政策》（Rosemary Thorp and Geoffery Bertram，Peru 1890～1977 Growth and Policy in an Open Economy），纽约：哥伦比亚大学出版社，1978，第33～35页。

③ 弗雷德里克·B. 派克：《秘鲁近代史》（下），辽宁大学历史系翻译组译，1975，第371～372页。

识。他拒绝把经济因素作为解释社会现象的"唯一的或者主要的原因"；①提出了"秘鲁性"（Peruanidad）的文化概念，即秘鲁是西班牙成分与印第安成分的完整的融合，但是土著居民的种族和文化要用西班牙成分"装扮起来"；他还指出天主教是"秘鲁性"的主要本质。② 何塞·德·拉·里瓦·阿圭罗－奥斯马具有强烈的反工业主义的思想，他赞同在文化上实行"印欧混血"，还宣称："我们要依靠我们国家的传统中有价值的东西。主张秘鲁没有……传统，是一种荒唐的亵渎神祇的话，因为这就等于说这个国家没有世代相承的利益、理想或目标，一句话，没有肉体或灵魂。不管怎样悲观，我们绝不能提出这样一种荒诞无稽的论点。"③ 总的来说，"1900 年一代"主要是寡头精英对秘鲁现状和国民建设进行反思的思想产物，带有更多的保守性。

"1919 年一代"作为新的反帝反寡头力量，突出地表现为土著主义思潮。土著主义最初表现为一种文学思潮，后来逐渐涉及政治、绘画、社会科学、考古以及医药领域。它纠正了过去对印第安人的历史和文化的歧视态度，代表了新兴的地区民族主义的兴起。激进派的土著主义则传达了社会改革运动的内容，他们要求由安第斯山区人领导的革新运动扫除和摧毁沿海地带的社会、经济和政治生活方式，然后使全国接受安第斯山区的生活方式，也就是社会主义。④ 克洛林达·马托·德特纳（Cliorinda Matto de Turner）的《无巢的鸟》（Aves sin nido）是土著主义文学思潮的典型代表。她同情印第安人的苦难，强烈谴责庄园主、教会和政府对印第安人的剥削和压迫。路易斯·E. 巴尔卡塞尔（Luis E. Valcarcel）则在《安第斯山的风暴中》写道："欧洲文化从未真正影响过印第安人。秘鲁现在和将来都是印第安的。……印第安人的秘鲁是真正的秘鲁。"⑤ 何塞·卡洛斯·马里亚特吉（José Carlos Maríategui）和亚尔·阿亚·德拉托雷（Víctor Raúl Haya de

① 赫苏斯·查瓦里亚：《1870～1919 年知识分子与现代秘鲁民族主义的危机》（Jesús Chavarría, "The Intellectuals and the Crisis of Modern Peruvian Nationalism 1870–1919"），《西属美洲历史评论》（The Hispanic American Historical Review）1970 年第 2 期，第 270 页。
② 弗雷德里克·B. 派克：《秘鲁近代史》（上），第 17、43、46、55 页。
③ 弗雷德里克·B. 派克：《秘鲁近代史》（上），第 19～20 页。
④ 弗雷德里克·B. 派克：《秘鲁近代史》（下），第 469～470 页。
⑤ 巴尔卡塞尔：《安第斯山的风暴》（1927 年），第 116 页。转引自弗雷德里克·B. 派克著《秘鲁近代史》（下），第 469 页。

Torre）均受到土著主义思潮的影响，他们是土著主义的激进派，各自领导
了阿普拉（APRA）①和共产主义运动，承担起秘鲁新的反帝反寡头力量的
组织和领导作用。鉴于后文的分析，在此不加以赘述。

　　随着出口多样化、有限的工业化、快速的城市化和社会流动，寡头体
制逐渐受到政府雇员、军人、商人以及职业人员组成的中产阶级和城乡工
人阶级的冲击。奥古斯托·莱吉亚（1919～1930 年）的上台正是利用了这
股民众运动浪潮的力量，推翻了贵族共和国的统治，打击了出口寡头的势
力。在新的历史形势下，莱吉亚认为，新兴的企业家、官僚、专业人员和
学生等社会群体，是国家现代化的因素。为此，1924 年他在竞选纲领中提
出"新祖国"（Patria Nueva）的概念，主要致力于促进社会进步和工人阶级
与印第安人的社会参与。他的政府纳入了著名的土著主义者如何塞·安东
尼奥·恩西纳斯（José Antonio Encinas）、伊尔德布兰多·卡斯特罗·波索
（Hildebrando Castro Pozo）等，由他们主持土著事务调查委员会和印第安事
务署的工作，负责纠正长期存在的土著人土地及社会纠纷问题。在立法措
施上，他将维护土著人利益明确写入 1920 年宪法。其中第 58 条规定了政府
为促进印第安种族复兴而给他们提供教育和使他们同化所承担的义务。② 关
于国内资源的开发问题，他的基本设想为："在沿海地区我发展灌溉，在内
陆腹地我发展交通，在雨林地带我发展殖民。"③ 但是，莱吉亚的统治并没
有改变政权性质，他依然代表了土地寡头集团和外国资本的利益。秘鲁不
仅没有改变初级产品出口模式，还陷入了新的对外依附格局，由此更加剧
了经济的动荡。此间秘鲁兴起了两支有组织的反帝反寡头运动，即阿普拉
（APRA）和共产主义运动，他们代表民众力量对抗官方意识形态的亲帝国
主义的倾向。

　　总之，太平洋战争结束以后，秘鲁国内比较一致的意见是，不管怎样，
必须找到一条途径，不仅弥合山区和沿海的巨大地理差距，而且缩小印第

---

①　阿普拉（APRA）是阿亚创立的美洲人民革命联盟（American Popular Revolutionary Alliance）
　　的简称，它是 20 世纪秘鲁政坛上重要的政党力量，也是秘鲁存在历史最长的政党。
②　何塞·帕雷哈·帕斯·索尔丹：《秘鲁宪法史》（1943 年），第 165 页。转引自弗雷德里
　　克·B. 派克著《秘鲁近代史》（下），第 443 页。
③　卡洛斯·孔特雷拉斯、马科斯·奎托：《当代秘鲁史》（Carlos Contreras and Marcos Cueto,
　　Historia contemporánea del Perú），利马：秘鲁研究学院，2000，第 223 页。转引自克里斯蒂
　　娜·胡恩菲尔特著《秘鲁史》，左晓园译，东方出版中心，2011，第 188 页。

安农民的"封建主义世界"同较"现代"的克里奥尔社会之间日益扩大的差距。许多人认为，秘鲁的基本任务是建设一个强大、现代的民族国家。[①]因此秘鲁民族主义在国家建设和发展问题上达成基本的共识，这奠定了现代民族主义的根基。

四　秘鲁现代民族主义的形成（1930～1968 年）

1929～1933 年世界经济大萧条后，出口商品市场急剧萎缩，国际收支危机增加了"外围国家"的经济困难，这强烈刺激了秘鲁民众谋求自主发展的决心。而 20 世纪 30 年代法西斯主义的渗透却加剧了秘鲁左、右民族主义阵营的分化与对立。为此阿亚和马里亚特吉分别领导了阿普拉和共产主义运动，广泛动员中下阶层的力量，进行武装暴力革命，但均以流血失败而告终。之后阿普拉党的右转和共产党的分裂，削弱了他们在民众运动中的领导作用。但是进入 20 世纪 50 年代以来，秘鲁的民族主义出现了新的阶级联合的领导力量——人民行动党（AP）和基督教民主党（PDC），他们主要是在议会民主的框架内和平、稳定地解决民族主义的发展问题。

阿亚和马里亚特吉均受到了普拉达、土著主义和马克思主义的影响，他们都是社会变革的产物，两人还曾在创办"民众大学"和 1923 年反莱吉亚的示威游行中合作过。但是他们的思想和政治策略存在根本分歧，[②]因而两人在 1928 年最终选择分道扬镳，分别领导了阿普拉运动和共产主义运动。

阿亚早年是学生运动的领袖，曾领导过秘鲁的大学革新运动，并参与支持 1919 年利马总罢工，从此开始了他的政治生涯。1924 年他在流放墨西哥期间，成立了美洲人民革命联盟（Alianza Popular Revolucionaria Americana），简称阿普拉（APRA）。作为阿普拉的思想家和理论家，他一生著述颇丰，主要有：《争取拉丁美洲的解放》《论中产阶级的作用》《反帝国主义和阿普拉》和《关于历史时空的研究》等。阿亚发展出独特的历史时空观，强调美洲问题应当用美洲人自己的方式解决，这是他探讨一切民族主义问

---

① 莱斯利·贝瑟尔主编《剑桥拉丁美洲史》（第 5 卷），第 600 页。
② 阿亚和马里亚特吉的主要分歧集中于：（1）对秘鲁社会形态的分析；（2）对帝国主义性质的认识；（3）关于革命的领导阶级问题；（4）关于革命的性质。请参见韩琦主编《世界现代化历程》（拉美卷），第 170～174 页。

题的理论框架。他比较注意把马克思主义同拉美的实际结合起来，提出了"印第安美洲"的概念，探求民众主义的发展道路。阿亚认为，印第安美洲国家的主要敌人，在外部是帝国主义，在内部是半封建的地主寡头，而造成国家落后的主要根源是帝国主义。[①] 因此，他的民族主义策略主要集中在印第安人的土地改革、经济主权及反帝立场。但是在外资问题上，他采取了吸收、限制和利用的策略，这主要是因为他对帝国主义的性质有着不同的理解。为了更好地指导阿普拉运动，1924年阿亚把阿普拉党的最高纲领概括为五点，即反对美帝国主义（后改为反帝国主义）、拥护美洲政治联合、实行土地和工业国有化、拥护巴拿马运河国际化（后改为大陆化）、实现世界上被压迫的人民和阶级之间的联合。[②] 为了在宪政框架内实现竞选的目的，1931年阿亚又制定了一个最低纲领，其要点是扩大国家在经济中的作用，保护本国工业，进行广泛的社会革命，以及采取措施控制过多的外国资本。总之，阿亚认为，秘鲁进行的民族主义革命是从资本主义的帝国主义到民族主义的资本主义，然后再进行社会主义革命。[③] 但是，经过20世纪30年代阿普拉党暴力革命的失败，阿亚和阿普拉运动逐渐发生了右转，到40年代公开走上与统治阶级妥协的道路。

　　马里亚特吉是拉美第一位用马克思主义观点系统分析拉美问题的思想家。他把社会主义同民族主义思想很好地结合起来，实质上是为了寻找秘鲁的民族认同。[④] 为了宣传社会主义思想，1926年马里亚特吉创办了《阿毛塔》和《劳动》杂志。1928年马里亚特吉与阿亚决裂后，同年10月他成立了秘鲁社会党。马里亚特吉的思想集中体现在《关于秘鲁国情的七篇论文》[⑤] 中。他提出了"印第安美洲社会主义"的口号，强调秘鲁革命的中心问题是印第安人和土地问题。他指出："不首先关心印第安人的权益问题，

---

①　徐世澄主编《拉丁美洲现代思潮》，第46页。

②　格哈德·马苏尔：《拉丁美洲的民族主义：多样性与一致性》（Gerhard Masur, *Nationalism in Latin America: Diversity and Unity*），纽约：麦克米伦公司，1966，第95页。

③　罗伯特·J. 亚历山大：《阿普拉主义：维克托·劳尔·阿亚·德拉托雷的思想和学说》（Robert J. Alexander, *Aprismo: The Ideas and Doctrines of Victor Raul Haya de la Torre*），肯特州立大学出版社，1973，第23～28页。

④　阿瑟·P. 惠特克、戴维·C. 乔丹：《当代拉丁美洲的民族主义》（Arthur P. Whitaker and David C. Jordan: *Nationalism in Contemporary Latin America*），纽约：自由出版社，1966，第105页。

⑤　何塞·卡洛斯·马里亚特吉：《关于秘鲁国情的七篇论文》，商务印书馆，1987。

就不是秘鲁的社会主义，甚至不是社会主义。"① 与阿亚的看法不同，马里亚特吉认为资本主义和帝国主义是彻头彻尾的破坏力量，因此他坚持反帝反资的革命立场。总之，马里亚特吉选择的是一条激进的无产阶级社会主义革命道路。1930 年马里亚特吉去世后，遵照他的遗愿，秘鲁社会党正式改名为共产党，此后继续沿着马里亚特吉的思想路线进行革命活动。当路易斯·M. 桑切斯·塞罗（Luis M. Sánchez Cerro）通过武装政变结束莱吉亚统治时，欧多西奥·拉维内斯（Eudocio Ravines）领导的秘鲁共产党认为革命时机已经到来，在共产党影响下，各地工人不断举行罢工和示威游行活动，但均以流血失败而告终，共产党被迫转入长期的地下活动。

莱吉亚统治结束后，秘鲁政府把印第安人问题、经济主权和反帝国主义等问题提上了日程。桑切斯·塞罗"号召人们努力工作，作出牺牲并承认人民中各种成分（印第安人、欧洲人、黑人和混血种人）都有能力对锤炼一个现代共和国作出贡献"，"深信只有通过所有社会、经济和种族集团的通力合作，国家才能复兴"，但是"印第安人的同化问题是秘鲁的基本问题"。② 为此他除了注意印第安人的土地分配的问题，还提供资金、技术支持。此外，奥斯卡·R. 贝纳维德斯（Oscar R. Benavides）将北部沿海塞楚腊油田收归国有，实际上是对国家资源的经济主权的宣告。而何塞·路易斯·布斯塔曼特 – 里维罗（José Bustamante y Rivero）却与国际石油公司签订了《塞楚腊合同》，重新出让国有石油资源的权益，遭到很多实业家和舆论界的谴责，他们认为这种行为是权利外溢。当时拉美各国普遍进行进口替代的工业化，秘鲁政府也实行了干预主义的政策引导和支持，如曼努埃尔·普拉多·乌加特切（Manuel Prado y Ugarteche）时期出台的 1940 年《工业促进法》。因此，在 1929～1949 年间，秘鲁经济曾出现了"自主发展"③的现象。虽然曼努埃尔·A. 奥德里亚（Manuel A. Odría）重新恢复自由主义和外向发展的传统政策，但是 1959 年《工业促进法》的出台标志着秘鲁进口替代工业化的法律框架已经确定。

---

① 徐世澄主编《拉丁美洲现代思潮》，第 96 页。
② 弗雷德里克·B. 派克：《秘鲁近代史》（下），第 508～510 页。
③ 1929～1949 年间秘鲁本地企业家纷纷投资金、铅、锌、渔业和橡胶业等部门，出口部门同整个经济的一体化得到加强，同时出现了经济增长的分散化，山区经济多处繁荣，亚马逊盆地的经济也出现复苏的迹象。

　　如前所述，20 世纪 30 年代法西斯主义渗透到秘鲁，加深了左、右民族主义阵营的对立与分化。秘鲁的天主教和西班牙主义重新抬头，他们吸收了法西斯主义的思想，表现出强烈的排犹、反共和反新教思想的保守立场。他们声称："国际犹太人、共产主义和新教的联合势力正企图利用印第安问题以便把外国的生活方式和文化强加给秘鲁人民。"① 新形势下阿普拉和共产党高举武装革命的旗帜，但均遭到政府和军队的残酷镇压。之后阿普拉逐渐发生右转，共产党转入长期的地下活动，且发生分裂，因此他们无法承担起新一轮的反帝反寡头运动的领导地位。进入 50 年代，天主教和军队转变了传统观念，更加关注社会正义和经济主权问题，增强了民族主义倾向，人民行动党（AP）和基督教民主党（PDC）即是在新形势下为团结各种民族主义力量而发挥组织作用的新政党。两党都赞同在民主框架内进行社会和经济改革，主张采取国家计划化、工业化和土地改革等技术专家治国的发展模式。其中人民行动党领袖费尔南多·贝朗德·特里（Fernando Belaúnde Terry）在"秘鲁即学说"中传达了模糊的民族主义思想，主要是吸收印加遗产中的国家计划、土地正义和民众合作等传统，用以解决当今秘鲁的问题。1963 年两大党派通过结盟赢得总统选举，贝朗德当选总统。贝朗德上台后，实行了外资国有化和有限的国家干预，大力推动土地改革，在对外关系中（主要是与美国关系）坚持 200 海里领海权。但是由于阿普拉党与奥德里亚形成反对同盟，把持了议会的决议权，贝朗德的改革遭遇了阻力。而贝朗德政府在国际石油公司（IPC）问题上处理不当，更是激起了舆论的强烈谴责。正是因为秘鲁的现实问题无法在议会民主的框架内解决，军队选择以政变的形式加速改革进程的深化。

　　总之，围绕着秘鲁的发展道路问题，阿亚和马里亚特吉展开了激烈的争论，造成阿普拉党与共产党长达 30 年的对抗，分散了中下层阶级的革命力量，错失结束寡头统治的良机。随着他们革命领导地位的削弱，人民行动党和基督教民主党开始承担起领导民众运动的责任，继续进行民族主义的活动。尽管各派民族主义力量在如何进行民族独立发展道路的方法上存在争议，但他们普遍强调土地改革、经济主权以及反对帝国主义干涉的重要性，注意把现代因素与传统因素结合起来，至此秘鲁的民族主义者达成

---

　　① 弗雷德里克·B. 派克：《秘鲁近代史》（下），第 522 页。

了基本共识。因此，秘鲁现代民族主义已经形成。

五　军人民族主义发展道路（1968～1980 年）

1968 年，以胡安·贝拉斯科·阿尔瓦拉多（Juan Velasco Alvarado）为首的军政府主持了"秘鲁模式"的现代化进程，以国家资本主义的新模式打破传统寡头的政治和经济统治，摆脱外围国家的依附性地位，实现政治、经济和外交的自主发展，努力探索"既非资本主义亦非共产主义"的秘鲁民族主义发展道路。

在 20 世纪 50 年代，秘鲁的政治、经济和社会矛盾日益激化，军人的思想发生了重要转变：（1）军队形成了新的"国家安全"观。传统观点认为军队主要是国家对外防御和对内镇压的暴力工具。但是随着军队参加各种爱国主义的活动，军人看到了社会贫苦的严峻现实，深刻认识到发展危机也会危及国家安全。"国家安全与发展问题存在着密切的关系。通过结构改革必然会增强我们国家的内部阵线……武装力量革命政府也就能够为国家安全提供永久的解决办法。"[1]（2）军队增强了民族主义倾向。20 世纪 50 年代初秘鲁创立了高等军事研究中心（CAEM），在日常教学中增添了经济和社会学的内容，特别是"依附理论"强调中心国家对外围国家的剥削造成了他们的经济恶化，为军队的反寡头反帝纲领提供了理论基础。许多年轻军官形成了新的民族主义意识，要求摆脱秘鲁的对外依附。军政府的革命宗旨强烈地体现了这一民族主义的立场："使政府的行动具有民族性和独立性，坚决拥护国家主权和尊严"，"提高民族觉悟，促进秘鲁人的团结、和睦和统一"。[2]

为了承担起改良主义、民族主义和社会进步的责任，军政府围绕两个方向进行民族主义的改革：在国际社会方面，军政府主要是减少外部

---

[1]　1971 年 12 月，时任秘鲁总统的贝拉斯科在秘鲁空军军官学校毕业典礼上的发言。请参见《新纪事报》（*La Nueva Cronica*），1971 年 12 月 22 日。转引自凯文·J. 麦德布鲁克、戴维·斯科特·帕尔默《军政府与政治发展：秘鲁的经验》（Kevin J. Middlebrook and David Scott Palmer, *Military Goverment and Political Development: Lessons from Peru*），赛奇出版社，1975，第 12 页。

[2]　秘鲁教育部主编《秘鲁的进程》，利马，1974，第 15 页，43～44 页。转引自李春辉主编《拉丁美洲史稿》（下卷），商务印书馆，2001，第 484 页。

依赖，实行进口替代工业化，实现外交多元化；在处理内部关系方面，军政府通过提高经济资源的分配以及建立政治参与机制，团结各种社会力量。

在经济方面，军政府实行国家资本主义战略。军政府先是没收或征用了大批跨国公司和企业。在此基础上，在石油、矿业、渔业、电力、铁路、出口等主要经济部门建立国有企业。军政府还通过接管、收买等手段，将私人企业改造为国有企业。军政府也建立了社会所有制，作为国家所有制的补充。正是基于这些国有化措施，秘鲁政府减少了对外国资本的依赖，也加强了国家对自然资源和国民经济的控制。为了彻底扭转依附格局，军政府实行了进口替代工业化战略。为此军政府还控制了外贸、税收、银行和财政体系，利用进口许可制度和税收倾斜，引导国民经济的生产和组织活动，对外资则采取了利用、限制和改造的策略，减少外国资本的阻力。总之，军政府实行国家资本主义的战略，其目的在于减少秘鲁对外部资本的依赖，实现工业化和国民经济的快速发展。

在土地改革方面。1969 年 6 月 24 日，军政府批准了土地改革的法令，规定废除大地产制，征收股份公司、合营公司、大庄园和大地产超过限额的土地，就连贝朗德前政府保留的高效益的现代蔗糖和棉花种植园也不例外。军政府将没收的土地分配给农民，组成各种生产合作社。军政府还投资建设农村基础设施，兴建大型灌溉工程。另外，土改法规定对征收的土地予以赔偿，除了支付现金外，也付给债券，用以带动进口替代工业化。总之，军政府想要改变传统的土地所有制结构，摧毁沿海农业出口寡头和山区大庄园主赖以存在的经济基础，刺激农业资本主义和进口替代工业化的发展。

在教育和社会方面。1970 年 7 月 28 日，贝拉斯科明确提出："除非秘鲁的教育实现持续的、深远的、有效的转变，否则这不能保证其他结构改革的成功和连贯性。"[1] 因此，军政府把教育改革视为国家现代化的关键。为了顺利实行改革，军政府成立了教育改革委员会，还任命文官组织教育体制的改革。军政府的教育改革具有鲜明的第三世界和民族主义的倾

---

[1]　尤迪斯·比佐特：《秘鲁的教育改革》（Judithe Bizot, *Educationl Reform in Peru*），巴黎：联合国教科文组织出版社，1975，第 16 页。

向，如 1972 年教育部颁布的《教育改革法》规定："教育进程将唤醒秘鲁人民对他们所处的社会环境的重要意识，激励他们参与废除依附结构和依附统治的历史进程。"[①] 贝拉斯科政府也非常重视印第安人的历史和现状，不但把图帕克·阿马鲁作为民族象征，还规定克丘亚语为第二官方语言，在全国实行双语教学，在学校加强对印第安人丰富遗产的学习。此外，军政府还扩大了社会保障体系，推行一种补助性的基本医疗计划，并制定了相关的社会性立法，以便争取更广泛的社会团结与政治参与。

在外交方面，奉行独立自主的外交政策。1969 年，秘鲁军政府以"图谋干涉秘鲁内政"为理由将美国军事使团驱逐出境。此后秘鲁同苏联、中国、古巴、东欧社会主义国家建立了正常的外交关系，还积极参加安第斯条约组织和拉美经济体系，参与不结盟运动。秘鲁还积极倡导维护 200 海里领海权，支持建立国际经济新秩序，呼吁第三世界国家联合起来，反对帝国主义和新殖民主义。总之，秘鲁军政府不再屈从于美国的利益，采取了更加灵活的民族主义的外交立场。

比较遗憾的是，贝拉斯科的改革措施并未被持久地坚持下来。1975 年弗朗西斯科·莫拉莱斯·贝穆德斯（Francisco Moralse Bermúdez）发动政变，罢黜了贝拉斯科，秘鲁进入调整和修正时期：在经济方面，由贝拉斯科的国家资本主义转向"自由市场经济"；在政治方面，开放党禁，允许各政党和新闻报刊的自由化，逐步实现政治民主。但是在各种困难面前，1980 年军政府选择还政于民，宣告"秘鲁模式"的结束。

总之，以贝拉斯科为首的军政府在文人政府无力实现民族主义的改革目标时，便挺身承担起民族主义改革的任务，努力探索一条"既非资本主义亦非共产主义"的秘鲁民族主义发展道路。但是军政府的进口替代工业化战略非但没有减轻秘鲁对外资的依赖，反而加重了债务负担。因此，在秘鲁民族资产阶级的软弱性和世界资本主义体系的制约下，军政府不可能实现其改革目标。

---

① 迈尔德·里德：《秘鲁：通向贫困之路》（Michael Reid, *Peru: Path to Poverty*），伦敦，1985，第 50 页。转引自韩琦主编《世界现代化历程》（拉美卷），第 189 页。

六　全球化、新自由主义和民族主义的理性回归
（1980 年至今）

随着 20 世纪 70 年代以来布雷顿森林体系的解体，第三次科技革命的深入发展，全球化已经成为当今国际社会的必然趋势，新自由主义则成为席卷全球的新理念。在此影响下，1980 年秘鲁军政府还政于民后，重启政治民主化进程，但是贝朗德和阿兰·加西亚（Alan García）先后在正统主义和非正统主义的经济调整中遇挫，此后阿尔韦托·藤森（Alberto Fujimori）政府最终实行了新自由主义改革。到目前为止，经过亚利杭德罗·托莱多（Alejandro Toledo）时期的调整后，秘鲁民族主义在本土主义或保守主义与自由主义中逐渐寻找到平衡，表现出理性回归的特点。

1980 年贝朗德上台后，于 7 月 28 日正式颁布了莫拉莱斯执政时期制定的宪法。宪法规定，秘鲁"是在劳动基础上的独立自主的社会民主共和国"，"反对各种形式的帝国主义、殖民主义、新殖民主义和种族歧视，支持世界被压迫人民"。① 这表明贝朗德的改革是在坚持军政府民族主义的路线的基础上，着力修改和调整其中的过激举措。在经济方面，贝朗德减少了国家干预，实行私有化、贸易自由化以及宏观紧缩等正统主义的稳定政策；在政治方面，重建新闻自由，实行非集权化和地方自治，重新确立民主政治制度；在外交方面，继续坚持不结盟政策，强调尊重各国主权、领土完整和民族自决的原则，主张用和平手段解决国际争端。新时期贝朗德政府尤其注意发展同美洲国家间，特别是邻国的关系，积极推动地区经济一体化以及提倡拉美国家"联合与协调"解决外债问题。但是随着经济形势的恶化，社会局势更加动荡，"光辉道路"和图帕克·阿马鲁革命运动等恐怖暴力活动频繁发生。在这种背景下，加西亚于 1985 年继任总统，转而实行非正统主义的调整政策。加西亚继承了阿普拉党内争社会正义和外拒帝国主义的传统路线，表示要建立一个民族主义的人民民主政府。在经济方面，拒绝采纳国际货币基金组织提出的新自由主义的调整方案，实行非正统的经济政策，即加强国家干预、刺激消费、实行限额还贷、宣布银行

---

① 李春辉主编《拉丁美洲史稿》（第三卷），商务印书馆，2001，第 492 页。

国有化政策等；在政治方面，坚持实行多种意识形态的民主，允许各政党、组织在宪法范围内进行活动，对军队的权势加强限制；在外交方面，除继续坚持不结盟和独立自主的外交原则外，重提反对美帝国主义。但是，加西亚的非正统调整政策依然无法解决秘鲁国内的政治、经济和社会矛盾，恐怖暴力活动更加激化。总体来看，贝朗德和加西亚在政治和外交方面基本保持一致，两者主要在经济政策上存在较大的分歧，这体现了两者的民族主义在处理内部发展和外部开放的关系时各有所倚重。

当正统主义和非正统主义均无法解决秘鲁经济发展和社会问题时，1990年藤森领导的"变革90"（Cambio 90）在总统竞选中脱颖而出，藤森上台伊始即强势主导了秘鲁的新自由主义改革。在经济方面，为了控制恶性通货膨胀，大力推行国有企业私有化，实行市场、贸易、金融开放等，秘鲁逐渐走出"失去的十年"，重新被纳入全球经济体系。在社会方面，通过清剿"光辉道路"和图帕克·阿马鲁革命运动，扫清了动乱因素，增强了国际投资的信心。在教育和文化方面，实行兼容并包的种族和文化政策。1993年出台的新宪法规定，任何人都有使用自己本族语言的权利，即承认和保护国家种族和文化的多样性。[①] 为此秘鲁政府恢复了一度关闭的国家双语教育理事会，规定实行跨文化教育和双语教学。在外交方面，经过藤森政府的努力，秘鲁最终实现与厄瓜多尔的和解，解决了两国长期存在的边界争端。总的来说，秘鲁政府的外交政策日渐灵活，更加倾向务实的外交态度。尽管藤森任内秘鲁的民主化进程一度出现停滞现象，甚至还出现了独裁与专制主义的倒退，但是这一时期奠定了秘鲁民族主义的未来发展基调。

继藤森之后，托莱多于2001年继任总统。他在竞选纲领中提出"为实现国家民主化和社会公正""为贫困居民带来更多的就业机会"，明确表示除了坚持藤森的自由化和国际化的道路外，他更加关注消灭贫穷、根除腐败和重建民主等内部发展的问题。至此秘鲁的民族主义已经重归理性之路，秘鲁已经慢慢学会平衡内部发展与对外开放之间的关系：在经济上强调市场自由化和国际化的倾向，在政治上坚持政治民主的原则，在社会问题上更加关注贫困问题和实现社会正义，在外交方面则采取更加务实和实用的政策。

---

① 请参见 1993 年《秘鲁宪法》"第一章　公民的基本权利"第 2 条第 19 款的内容。宪法英译本源于维基百科提供的 PDF 电子版内容。

结　语

　　自 18 世纪波旁改革以来，秘鲁民族主义经历了漫长的历史演变：独立前殖民地社会出现了两种民族意识，即印第安人和克里奥尔人民族意识。独立后至太平洋战争前，秘鲁民族主义是一种克里奥尔人民族主义，其内部划分为自由主义和保守主义两种倾向。这种民族主义具有内在的排他性和垄断性的特点，即它所涵盖的"秘鲁人"是指以沿海种植园主和山区大庄园主为代表的克里奥尔人寡头精英，至于印第安人等其他种族群体均无法引起他们的情感共鸣和归属感。太平洋战争结束后，现代民族主义的萌芽出现。成长于战争年代的新兴知识分子围绕简单模仿外国模式抑或发掘本土潜力展开了第一次讨论，即实证主义与文化民族主义的争鸣。从 20 世纪 30 年代到 1968 年，秘鲁现代民族主义真正形成。先是劳尔·阿亚·德拉托雷和何塞·卡洛斯·马里亚特吉针对秘鲁民族主义的发展道路问题进行了第二次争论，他们分别发动了阿普拉和共产主义运动，但均以流血失败而告终。随着新一轮的反帝反寡头民众运动的出现，人民行动党（AP）和基督教民主党（PDC）担负起团结各阶级民族主义的新的领导力量的重任。他们最终在议会民主的框架下推动了民族主义的改革。1968 年 10 月以阿尔瓦拉多·贝拉斯科为首的军人发动政变，努力探索"既非资本主义亦非共产主义"的民族主义发展道路，实质上是以国家资本主义的方式实现秘鲁的现代化和国家发展。20 世纪 80 年代以来，经过全球化和新自由主义改革的洗礼，秘鲁民族主义重归理性。1980 年选举的胜利标志着秘鲁重返民主化进程，但是贝朗德和加西亚在正统主义与非正统主义的经济调整中遇挫，此后藤森政府最终实行了新自由主义改革。到目前为止，经过亚利杭德罗·托莱多时期的调整后，秘鲁民族主义在本土主义或保守主义与自由主义中逐渐寻找到平衡，实现了理性回归。通过梳理秘鲁民族主义的历史发展脉络，我们可以归纳出秘鲁民族主义的如下特点。

　　首先，秘鲁民族主义在独立前突出表现为两种民族意识，即印第安人和克里奥尔人的民族意识。较之其他拉美地区，秘鲁的印第安人民族意识萌发较早，且提出了早发性的民族独立的诉求。但是由于殖民地社会根深蒂固的种族隔阂，克里奥尔人同殖民政府共同镇压了印第安人的起义活动。

而饱受创伤的印第安人民族意识自此归于沉寂，克里奥尔人民族意识则更加薄弱，秘鲁最终借助外部势力摆脱了宗主国的殖民枷锁，但是也埋下了民族分裂的历史根源。

其次，秘鲁民族主义理论较早成熟。经过独立后早期克里奥尔人民族主义的内部分歧，再到太平洋战争后实证主义者与文化民族主义者的第一次公开辩论，通过工业化、有限的代议制民主和科学技术教育实现民族振兴的理念已经深入人心。到 20 世纪 30 年代，阿亚和马里亚特吉则丰富和完善了秘鲁民族主义的理论体系。他们在关于秘鲁的社会形态、对帝国主义性质的认识、革命的领导阶级问题以及革命的性质方面展开了辩论，这不仅促进了秘鲁民族主义的深化，更是秘鲁民族主义理论成熟的标志。

再次，以贝拉斯科为首的军政府主导了"秘鲁模式"的民族发展道路，表现出军人民族主义的进步性。秘鲁军队长期作为保守势力，是寡头精英实现统治的坚固后盾，它阻碍了普通民众进行反帝反寡头的进步运动。但是随着 20 世纪 50 年代军队的"国家安全"观和民族主义倾向的增强，特别是在民主框架内已经无法继续进行民族建设和社会改革的任务时，军人民族主义最终选择担负起改良主义、民族主义和社会进步的角色。

最后，通过对秘鲁民族主义历史脉络的梳理，可以看出秘鲁民族主义具有分裂性的特点，即民族分裂（主要是种族成分复杂）和各派民族主义力量的分裂。由于秘鲁沿海和山区二元经济地理结构、复杂的种族成分以及独立前两种民族意识的竞争性发展，秘鲁既缺乏像智利这类国家的种族结构相对单一的得天独厚的条件，更难以实现墨西哥的民族融合程度较高的目标。因此，民族分裂的问题是秘鲁民族主义发展的长期困扰。此外，民族主义者们的长期争论和分歧也限制了各派民族主义力量的整合。

（作者简介：宋欣欣，南开大学世界近现代史研究中心和拉丁美洲研究中心博士生）

研究综述

英国文艺复兴时期人文主义思想家
莱利研究述要

袁梨梨　于文杰

内容提要：沃尔特·莱利爵士是伊丽莎白一世统治时期著名的人文主义者。莱利一生充满传奇，创作丰富，对莱利的研究是我们理解和认识英国文艺复兴盛期历史的一把钥匙。本文是对莱利研究的回顾，国外关于莱利的研究全面且细致入微，国内引介有限，有待重视。本文拙述，以飨同仁，欢迎方家批评指正。

关键词：沃尔特·莱利　文艺复兴　人文主义　《世界历史》

伊丽莎白一世时期（Elizabeth I，1533～1603年）是英国文化发展的黄金时代，是英国文艺复兴盛期。伊丽莎白一世支持各类文化事业的发展，其治下人人尽显其才，涌现出很多人文主义者，诸如威廉·莎士比亚、菲利普·锡德尼、埃德蒙·斯宾塞、弗朗西斯·培根、弗朗西斯·德雷克爵士等文学家、哲学家、政治家、天文学家、航海家和探险家，他们从各自专长的领域鲜明地展现了时代特色，对英国历史产生深远的影响。沃尔特·莱利爵士①（Sir Walter Raleigh，约1552②～1618年10月29日）

---

① 关于莱利的名字，英文有"Raleigh"和"Ralegh"，其名字拼写引起许多争论，在当时的文本来看，有70多种拼法，莱利自己也签名不一，但他自己从不在自己的名字里加"i"。大约从1584年他受封为骑士时候开始，他的名字经常被拼写为"Ralegh"，以后许多学者也如此使用，故本文在引用英文文献时按照文献本来的名字拼写。而关于其中文译法，有雷利、莱利、雷莱、罗利、罗列、劳莱、饶列、瑞理等，本文采用"莱利"这一译法，但在引用有关文献时仍参照原文译法。特此说明。

② 关于莱利的出生年月，据笔者查阅各种相关资料，很多学者都曾进行考证，但是比较权威的看法还是认为是不确定具体出生日期，只能确定是1552年左右。

人生经历曲折且富有传奇色彩，具有冒险精神，是伊丽莎白一世时期的伟大的人文主义者、史学家和航海家。莱利富有才华，从他写给女王的信件、他的各类作品以及他所受民众的尊敬和爱戴中可以看出，没有谁像莱利这样全面展示了其时代特色。从这个层面上讲对他进行引介研究比对前述著名人物的研究更具有价值。

莱利各个方面都达到了一个相当高的水平。莱利的代表作有历史巨著《世界历史》、航海著作《发现圭亚那》、哲学译文《怀疑论者》以及一些政论文章，还创作了许多诗歌、散文，留存了许多书信。《世界历史》在当时非常流行，在英国近代早期历史著作中占有一席之地。他发表的很多政论文章获得伊丽莎白一世的赏识。他的诗歌、散文有不少成为经典名篇，流传至今。他大力资助航海事业，曾经多次亲自出航，发现并带回烟草、土豆，[①]"资助了英国第一批前往新世界的航海事业"。[②] 他成为英国近代航海事业的先驱，对后世产生重要影响。因此，关注莱利有益于了解英国文艺复兴盛况，有助于深入理解近代早期英国历史发展脉络。

一　莱利的创作出版及相关社会背景

英国的文艺复兴具有自己的特色。文艺复兴在英国以独特的方式展现自己。[③] "法国人文主义的摇篮是巴黎的大学，英国人文主义的摇篮则是汉姆弗雷王室的格劳赛斯特公爵（Duke of Gloucester）。"[④] 英国文艺复兴开始的时间较欧洲大陆偏后。意大利是文艺复兴运动的发源地，往北发展，渐渐扩散到不列颠岛。英国文艺复兴运动发展到 16 世纪时，与大航海时代时间重合，英国的航海事业在这个时期蒸蒸日上。16 世纪下半期，英格兰工业和商业都在发展，英格兰拥有丰富的产品——玉米、木材、羊毛、铁，以及羊毛业、手工技术传统和商业经验。英国本土没有发生内战，不需征

---

① 莱利不是第一个引进烟草的，但是他在英国种植烟草和土豆，使其流行起来，所以可以说对于在英国推广烟草和土豆，他功不可没。

② 托马斯·舒本格：《文学评论：1400～1800》（Thomas Schoenberg, *Literature Criticism from 1400 to 1800*）第 39 卷，森格局盖尔出版社，2005，第 72 页。

③ 参见周春生《西方人文主义研究学术钩稽》，《史林》2010 年第 1 期，第 138 页。

④ 韦斯·罗伯托：《意大利人文主义的传播》（Weiss Roberto, *The Spread of Italian Humanism*），汉区森大学图书馆，1964，第 90 页。

税，没有显著的社会等级冲突破坏社会稳定。

这一时期英国的宗教和政治状况别具特色，不同于欧洲大陆。从 13 世纪开始，英国绅士阶层上升缓慢，但 16 世纪末其数量以前所未有的规模增长，其影响也在扩大。15 世纪的玫瑰战争中部分旧的封建贵族被摧毁。贵族在伊丽莎白时代拥有的土地数量比在金雀花王朝（即安茹王朝）或在汉诺威王朝统治下少很多。英国从亨利七世时开始进行宗教改革，到亨利八世延续改革，于 1534 年颁布《至尊法案》，确定了英国国教。亨利八世废除修道院、小教堂和行会，增加了绅士所有的土地。整个国家有 1/2 到 2/3 的土地被分给处于上升状态的绅士阶层，使其增加了财富并提升了影响力，这些绅士成为了国家的统治阶层。伊丽莎白一世延续了其父亲的宗教改革，天主教、新教渐渐地达到了某种相对平衡状态。

这种独特的背景孕育了莱利这位奇才。莱利出生于航海家庭，从小爱听航海故事，耳濡目染，暗暗地树立起要成就一番航海事业的伟大理想。他一生经历曲折，个性傲慢，玩世不恭，有时过度自信，对困难估计不足。他热爱航海事业，第一次就是随同母异父哥哥吉尔伯特（Humphrey Gilbert，约 1539 ~ 1583 年）出航的。在哥哥等人的推荐下，莱利进入伊丽莎白一世的宫廷。莱利才华横溢，外表高大帅气，很快得到了女王的赏识。1585 年，伊丽莎白一世封莱利为爵士。1592 年，莱利与女王的侍女伊丽莎白·斯罗克莫顿（Elizabeth Throckmorton，1565 ~ 约 1647 年）秘密结婚。女王得知后一反平日友好态度，把他们夫妻关入伦敦塔，两周后释放了他们，但此后莱利明显不像之前那么受宠。经过多年的努力效忠，莱利重新获得女王赏识，被允许出航，但航行不远便被召回。他的理想没能付诸实践，内心充满愁苦，莱利与妻子和朋友的通信以及他的作品都流露出矛盾复杂的心情。[①] 1603 年伊丽莎白一世逝世，詹姆士一世（James I，1566 ~ 1625 年，1603 ~ 1625 年为英格兰国王）入主英格兰，莱利继续游走于宫廷。詹姆士一世不信任莱利，但莱利仍旧忠诚于他。他不向现实屈服，最后却因航海牵涉西班牙的利益被詹姆士一世判处斩首。这也成为英国政治悲剧的预兆。莱利被砍头的地方离约 30 年后查理一世被砍头的地点只有 0.25 英里远，

---

① 沃尔特·莱利爵士：《莱利著作集》（共 8 卷）第 8 卷：补集，威廉·奥迪斯、托马斯·波西编（Sir Walter Raleigh, *The Works of Sir Walter Raleigh*）（8Vols.）Vol. 8：*Miscellaneous Works*，牛津大学出版社，1829。

"莱利的幽灵伴随斯图亚特王朝走向断头台"。

莱利在伊丽莎白一世时期盛极一时，成就卓越，其作品表现出复杂的思想。莱利创作的许多诗歌、散文，大都未出版，只有少量被翻译成法语①和俄语②。留存至今的有《海洋致辛西娅》③（The Ocean to Cynthia，1592 年出版，著作时间有待确证）、《沉默的爱人》《谎言》《再见，宫廷》《热情的朝圣》《少女回绝牧童》《论人生》④《墓志铭》⑤等诗篇，这些都可以在后人汇编集中查到。莱利的诗歌是他遭遇的倾诉，情感的喷涌，表明了其内心的矛盾、愁苦及最后的超脱。他创作的《世界历史》⑥（The History of the World，1614 年开始写作），长达五卷，尊重客观史实，引经据典。1851 年出版的《莱利诗集》的附录详列了《世界历史》中引用古典作家作品的出处。这部史著对后世产生了较大的影响。

莱利还出版了航海著作《发现圭亚那》⑦（1596 年出版）和哲学译文《怀疑论者》，⑧并发表了一些政论文章、散文，还留存了许多书信。莱利的许多政论文章获得伊丽莎白一世的赏识，著名的政论文章有：在 1591 年发表论文《关于亚速尔半岛斗争的真实报道：女王的舰队之一"复仇号"与西班牙国王无敌舰队之间的战斗》（A Report of the Truth of the Fight About the Iles of Acores，This Last Sommer，and An Armada of the King of Spain）；1596 年写的《1596 年与加的斯行动的关系》（A Relation of Cadiz Action，in the Year 1596），1628 年发表；1602 年写的《与西班牙的战争和保卫荷兰》（Of A

---

① http：//wvorg. free. fr/hoepffner/RalEng. html.

② http：//members. tripod. com/poetry_pearls/Poets/Raleigh. htm#nasha.

③ 阿格内斯·M. C. 兰斯姆编《沃尔特·莱利爵士诗集》，哈佛大学出版社，1951，第 25～43 页。

④ 阿格内斯·M. C. 兰斯姆编《沃尔特·莱利爵士诗集》，哈佛大学出版社，1951，第 18～19、45、12、49～51、16～17、51～52 页。

⑤ 阿格内斯·M. C. 兰斯姆编《沃尔特·莱利爵士诗集》，哈佛大学出版社，1951，第 72 页。

⑥ 沃尔特·莱利爵士：《莱利著作集》（共 8 卷）第 2～7 卷，《世界历史》，威廉·奥迪斯、托马斯·波西编（Sir Walter Raleigh，The Works of Sir Walter Raleigh）（8Vols.），Vol. 2－7：The History of the World，牛津大学出版社，1829。

⑦ 沃尔特·莱利爵士：《发现圭亚那》（Sir Walter Raleigh，Sir Walter Ralegh's Discoverie of Guiana），简斯·洛瑞姆·阿尔德索尔编，伦敦哈克里特出版社，2006。

⑧ 沃尔特·莱利爵士：《莱利著作集》（共 8 卷）第 8 卷：补集，威廉·奥迪斯、托马斯·波西编（Sir Walter Raleigh，The Works of Sir Walter Raleigh）（8Vols.），Vol. 8：Miscellaneous Works，牛津大学出版社，1829，第 548～556 页。

War with Spain and Our Protecting the Netherland）；1615 年写作《英格兰议会特权》（*The Prerogative of Parliaments in England*），1700 年发表；1702 年发表《沃尔特·莱利爵士的三篇演讲》（*Three Discourses of Sir Walter Raleigh*）。另外，1603～1605 年写的《沃尔特·莱利爵士对儿子及后代的指导》（*Sir Walter Raleigh's Instructions to His Son and Posterity*），1632 年发表。他的许多作品多次被编辑出版，1751 年出版了两卷本《莱利著述集》，1829 年整理出版的《莱利著作集》长达八卷。他的诗歌、散文许多都散佚，但保存了一些并汇集成册。1851 年《莱利诗集》出版，1929 年修订再版，可从中管窥莱利的文学才华。

　　在文艺复兴后期的不列颠岛上，莱利展现了其先进、完美而富有个性的一生。在欧洲文艺复兴时期许多令人振奋的伟大人物的影响下，莱利成为英国文艺复兴时期的最后一个代表。"在中世纪，人类意识的两方面——内心自省和外界观察都一样——一直是在一层共同的纱幕之下，处于睡眠或者半醒状态。这层纱幕是由信仰、幻想和幼稚的偏见织成的，透过它向外看，世界和历史都罩上了一层奇异的色彩。"① 伊丽莎白时期的英国早有人惊醒了，莱利就是一个实实在在地揭开纱幕展现自我的人文主义者。

二　莱利研究现状

　　国外关于莱利的研究起步很早，基本是从他的著作出版之后就开始了，对其研究经久不衰，研究领域较为全面，成果颇丰；国内对于莱利的研究则大多集中于文学领域，且基本限于对其作品的译介。

（一）国内研究现状

　　国内学人对莱利已有初步了解，现有成果简述如下。

　　在文学史方面，有不少英国文学史著介绍了莱利的一些文学作品。王佐良的《英国文学史》② 和《英国文艺复兴时期文学史》③ 里有《挤奶女之

---

① 布克哈特：《意大利文艺复兴时期的文化》，何新译，马香雪校，商务印书馆，1979，第139 页。
② 王佐良：《英国文学史》，商务印书馆，1966。
③ 王佐良、何其莘：《英国文艺复兴时期文学史》，外语教学与研究出版社，1996。

母祥和的歌》《论人生》《眼睛产生的奇想》《谎言》等经典诗歌。① 王佐良
在其《英国诗史》② 中分析了《论人生》和《谎言》，肯定莱利作为一个杰
出诗人在英国文学史中的地位。梁实秋的《英国文学史》③ 介绍了莱利的诗
《墓志铭》④，并翻译了《世界历史》结尾关于死亡召唤的非常精彩的一段
文字，⑤ 常被后人称道。侯维瑞主编的《英国文学通史》⑥ 介绍了《沉默的
爱人》《仙女答牧羊人》⑦，这些都是莱利的流传广泛的篇章，展现了莱利的
诗才。常耀信主编、索金梅副主编的《英国文学通史》第一卷简介了莱利
一生的创作，提到了《发现圭亚那》《世界历史》，以及《人生是何物》
（同前《论人生》）、《谎言》《海洋致辛西娅》等流传甚广的诗歌。⑧ 桑德斯
在《牛津简明英国文学史》对莱利的介绍中提到莱利的《发现圭亚那》《世
界历史》《关于亚速尔半岛斗争的真实报道：女王的舰队之一"复仇号"与
西班牙国王无敌舰队之间的战斗》《墓志铭》《人生是什么》等名篇。⑨该书
认为莱利是伊丽莎白一世时期的一个典型的文艺复兴人物，具有完美的理
想，"伊丽莎白以自我意识按照自己的选择扮演的角色成功地塑造了自己，
正如她忠实的侍臣雷利以自我意识成功地扮演了自己的角色那样"。⑩ 他们
都是时代的弄潮儿。

在史学方面，各种通史著作大都会提及莱利相关事件。比如《英国革
命史话》⑪ 中有一节"雷利爵士的厄运"简述了莱利的生平经历及其悲惨结
局。莱利在航海史上也占有一席之地，如在《世界探险史》⑫ 中也有一节介

---

① 王佐良、何其莘：《英国文艺复兴时期文学史》，第46页、111页、112页、113页。
② 王佐良：《英国诗史》，译林出版社，2009，第74~76页。
③ 梁实秋：《英国文学史》第一册，新星出版社，2011。
④ 梁实秋：《英国文学史》第一册，新星出版社，2011，第208页。
⑤ 梁实秋：《英国文学史》第一册，新星出版社，2011，第209页。
⑥ 侯维瑞主编《英国文学通史》，上海外语教育出版社，2002。
⑦ 侯维瑞主编《英国文学通史》，上海外语教育出版社，2002，第81、82页。
⑧ 常耀信主编、索金梅副主编《英国文学通史》第一卷，南京大学出版社，2011，第257~259页。
⑨ 安德鲁·桑德斯：《牛津简明英国文学史》（上），谷启楠、韩加明、高万隆译，人民文学出版社，2000，第190~195页。
⑩ 安德鲁·桑德斯：《牛津简明英国文学史》（上），谷启楠、韩加明、高万隆译，人民文学出版社，2000，第194页。
⑪ 顾学杰、孙仲发、刘克明、王铁之编著《英国革命史话》，上海人民出版社，1986。
⑫ 马吉多维奇：《世界探险史》，屈瑞、云海译，世界知识出版社，1988。

绍了莱利的航海事业。其他航海通俗性读物一般也会提到莱利。另外，有关英国史的地图上也有对莱利航海事业的介绍，比如《英国历史地图》① 一书也可以查到莱利 1595 年对南美洲的探险。《伊丽莎白一世传》② 叙述相关事件时会提及宠臣莱利。周春生在 2009 年出版的《文艺复兴研究入门》对莱利也有介绍，书中注释提到的一些相关研究书目，具有重要学术参考价值。当然，国内一般的英国史著作叙述相关事件时会提及莱利。③

在汉译史学著作里国人也能看到对莱利的评述。如 J. W. 汤普森的《历史著作史》有一大段精准的关于《世界历史》的评价④；《冒险的时代——文艺复兴时期的哲学家》⑤ 前言提到了莱利；屈勒味林的《英国史》⑥ 对莱利作了相关介绍和评价；马格利特·L. 金的《欧洲文艺复兴》⑦ 中提及莱利的著作《辽阔、富裕和美丽的圭亚那帝国发现记》（又译为《发现圭亚那》，本文采用此译名）。彼得·伯克《欧洲文艺复兴：中心与边缘》介绍了莱利的多种多样的藏书和收藏物，其中有"动物学、医学、植物学、面相学、天文学和化学方面的书"，他还"收藏着钱币、像章之类的古物以及罕见动物、鸟类或鱼的遗骸"。⑧这从一个侧面展现了人文主义者莱利对收藏的兴趣，反映出当时人文主义者收藏各种书籍和古物的兴趣爱好。

另外还有少量论文介绍了莱利，一篇有关烟草的文章⑨谈到莱利对烟草的贡献。2012 年《世界文化》刊登了一篇介绍莱利的文章《奇才怪杰，浮沉跌宕——伊丽莎白一世的宠臣雷利》,⑩ 它饶有趣味地介绍了莱利这个全才的生平和事业。

总之，国内研究多是一些一般通识性的介绍和翻译，论文数量更少，

---

① 马丁·吉尔伯特:《英国历史地图》，王玉菡译，中国青年出版社，2009。

② J. E. 尼尔:《伊丽莎白一世传》，聂文杞译，商务印书馆，1992。

③ 陈晓律、于文杰:《英国历史的发展轨迹》，南京大学出版社，2009，第 96～97 页。

④ J. W. 汤普森:《历史著作史》上卷第 2 分册，谢德风译，商务印书馆，1988，第 880 页。

⑤ G. 桑迪拉纳:《冒险的时代——文艺复兴时期的哲学家》，周建漳、陈墀成译，光明日报出版社，1989，第 13 页。

⑥ 屈勒味林:《英国史》，钱端升译，中国社会科学出版社，2008。

⑦ 马格利特·L. 金:《欧洲文艺复兴》（插图本），李平译，上海人民出版社，2008，第 282 页。

⑧ 彼得·伯克:《欧洲文艺复兴：中心与边缘》，刘耀春译，刘君校，东方出版社，2007，第 144 页。

⑨ 《读者文摘》编辑部:《读者文摘》1982 年第 3 期（总第 8 期）。

⑩ 蓬生:《奇才怪杰，浮沉跌宕——伊丽莎白一世的宠臣雷利》，《世界文化》2012 年第 4 期。

这都不利于国人全面深刻地了解莱利的性格、才华、思想情感及其影响与历史地位。

（二）国外研究现状

国外对莱利的研究丰富细致。比如阿米蒂奇（Christopher M. Armitage）的《沃尔特·莱利爵士的研究参考文献注释汇编》① 就汇总了关于莱利的研究成果，对于当代学人具有重要参考价值。阿米蒂奇在此书中的前言里提到了 1886 年和 1908 年艾克斯特出版社出版的《沃尔特·莱利爵士的研究参考文献注释汇编》，南希·E. 卡普斯 1965 年和威伯福斯·艾米斯 1886 年分别出版的《沃尔特·莱利研究文献注释汇编》，都是重要的研究参考书目。笔者现就外国丰硕的研究成果总括如下。

1. 莱利传

关于莱利的传记② 很多。从笔者搜集到的众多传记来看，每个作者从不同角度呈现了莱利人生和时代的不同侧面，最后提出各自的见解和评价，也展现了做传者各异的行文风格。

《那璀璨的星星——沃尔特·莱利爵士的肖像》③ 主要由两部分组成，第一部分叙述了莱利在伊丽莎白一世统治期间的主要事件；第二部分叙述了莱利在詹姆士一世期间的事情。很明显，这部传记以时间为线，通过对比莱利在不同统治下的不同遭遇，介绍莱利人生的两个重要阶段并分析了其命运。莱利"那个时代的私人的和个人的重视形成了冲突，酿就了伊丽莎白一世统治时期三个最辉煌的人物——年轻的埃塞克

---

① 克里斯特弗·M. 阿米蒂奇：《沃尔特·莱利爵士的研究参考文献注释汇编》（Christopher M. Armitage ed. , *Sir Walter Ralegh: An Annotated Bibliography*），北卡罗来纳大学出版社，1987。

② 英国历史上鲜有人像莱利这样衰得如此之多的传记家们的注意。这些传记里最详细的有：爱德华斯·爱德华兹：《沃尔特·莱利爵士的生活及信件》（Edwards Edwards, *The Life of Sir Walter Raleigh, Together With His Letters*）2 卷，牛津，1891；爱德华斯·汤普森：《沃尔特·莱利爵士传：最后一个伊丽莎白一世时代的人》（Edwards Thompson, *Sir Walter Raleigh: Last of the Elizabethans*），纽黑文，1936；威廉·M. 沃勒斯：《沃尔特·莱利爵士传》（William M. Wallace, *Sir Walter Raleigh*），普林斯顿大学出版社，1959。

③ 玛格丽特·埃尔文：《那璀璨的星星——沃尔特·莱利爵士的肖像》（Margaret Irwin, *That Great Lucifer: A Portrait of Sir Walter Ralegh*），伦敦扎拖文都斯出版社，1960。

斯伯爵，比他年长 15 岁的对手莱利和比他们年长的女王自己的悲剧结局"。① 从 1588 年开始，德文郡埃塞克斯伯爵罗伯特·杜瓦（Robert De-vereux，Earl of Essex）成为女王最喜爱的宠臣，却仍嫉妒莱利获得的宠爱，在伊丽莎白一世面前说莱利的坏话，因此两人产生嫌隙。1591 年，弗朗西斯·沃尔辛汗的遗孀与埃塞克斯伯爵结婚，伊丽莎白原谅了他。同年莱利与斯罗克莫顿秘密结婚，女王却没有原谅他们，于 1592 年 8 月 7 日把他们关入伦敦塔，莱利失宠。同年后期莱利被放出来，但一直在 5 年后莱利才重获女王赏识。埃塞克斯伯爵与莱利两人对西班牙和天主教的观点有分歧。后来埃塞克斯伯爵谋反，被绞死，莱利被认为与这次谋反有关。1603 年，莱利因叛国罪被囚禁在伦敦塔。莱利身处两朝，经历无数，可总不改其鲜明个性。这成就了他在都铎王朝时期宫廷的显赫和对英国所形成的巨大影响，却也是莱利在斯图亚特王朝落得悲惨下场的原因。

　　菲利普·马格鲁斯的《沃尔特·莱利爵士传》② 行文流畅，通俗易懂，按照时间顺序介绍了莱利一生的主要事件和成就。笔者认为其序言《莱利与 16 世纪》和附录《莱利与 17 世纪》两篇文章具有重要的参考价值。它们高度概括了莱利是一个才华横溢和集各种魅力于一身的人，以及在当时产生的影响及其历史地位。在一个领土扩张和全球变化的时代，充满各种机遇，故莱利在航海事业上苦心耕耘。当时《圣经》获得释读，拉丁语、希腊语开放，推动了航海事业的发展。《圣经》激励路德继承者因信称义；船只把哥伦布的继承者带到了充满财富和浪漫的新世界；学者们熟悉希腊、拉丁语法，开始思索古代没有宗教信仰的世界。这种种背景给莱利思想提供了重要养分。

　　斯特宾《沃尔特·莱利爵士传记》③ 在众多莱利传记中处于重要地位。

---

① 玛格丽特·埃尔文：《那璀璨的星星——沃尔特·莱利爵士的肖像》（Margaret Irwin, *That Great Lucifer: A Portrait of Sir Walter Ralegh*），伦敦扎拖文都斯出版社，1960，第 12 页。

② 菲利普·蒙德菲尔·马格鲁斯：《沃尔特·莱利爵士传》（Philip Montefiore Magnus, *Sir Walter Raleigh*），柯林斯出版社，1956。

③ 威廉·斯特宾：《沃尔特·莱利爵士传记》（William Stebbing, *Sir Walter Balegh: A Biography*），克拉伦敦出版社，1891。

有文章①认为，斯特宾在书中涉及方方面面，而且他质疑之前的许多研究，通过辛勤研究，他用具有文采、吸引人的叙述方式呈现其作品。斯特宾的传记是研究莱利的一本重要著作。比如该传记提出非常重要的一个观点：莱利出航时向国王承诺他不会袭击西班牙或者登陆西班牙领地。这点让研究者对于莱利后来被詹姆士一世处以死刑有了更全面的认识。

其他莱利传记②叙述的侧重点不同，均具有一定的研究参考价值。因为在那风云变幻的时代，人物具有独特个性；莱利一生充满传奇色彩，多才多艺，勤奋好学；每个研究者有各自的喜好，对莱利的理解和阐述各具千秋，因而涌现了许多传记作品。

2. 对莱利著作的研究

（1）对《发现圭亚那》的研究

莱利是伊丽莎白一世时期的伟大航海家，著有航海游记《发现圭亚那》，对后世影响较大。阿米蒂奇介绍了《发现圭亚那》的不同语言版本，如德语版、法语版、罗马尼亚语版，以及相关版本和相关评论、报道。笔者手头的 2006 年出版的《发现圭亚那》③ 是原始文本和现代英语译本的对照版本，前面有详细的长篇导言，参考价值很高。这本书的全名为 *The Discoverie of the Large, Rich and Bewtiful Empire of Giana, with A Relation of the Great and Golden Citie of Manoa*（西班牙叫做 El Dorado）*And of the Prouinces of Emeria, Arromaia, Amapaia, and Other Countries, with Their Riuers, Adioyning*，可简译为《发现圭亚那》。罗伯特·沙布伯克爵士（Sir Robert Schomburgk）于 1848 年完成《发现圭亚那》的编辑，即由当时成立不久的

---

① 威廉·斯特宾：《沃尔特·莱利爵士传记》（William Stebbing，"Sir Walter Ralegh：A Biography"），《英国历史评论》（*The English Historical Review*）第 7 卷，1892 年第 27 期，第 571～573 页。

② 罗德·詹姆斯·瑞内尔：《沃尔特·莱利爵士传》（Rodd James Rennell，*Sir Walter Raleigh*），麦克米伦公司，1904；诺曼·洛德·威廉：《沃尔特·莱利爵士传》（Norman Lloyd Williams，*Sir Walter Raleigh*），埃尔和斯波提斯伍德出版社，1962；莱利·屈威廉：《沃尔特·莱利爵士传》（Raleigh Trevelyan，*Sir Walter Raleigh*），H. 赫尔特出版社，2002；休·罗斯·威廉森：《沃尔特·莱利爵士传》（Hugh Ross Williamson，*Sir Walter Ralegh*），绿林出版社，1978；沃尔德曼·米尔顿：《沃尔特·莱利爵士传》（Waldman Milton，*Sir Walter Raleigh*），约翰兰出版社，1928；等等。

③ 沃尔特·莱利爵士：《发现圭亚那》，杰斯·罗米尔·阿尔德斯特编，伦敦哈科利特协会出版，2006。

哈科利特协会（The Hakluyt Society）出版的第三卷；1928 年阿戈诺特出版社（Argonaut Press）参考西班牙文献出版了 V. T. Harlow 版本，具有较大参考价值。杰斯·罗米尔①（Joyce Lormier）在兰贝斯宫殿图书馆（Lambeth Palace Library）找到了哈科利特协会出版的版本，然后于 2006 年编辑出版了笔者手头这个版本。

　　1997 年，尼尔·威特赫德（Neil Whitehead）编辑出版《发现圭亚那》，提供了一种深受学术界欢迎的关于人类文化学的解释。威特赫德在导言中把莱利的《发现圭亚那》当作一个广泛意义的文本，包括把这些有关莱利的欧洲资料来源作为当地美洲人的神话系统，成为人类学研究和已存在的口头叙述和莱利传记的证据。其中叙述了埃尔多拉多②（El Dorado）的神奇传说，巨大的无头人（Acephali），食人肉的野蛮人，以及认为对圭亚那的发现的解释揭示了殖民实用主义，等等。③

　　威特赫德开始纠正以前对《发现圭亚那》的解读偏差，把《发现圭亚那》从所确立的单纯文学地位中解放出来，提倡新历史主义，使它回到人类学的地位。这个版本达到了这一目的。《发现圭亚那》既可归为文艺复兴文学，也可归为社会科学的内容，能够同时激起比这两方面更多的思考。这个能够被人接受的、毫无瑕疵的研究，呈现了殖民文学的理论上的争论，并提供了地理学、人种学、人类学和语言学解释上的重要资料，同时也是一本词汇表和完整的参考书目。有相关论文④也是从这个角度进行阐发的。而许多反对者认为这是一系列的谎言。在《发现圭亚那》出版之初，激烈的评论强化了对这个文本的真实性的质疑。也许正因为如此，以及大家对殖民书籍的不断增长的兴趣，《发现圭亚那》适合成为一个几乎完全自我参照的和"文学"的文本，是看待殖民"本身"（不是"其他"）的一面镜

---

① 他是富有传奇色彩的大卫·B. 金（David B. Quinn）的学生，对探险文学深有研究。他非常了解莱利，而且也很熟悉后现代探险作品理论，并且非常精明地应对人种学的盲点。

② 当时西班牙征服者想象中的南美洲的黄金国。

③ 哈尔·兰戈夫：《统计印第安人的古物》和《发现圭亚那》（Hal Langfur, "An Account of The Antiquities of The Indians", and "The Discoverie of The Large, Rich and Bewtiful Empyre of Guiana"），《人种史》（Ethnohistory）第 48 卷，2011 年第 3 期，第 547～550 页。

④ H. 迪尔特·海纳、斯坦福德·泽特：《田野调查角度：解读莱利〈发现圭亚那〉》（H. Dieter Heinen and Stanford Zent, "On The Interpretation of Raleigh's Discoverie of Guiana: A View from The Field"），《现代人类学》（Current Anthropology）第 37 卷，1996 年第 2 期，第 339～341 页。

子。这是文学转向人类学研究的重要标志，[1] 是随着研究的深入和世界史学科的发展对同一文本做出更为深入和多层面解读的结果。

《沃尔特·莱利爵士圭亚那的财政》[2] 一文论述了圭亚那的财政收支情况。另外，其他相关论文，[3] 分别从地理学家、哲学家、诗人以及从人种学角度展现了多才多艺的莱利。

（2）对《世界历史》的研究

莱利的重要史著《世界历史》，共完成了 5 卷，内容涵盖从创世纪到公元前 130 年的历史。这是一部杂糅各种知识的史著，也是后人从事学习研究的重要参考著作。《世界历史》的出版并不一帆风顺，其在当时及后一个世纪非常流行。1614 年出版的《世界历史》是最早版本，但只出版了第一卷。

1611 年 4 月 15 日，斯登雪瑞公司（Stationers Company）把《世界历史》授权给沃尔特·伯瑞（Walter Bvrre），伯瑞让威廉·斯坦斯比（William Stansb）编辑《世界历史》，1614 年化名在伦敦印刷出版，这个版本比较可信。1614 年 12 月 22 日，国王詹姆士一世通过坎特伯雷大主教签令压制出版，但并未影响其流行程度。本·琼森的讽喻的卷首插画和附诗出现在至 1687 年第十版为止的所有版本里。

1617 年斯坦斯比又为伯瑞在伦敦印刷出版《世界历史》。根据约翰·莱辛（John Racin）的《参考书目研究 17：199 - 209》（*Studies in Bibliography*

---

① 可参阅以下论文，H. 迪尔特·海纳、斯坦福德·泽特：《田野调查角度：解读莱利〈发现圭亚那〉》（H. Dieter Heinen and Stanford Zent，"On The Interpretation of Raleigh's Discoverie of Guiana：A View From The Field"），《现代人类学》（*Current Anthropology*）第 37 卷，1996 年第 2 期，第 339 ~ 341 页；哈尔·兰戈夫：《统计印第安人的古物》和《发现圭亚那》（Hal Langfur，"An Account of The Antiquities of The Indians"，and "The Discoverie of The Large，Rich and Bewtiful Empyre of Guiana"），《人种史》（*Ethnohistory*）第 48 卷，2011 年第 3 期，第 547 ~ 550 页。著作：沃尔特·莱利爵士：《发现圭亚那》，杰斯·罗米尔·阿尔德斯特编（Sir Walter Raleigh，*Sir Walter Ralegh's Discoverie of Guiana*，Joyce Lormier Aldershot ed.），伦敦哈科利特协会出版，2006，第 xx - xxi 页。

② 约翰·W. 雪利：《沃尔特·莱利爵士圭亚那的财政》（John W. Shirley，"Sir Walter Raleigh's Guiana Finances"），《亨廷顿图书馆季刊》（*Huntington Library Quarterly*）第 13 卷，1949 年第 1 期，第 55 ~ 69 页。

③ 布鲁克·C. F. 托克：《沃尔特·莱利爵士作为诗人和哲学家》（Brooke C. F. Tucker，"Sir Walter Ralegh as Poet and Philosopher"），《英国文学史》（*History of English Literature*）第 5 卷，1938 年第 2 期，第 93 ~ 112 页；《作为经济学家的沃尔特·莱利爵士》（"Sir Walter Raleigh as an Economist"），《商业历史协会简报》（*Bulletin of the Business Historical Society*）第 1 卷，1927 年第 6 期，第 3 ~ 4 页。

17：199 – 209），与以前标注编辑的页码不同，这个版本纠正了第一个版本中的一些错误。另外，在标题页后刻有一个印刷标题页，内容如下：五卷本《世界历史》：一、起源和从创世纪到亚伯拉罕时代。二、从亚伯拉罕的出生到所罗门神庙的毁灭。三、从耶路撒冷的毁灭到马其顿菲利普时代。四、从马其顿菲利普统治时代到与安提柯一世抗争下建立帝国。五、在东部亚历山大继承者确定秩序直到罗马人征服亚洲和马其顿。在著作的标题页的下半部分是莱利肖像及 "Sim. Pass" 标识。完成《世界历史》不是一个轻松的任务，五卷本《世界历史》是由莱利最后完成且出版的，由于后来航海失利以及被处斩首等种种原因并没有写到其所处的时代。

1736 年威廉·奥德斯爵士也编辑出版《世界历史》。奥德斯参照早期的一些版本，做了一些任意且不必要的改变，而且印刷者也较粗心，有些章节漏掉了整篇文章，在其他方面也部分省略和修改，这样削弱或损坏了作品的意义。1829 年编辑出版的莱利八卷本著作集是目前最权威的版本，搜集了莱利的各类作品和书信等，以及莱利的五卷《世界历史》，具有重要参考研究价值。

对于《世界历史》进行研究的博士、硕士论文有：《试析沃尔特·莱利〈世界历史〉》[1]、《沃尔特·莱利〈世界历史〉史学编撰的推理》[2]、《沃尔特·莱利的遗产：17 世纪的〈世界历史〉》[3]。《试析沃尔特·莱利〈世界历史〉》为莱辛的博士论文，主要介绍了《世界历史》的出版版本和发行情况，从回顾神意史学编撰、古典史学编撰等角度进行比较，分析了《世界历史》的史学编撰特征，介绍各家褒贬观点后得出结论。该论文认为《世界历史》尽管内容涉及面广，极其复杂，甚至具有互相矛盾之处和不连贯性，但仍是一个整体。《沃尔特·莱利〈世界历史〉史学编撰的推理》是卡巴特的博士论文。作者分析了《世界历史》中的推理模式，从古代怀疑主

---

① 约翰·莱辛：《试析沃尔特·莱利〈世界历史〉》（John Racin, *An Analysis of Sir Walter Raleigh's 'The History of the World'*），密歇根大学出版社，1962，缩微胶卷。

② 利连·特伦纳·冈南·卡巴特：《沃尔特·莱利〈世界历史〉史学编撰的推理》（Lillian Trena Gonan Kabat, *The History of the World：Reason in the Historiography of Sir Walter Raleigh*），密歇根大学出版社，1968，缩微胶卷。

③ 斯蒂文·卡瑞格：《沃尔特·莱利的遗产：17 世纪的〈世界历史〉》（Steven Carriger, *Sir Walter Ralegh's Legacy：His History of the World in the Seventeenth Century*），东塔那西州立大学历史学系，2007。

义、文艺复兴时期历史写作的理性主义发展等角度对莱利的推理模式进行比较分析，介绍了各种对莱利推理的攻击，认为莱利是反亚里士多德主义的，反映了其时代思维特色和莱利个人的思维推理特征。《沃尔特·莱利的遗产：17 世纪的〈世界历史〉》是一篇硕士论文。此文主要论述了《世界历史》中的政论对奥利弗·克伦威尔（Oliver Cromwell）和蒙特罗斯伯爵詹姆斯·格雷厄姆（James Graham，Marquis of Montrose）的影响，即后两者从莱利的历史著作中汲取从政经验。克伦威尔还建议他的儿子"用沃尔特·莱利爵士的《世界历史》来让自己消遣"。[①] 从他们的信件和公众生活中可以看出《世界历史》对当时人和后人的政治生活产生了重要影响。

《沃尔特·莱利和〈世界历史〉的真实性》[②] 是一篇研究《世界历史》真实性的论文。该论文的标题就很有意思，它认为《世界历史》是有关世界的一个故事，认为莱利构思时具有完美的想法。这从一个侧面说明了莱利用一种非常引人入胜的方式叙述历史及它在此后一两个世纪流行的原因。

（3）对莱利文学及其他著述的研究

多才多艺的莱利在各方面都有所建树，客观来说，莱利的文学成就也不小。

对莱利文学著作的研究较多且比较细致，主要表现为从文学史和文学批评方面探究莱利诗歌创作和其著作对同时代人及后世的影响。比如对于诗歌创作，有人会把他的诗歌与多恩和锡德尼的诗进行比较，发现其文学作品具有 17 世纪形而上学风格痕迹。比如在论文《作为诗人和哲学家的沃尔特·莱利爵士》[③] 里，把莱利的诗歌和散文与同时代的诗人比较，分析其独特风格。其诗歌《海洋致辛西娅》的辛西娅代表伊丽莎白女王，主要表达了莱利对海洋的向往，展现莱利要超越海洋、实现自己的抱负，兑现对

---

① 转引自肯内斯·S. 库帕《沃尔特·莱利和〈世界历史〉的真实性》（Kenneth S. Cooper, "Walter Raleigh and The Truth of the World's Story"），《皮博迪教育杂志》（*Peabody Journal of Education*）第 44 卷，1966 年 7 月，第 9 页。

② 肯内斯·S. 库帕：《沃尔特·莱利和〈世界历史〉的真实性》（Kenneth S. Cooper, "Walter Raleigh and The Truth of the World's Story"），《皮博迪教育杂志》（*Peabody Journal of Education*）第 44 卷，1966 年 7 月，第 8～12 页。

③ 布鲁克·C. F. 托克：《作为诗人和哲学家的沃尔特·莱利爵士》（C. F. Tucker Brooke, "Sir Walter Ralegh as Poet and Philosopher"），《英国文学史》（*History of English Literature*）第 5 卷，1938 年第 2 期。

伊丽莎白的承诺，展示其决心意志。《沃尔特·莱利爵士〈海洋致辛西娅〉中的一些问题》① 主要从诗歌内容出发，阐述了作者对莱利诗歌的质疑。另外，还有研究文艺复兴时期诗歌的论文《文艺复兴诗词的盎格鲁－撒克逊流放主题：从沃尔特·莱利爵士两首诗出发》②，引用了莱利的诗歌作为论据，即就莱利的两首诗《再见，宫廷》和《似不真实的梦》入手分析盎格鲁－撒克逊人对文艺复兴诗歌的影响。

　　莱利于 1603~1605 年写作的散文《沃尔特·莱利爵士对儿子及后代的指导》是关于有德行的人的行为准则：如何选择朋友；如何择妻；明智的人如何应对阿谀奉承；如何避免与人争吵冲突；保持个人财富的规则；如何选择最合适的仆人；衣服总会旧、勇气总会消逝，但金钱永不过时；不要酗酒；上帝是保护者和指导者等。莱利希望后代做有德行的、有用的人。注重实用，追随上帝，体现了当时人世俗的处世理念，这些对教育后代有很重要的指导意义。《沃尔特·莱利爵士传：家庭及私人生活》③ 是对莱利生活的述评。此文简要地介绍了莱利的生平和家庭，对其性格和一生的事业作了详细描述，便于读者理解他的命运及其影响。

　　莱利译文《怀疑论者》（The Skeptic）于 1651 年发表。此文论证了怀疑主义者的观点：怀疑论者既不确定，也不否定任何立场，但就是怀疑它，反对他的理性中的确定或否定，以便确定他的不同意见。《怀疑论者》就这一基本立场进行阐发。文艺复兴时期人们普遍具有怀疑的气质，莱利也受怀疑主义的影响，其批判精神就来源于此。关于事物性质的本质的争论，此文的论证不得而知。对于莱利怀疑主义的研究，文章《沃尔特·莱利爵

---

① 米歇尔·L. 约翰森：《沃尔特·莱利爵士〈海洋致辛西娅〉中的一些问题》（Michael L. Johnson, "Some Problems of Unity in Sir Walter Ralegh's The Ocean's Love to Cynthia"），《英国文艺复兴》（The English Renaissance）第 14 卷，第 17~30 页；《1500~1900 年英国文学研究》（Studies in English Literature, 1500－1900），1974 年第 1 期。

② 俄狄斯·瓦特合斯特·威廉斯：《文艺复兴诗词的盎格鲁－撒克逊流放主题：从沃尔特·莱利爵士两首诗出发》（Edith Whitehurst Williams, "The Anglo-Saxon Theme of Exile in Renaissance Lyrics: A Perspective on Two Sonnets of Sir Walter Ralegh"），《英国文学史》（History of English Literature）第 42 卷，1975 第 2 期，第 171~188 页。

③ W. 戈登·芝弗尔德：《A. L. 罗斯：〈沃尔特·莱利爵士传：家庭及私人生活〉》（W. Gordon Zeeveld, "Sir Walter Ralegh: His Family and Private Life by A. L. Rowse"），《美国历史评论》（The American Historical Review）第 68 卷，1963 年第 2 期，第 429~430 页。

士：一个伊丽莎白一世时期的怀疑主义者》① 以莱利为例简述了伊丽莎白一世时期的怀疑主义思想。《作为诗人和哲学家的沃尔特·莱利爵士》则从莱利的诗歌和散文入手，阐述了其浪漫主义情怀，分析了其哲学思想。这是从哲学的角度俯视莱利思想，认为莱利不仅是一个一生不断实践的践行者，而且是一位具有自己独到见解和深刻认识的思想家。

3. 莱利著述汇编

莱利多才多艺，著作种类繁多，是伊丽莎白一世时期的著名的廷臣，盛极一时，他的著作多次被汇编成集。

莱利的著作集有 1751 年和 1829 年两个版本。1751 年 2 卷本《莱利著述集》出版；1829 年 8 卷本《莱利著作集》出版。著作集包括了论文、诗歌、信件及五卷本《世界历史》。1829 年版本是莱利著作集最完整的版本，给学人进行研究提供了极大的方便。两部著作集都收入了莱利的各种诗歌，内容上大同小异，但后者诗篇更为丰富一些，这是研究莱利必须具备的资料。笔者搜集到了 1851 年出版的《沃尔特·莱利爵士诗集》。② 此书汇总了莱利所创作的主要诗歌，便于读者查询其各个不同时期的作品，前言占用很多篇幅详细评述了莱利诗歌，还介绍了对莱利诗歌文本的评论和注解，具有重要参考研究价值。随着研究的深入、细化以及后人的努力，还出版了其他新版的莱利诗集，如 1929 年修订版。

三　莱利著述研究存在的问题与解决途径

综前所述，对莱利的研究国内外差异很大。国外研究浩繁而国内研究凤毛麟角。但国内外研究中都存在一些不足，在此做简要分析。

国外对莱利的研究非常全面，笔者在前文已述，试再举一典型例子：阿米蒂奇的《沃尔特·莱利爵士的研究参考文献注释汇编》，是对截至 1987 年的莱利研究成果进行了分门别类并注解说明，总共有 1967

---

① 恩斯特·A. 斯特拉斯曼：《沃尔特·莱利爵士：一个伊丽莎白一世时期的怀疑主义者》（Ernest A. Strathmann, "Sir Walter Ralegh: A Study in Elizabethan Scepticism"），《现代语言注释》（*Modern Language Notes*）第 68 卷，1953 年第 6 期，第 423 ~ 425 页。

② 阿格内斯·M. C. 兰斯姆编《沃尔特·莱利爵士诗集》（Agnes M. C. Latham ed. , *The Poems of Sir Walter Ralegh*），哈佛大学出版社，1851。

条研究成果。这本书厘清了莱利的研究状况。全书共有 7 章，从七个方面展示了莱利研究状况。这可以帮助学人清晰全面地了解莱利在国外的研究状况，学人如愿继续钻研，可按图索骥，进一步挖掘自己的兴趣点，丰富对莱利的研究。

国内学人主要是对莱利的文学成就给予介绍。译著虽一定程度上有助于国人对莱利的了解，可对其文学和政论作品进行解读的研究文章鲜见，对其著作《发现圭亚那》和《世界历史》更鲜有研究，这些都有待国内学人重视。

国内对《发现圭亚那》的价值有待进一步挖掘。莱利的《发现圭亚那》对于研究英国早期殖民事业具有重要参考价值。英国是早期进入美洲探险的国家之一，因而对《发现圭亚那》的写作、出版和流行进行研究，对于窥视近代早期南美洲殖民史具有重要意义。前文已经介绍了国外在这方面的成果，即从地理学、人种学、人类学、语言学等角度进行研究，鉴此，国内还可以继续就这些方面进行探索和创新。

国内对《世界历史》还有待以新的视角、新的方法深入研究。前文已重点评述了两篇从史学史和哲学角度撰写的博士论文，这都是从文本出发进行的细致入微研究，条理清晰，论证充分，但是对于处于当时的一部比较重要的历史著作所呈现的史观特征进行分析、整合方面尚做得不够，国内暂未找到相关研究论文，笔者将在这方面做出努力。

国内对于莱利翻译的《怀疑论者》关注不多，学人也可继续探索。国内学人作为旁观者去审视外国历史人物必定能看到英国本土及欧洲大陆学人所不易看到的研究切入点。如国外学人对莱利的研究往往就一个点进行发挥，仅横向比照，或从文学创作进行介绍，或者就其历史著作进行剖析，或者就其航海著作进行发掘，却没有纵观个体莱利作为一个完整的人所具有的思想感情以及其在历史长河中的重要地位。因此以整体全面的视角去看待莱利必定能找到新的灵感。

莱利是英国历史天空中的一颗光芒四射的星星，其思想光芒照耀了他的那个时代并影响了其后代人。笔者正努力从莱利各类作品中挖掘其人文主义内涵，对英国近代早期重要思想家在著述上所表达的思想观点进行剖析，旨在从文本着手整体上把握莱利的作品内涵及其在文化史中的地位，探讨莱利在英国文艺复兴盛期的表现及其思想与古典文化的关系和对近代英国发展的影响。

事实上，国内外关于莱利的研究正不断涌现出新的成果。笔者对莱利研究的概述挂一漏万，谨期望收到抛砖引玉之效果。

（作者简介：袁梨梨，南京大学历史学系博士研究生；于文杰，南京大学历史学系教授）

Abstracts

1. The Manila Galleon
Dolors Folch

Abstract: This article gives a general survey on the Manila Galleon. It starts on the political and geographical premises that gave birth to the Galleon; it analyzes the influence of the Chinese monetary system on America's silver production, and the relationship of the Manilas, Chinese, the sangleys, on the Galleon's traffic. In its central part, the article deals with the material conditions of the Galleon, the ships themselves, its cargo and crew, the length of the voyage and its Pacific routes.

Keywords: Spanish Pacific Expeditions, Ming China Monetary System, Spanish Silver, Chinese Trade with the Philippines, Sangleys

2. The Manila Galleon: a Cradle of Civilization
Fernando Zialcita

Abstract: Aside from connecting the continents together, the Manila Galleon facilitated the appearance of a mestizo culture in the Philippines, the most distant extension of the Spanish empire. Attracted by the silver of New Spain, the Chinese finally settled in the Philippine Islands, in large numbers. Thanks to the Spanish policy of encouraging catholicism, mixed marriages and academic instruction, the Chinese intermarried with and intermingled socially with Europeans and the indigenous peoples of the Philippine Islands. The dress, cooking, architecture, social customs and language that appeared in the $18^{th} - 19^{th}$ centuries in the Philippines reflect this mestizo culture.

Keywords: Mestizo Culture, Manila Galleon, Philippine Islands, Indigenous People

3. The Impact of the Manila Galleon Trade on the Ming Dynasty
Han Qi

Abstract: In early Ming Dynasty, the official "tribute trade" was promoted while the private trade was forbidden. It was not until late Ming Dynasty that the ban on private trade was lifted conditionally . It was at that time that the eastern Pacific route was opened and connected with the western Pacific, which created the first global route network centered in South China Sea. The Manila galleon trade began in this era—a large number of goods manufactured in China were exported; a great amount of silver was imported and American species were introduced into China. This influenced the economic, social, political, cultural and other aspects of China at that time. The history of the galleon trade also brought us much enlightenment.

Keywords: Spain, China, Mexico, Manila Galleon, Silk and Silver Trade

4. New Spain: the American Terminal of the Manila Galleon
Carmen Yuste López

Abstract: This article analyses the first journey of the Manila Galleon and the roles of New Spain, Acapulco and the merchants of Mexico City during the early years of the Trans-Pacific trade. It also reviews the decrease of this trade route after the regulations dictated by the Spanish monarchy at the end of the 16th century.

Keywords: Manila Galleon, New Spain, Acapulco, Merchants of Mexico City, Trade

5. Chinese Macroscopic Theory of the World History
Chen Zhiqiang

Abstract: Based on a thorough analysis of theories of previous historians, Prof. Wu Yujin put forward his macroscopic theory of world history. Its major contribution lies in a compact conception of world history formed in a framework of vertical and horizontal research dimensions . His division of the world into agriculture and nomadism, and his idea of "three major shocks" are peculiar and his understanding of the generation of industrial civilization and global expansion are systematic and his views on the trend of modern world history are prospective. Moreover, Prof. Wu's macroscopic theory of the world history has a distinct Chinese characteristics.

Keywords: Chinese Characteristics, the World History, Macroscopic Theory

6. The Evolution of U. S. Nuclear Strategic Thinking during the Cold War
Zhao Xuegong

Abstract: The nuclear strategy mainly includes the nuclear deterrence policy, nuclear war policy, the nuclear weapons development policy and nuclear disarmament policy, and the four dimensions form one of the core contents of American national security strategy. The United States made a series of nuclear war plans against the Soviet Union and other socialist countries during the cold war, and took the nuclear deterrence as an important tool to achieve its national policy aim. With the change of U. S. – Soviet relations and the development of nuclear technology, the U. S. administration repeatedly adjusted its nuclear strategy to better meet the needs of its national security strategy.

Keyword: Nuclear Strategy, the Cold War, U. S. – Soviet Relations

7. Chinese Diplomats' Perception of Russian History and Culture in Late Qing Dynasty
Xiao Yuqiu

Abstract: After defeated by the warships of western powers, the Qing court dispatched Zhang Deyi, Miao Yousun and Wang Zhichun to Russia at different intervals to establish contact in order to gather information and handle diplomatic affairs. All the three diplomats performed historical and cultural studies in Russia, whose journals and records enhanced Chinese understanding of Russia and cultural communication between the two countries.

Keyords: Late Qing Dynasty, Diplomats, Russia, Perception of History and Culture

8. The Franco-Ottoman Alliance of the 16th Century Reevaluated
Zhou Dongchen, Wang Li

Abstract: Since the Ottoman Empire occupied Constantinople (now Istanbul) in 1453, it was inevitably involved into the power politics of Europe wherein the non-Christian Empire played a seminal role. Obviously, this oriental empire expanded into European affairs in view of its security concerns. Equally, some of the European monarch states, in particular France, also approached to the Ottoman court for alliance. This sort of geopolitical relations was above the principles of the Westphalian system. Given this, it is worth exploring the vicissitude of Franco-Ottoman alliance in view of the treaties and the tenet of the Balance of Power. It argues that the alliance which first reflects the realistic features in French diplomacy and then shows the convergence of the Ottoman expansion and the Christian internal duals that finally led to the maintenance of balance of power in Europe and the existence of the modern European diplomatic system until nowadays.

Keywords: Franco-Ottoman Alliance, European Diplomacy, Capitulations, Balance of Power

9. Contemporary American Student-Aid Policy for Adult Students in Higher Education
Zhou Xiaoli, Yu Sha

Abstract: In order to provide adult students in higher education with financial support of different degrees, America established adult students aid system after War II, supported mainly by federal government and supplemented by state government, which presents the characteristics of multiple supporting ideas, mixed supporting forms and a combination of decentralization and unification. Meanwhile, there are problems such as ignoring indirect educational expenses for adult students, lacking satisfactory aid qualification assessment procedures, and limiting period of adult learners in school and types of funded courses.

Keywords: America, Higher Education, Adult Students, Aid Policy

10. Women's Education in China and Japan: The Gap and Its Reasons
Li Zhuo

Abstract: The gap between China and Japan's women's education has been shaped in pre-modern times. In modern times, the gap was widen while they were heading for different development paths. Distinction between China and Japan in cultural tradition, social context, concept of education is fundamental reason that leads to the gap of women's education. In modern China, a country with internal disturbance and foreign invasion, it was impossible for women to accept education as in Japan, a rather stable environment. People tended to put more enthusiasm on women's liberalization than women's education. "Revolutionary" thinking and ultra-leftism trend of thought hindered the development of women schools in China.

Keywords: Ignorance is the Virtue for Women, Women's Education, Japan, China

11. Study on Japanese ODA to South Pacific Island Countries
Chen Yanyun, Cheung Yik – fan

Abstract: Official Development Assistance (ODA) is an important means for Japan to realize its national interests, develop relations with other countries, and expand its international influence. Since the late 1960's, Japan has been one of the leading powers that provide ODA to South Pacific island countries. By providing ODA to South Pacific island countries, Japan achieved enormous political, economic and security interest at minimal cost . This paper discusses the historical development trajectory of Japan's ODA to South Pacific island countries, its ODA policy adjustment to this region in recent years and the characteristics. It also analyzes the motivation of Japan's assistance, and the costs and benefits from the perspective of social exchange theory.

Keywords: Japan, South Pacific Island Countries, Official Development Assistance

12. The Process and Significance of The Australian Gold Rush
Fei Sheng

Abstract: Due to prohibition of colonial authorities gold rush didn't begin in Australia until 1851. It was not only driven by a bottom – up social movement but also an active choice of colonial authorities to cope with external competitions. Since 1849, immigrants from Europe turned to the Californian gold rush and stop moving to Australia, so the Australian authorities allowed the exploitation of the gold deposits. Soon the nascent colony of Victoria began a larger gold rush. The massive gold rush spread to the southeastern Australian colonies. The diggers came back from California connected these two trans-pacific gold rush. The breakout of the Australian gold rush means that the isolated Australian penal colonies were deeply embedded into the world market system. With the speeding up of immigration and trade created by the gold rush, the penal colonies were quickly evolved into civil colonies irresistibly.

Keyords: Australia, Gold Rush, Free Migration

13. A Preliminary Analysis of the Upheaval in the Middle East: Its Characteristics, Types and Influences
Huang Minxing

Abstract: The upheaval of the Middle East in the early 21st century has involved almost the entire Arab World. The internal and external causes together led to the movement while the internal ones played a major part. Compared with the three movements in the 20th century, the present one is different in the following aspects: the countries evolved, political targets, connection with lower strata, simultaneity, and forms. In addition, the countries involved can be divided into six types in their process and prospects. The movement has already and will continue to significantly impact the Middle East politics, economy and society, and regional and international relations as well.

Keyords: Upheaval in the Middle East, Regional Political Landscape, Arab Countries

14. The Implementation and Effects of Mexico's Neo-liberalism Land Policy
Liu Xuedong

Abstract: This paper analyzes Mexican land policy in the last 20 years with a focus on the policy changes and evaluating its effects on the economy since the implementation of the new farm bill in 1992. In the 1980s, due to external debt burdens and consequently the economic difficulties, Mexico experienced an economic structure adjustment period oriented to reduction of government intervention and encouragement of private investment. With these neo-liberal economic policies implemented in various fields, the land distribution policy applied to fulfill the land demands of the landless peasants and those lacking of it has also undergone a fundamental change. Mexican government announced the end of the land allocation policy, and realized amendments to the Article 27 of the Constitution in 1992 to allow land under collective ownership to be transformed into private property, so that farmers are no longer mere possession of the right to use and they can become the owner of the land as well. However, because of many historical problems left over, land reform can only theoretically solve the problems, but there are still many difficulties in its implementation.

Keywords: Mexico, Indian Community, Ejido, Neo-liberalism, Land Policy

15. Commentary on Food and Drug Adulteration in U. S. from Post Civil War Era to Early 20th Century
Wu Qiang

Abstract: Like China today, The United States after the Civil War faces extremely grim situation of food and drug adulteration, especially the use of chemical preservatives in food production and many patent medicines, which not only affects the overseas reputation of the U. S. food and drug but also seriously endangers people's lives and health, and damages the image and the authority of the government as well. In addition to some businessmen's blind pursuit of profit at the expense of business ethics, the public inability to discriminate after the application of new technology, and the lack of the Federal government's food and drug regulatory are inextricably linked with this situation. Lessons in American history may help us think about the solutions to China's food and drug issues.

Keywords: America, Social Transformation, Food Adulteration, Patent Medicines, Government Regulation

16. The Evolution and Characteristics of Argentine Nationalism
Wang Huizhi

Abstract: Argentine nationalism originated from the Creole nationalism in the colonial period. In 1916, Yrigoyen was elected president, which indicated that the middle class and labor were incorporated in the nation state and the modern Argentine nationalism formed generally. Under the impact of the Great Depression in the 1930s, Argentina was trapped into the confrontation and conflict between the export-oligarchy and the middle class. Accordingly, Argentine nationalism divided and transformed into a political movement. All kinds of nationalist factions in the 1930s provided an ideological and theoretical source for the rise of Peron. In 1946, Peron was elected president. He implemented strong nationalist political, economic and foreign policies . Thus, Argentine nationalism came to a climax, but it went to the extreme at the same time. After Peron's downfall in 1955, Argentine nationalism fell apart again and descended to an instrument for various interest groups to seize political power. After the establishment of the democratic government in 1983, Argentine nationalism has gained some new characteristics. Democracy became a new consensus of Argentine society. And after the failure of Menem's neoliberal reform, Kirchner regained certain Peronist principles and Argentine nationalism finally turned rational. Based on the analysis of the development of Argentine nationalism, this paper also summarizes several characteristics of Argentine nationalism.

Keyords: Argentina, Nationalism, Peronism

17. Peruvian Nationalism: Its Historical Evolution and Characteristics
Song Xinxin

Abstract: The evolution of Peruvian nationalism since the Bourbon Reforms in the eighteen century can be divided into six stages. Before Peru gained independence, the colonial society bred two kinds of national consciousness, namely, the Indian and Creole national consciousness. After independence until the 1879 – 1883 Pacific War, Peruvian nationalism was defined as Creole nationalism, which had liberal and conservative tendencies, but they were not modern nationalism. After the War of the Pacific, the modern Peruvian nationalism began to bud. From the 1930s to 1968, Peru formed the true modern nationalism. In October 1968, General Velasco Alvarado led the military coup, and explored a unique national development path in the form of state capitalism. Now Peru has returned to rational nationalism through the baptism of the globalization and the neoliberalism reforms since the 1980s. From the perspective of the development course of Peruvian nationalism, we can summarize some traits different from other Latin American countries.

Keyword: Peru, Inca Nationalism, Creole Nationalism, Cultural Nationalism, Military Nationalism

18. Review: Research on Sir Walter Raleigh
Yuan Lili, Yu Wenjie

Abstract: Sir Walter Raleigh (c. 1552 – 29 Oct. 1618) is a famous intellects of humanism in the reign of Queen Elizabeth I. His life is full of legend and has written numerous books. The research on Raleigh will be a key to our understanding English Renaissance history. This essay is a review on Raleigh research and proposes that the research outside China is comprehensive but in China, it is limited and there is still large room to do.

Keywords: Walter Raleigh, Renaissance, Humanism, *World History*

《世界近现代史研究》稿约

　　《世界近现代史研究》是南开大学世界近现代史研究中心主办的学术年刊，面向国内高校和研究机构，为促进和推动国内世界近现代史研究而提供的一个学术交流的园地。

　　《世界近现代史研究》提倡科学严谨的学风，坚持百家争鸣的方针，遵循相互尊重、自由讨论、文责自负的原则，注重扶持和培养新人。

　　《世界近现代史研究》辟有史学理论研究、全球史、国际关系史、地区国别史、博士生论坛、争鸣、书评、史学资料、研究综述等栏目，欢迎国内广大世界近现代史学者赐稿。来稿请用 E-mail 或软盘。所有来稿一律采用脚注。注释中所引书目、篇名，第一次出现时务请注明出版社名称和出版年份；论文则需注明所载刊物名称和期数。外文著作和论文除了译出作者、书名（论文题目）、出版社、出版时间等出处外，还需要有作者和书名（论文题目）的外文原文。学术论文请提供 200 字左右的中文提要和关键词，以及论文标题、内容提要和关键词的英文译文。

　　《世界近现代史研究》每年一辑，4 月份截稿，10 月份出版。来稿以 1 万字为宜，对青年学者有思想深度、有创新观点的论文尤为欢迎。文章刊发即付稿费，请勿一稿两投。

　　来稿请寄 aqihan2005@yahoo.com.cn 或南开大学世界近现代史研究中心，邮编 300071。

图书在版编目（CIP）数据

世界近现代史研究. 第 10 辑／南开大学世界近现代史研究中心编.
—北京：社会科学文献出版社，2013.9
ISBN 978 - 7 - 5097 - 5096 - 4

Ⅰ.①世…　Ⅱ.①南…　Ⅲ.①世界史－近代史－研究②世界史－
现代史－研究　Ⅳ.①K14②K15

中国版本图书馆 CIP 数据核字（2013）第 224041 号

世界近现代史研究（第十辑）

编　　者／南开大学世界近现代史研究中心

出 版 人／谢寿光
出 版 者／社会科学文献出版社
地　　址／北京市西城区北三环中路甲 29 号院 3 号楼华龙大厦
邮政编码／100029

责任部门／人文分社（010）59367215　　　　　责任编辑／叶　娟
电子信箱／renwen@ ssap. cn　　　　　　　　责任校对／李　腊
项目统筹／宋月华　张晓莉　　　　　　　　　责任印制／岳　阳
经　　销／社会科学文献出版社市场营销中心（010）59367081　59367089
读者服务／读者服务中心（010）59367028

印　　装／三河市尚艺印装有限公司
开　　本／787mm×1092mm　1/16　　　　　　印　　张／21.75
版　　次／2013 年 9 月第 1 版　　　　　　　　字　　数／355 千字
印　　次／2013 年 9 月第 1 次印刷
书　　号／ISBN 978 - 7 - 5097 - 5096 - 4
定　　价／79.00 元